アジア環太平洋研究叢書
第3巻

サハリン残留日本人と戦後日本
樺太住民の境界地域史

中山大将

国際書院

Series Asia Pacific Studies 3

Remaining Japanese in Sakhalin and Post-war Japan:

Post-war History in the Japan-Soviet Borderland

by

NAKAYAMA Taisho

Copyright © 2019

ISBN978-4-87791-296-3 C3031 Printed in Japan

アジア環太平洋研究叢書シリーズの刊行にあたって

　ベルリンの壁の崩壊から30年になろうとしている今日、世界全体としても、またその様々な地域においても、20世紀後半に形成された秩序や状態は激しく動揺している。

　現時点において、世界レベルで覇を競い合う能力を有するアメリカ合衆国と中国との間に、大国間の戦争を回避するという世界秩序にとって最低限の了解が成立しているか否かについて、我々は確証を持てる状態にはない。また、国家と社会のレベルでも、前世紀の間に追求され限界に達した福祉国家型の社会経済発展モデルに代わる新たなモデルや理念を構想することに成功していない。福祉国家型のモデルの代替として、市場経済原理を徹底させる新自由主義（ネオリベラリズム）経済路線の導入が世界各地に広まった。しかし、市場原理の貫徹のみを追求すれば、一握りの「勝者」と多数の「敗者」が生まれ、格差や貧困層の拡大と中間層の凋落といった事態が引き起こされることが明らかとなった。

　そうした中で、20世紀の終わりに世界の隅々にまで行き渡るかに見えた自由民主主義の原理に基づく政治の枠組みをめぐって、第二次世界大戦後にそれが定着した西ヨーロッパやアメリカ合衆国など先進諸国を含め、そのあり方が問われる現象が発生している。その枠組み自体が毀損する例も観察される。こうして、世界と地域、国家と社会、いずれのレベルでも縦、横に入った亀裂が深まり、既存の秩序やあり方が融解する現象が共時的かつ共振的に起きている。しかもそれは、政治、経済、社会の位相に跨って進行している。

　我が国が位置する東アジアは、そうした世界の状況が最も先鋭的に現れている地域であり、中東などとならんで、いまや「世界の火薬庫」と化しつつある。アジアはもともと、国際秩序の制度化の面でヨーロッパのレベルには達しなかった。ヨーロッパでは、大国を中心とする階層構造が現実政治の世界では形成されたものの、17世紀以降、平等な主権を規範とする諸国の間での対等な関係が原則とされ、水平的な関係性に基盤をおく慣行を蓄積するという意味での制度化が進んだ。これに対し、アジアでは、大国中国を頂点とする垂直的な朝貢関係が

19世紀まで存続したが、19世紀の帝国主義時代に、ヨーロッパやアメリカ合衆国の列強の介入により崩壊した。その後は、二つの世界大戦をへて、20世紀後半に、東西冷戦の下での暫定的な均衡状態が生まれ、維持された。東西冷戦の終焉とその後の展開は、その暫定的な均衡状態を形成、維持した条件に大幅な変更を加えることになり、情勢があらためて加速的に流動化した。

　前世紀に展開した世界は、ヨーロッパに起源を持ち、その後アメリカ合衆国を含む世界大へと拡大した近代化の過程で構築された。その世界では、ヨーロッパやアメリカ合衆国が「文明圏」を形成し、その領域以外は混沌とした「野蛮な領域」として認識された。そして、前者を頂点とする一元的な原理に基づく秩序化が志向されてきた。20世紀の最後には、アメリカ合衆国による「一極支配」の下で、市場経済と自由民主主義が支配的となる世界の方向性が演出された。中長期的な傾向にはならなかったそうした状況は、近代以降のヨーロッパを発信源とする歴史動態の究極的な現れだったのかもしれない。

　そして、それが潰えた現在、一元的近代化の過程は終結し、一定の領域に影響力を有する複数の権威の中心が併存する世界へと再編される可能性が出てきている。それは世界が多元・多層を基本的な特徴とする柔構造を備えた共存空間となる可能性である。国家や社会についても、20世紀までのような一元性ではなく、多元あるいは多層が基本となる。統治や資源配分、社会、帰属意識など人間による諸活動がゆるやかに全体を構成しつつも中心となる機能は分節的な形で実効性が確保され、同時に機能の範囲に応じて多層的な構造を形作るといったイメージである。世界、国家、社会の各レベルにおいて、多元・多層を基本とする複合的な磁場が形成されることが考えられる。

　いずれにしても、現時点では、今後の世界秩序の具体的な方向性やあり方について、何らかの確信に基づいて多くを語ることは困難である。拙速に陥ることなく、しかし悠長な時間の余裕はないことも念頭に置きつつ、我々は学問的探究を進める中で、21世紀世界の新秩序を構想していかなければならない。構想にむけては、世界レベルで覇権をめぐって争う能力を持つ大国の関係ならびにそれ以外の国々の発展と国際舞台での行動のあり方という二つの次元が複雑に絡み合って織り成される実践現場での多様な日常的営為を、注意深く、いわば鳥の目・人の目・虫の目をもって多角的に観察する必要があろう。そして、そこで紡ぎ出される制度―ある社会の成員によって、ある目的を達成するために正統と認められている了解・合意事項、行動定型、規範・ルール、慣習―を見出し、あるいは制

度構築のための環境整備に貢献し、それらを丁寧に繋ぎ合わせて地域大、世界大の秩序形成へと発展、展開させなければならないだろう。それは、環大西洋世界で発展した既知のパラダイムを代替する「アジア環太平洋パラダイム」となるのではなかろうか。

　本シリーズは、以上のような展望の下に展開する学問的営為の軌跡を記し、21世紀世界の新秩序を構想することに少しでも寄与することを目指すものである。

　2018 年 3 月 31 日

村上勇介・三重野文晴

はじめに

　いかなる理由があるにせよ、戦後今日まで皆さんをお迎えできなかったことを
お詫びします

　これは1990年9月に行なわれたサハリン残留日本人の第2次集団一時帰国団
を出迎えた稚内市の浜森辰雄市長が発した言葉である[1]。本書をこの言葉から書
き起こすのは、この言葉がふたつのことを想起させるからである。
　ひとつは、サハリン残留日本人問題とは〈戦後日本〉の問題だということであ
る。〈アイヌ問題〉や〈在日朝鮮人問題〉が、日本社会における、あるいは日本
社会との問題であるようにサハリン残留日本人問題もサハリン残留日本人単独で
存立する問題ではなく、〈戦後日本〉および〈戦後ソ連〉とサハリン残留日本人
の間にある問題なのである。
　そしてもうひとつは、かつて大泊と呼ばれたコルサコフを出港し稚内に着港し
たこの一時帰国団が1945年8月のソ連樺太侵攻以降絶えて久しかった〈稚泊航
路〉の再現でもあったということである。1945年8月に宗谷海峡上に突如出現
した日ソ間の境界は、それまで樺太と〈内地〉の〈中継地点〉であった稚内を
〈日本最北の地〉、つまりは〈行き止まり〉に転じさせてしまった。サハリン残留
日本人が、あるいはその親が渡った宗谷海峡に越境困難な境界が発生したこと、
それがサハリン残留日本人をサハリン残留日本人たらしめたのである。しかし、
同時に想起すべきは〈稚泊航路〉がかつて存在していたのは、平和的に締結され
た樺太千島交換条約によって画定された宗谷海峡上の日露国境を日露戦争とその
講和条約であるポーツマス条約によって北緯50度線まで押し上げたからだとい
うこと、そして、再び宗谷海峡に境界が発生したのはその50度線境界が今度は
ソ連軍によって押し下げられたからだということである。
　本書の研究の関心の根幹は、境界変動を経験してきた〈境界地域〉において
人々はいかなる経験をしてきたのか、とりわけ境界変動が人々の〈生〉にいかな
る影響をあたえるのか、ということである。多くの場合、サハリン残留日本人の
存在は〈戦争〉の〈悲劇〉の一形態として語られ、理解されてきた。しかし、同
様の事態を今後日本社会が、あるいは人類が引き起こさないために、そしてその

ために〈サハリン残留〉という現象を憐憫、同情、共感を越えて理解するために、それで充分なのであろうか。

ソ連樺太侵攻という〈戦争〉は確かに〈残留〉の〈発生〉の発端となったが、〈残留〉の原因そのものではない。もし1949年7月まで行なわれていた〈引揚げ〉でひとり残らず住民が退去していれば〈残留〉は発生しなかったはずだからである。そしてまた、なぜ〈残留〉はかくも長く〈継続〉したのであろうか。

サハリン残留日本人問題が戦後日本で関心を呼ぶようになったのは1980年代末、つまりは冷戦末期以降である。〈残留〉が〈戦争〉と固く結び付けられてしまうのは、この長い〈冷戦〉を戦後日本が記憶せず忘却していたからである。記憶されなかったのは鉄のカーテンの向こう側からの情報が絶えていたからである。しかし、サハリン残留日本人たちはその時代を生きていたのである。スターリン、フルシチョフ、ブレジネフ…ソ連最高指導者たちの名前とともに時代時代の特徴が記憶され、昭和21年は存在せず、ただ1946年のみが存在する。そして日本国外交史料館には、冷戦期の日本への帰国や樺太墓参をめぐる駐ソ日本国大使館と外務省本庁の間でやりとりされた膨大な外交文書が残されている。

サハリン残留日本人たちの声に耳を傾け、厖大な外交文書を繙くことで、我々はこの〈継続〉を生み出したものを理解できるかもしれない。本書が心がけるのは、サハリン残留日本人個人やあるいは集団の内面や内部ばかりを掘り下げるのではなく、常に〈戦後日本〉との関係性を問うということである。

サハリン残留日本人は〈悲運のヒロイン〉なのであろうか。個々人のエピソードに目をとらわれていると確かにそう見えるかもしれない。しかし、集団として見たときに、そして時代や地域を越えて類似した現象を視野に入れた時に、それは〈悲運〉ではなく、〈国境と国民の時代〉たる近現代世界において起こるべくして起きたことであると理解できるようになる。社会全体が交通事故を個人的〈悲運〉として処理する限り交通事故は減少しない。それが反復性のある現象であり、その発生のメカニズムが自分たちの社会の中に潜んでいるという認識に立って初めて交通事故の防止が可能となるのである。

また、サハリン残留日本人個々人を〈悲運のヒロイン〉とまなざす時、それは一人間、一人格と向き合っているのではなく、社会がいつの間にか与えた配役に沿ってひとりの人間の〈生〉を切り取っているのでのではないか。どこにでもいるある個人が境界変動によって何を体験したのか、そしてそれを我々はどのように理解することができるのか、それが本書の問いかけである。

本書の理論的出発点は日本の歴史研究、とりわけ日本植民地研究への懐疑である。筆者自身も日本植民地研究という研究群を意識して歴史研究を行なってきた者のひとりであることは間違いないし、それらが人類に益する数多くの知見を生み出してきたことは否定しない、そして日本植民地研究が東アジア近現代史に与えた影響力や提供した観点の豊富さも否定しようがない。しかし、それゆえにこれからの〈人間〉の歴史としての東アジア近現代史の展開のために、これからも日本植民地研究が同様の役割を果たして行けるのかという問題について懐疑的であり、より直截的に言えば、むしろ逆行するような現象が起きているようにさえ感じられていたからである。

　そうした中で出会ったのが〈境界研究〉という研究分野であった。自分が〈人間〉の歴史を追い求めて目を向けていたサハリンという地域を〈境界地域〉ととらえ、その歴史的事象を境界変動からとらえ直し、地域間の普遍性と特殊性を考究することで、新しい時代にあるべき〈人間〉の歴史を求めることができるのではないかと期待したのである。なぜならば、境界地域とは、国民や国境といった近代的概念がゆらぐ契機が多分に潜んでいる地域だからである。

　このように、本書は先行研究や社会問題から導かれる特定の命題に回答を与える形をとる研究書ではない。最大の目的は、サハリン残留日本人の事例を通して、境界地域に生きる人々に境界変動がいかなる影響を与えたのかを明らかにすることである。ただし、次の事柄については、これまで明らかにされてこなかったことを明らかにしたという意義が充分に認められるものと思われる。第一に、近現代東アジアにおける〈残留〉現象の時間縦断的、地域横断的普遍性（第2章）、第二に、サハリン残留日本人の総数、性別や出生年、残留背景などの内訳、その時間的推移（第4章）、第三に、冷戦期帰国の実像（第5章）、第四に、冷戦期帰国の1965年以降の停滞と1977年以降の途絶の背景（第6章）、第五に、冷戦期の樺太墓参の実像（第7章）、第六に、サハリン残留朝鮮人帰国促進運動がサハリン残留日本人のポスト冷戦期帰国運動に与えた影響（第8章）、第七に、引揚者団体ではない新たな団体がサハリン残留日本人のポスト冷戦期帰国運動を担った背景（第8章）、である。もちろん、歴史研究とは永遠の再検証の過程である以上、これらが今後の新たな研究を惹起するための土台となることを切に願う。

　なお、第1章と第2章は理論的検討を行なう部分であるため、そうした学術的議論よりもまずはサハリン残留日本人自体に関心がある場合は、第3章から読み

始めることも可能であり、なおかつ第3章は戦後サハリン史の概要を本書の目的に沿って叙述するのが役割であるので、戦後サハリンについてある程度の知識がある場合は、第4章から読み始め、再度第1章、第2章の理論的検討へ立ち戻るというのも本書のもうひとつの読み方である。

また、本書を読めば理解できるように、サハリン残留日本人とサハリン残留朝鮮人は密接に関係しあっているし、そもそもサハリン残留日本人の中にはサハリン残留朝鮮人とも呼び得る人々も存在する。したがって、書題において〈サハリン残留日本人〉と特定の国民／民族集団を主題化することは、過分に国民国家主義的であるという批判もあり得ようが、これについては以下の点を考慮した上での判断である。第一に、現象を主題化し〈サハリン残留〉という類の書題をつけることについては、すでに近年に研究者による同様の書題の書籍[2]が刊行されており、これとの混同を避けるため、第二に、朝鮮人等も含めた〈サハリン残留者〉という呼称を書題に採用することも可能であるが、日本語圏に限らず、ロシア語圏、韓国語圏、英語圏でも〈サハリン残留朝鮮人（韓人）〉や〈サハリン・コリアン〉が主題化されている[3]のに対して、サハリン残留日本人が学術的に単独で主題化されたことは少なく、その意義があると判断したためである。第1章でも述べるように本書におけるサハリン残留日本人とはエスニック・グループやディアスポラを指しているわけではない。本来は〈サハリン残留内地・樺太本籍者〉と呼称すべきであるが、書題や頻出する用語としては不適切と考え本書ではこの呼称を採用しなかったことをあらかじめ断っておく。

本書は筆者のこの10年近くにわたる研究の成果であるため、すでに一部の研究成果は論文等の形で刊行されている。そしてその一部は本書にも活かされている。ただし、新たな資料や観点からの再検証やひとつの書籍としての再構成などの作業を経て加筆修正の上でところどころに埋め込まれる形になっている。したがって、章や節単位で初出一覧として提示することは困難であり適切ではないと思われるので、あくまで関連既刊論文・学術会議報告一覧として掲げておく。

関連既刊論文一覧

「樺太移民社会の解体と変容：戦後サハリンをめぐる移動と運動から」『移民研究年報』第18号、2012年。

「サハリン残留日本人：樺太・サハリンからみる東アジアの国民帝国と国民国家そして家族」蘭信三編著『帝国以後の人の移動：ポストコロニアル

とグローバリズムの交錯点』勉誠出版、2013 年。

「サハリン残留日本人の冷戦期帰国：「再開樺太引揚げ」における帰国者と残留者」『移民研究年報』第 20 号、2014 年。

「サハリン韓人の下からの共生の模索：樺太・サハリン・韓国を生きた樺太移住韓人第二世代を中心に」『境界研究』第 5 号、2015 年。

「離散をつなぎなおす：なぜサハリン残留日本人は帰国できたのか」秋津元輝・渡邊拓也 編著『変容する親密圏／公共圏 12　せめぎ合う親密と公共：中間圏というアリーナ』京都大学学術出版会、2017 年。

関連学術会議報告一覧

"One Home, Two Empires, Three Nations: Japanese and Korean Repatriation from Karafuto and Persistence in Sakhalin," Association for Asian Studies & International Convention of Asia Scholars, April 2, 2011, Hawaii Convention Center, USA.

"Exile to Motherland and Exile to Hometown : Repatriating from Karafuto and Remaining in Sakhalin" (Session 1-13), The XII International Scientific Meeting on Border Regions in Transition November 13, 2012 Fukuoka, Japan.

"Borderland People at the Edge of Eurasia: Sakhalin Island and Changing Border," Panel 22 Mobility Makes the Heart Grow Fonder?: Migration, Repatriation, and Border Crossing Phenomena in Eurasia, Association for Borderlands Studies Annual Conference 2013 at Western Social Science Association 55th Annual Conference, Grand Hyatt, Denver, Colorado, USA, April 12th 2013.

"Japanese and Koreans on Sakhalin Island: Border Changes and Ethnic Relationships," Session B-1 Border-crossing and Ethnicity, East Asian Anthropological Association 2013 'Cultural Realms and Boundaries Crossing,' Xiamen University, People's Republic of China, November 15 2013.

「サハリン帰国者と日本：冷戦期・ポスト冷戦期における樺太残留邦人帰還問題」日本移民学会第 24 回年次大会自由論題報告、和歌山大学、2014 年 6 月 29 日。

「サハリン島の境界変動と樺太の〈戦後〉：引揚げ・帰国・残留・移住」ワークショップ　戦後直後の引き揚げと境界（共催：北海道大学大学院メディア・コミュニケーション研究院、神奈川大学・プランゲ文庫研究会）、北海道大学遠友学舎、2014 年 7 月 21 日。

"Land or People?: The Organization of Japanese Repatriates from Sakhalin (Karafuto) and the Remaining Japanese and Koreans of Sakhalin," Panel 43 Transborder Challenges: Realities and Construction, Association for Borderlands Studies Annual Conference 2015 at Western Social Science Association 57th Annual Conference, Marriot Portland Downtown Waterfront, Portland, Oregon, USA, April 11th 2015.

「樺太・サハリンにおけるエスニック・グループ間関係：記憶の中の共生」日本文化人類学会第 49 回研究大会分科会 A(1)「多元的結合と下からの共生：アジアにおける移民・難民の視点から」大阪国際交流センター、2015 年 5 月 30 日。

「近現代東アジア境界地域における残留現象の比較相関研究」日本移民学会第 27 回年次大会自由論題報告、東洋大学白山キャンパス、2017 年 6 月 25 日。

「東アジアにおける境界変動と人口移動の中の日本人引揚げの位置」日本移民学会第 27 回年次大会パネル報告「引揚研究の可能性を探る：今泉裕美子ほか編（2016）『日本帝国崩壊期「引揚げ」の比較研究』を手掛かりに」、東洋大学白山キャンパス、2017 年 6 月 25 日。

注

1　「結成から 1 年、ご協力によってサハリン問題は大きく展開」『促進会ニュース』第 10 号（1991 年 1 月 1 日）、4 頁。

2　パイチャゼ スヴェトラナ、玄武岩『サハリン残留：日韓ロ百年にわたる家族の物語』高文研、2016 年。

3　近年の研究成果として、玄武岩『コリアン・ネットワーク：メディア・移動の歴史と空間』（北海道大学出版会、2013 年）、Дин Ю.И., *Корейская диаспора Сахалина: проблема репатриации и интеграция в советское и российское обществ* (Южно-Сахалинск:Сахалинская областная типография, 2015), 한혜인「사할린 한인 귀환을 둘러싼 배제와 포섭의 정치 : 해방 후〜 1970 년대 중반까지의 사할린 한인 귀환 움직임을 중심으로」(『史學研究』 第 102 號、2011 년), 이연식 , 박일권 , 오일환『책임

과 변명의 인질국 : 사할린한인 문제를 돌러싼 한・러・일 3국의 외교협상』(채륜, 2018년), Lim Sungsook, *The politics of transnational welfare citizenship : kin, state, and personhood among older Sakhalin Koreans*（Dissertation submitted in partial fulfilment of the requirements for the degree of Doctoral of Philosophy in The Faulty of Graduate and Postdoctoral Studies, The University of British Columbia, 2016）などが挙げられる。

サハリン残留日本人と戦後日本：
樺太住民の境界地域史

目　次

はじめに …………………………………………………………………………… 7

第1章　サハリン残留日本人研究の意義と方法 …………………………………21
　第1節　移民研究と植民地研究　22
　第2節　境界地域史　46
　第3節　本書の課題と構成、資料　62
　第4節　小括　71

第2章　近現代東アジアにおける残留 ……………………………………………81
　第1節　日本の領土拡大と残留者の発生　81
　第2節　日本帝国崩壊過程における引揚げと残留　90
　第3節　サハリン残留日本人をめぐる言説と研究　100
　第4節　小括　104

第3章　戦後サハリンをめぐる人口移動と市民運動 …………………………… 115
　第1節　戦後期（1945 ～ 1949 年）　118
　第2節　冷戦期（1949 年～ 1988 年）　124
　第3節　ポスト冷戦期（1988 年～）　128
　第4節　小括　130

第4章　サハリン残留日本人の発生 ………………………………………………137
　第1節　サハリン残留日本人の発生　137
　第2節　数の検証　142
　第3節　サハリン残留日本人の動態と構成　150

第4節　小括　157

第5章　冷戦期帰国　……………………………………………………………　163
第1節　サハリン冷戦期集団帰国　163

第2節　サハリン冷戦期個別帰国　171

第3節　冷戦期帰国者の経験　180

第4節　小括　195

第6章　25年の停滞と自己意思残留論の登場　………………………………　205
第1節　冷戦期集団帰国における朝鮮人入国問題　205

第2節　残留者・冷戦期帰国者に対する日本国内の反応　211

第3節　自己意思残留論の登場　224

第4節　小括　226

第7章　冷戦期を生きる残留日本人　……………………………………………　233
第1節　戦後期における残留の発生　233

第2節　冷戦期における残留の継続　247

第3節　樺太墓参団と残留日本人　259

第4節　小括　271

第8章　ポスト冷戦期帰国　………………………………………………………　283
第1節　サハリン残留朝鮮人とポスト冷戦　283

第2節　サハリン残留日本人とポスト冷戦　286

第3節　ポスト冷戦期帰国運動　292

第4節　小括　300

終章　………………………………………………………………………………　307
第1節　各章課題に対する結論　307

第2節　残留現象の普遍性の検討　311

第 3 節　総括　312

あとがき　317

引用文献・資料　325

サハリン残留日本人関連年表　347

要旨　349

Summary　355

Краткое содержание　361

요지　371

摘要　377

索引　381

著者紹介　389

Remaining Japanese in Sakhalin and Post-war Japan:
Post-war History in the Japan-Soviet Borderland

Table of Contents

Chapter 1 Meaning and Method of Study on Remaining Japanese in Sakhalin
....21
1 Migration Studies and Colonial Studies 22
2 Borderland Historical Studies 46
3 Purpose and Materials 62
4 Summary 71

Chapter 2 Remaining in Modern East Asia································81
1 Territorial Expansion of the Japanese Empire and Generation of Remaining
   People 81
2 Repatriation and Remaining in The Collapse of the Japanese Empire 90
3 Discourse and Studies on Remaining Japanese in Sakhalin 100
4 Summary 104

Chapter 3 Migrations and Grass-Roots Movements on
   Post-War Sakhalin ·· 115
1 Post-War Era: 1945-1949 118
2 Cold War Era: 1949-1988 124
3 Post Cold War Era: 1988-Today 128
4 Summary 130

Chapter 4 Generation of Remaining Japanese in Sakhalin ················ 137
1 The Cause of Remaining Japanese In Sakhalin 137
2 The Number of Remaining Japanese in Sakhalin 142

3 Composition and Change of Remaining Japanese in Sakhalin   150

4 Summary   157

Chapter 5 Return in the Cold War Era ·· 163

1 Collective Return in the Cold War Era   163

2 Individual Return in Cold War Era   171

3 Experiences of Cold War Era Returnees   180

4 Summary   195

Chapter 6 The Stalling of Return for 25 years and the Appearance of a View

　　　　　of Self-Willed Remaining ·· 205

1 Entry Problem of Koreans in Collective Return in Cold War Era   205

2 Reaction of Japanese toward Remaining Japanese and Returnees in the

　　Cold War Era   211

3 Appearance of a View of Self-Willed Remaining   224

4 Summary   226

Chapter 7 Remaining Japanese Under the Cold War ···················· 233

1 Generation of Remaining in the Post War Period   233

2 Continuation of Remaining in the Cold War Period   247

3 Visits to Japanese Graves in Sakhalin and Remaining Japanese   259

4 Summary   271

Chapter 8 Return of Cold War Period ···································· 283

1 Remaining Koreans in Sakhalin and the Post Cold War   283

2 Remaining Japanese in Sakhalin and the Post Cold War   286

3 Movement for Return to Japan in the Post Cold War Era   292

4 Summary   300

Chapter 9 Conclusion ·································· 307

1 Review of Chapters 307

2 the Universality of Remaining 311

3 Conclusion 312

Postscript 317

Bibliography 325

Chronological table 351

Summary (Japanese, English, Russian, Korean, Chinese) 359

第1章

サハリン残留日本人研究の意義と方法

　本書の目的は、境界変動が住民に与える影響をサハリン残留日本人を事例として明らかにすることであり、それは言い換えれば、境界変動が起きたら何が起きるのか、という問いかけへの答えを探すことであると言える。戦争の〈悲劇〉あるいは随伴現象として理解されてきた〈引揚げ〉や〈残留〉を〈境界変動〉という観点から理解する試みである。

　本章では、「境界変動が住民に与える影響」を問うことおよび「サハリン残留日本人」を研究対象とすることの学術的および社会的意義について述べる。本書の研究は、現在多くの人文社会科学研究がそうであるように、ただひとつの研究分野の関心から生まれたわけではないし、またただひとつの研究分野の関心に応えるものでもなく、複数の研究分野の研究史や問題関心、理論、概念が交錯する地点のひとつに位置している。筆者はこの交錯点を〈境界地域史〉と呼んでいる。〈境界地域史〉という用語はすでに佐々木史郎らが前近代の北東アジア地域史研究おいて用いており、なおかつそこでは「境界地域」は近代には消滅するものとして想定されている[1]。しかし、本書では「境界地域」という概念を近代にまで延長して用いることを試みる。この点については後節で詳しく論じる。本書が位置する交錯点を生み出す諸研究分野とは具体的に言えば、歴史学、移民研究、植民地研究、境界研究、多文化主義研究を挙げることができる。

　本章第1節ではこれら諸分野がいかに〈境界地域史〉という交錯点を生み出すのかについて論じることで、〈境界地域史〉という観点の学術的、社会的意義を明らかにする。第2節では、サハリン残留者研究の意義について、報道やノンフィクションなどの蓄積をふまえて、その学術的意義と社会的意義について示し、第3節では本書が取り組む課題を明らかにし本書の構成を提示し、本書が用いる資料についても解説を加える。

第1節　移民研究と植民地研究

〈近代〉という語をめぐっては様々な定義がなされてきた。本書では〈近代〉およびそれに続く〈現代〉を、〈国境と国民の時代〉と理解する。なぜならば、1648年のウェストファリア条約は、現在では〈神話〉と評されることがあるとしても、主権国家間で排他的主権を認め合う地理的境界である〈国境〉という理念と実態を生み出し、1689年の権利の章典以降、国家の主権者を君主から国家に対して権利と義務を有する〈国民〉へと移行させる理念と実態が進行し、この国民国家システムは諸国民国家の国民帝国への拡大に伴い、ヨーロッパから世界各地へと拡がり、諸国民帝国の崩壊後も現在まで機能し続けているからである。

　注意すべきは、君主主権国家が一夜にして国民主権国家へと転じるわけではないということである。国民国家とは、国民主権の実現を理念としつつもその移行過程にある国家も含めた国家形態のことであり、その過程においては国民と〈非〉国民の間に置かれる集団が発生する。また、国境も常に相互承認され画定されているわけではなく、国境に成り得ていない〈境界〉が多く存在していたし、今でもなお多く存在している。そして、見落とすべきではないのは、境界の変動と人の移動が続いて来たということである。

　移民研究は境界を越えて移動する人々を、植民地研究は境界の変動によって発生した植民地をその主な研究対象として展開してきた。このふたつの研究分野は豊富な研究成果を蓄積したが、その一方で現在においてどのような課題を抱えているのかということを以下では見ていきたい。

1　移民研究

　明治日本に植民学が成立して以来、同じ人口移動であっても「移民」と「植民」とは峻別されて来た。矢内原忠雄が「植民」を「実質的植民」と「形式的植民」に分類し、植民の行われる地域の主権の如何を重視しなかったのに対して、山本美越乃は主権の及ぶ地域への移住を「植民」、及ばない地域への移住を「移民」と定義した[2]。ただし、日本帝国期において、「植民」研究は国内あるいは勢力圏内の問題として植民後の動向に主要な関心が向けられたのに対して、「移民」研究は、移住先での動向の研究はほとんど関心がもたれなかったと言ってよいかと思われる。いずれにしろ、政策的関心がその中心にあったことでは共通し

ていた。

　第二次世界大戦後の日本の学界において、この峻別に自覚的であったのは主に植民地研究などの分野であり、在朝鮮日本人社会を研究する木村健二などにより「移民」「植民」を峻別することが提唱されていた[3]。一方で、戦後日本の移民研究はこの峻別に敏感であったとは言えない。森本豊富は、日本移民学会大会報告および『日本移民研究年報』、『移住研究』の分析を通じて、その関心が主にアメリカ大陸への海外移民に集中しており、「「移民」の定義は、日本移民学会においては、正面から議論されたことはなかった」[4]と述べている。また、南米日本人移民研究では、「植民地」という言葉が当時の用法に則り日本人移民の入殖地という意味で研究用語として用いられて来た経緯がある[5]。ここで言う「植民地」とは農業開拓地における「民族的同質性の高い地域共同体」[6]を指しており、日本植民地研究の言う日本の主権内である狭義の「植民地」や、租借地や委任統治領、傀儡国家といった広義の「植民地」とも意味するものはまったく異なっている。戦後の日本植民地研究が「植民」と、そうではない「移民」の区別を意識し、自己の研究対象を明確化しようとしていたことと比べると、用語法をめぐる認識には大きな相違が存在していた。

　ただし、近年では日本植民地研究の中からも、この峻別を越えて人口移動研究を展開しようとする動きが現われている。峻別を提唱した木村健二自身、両者の共通点、類似点の存在を認め、勢力圏の内であるか外であるかは、重要な影響力を与える要素ではあるものの、唯一の決定的なものではなく、人口移動を複合的に把握すべきであると述べている[7]。

　移民研究においても、森本豊富と森茂岳雄が、2018年に刊行された論稿において、移民研究の研究対象となる4つのカテゴリーとして、「移民」「植民」「難民」「在留民」を挙げ、これらは部分的に重なりあうと同時に、個人をカテゴリー間を遷移する動態的存在として位置付けている[8]。ただし、森本豊富が2008年に提示した移民研究の対象となる「移ろう民」は、前記4カテゴリーのうち「植民」を除いた3カテゴリーから構成されていた[9]。これは、この10年の間に日本移民学会において日本帝国を始めとした国民帝国の勢力圏を研究対象とする研究の比重が大きくなったことを反映していると考えられる。

　移民研究の対象が、日本帝国期の狭義の「移民」に限らないという認識は、少なくとも日本移民学会の中では共有されつつあると考えられる。たとえば、浅香幸枝が「2016年の時点で、「移ろう民」概念は「人の移動」という言葉で置き換

えが可能な状態となっている。」[10] と言うように、国内移動であっても低開発地や新領土へのような何がしかの〈境界〉を越える越境的移動が「人の移動」と呼ばれ一群の研究を形成するようになっている。以下、〈移民研究〉という語をこの「人の移動」研究も含めて用いる。

　森本豊富と森茂岳雄は移民研究の論点として『現代社会学事典』の「移民」の事項[11] をふまえた上で、次の10点を挙げている。第1点は、移民は送出国においても受入国においても最底辺の階層に固定されているわけはないという階層論、第2点は、滞在期間による移民区分の限界、第3点は、移民の定住化による受入国での次世代発生に伴う社会的コストの発生、第4点は、従来はまず男性が渡航しそれに女性や子供が続くという形態が一般的であったのが、最初から女性が単身で渡航するという「移民の女性化」、第5点は、通信・交通技術の向上や多文化主義概念などの発展により時間と世代の経過による同化が必ずしも起きず、出身国と現住国の間に跨る社会空間が創出されるという「トランスナショナル性」、第6点は、「移民の送り出し・受け入れ要因」、第7点は、「移民と郷里のつながり」、第8点は、「二世と日本語教育」、第9点は、「帰米二世」「帰加二世」、第10点は文化面での「異種混淆化」である[12]。日本移民学会の動向に目を配るならば、これに中国帰国者のような「帰還移民」をもうひとつの論点として加えることができるであろう[13]。

　それでは、移民研究の社会的意義はどこにあるのであろうか。森本豊富と森茂岳雄は、「移民について学ぶことの意義」について、「多文化社会におけるシティズンシップを考える」こと、「文化的本質主義を乗り越える」こと、「移民のアイデンティティを確認する」ことの3点を挙げている[14]。移民研究者自身による移民研究に対するこうした自己認識の背景としては、日本の移民研究興隆の契機としての1990年の入管法改正が挙げられよう。日本社会の「国際化」「グローバル化」への円滑な対応を促すものとして移民研究の価値を移民研究者自身が見出してきたのである。

「人の移動」という包括的枠組みが研究者の間で共有されつつあると言っても、いまだ解消されていない問題も残っている。社会的問題と学術的問題、それぞれひとつずつ挙げてみたい。社会的問題としては、戦後日本政府が回避してきた「移民」という用語と概念がいまだに回避され続けているということである。たとえば、「移民」問題に最も密接な関係を持つ官庁であるはずの法務省入国管理局が編集発行した出入国管理のしおりの2018年度版[15] においても「移民」とい

う言葉はひとつも見つけることはできない。また、JICA の運営する海外移住資料館 [16] においても「海外移住」とは北南米を主とする日本の主権の及ばない国家への移住を指している。確かに北海道や台湾、樺太、朝鮮への日本人の移住は〈国内移動〉であり「海外移住」に含めないことには合理性が認められる。しかし、それは同時に、その評価は別にして、日本帝国期の日本人の東アジア各地への移住経験を無視することになってしまう。

このことは学術の世界にも少なからず影響を与える。2018 年に刊行された日本移民学会編『日本人と海外移住：移民の歴史・現状・展望』は、同学会と JICA が 2014 年から 2016 年にかけて共催した公開講座シリーズ「日本人と海外移住」に基づいており [17]、「移民」という表現は用いられているものの、辛うじて独立国ないしは中華民国領としての「満洲国」への「移民」についてや在日外国人としての在日朝鮮人については論文が収録されたが、北海道、台湾、樺太、朝鮮への日本人移住については講座の対象にさえなっていなかった。同講座と同書の意義とそれに関わった人々への努力は存分に評価に値するものの、日本の移民研究者の間で形成されつつある「人の移動」というコンセンサスがいまだ社会的には活かされておらず、その言葉を使うか否かにかかわらず、「移民」と「植民」の間の境界が継続していることを示す出来事でもある。

「移民」「植民」双方を論じられないなら論じないほうがよい、という考えは建設的ではない。しかし、日本の勢力圏外への「移民」が、日本国民という物語の中では、現地政府や社会ないしは日本政府からの〈被害者〉という立場をとり得るのに対して、北海道への〈和人〉の移住も含めた日本の勢力圏内への「植民」は〈加害者〉という側面を持つ。それゆえに、「海外移住」という言葉の定義上合理性があったにせよ、「移民」のみを語り「植民」を語らないことを繰り返すのであれば、日本国民の〈越境〉の物語は常にその半分が語られないこととなり、それは同時に近代東アジア世界における日本人の移住の経験とそれが移住先の住民に与えた影響の〈忘却〉を促すことなり、それらの人々の認識との乖離の拡大をもたらすことになるであろう。

次に、学術的側面からの問題について指摘すると、異なる地域や集団を対象とした研究群の間で用語や概念の統一、諸現象に関する普遍性の検証などが充分に試みられてきたとは必ずしも言えず、この点はとりわけ、社会学や文化人類学などと異なり理論枠組みよりも個別事例の実証に重きを置く傾向が強い歴史学に顕著であると言える。

坂口満宏は 2004 年に日本史研究における移民史研究の射程 [18] について提示している。前述の浅香の指摘の通り、現在の移民研究において「人の移動」とは旧来の「移民」「植民」などに区分された移動形態を包括的にとらえるための用語として認識されているものの、日本の歴史研究の中ではすでに歴史学研究会が 1988 年に会誌『歴史学研究』において「人の移動から歴史を見る」という特集を組んでおり、その 2 年後に前述のごとく木村が「移民」と「植民」の峻別の必要性を提唱したという経緯を持つ。その後、前者はハワイ、北南米地域の研究が、後者は日本植民地研究の一環として別々に研究が進められた。このふたつの潮流が合流するのは、2000 年代以降であり、坂口満宏は代表的な研究として、岡部牧夫『海を渡った日本人』（山川出版社、2002 年）、東栄一郎「日本人海外渡航史」（アケミ・キクムラ＝ヤノ編『アメリカ大陸日系人百科事典』明石書店、2002 年　）、Harumi Befu, "Globalization as Human Dispersal: Nikkei in the world" (in Lane Ryo Hirabayashi, Akemi Kikumura-Yano, James A. Hirabayashi, *New Worlds, New Lives*, Stanford University Press, Stanford, Calfornia, 2002) を挙げている。これらの研究は、近代日本人海外移住史としての到達点を示すものであったと坂口満宏は評価する [19]。

さて、坂口満宏が「移民史研究の課題」として挙げているのは、(1)「移住者送出の構造」、(2)「安価な労働力移動の連鎖」、(3)「戦争協力」、(4)「還流」の 4 点である [20]。この中で、その後もっとも目覚ましい研究の進展があったのが、第 4 点「還流」と言えよう。坂口満宏が言う「還流」とは、移民集団の祖国への帰還を指し、具体的には日本帝国崩壊後の引揚げや 1990 年代以降の日系人の「デカセギ」などを指している [21]。前者に関する研究成果の代表格として、加藤聖文『大日本帝国』崩壊：東アジアの 1945 年』（中央公論新社、2009 年）、増田弘編著『大日本帝国の崩壊と引揚・復員』（慶應義塾大学出版会、2012 年）、島村恭則編『叢書　戦争が生みだす社会 II 引揚者の戦後』（新曜社、2013 年）、今泉裕美子、柳沢遊、木村健二編著『日本帝国崩壊期「引揚げ」の比較研究：国際関係と地域の視点から』（日本経済評論社、2016 年）、そして、蘭信三の共同研究による諸編著 [22] を挙げることができる。加藤聖文、増田弘、今泉裕美子らの研究に比しての蘭信三の共同研究の特徴は、(a) 蘭信三自身が社会学を基礎としており、共同研究者が日本史研究者に限られず学際性が高いこと、(b) そのために外交史、政策史、制度史というマクロ層よりも、ライフヒストリーなども重視しミクロ層の分析も実践するという分析スケールの重層性、(c) 共同研究者に

現地の研究者や関係国出身者が含まれており国際性が高いこと、（d）〈日本史〉という桎梏に縛られず、また蘭信三自身が中国帰国者研究をすでに実施していたため、研究の範囲が〈引揚げ〉に留まらず、〈残留〉や〈帰国〉、〈定着〉といった現象まで包含していたこと、（e）さらに、日本人以外の移動まで視野に入れていたことが挙げられる。すなわち、学際性、重層性、国際性、地域横断性、集団横断性、時間縦断性を備えた共同研究の蓄積が進んだ。

　それでもなお、残されている課題としては、（A）共同研究全体としての地域・集団横断性があるものの、個別の比較が深められているとは言えない、（B）日本帝国崩壊から現代の帰国者、在日外国人までという時間縦断性はあるものの、日本帝国崩壊以前の近代期に対する時間縦断性に乏しい、の2点を挙げることができるかと思われる。総じていえば、日本帝国崩壊がもたらした人の移動に対する研究が蓄積した知見や手法を、異なる歴史的事象にも応用し、近現代の人の移動を総体的に把握することが、今後の移民研究のさらなる課題のひとつと言えよう。

2　日本植民地研究

　日本における植民地研究の進展について見てみると上述の通り、日本帝国期から〈植民地研究〉と呼び得る研究領域は存在したが、それは〈植民学〉などきわめて実践的な分野であった。これらの研究と教育を行なっていた各大学の講座は、「拓殖学」として戦後開拓に引き続き関与した北大植民学を除けば、第二次世界大戦後は「国際経済学」や「開発経済学」に転換しており、実践理論としての断絶が起きることとなる[23]。

　戦後の日本における植民地研究と呼ばれる研究分野は、ホブソン・レーニンの帝国主義理論に深い影響を受けた経済史研究を中心に拓かれ、当初からその関心の中心は日本帝国圏にあった。1950年代には井上晴丸らにより、帝国主義論に依拠しながら日本の帝国主義的拡大の原因が経済的危機にあるという見解が示され、以後、本国の危機そのもの史的検証と侵略の実態の検証というふたつの研究潮流が生まれ、この後者が初期の日本植民研究の中心を形成することとなる[24]。しかし、帝国主義論に基づき、経済史・政治史・外交史が相互補完し合って進展した帝国主義史研究も1990年代頃には「実証研究によって明らかにされた事実と、帝国主義論が要求する諸段階の定義との間に埋めがたい乖離が生まれ」[25]、政治史・経済史・外交史の一体性も喪失した状況が発生し、それはやがて帝国主

義史研究の流れから「帝国研究」という新たな流れを生み出し、政治外交史は国際秩序の観点から、経済史は国家単位ではなく、より小さい地域単位での分析が展開されるようになった。児玉州平は、もはや帝国主義論の解釈を重ねるという「根」に立ち戻る方法には学術的意義は薄く、帝国主義史研究が実らせた「果実」を活かすことに学術的意義があると主張し、各植民地と本国内の各地域が直接的に結びつく「重層化／錯綜化した地域間のダイレクトな関係」の解明にその現代的意義を認めている[26]。

　ただし、植民地経済史研究には帝国主義史研究とはまた異なる流れが存在していた。1960年代以降の台湾や韓国の経済成長を日本帝国期の工業化という観点から理解しようとする通時的な「地域の経済史」研究と、帝国経済の数量的把握を目指した山本有造の「帝国経済史」であり、これらは1980年代後半以降に興隆した。また、戦前アジア貿易における貿易成長率の高さを日本帝国圏内の貿易の進展として理解する堀和生の「東アジア資本主義史論」なども提起されている[27]。こうした経済史研究は帝国主義史的経済史研究とは相互批判関係にあるが、とりわけ「地域の経済史」はときに「植民地近代化論」とみなされ、後述するように経済史に限らず、帝国主義史研究あるいは旧植民地地域における民族主義的歴史研究からは、社会史や政治史といった分野からも批判の対象となっていることは重要であろう。

　こうした経済史的研究が進展すると同時に、1990年代以降は日本植民地研究における手法の多様化も進展した。そしてそうした手法の多様化の前提として、日本の人文社会科学一般における新たな理論の受容と普及があった。〈国民国家論〉と〈構築主義〉である。西川長夫が展開した国民国家論は、ナショナル・アイデンティティ研究の重要な理論家であるアントニー・スミスが分類したネイション論のうちネイションを近代の産物とする「近代主義」[28]の立場に立つものであり、ルイ・アルチュセールの理論などを参照し、ナショナル・アイデンティティや国民的規範の再生産性に着目するものであった。植民地研究においては国民国家論を取り入れた「日本帝国論」が提起された。日本帝国論は、日本人をはじめとした「国民」を自明のものとせず、日本帝国圏におけるヒト・モノ・カネの越境的移動や日本帝国の抑圧的システムの形成と維持、そのシステム下での住民の自我意識や生活、分野の生起を解明し、一国史の寄せ集めではない東アジア史の構築を目指すものであった[29]。

　構築主義による〈言語論的転回〉は、研究資料として従来の公文書や刊行物だ

けではなく、一般人の回想記や聞き取りを基に〈記憶〉を用いる「記憶論的転回」を日本の歴史研究にももたらした。飯倉江里衣は日本において記憶論的転回後に記憶と歴史がいかに論じられたのかを次の4つに分類している。第一は、歴史叙述や歴史認識への記憶論的転回の影響をめぐる議論、第二は、モーリス・アルヴァックスの集合的記憶論研究の系譜、第三は、その集合的記憶論研究をふまえながら、社会学者の桜井厚のライフストーリー論を応用した記憶研究、第四は、オーラルヒストリーの歴史研究への導入である。第二の研究群が記憶する主体として個人の主観を重視しないのに対して、第三の研究群ではむしろ記憶する主体個々人と社会全般や調査者と対話性を重視し、第四の研究群では、記憶は既存史料の補完としての「証言」の位置づけを与えられる傾向が強く、記憶の形成や変動、また植民地期を除く時期についてはほとんど関心が払われていないと、飯倉江里衣は指摘する[30]。

第三のライフストーリー論を応用した記憶研究では、語りを、社会全体の支配的言説としての「マスター・ナラティヴ」、それに影響を受けつつも当事者のコミュニティの中で形成される「モデル・ストーリー」、「個人の語り（記憶）」に区別し、それぞれの語りの構築の過程に着目する。飯倉江里衣が、このライフストーリー論を応用した記憶研究をめぐる論点として、第一に、日本人とそれ以外の住民の研究蓄積の非対称性、第二に、対話構築主義の側面を強調するあまり、経験そのものの実在性を軽視しかねないという危惧、第三に、マスター・ナラティヴやモデル・ストーリーからこぼれ落ちる個人の語りを拾い上げることに、記憶の多様性を示す以上の有効性があるのかという点を挙げると同時に、こうした研究は旧来の歴史学的手法への批判ないしは挑戦という側面がある以上、歴史学の側からの応答がさらに展開される必要があることも指摘していることは重要であろう[31]。

なぜならば、記憶論的転回およびその背景である「物語論的転回」や「言語論的転回」を日本の歴史学が充分に受容できていないという批判が社会学の側から出ているからである。そのひとつが朴裕河『帝国の慰安婦』[32]への日本の植民地研究者の一部の態度に対する社会学者・上野千鶴子の批判である。上野千鶴子は『帝国の慰安婦』を全否定する人々は同書を実証史学の水準、つまりは事実の認否で評価を下しており、同書の有する「語り」や「記憶」をめぐる学術的インパクトを理解していないと批判する[33]。一方、上野千鶴子が批判する一群の歴史研究の中に含まれる金富子は、同書を1990年代の朝鮮人元慰安婦の証言を契機に

発展した日本植民地のジェンダー研究の成果を否定するものであり学問的手続き
が杜撰であるという評価を与えた上で、同書を高く評価する上野千鶴子のエイ
ジェンシー論を批判する[34]。金富子の「上野がエイジェンシーを「自発性」と同
義語的に使って、協力や恋愛に限って強調するのは、一面的だ」という批判は、
金富子が批判の対象とした上野千鶴子の文章に対する理解の程度に疑義を生む。
なぜならば、上野千鶴子は「エイジェンシーは100％の自由な主体を意味しない
が、他方で構造への100％の従属も意味しない。」「「自発性」を認めたからと
いって、本人が置かれた抑圧的状況を否定することには少しもならない」[35]と明
記しており、上野千鶴子が「エイジェンシー」と「自発性」を「同義語的」に
扱っているという金富子の解釈には疑問が残る上、上野千鶴子は「エイジェン
シー」という語を注意深く括弧でくくって用いているし、朝鮮人元慰安婦につい
て「個々の女性のエイジェンシーは、抵抗から反逆のみならず、協力から共犯ま
での多様性を見せた」[36]と書いた上に、その次には沖縄戦における民間人集団自
決のエイジェンシーについて論じており、金富子の「協力や恋愛に限って強調す
るのは、一面的」という批判は、上野千鶴子の論にそぐわない批判であり、なお
かつ上野千鶴子が想定している範囲内での批判の繰り返しと言わざるを得ない。
なお、このエイジェンシー論は上野千鶴子、蘭信三、平井和子編著『戦争と性暴
力の比較史へ向けて』（岩波書店、2018年）で理論化、応用化がはかられる。

　日本植民地経済史分野から生まれた植民地近代化論から社会学者らによって精
緻化されたエイジェンシー論まで、研究のありようや論争に大きく影響し、なお
かつ研究者の重要な関心になってきたのは、日本帝国の植民地支配に対する〈評
価〉である。とりわけ、1990年代以降、植民地責任論などが社会的、国際的課
題になるにつれて、植民地研究者もまたこの問題と自分の研究との関係性を意識
せざるを得なくなっていく。こうした議論は、植民地研究の社会的意義と直結し
ていたからである。金富子の朴裕河や上野千鶴子に対する態度は、まさにこの象
徴とも言えるのではないか。括弧付きであれ自発性という言葉を元慰安婦に対し
て用いることは、慰安婦が売春婦であるという理由からこの問題に対する日本政
府の責任を認めない立場の人々に利用されてしまう可能性があるとして、この言
葉の使用自体を許容しないというのは、ある観点から見れば政治的良心とも言え
るかもしれないが、その政治的良心のために学術的良心を犠牲にすることは研究
者としての責任の放棄とも言える[37]。

　しかし、朴裕河の著書やそれをめぐる裁判に対する研究者たちの様々な反応

は、日本帝国の植民地支配に対する〈評価〉がそこまで研究者の言動に影響を与えるものであると同時に、それが研究者自身の研究の動機にさえなり得ていることを示している。このことは日本植民地研究の源流のひとつがレーニンの帝国主義論である以上、不可避的なことでもある。レーニンは『帝国主義』の中で、帝国主義の歴史的地位を、「資本主義制度からより高度の社会＝経済制度への過渡」期とし、独占が生まれる重要な要因として、第一に、高度な発展段階にある生産の集積、第二、銀行（金融資本の独占者）、第三に、植民政策を挙げている[38]。上述の児玉州平の指摘の通り、第一と第二の経済的要因については理論と実証の乖離が起き現在では有効な研究理論になり得ていないわけであるが、第三の要因については、その有効性が広く否認されているわけではない。むしろ、レーニンも同書で引用していた帝国主義による民族的抑圧は近代化を伴うためにポストコロニアル国家の独立を生み出すというヒルファーディングの逆説的指摘[39]は、山室信一の「国民帝国論」[40]でもさらなる理論化がなされている。帝国主義史研究の両輪であった階級矛盾批判と民族矛盾批判のうち、階級矛盾批判は1990年代以降急速に縮小し民族矛盾批判のみがそのまま、あるいは拡大する形で日本植民地研究が展開し現状に至っているという解釈も可能であろう。

　植民地責任論などに真摯に向き合うほど、研究者は自身のポジショナリティを引き受けざるを得なくなる。直接的加害者あるいはその世代ではなくても「応答可能性」という形で発生する戦後責任は、血統ではなく政治共同体への帰属によって課されるとした高橋哲哉さえも、日本国民の場合、帰化国民よりも「「日本民族」系日本人」が「実質的にはるかにより大きい」[41]（傍点は原文通り）責任を負うと論じるように、個人への刻印としての〈民族〉概念が持ち出されてしまっている点は再考に値しよう。高橋哲哉がこのように論じる根拠は、「日本社会において、在日朝鮮人や外国人の日本への「帰化」を認める権限、つまり日本国民としての政治的権利をだれに認め、だれに認めないかの権限を握っているのは、圧倒的多数派であるこの「「日本民族」系日本人」[42]であることに求めている。しかし、この時点で高橋哲哉は、国民内部の政治的文化的均質性を無条件に認めてしまう〈国民国家主義の罠〉に陥っているのではないだろうか。言うまでもなく、日本帝国期において参政権は限定的なものであり、普通選挙法が施行されるのは1925年以降であり、それでもなお女性は排除されていた。日本国憲法施行後は女性と男性の参政権格差は是正されるが、それまでの間、「日本民族」系日本人の内部でさえ政治的権利は不均等であったし、内地在住の朝鮮人男性に

は参政権があったことを考えれば、普通選挙法施行以後の内地では「日本民族」系日本人女性よりも内地在住朝鮮人のほうがより多くの政治的権利を有していたことになり、より重い戦争責任を負いかねない。さらに言えば、仮にブルジョア民主主義下では真の民主主義は実現せず、それが実現するのは共産主義革命を経たプロレタリア独裁下においてであるという立場をとり、戦後日本社会において政治的権利はブルジョアジーに独占されプロレタリアートは不当に政治的権利を剥奪された状態であるとみなせば、やはり政治的権利は不均等なのである。また、〈責任〉の多寡が〈権利〉の多寡を正当化する可能性をひらくことも危惧すべきであろう。同国民に対して〈民族〉によって、それがいかに道義的動機に基づくものであれ、責任の差を設けることは理念上好ましくないのではないか。いずれにしろ、植民地責任に誠実であろうとするほど、〈民族〉の刻印を自ら深く刻むことになるという事態が生まれてきたことはやはり無視できない。

　植民地・戦争・戦後責任論は自他へのナショナル・アイデンティティを強化させる作用を持った。日本帝国主義批判が重視されるあまりに、あたかも日本帝国が近現代東アジアにおける国家的暴力の唯一の源泉であるかのような言説が生まれているのも事実である。たとえば、近代日本史研究者の今西一は昭和天皇の戦争責任を問うに際して、ハバロフスクにあるシベリア抑留者の慰霊碑と墓地に昭和天皇が慰霊に訪れていないと皮肉めかして書いているが、そこでスターリンやフルシチョフ、プーチンの訪問を問うことはしていない[43]。しかし、シベリア抑留は、日本の満洲進出や日ソ戦の必然的帰結ではない。ソ連が関東軍捕虜をソ連領内に連行せず速やかに日本内地へと送還していれば、そこまで「巨大な慰霊碑と広大な墓地」[44]が建設されることもなかったはずである。シベリア抑留に関しては、旧ソ連圏内においてもソ連崩壊以降、その正当化ではなくその非人道性を明らかにする研究がセルゲイ・I・クズネツォーフやヴィクトル・V・カルポフなどにより発表されており[45]、両者の翻訳を重ね自身もシベリア抑留研究を続けてきた長勢了治がこれらを「自国の「負の遺産」」に対する「真摯な研究」であり「日ロ両国民の客観的歴史認識の形成に役立つ」として評価し「今後は、これらの研究と日本側の資料・研究との比較、総合が望まれよう」[46]と述べているように、人間の暴力、国家の抑圧に真摯に向き合うためには、民族／国民の歴史の再生産ではなく、人間の歴史を志向していく必要がある。

　歴史研究は裁判ではない。資料を収集し、資料批判を行ない、命題の実証を行なう。責任の所在の有無や軽重への審判や善悪を判別する〈評価〉は行えない。

もちろん、歴史研究者が植民地責任論を論じることはできるし意味のあることである。しかし、それは歴史研究そのものの機能ではなく、歴史研究の成果を基にひとりの人間としての歴史研究者が〈評価〉を行なっているのである。歴史研究の社会的意義は、ある時代や国家、個人や現象に対する〈評価〉を行なうこと自体ではなく、そのための材料を提供することにある。

　歴史研究の営みの中での整合性を問う論理、ここでは仮に〈歴史学理論〉と呼ぶ、と〈評価〉の基準、ここでは仮に〈政治理論〉と呼ぶ（〈政治学理論〉ではない）、は別のものである。しかし、実際にはその線引きは難しい。そのひとつの原因は、検証すべき命題の設定を生み出す枠組みそれ自体を〈政治理論〉が左右する場合があるからである。その典型が帝国主義史研究であり、〈政治理論〉と〈歴史学理論〉が一体化してしまっている。これは帝国主義史研究特有の病弊ではなく、どのような〈歴史学理論〉であっても負わざるを得ない問題である。このことは、いま我々が〈歴史研究〉と呼んでいる知的営為そのものが近代という歴史的文脈に依存して成立していることからも容易に理解できる。したがって、歴史研究に臨む者は、〈政治理論〉と〈歴史学理論〉の癒着を排除するよう極力努めつつも、排除しきれない〈政治理論〉を排除し切るという幻想を捨てて、個々の歴史研究の〈政治理論〉と〈歴史学理論〉の関係性に自覚的であるよう心がける必要がある。〈政治理論〉と〈歴史学理論〉の癒着は、歴史研究を〈歴史学理論〉の整合性ではなく、〈政治理論〉の整合性から統御しようとするような状況を生み出すからである。

　さて、ここまで日本植民地研究の全体像について論じてきたわけであるが、そもそも〈日本植民地研究〉という総体が存在するのであろうか。確かに、経済史研究は日本帝国全体を分析対象としてきたし、各地域の法制度などを網羅的に研究した全体史研究、たとえば、浅野豊美『帝国日本の植民地法制：法域統合と帝国秩序』（名古屋大学出版会、2008 年）、遠藤正敬『近代日本の植民地統治における国籍と戸籍：満洲、朝鮮、台湾』（明石書店、2010 年）は継続的に進展している。しかし、前記の日本帝国植民地支配の〈評価〉をミクロなスケールから分析する社会史のような分野では、必ずしも全体史研究や比較史研究が進んでいないのではないだろうか。

　ここでひとつ重要な事実を挙げておきたい。すでに何度も引用してきた日本植民地研究会編『日本植民地研究の論点』（岩波書店、2018 年）は、日本植民地研究の研究史や論点をテーマごとに 22 章コラム 13 篇で論じている。しかし、同書

「あとがき」で「テーマ別の編成とした結果、台湾・朝鮮および満洲以外の地域を対象とする研究の多くが本書から欠落することになった」[47] と述べられているように、地域的偏重があり、たとえば、同書の参考文献一覧[48] に文献名があがっている樺太史研究者は竹野学ひとりであり、しかもその文献は同研究会が 10 年前に刊行した『日本植民地研究の現状と課題』の中の「樺太」編[49] である。つまり、実質的には『日本植民地研究の論点』において樺太史研究はひとつも参照されていない。

　この原因としては、樺太史研究自体が満洲・朝鮮・台湾に比べれば研究蓄積が浅いことや、同研究会に積極的に参加している樺太史研究者が少ないことが挙げられようが、樺太史研究の成果が皆無なわけではないし、2008 年にサハリン樺太史研究会が発足して以降、樺太史研究の「多様化と高度化」が進展したことは 2014 年時点ですでに指摘されている[50]。それにもかかわらず、樺太を含むそれ以外の地域については、2008 年刊行の『日本植民地研究の現状と課題』の諸編を「本書と併せてご参照いただきたい」と記すにとどめている[51]。また、さかのぼれば 1990 年代前半に刊行された大江志乃夫ほか編『岩波講座　近代日本と植民地』（岩波書店、1992 ～ 1993 年）全 8 巻において樺太に関する個別論文は一篇も収録されておらず、歴史地理学者の三木理史はこの事実こそが日本帝国植民地の中の樺太の「外地性の希薄」さという例外的性格を示している証左とする[52]。さらに付言すれば、『岩波講座　近代日本の文化史』（2001 ～ 2003 年）の第 6 巻「拡大するモダニティ」に収録されたテッサ・モーリス＝スズキ「植民地思想と移民：豊原の眺望から」[53] は、樺太史研究者からはモーリス＝スズキの分析が過剰に台湾や朝鮮からの演繹に依存しているなど厳しい批判が与えられている[54]。

　これらのことは、日本植民地研究という枠組み自体の限界を示すものであるかもしれない。日本植民地研究という枠組みにおいて、樺太や南洋群島といった地域と台湾・朝鮮・満洲といった地域の研究がうまく接合し得ないのであれば、実はそれは〈日本植民地研究〉ではなく単なる〈台湾・朝鮮・満洲研究〉と呼ばざるを得ないし、樺太や南洋群島の研究が進展したこの 10 年間において〈日本植民地研究〉が行きついた結論が、台湾・朝鮮・満洲と樺太や南洋群島は同じ枠組みで論じることはできない、というものだったということになる。

　しかし、この結論が、それら三地域の歴史をより正確に理解するために益するものであろうか。たとえば、藤原辰史の「技術文化史」研究[55] が指摘した、日

本帝国の農業技術者の「技術至上主義」や内地米への固執は、樺太の農業技術者との比較研究により反証されている[56]。「搾取・投資型植民地」「移住型植民地」という分類に従った場合、台湾・朝鮮・満洲は前者であり、帝国主義史研究の期待する民族矛盾が顕在化しやすいのも前者である。そのような三地域のみに分析の対象をしぼりその上で得られた知見を植民地全般へと一般化して理解させようとする方法は適切とは言えないし、前記の藤原辰史の研究への反証が示すように「投資・投資型植民地」の事例分析により真とされてきた命題さえ、日本帝国という規模で見た場合には偽となる可能性がある。

　また、そもそもその三地域でさえ民族矛盾がより顕在化しやすいということ以上にどこまで議論や認識が共有されながら研究が進められているのだろうか。日本植民地研究は〈日本史〉の文脈から見れば、日本帝国圏の各地域の研究になるが、現在その地域を領有ないしは実効支配している国家からすれば、その地域のある一時代の歴史なのである。そこで以下では、台湾・朝鮮・満洲の三地域に関する歴史研究の動向について確認する。

3　日本帝国期歴史研究の地域別展開

（1）　朝鮮

　韓国近現代史研究者の尹海東によれば、韓国における植民地期研究においてまず提起された「植民地収奪論」は規範としての歴史学の性格を持ち、抵抗と協力の二分法的認識に規定されており、これに続く「植民地近代化論」はこの二分法を克服しようとし、植民地期において朝鮮社会の近代化が進んでいたことを主張したものの、植民地近代化論も収奪と抵抗という二つの軸を中心とする植民地認識を根本的に変化させたわけではなかった。尹海東は、植民地支配には二分法では説明しきれない幅広いグレーゾーンが存在するとし、これを理解するための公共領域という概念の重要性を提起する。尹海東は、植民地期の政治史を正当に復元するために抵抗と協力が交差するこのグレーゾーンに「政治的なるもの」としての公共領域を位置づけ、これを「植民地的公共性」と呼ぶ。この公共領域は日常的な協働の問題をめぐる交渉を通じ植民地期において持続的に拡大し続けるとともに、植民地住民たちは植民地権力の磁場から抜け出せず、植民地的公共性が近代化の進展とあいまって規律権力化したのである[57]。尹海東は「植民地支配期に植民地住民の日常を構成するあらゆる行為が『政治的なるもの』たりうる」とし、上述の通りこれを「公共領域」（公共圏）と等値している[58]。

植民地朝鮮史研究者の並木真人は従来の「植民地支配糾弾論」や「民族主義史観」が植民地支配自体を絶対悪とみなしたために、植民地支配の「合理的」側面に目を向けず、「合理的」であるがゆえに支配が徹底するとともに抵抗の契機が奪われ、結果的に支配が継続したことが看過されて来たと論じ、植民地における「公共領域」や「公論」、「植民地公共性」などの概念による分析を試みた。並木真人は、植民地権力と植民地住民の間の「公共性」確保をめぐる闘せめぎ合いが展開された部分を「公共領域」と呼ぶ。植民地権力は、「合理化」「合法化」「効率化」を偽装した合意調達を常に迫られるとともに、植民地住民も抵抗と屈従の二極の間で揺れ動くことで広大な「公共領域」が形成される。そして、そこには植民地権力と植民地住民の間で生まれる関係性の基本的ルールである「植民地近代性」が見出される。この「公共性」の成立こそが植民地支配を安定化させたのである[59]。並木真人は、植民地朝鮮の公共性生成の契機のひとつは植民地権力が在来の支配層を統治政策における「バーゲニング」を通じて包摂したことにあったと論じている[60]。

尹海東や並木真人らの植民地公共性研究は同じ植民地朝鮮史研究の分野の研究者から批判を受けており、批判者の代表として趙景達を挙げることができる。趙景達の尹海東や並木真人ら植民地近代性論者への批判の要諦は、植民地公共性はごく限られた層に浸透したに過ぎず、大多数の民衆には無縁の存在であったということである。趙景達は植民地公共性について「植民地研究としてはその存在性を強調するよりは、その幻想性を解き明かすことこそが重視されなければならない」と主張し、植民地民衆史研究の必要性を説く[61]。たとえば、趙景達は1919年の三・一運動において、朝鮮人民衆は指導者の主導する運動からは排除されており、各地で起きた民衆による自主的な示威行動が、あくまで朝鮮王朝期以来の「伝統的な民乱の作法」に沿っており、さらには指導者層が考えていたような国民国家を待望していたわけでもなかったことを挙げている[62]。

なお、現在においても植民地近代化論とそれへの反駁が続いており、たとえば、往年の近代化論批判論者である許粹烈は、植民地近代化論者の代表格である李栄薫、金洛年らと同様の基礎資料を用いながら数量分析に基づき、植民地近代化論が日本帝国期の経済開発を過大に評価していると指摘している[63]。

(2) 台湾

台湾史研究者の若林正丈は1990年代以降の台湾島史研究の系譜を曹永和、周

婉窈、呉叡人という流れから以下のように整理している。ある国家の一地方の歴史を〈地方史〉と呼び、国家とは関係なく叙述される地域の歴史を〈地域史〉と呼ぶならば、台湾史を「台湾島史」として論じることを提唱したのは曹永和であり、その第一歩となる論稿が1990年に発表された「台灣史研究的另一個途径：『台灣島史』概念〔台湾史研究のもうひとつの道：「台湾島史」概念〕」であった。この論稿は、当時進展しつつあった台湾の民主化に連動する形で、統治国家に拠らず歴史分析上の独立した空間として台湾を認識すると同時に、漢人中心主義を反省し、台湾先住民族や漢人の中の少数派である客家の歴史観を意識するなど、当時の台湾における多文化主義的国民統合の理念が反映している[64]。

　ロングセラーである台湾史概説書『台湾史図説』の著者である台湾史研究者の周婉窈は、「地理空間で歴史を定義する」ことを掲げ、形式的には大陸部まで領有権を主張する中華民国施政下に現在居住しつつも実態としては法制度や組織は台湾をその有効範囲としており、その境界の内部で生きている人々にとって「思考の単位」としての台湾が共有されているとし、その地理的範囲から遡及的に台湾史を定義する[65]。

　しかし、この周婉窈の台湾史理解は外来政権としての諸帝国の興亡を明確には反映できておらず、この課題に取り組んだ思想家の呉叡人は「台湾は諸帝国の断片である」と位置付ける。呉が提起するのは、台湾では常に帝国の中心へ反発して周辺ナショナリズムが生起するが、それらは中央に従属する公定ナショナリズムや同化主義的エスノナショナリズムでもなく、多文化性を備えた市民的ナショナリズムである。曹永和や周婉窈の課題が、国民党史観のような台湾内部のテーゼへのアンチテーゼとしての台湾史の提起であったのに対して、呉叡人の課題は中華人民共和国の政治経済的脅威への対抗手段としての台湾史解釈であった[66]。

（3）　満洲

　日韓中における「満洲国時期研究」については田中隆一によれば以下のように整理できる。中国における満洲国時期研究は「東北淪陥史」と称されるように、東北抗日義勇軍や東北抗日連軍に関する反満抗日運動研究が主たる潮流であり、改革開放路線が始まった1980年代以降に東北近現代史研究が開始され、その集大成とも言える『東北抗日連軍闘争史』は1991年に刊行された。同書は、抗日闘争を日本帝国主義に対する民族解放戦争と位置づけ、東北抗日連軍において金日成などの後に朝鮮民主主義人民共和国の首脳陣らが指揮する部隊も重要な役割

を果たしたことや、ソ連が支持や援助の形で抗日闘争に貢献したことを叙述することをその主眼としていた。1990年代に入ってもなお抗日闘争が重要な研究主題であり続けていたが、歴史学全般への国家的保護が脆弱になる中で、国家プロジェクトに依拠する研究が進められるようになる。中国の歴史学界における「偽満洲国史研究」については、1980年に政治、経済、文化、教育、抗日闘争などのテーマから概略的に整理した『偽満洲国史』が刊行され、1991年にはイデオロギー・民族政策について論じた王希亮『日本対中国東北的政治統治』が、1995年には満洲国と植民地朝鮮の相互関係まで視野に入れた解詩学『偽満洲国史新編』が刊行されたほか、1980年代以降には教育史、移民史、経済史、都市史、女性史など各分野での研究成果も発表され続けている[67]。

　中国朝鮮族の歴史研究は1958年に吉林少数民族社会歴史調査組が設置されることで緒に就き、『朝鮮族簡史』の編纂が進められるが、文化大革命により朝鮮族研究者への政治的弾圧や資料の紛失により中断、1979年に吉林省民族問題五種叢書編纂委員会が発足し、1986年に刊行にいたった。1980年代にはこのほかにも朝鮮族の抗日闘争史や教育史研究が刊行された。先述の通り1990年代以降、歴史研究は国家プロジェクトに依拠する傾向が強まるが、朝鮮族の歴史研究についても、「中華民族主義」や愛国主義など共産党の価値観を色濃く反映した「東北工程」という中国社会科学院中国辺疆史地研究中心が中心となった国家的歴史研究プロジェクトの中の「高句麗史研究」プロジェクトに組み入れられ、古代史だけではなく近代史研究も取り組まれた。1990年代以降、朝鮮族研究についても抗日闘争史研究が盛んであったが、教育史のほか、移民としての朝鮮族の歴史に着目した研究も数多く現われるようになった[68]。

　韓国では1980年代半ばまで、韓国民族運動史研究は民族主義運動系列の研究が独占的状況にあり、1949年に刊行された蔡根植『武装独立運動秘史』（大韓民国公報処）を踏襲していたが、同書の目的は大韓民国軍を大韓帝国期の義兵運動、その後の抗日闘争、そして上海臨時政府の光復軍運動の系譜に位置づけ正統性を証することにあったため、満洲における朝鮮人の社会主義運動は捨象されていた。ただし、金俊燁、金昌順が政治的圧力を受けながら最初の本格的な社会主義系運動史研究書である『韓国共産主義運動史』全5巻を1977年から1980年にかけて刊行するなど絶無であったわけではない。1980年代後半になると韓国の民主化運動の高まりから、若い世代の研究者により社会主義系の民族運動家も民族運動史の中に取り入れられていくようになり、沿海州や満洲の朝鮮人の民族運

動も研究対象とされるようになり、1990年代後半には満洲における朝鮮人社会
主義運動史研究の研究書が刊行されるようになっていく。一連の運動史研究が韓
国史研究を主な土壌にしていたのに対して、1990年代になると東洋史研究を土
壌とした満洲国研究も登場するようになり、満洲国の治安、動員政策などの研究
が進められた。1990年代後半になると韓国社会もグローバル化の影響を強く受
けるようになり、民族主義や国民国家主義への批判、反省が研究者の間でも議論
されるようになり、前述の尹海東の植民地近代性論が若手研究者らに絶大な影響
を与えて行くことになり、日本帝国主義の傀儡国家とされる満洲国とソ連衛星国
家群やいまだにフランスの強い影響下にある旧フランス植民地地域、そして李承
晩政権期の韓国とのあいだにどれほど大きな違いがあるのかと問う韓錫政『満洲
国建国の再解釈』（1999年）も刊行され、同書を契機に満洲学会も韓国では組織
されるようになるなど、旧来の「支配と抵抗」「親日と反日」に二分法の超克を
試みる研究が現れるようになった。また、中国朝鮮族の歴史研究者が韓国に留学
し博士号を取得するという現象も起きるようになった[69]。

　日本においては、上述の通り、日本植民地研究において満洲研究は先駆的位置
にあり、1970年代から帝国主義史研究の観点からの研究が進められていた。田
中隆一はその嚆矢を満洲史研究会『日本帝国主義下の満洲』（1972年）とし、浅
田喬二、小林英夫編『日本帝国主義の満洲支配』（1986年）、鈴木隆史『日本帝
国主義と満洲』（1992年）を「日本帝国主義論」に立脚した満洲国研究の到達点
とみなしている。ただし、鈴木隆史が提示した満洲研究のみっつの課題、すなわ
ち、満洲植民経営史の全体像の構築、日本帝国主義植民地体制の中での位置の究
明、中国人民による抗日民族闘争の展開過程の解明、のうち第三点について、満
洲国下の中国人の生の多様性を抗日闘争に収斂させ「満洲という地域の持つ多様
性と力動性を解放後の中華人民共和国政府樹立を前提とする単線的な歴史解釈へ
と回収させ」てしまったために、具体的な研究成果の結実を見なかったという田
中隆一の評価は重要であろう。1990年代以降、「日本帝国主義論」に立脚する研
究が継続する一方で、その枠組みから離れた研究群が現れるようになった。その
代表と言えるのが、山本有造編『「満洲国」の研究』（1993年）である。ただし、
実証研究の精緻化や歴史社会学などの他分野からの参入が活発化した一方で、日
本の戦後歴史学の流れの中の自身の位置づけを示さない、あるいは示すこと自体
に関心を持たない研究群も現われるようになった。また、韓国同様に中国朝鮮族
の研究者が日本の大学で博士号をとり、個別研究論文の発表や博士論文を基にし

た研究書の刊行も進んでいる[70]。

4　境界地域史の可能性

　台湾、朝鮮、満洲の研究動向からは、植民地期の研究自体がそれぞれの地域の政治状況などに大きく影響されていることが理解できる。このことは、先述した、〈政治理論〉が〈歴史学理論〉に影響を及ぼすという命題を裏付けるものである。また、1990年代以降、留学生を含む国際学術交流の進展は問題意識の共有を進めたが、その一方で各地域の植民地期を研究することの意義が、植民地研究としてよりも一国史、地域史の中に求められるという事態も進んでいたと考えられる。日本帝国の中の一地域として歴史研究がなされていたのが、ある国家あるいは地域の一時代としての日本帝国期を問うというように、問題意識の順序が異なる研究が日本と現地双方の歴史研究において併存するようになったのである。すなわち、植民地研究による地域横断性よりも、地域史・一国史における時間縦断性により強い関心が持たれるようになった。以上のような状況の中で、政治共同体の単位である〈国民〉や〈民族〉、それらの価値観に基づく日本帝国期への〈評価〉に研究者自身が敏感にならざるを得なくなっていった。そして、ポストコロニアル研究はそうした傾向を強めたとも言えるかもしれない。

　朝鮮は、台湾や満洲と比較して、日本側と現地側のひとつである韓国との間の問題意識に大きな差はなく、植民地近代化論や植民地近代性論は日韓の間で醸成されていった経緯がある。それでは植民地朝鮮史研究で蓄積されたそれらの研究理論は、日本植民地研究の先駆的モデル理論として、他の地域の研究でも充分に参照されて来たのかと言えば、そうとは言えない。なぜならば、上記の研究理論はいずれも〈ポストコロニアル〉の存在を議論の前提としているものの、日本帝国の植民地・勢力圏のうち、〈宗主国からの独立〉というような意味での〈ポストコロニアル〉を経験したのは朝鮮のみだからである。樺太は戦後にポストコロニアル国家が新たに形成されたわけではなく，北サハリン、クリルと合わせてサハリン州として大国ソ連の一行政州になっただけであり、台湾も、その後に99%の領土と国民を喪失することになるとは言え，大国中華民国の一省となり、〈本省人〉国家は実現せず，満洲・関東州も国民党と共産党による国内紛争としての勢力争いが展開され国家形成は実現せず、〈中国〉としての正統性[71]を宣う中華人民共和国の一地方として統治され，南洋群島も，現在は独立国家が存在しているとは言え，戦後数十年間にわたり大国アメリカの強力な統制下にあった。日本

帝国圏として共通しているこれら地域も、その前後の時期まで視野に入れればそれぞれ個性を持つ地域であることが理解できる。そしてそれゆえに上述の通りそれぞれの歴史研究が展開されてきたのである。このことは、1990年代以降の台湾史研究が、国民党史観や中華人民共和国への反発という政治理論に足場を置き、それよりもひとつふたつ前の時代の日本帝国期への批判が主導的政治理論とはなっていないことからも理解できよう。

　もちろん、だからと言って、これら地域についてのポストコロニアル研究や脱植民地化研究が起きなかったわけではなく、むしろ数多くの研究が提出され今日にいたっている。そしてポストコロニアル研究自体が文学研究であるポストコロニアル批評を源流とするために歴史学に限らない諸分野が日本植民地研究の研究対象地域や集団をその題材とし、様々な概念が導入されたが、その性格上、〈帝国〉から切り離された後の地域や集団の研究であるために、地域史や一国史、あるいは民族史としての深化が進んだとも言える。

　近年、「移行期正義」論が韓国と台湾で注目され盛んに議論されているが、そこでの主な批判の対象は李承晩政権や蔣介石政権など非民主的専制体制であり日本帝国ではない。たとえば、台湾では民主化運動の一環として民間による「模擬憲法法廷」が試みられ、第一回（2014年）は同性婚、第二回（2015年）は死刑存廃、そして第三回（2016年）は移行期正義が議題とされたが、そこでは戦後台湾における国民党政権の不正義や民衆化後もその不正義の結果を充分に清算してこなかった各政権に対する「転型不正義〔移行期不正義〕」が追及された[72]。歴史社会学者の高晩誠は、移行期正義論の限界として、第一に、移行期正義の実践においては現実の国民国家体制の維持が最優先されるために「真実追及 vs 和解実現」の競合構造が妥協を生み出してしまうこと、第二に、不正義が発生していた移行期前の段階から、移行期を経て不正義が是正された正義回復期へと不連続な段階論的に移行するという断絶論的欠陥、第三に、被害者を受動的存在と想定し、その主体性や能動性が過小評価される傾向があることを挙げた上で、済州島の4・3事件、台湾の2・28事件、沖縄戦を事例に、生の連続性や被害者・遺族の主体性に着目しながら、移行期正義論の限界を乗り越えることを試みている[73]。移行期正義論が植民地研究になじまないのは、そもそも国内問題として提起される問題であり、国際問題である場合には、それは植民地責任論や戦争責任論として論じられる問題だからである。

　すでに述べたように帝国主義史研は学術的意義を失っているが、日本植民地研

究も、国民国家論や構築主義などの理論を取り込みつつも、個別の地域史・一国史へと吸収され、日本植民地研究という枠組みは日本帝国期の各地域の研究の集合以上の意味をなさなくなりつつある。帝国研究の一環として位置付けられる、田中隆一が言うところの「日本帝国」論の「日本帝国研究」が新たに構想され実践され、多くの実績を生み出してきたものの、この枠組みにもいくつかの限界が存在し得る。その最たるもののひとつは、その枠組み上、日本帝国というひとつの中心を設定することにより、同一地域に対する他の帝国の影響力を軽視する可能性があるということである。もちろん、限界があるからと言って、既存の研究が意義を失うわけではない。既存の研究の蓄積を活かし、新たな知見を得ていくための研究の枠組みを考え実践していくことに意義がある。

　近年イギリス史研究者の水谷智により提唱された「間-帝国史 trans-imperial history」は、上述の帝国研究の欠点を補った新たな枠組みのひとつである。イギリス帝国史研究では、ポストコロニアル批評に強い影響を受け、従来の帝国史研究の西洋中心主義や政治経済偏重への批判と反省から「新しい帝国史 New Imperial History」と呼ばれる新たな潮流が存在し、水谷はこの新潮流と自身の提唱する「間-帝国史」との大きな差異として、「新しい帝国史」が単一の帝国を研究対象にするのに対して、「間-帝国史」が世界史的視座から帝国を論じることを挙げ、さらに「比較帝国史」との差異として、単に諸帝国間の比較に留まるのではなく、同時代的な比較自体を研究対象とし帝国間の相互作用や関係性を明らかにすることを挙げている[74]。水谷智は、「間-帝国史」を、諸帝国の「「あいだ」における相互作用のみならず，そうした相互作用を媒介にして帝国とそれを構成する人々がいかに変容していくかに着目する歴史学」であり、「すでに確立されたものとしてではなく、互いの影響関係のなかで絶えず変化していくものとしてそれぞれの帝国が位置づけられ，それらがいかに生成し変化しそして途絶えていくのかが問われる」[75]とする。水谷智の言う「帝国」とは単に国家主体としての帝国政府のみを意味するのではなく、非国家主体としての宣教師や研究者、実業家、労働者なども含んでいる[76]。水谷智は間-帝国史の研究対象となる事象や主題を、帝国間の関係性を「協力」「対立」「抵抗」に分類して提示している。従来の日本植民地研究の文脈ではこうした用語は、支配者と被支配者の間のものとして理解されてきたが、水谷智の言う「協力」とは帝国の国家主体／非国家主体間の直接的協力関係だけではなく相互参照なども含み、「対立」は植民地獲得・分割競争における自己正当化などによる緊張関係などを指し、「抵抗」は帝国とそ

の被支配者との関係性を指し、被支配者間の越境的な相互関係などを指している[77]。

　また、三尾裕子を代表とする共同研究の成果である三尾裕子、遠藤央、植野弘子編著『帝国日本の記憶：台湾・旧南洋群島における外来政権の重層化と脱植民地化』（慶應義塾大学出版会、2016 年）も、既往の旧日本帝国圏のポストコロニアル研究に対する鋭い批判を行なっている。すなわち、日本の植民地主義研究やポストコロニアル研究が西洋モデルに依拠し、その被支配体験の重層性を軽視し、「被支配者の側が支配者文化の優位性を必ずしもアプリオリに認めえなかった点」と、日本帝国の崩壊後に「外来政権」によって統治されている点において、西洋モデルでは対応しきれない[78]とした上で、台湾と南洋群島を事例に歴史人類学の観点から脱植民地化の比較研究を行なっている。

　こうした研究状況の中で、〈境界地域史〉をいかに構想し得るか。それを論じる前に、移民研究と植民地研究の交錯点に位置する研究である塩出浩之『越境者の政治史』（名古屋大学出版会、2015 年）の意義について論じておきたい。同書自体は意識していないものの、〈境界地域史〉の意義を示す議論を同書が展開しているからである。塩出浩之自身は政治史を専門としているものの、同書は移民社会史や植民地研究にも大きなインパクトを与えるものである。それは実証的部分だけではなく、矢内原忠雄の移民・植民論の再評価から明晰に再定義される「属領」「植民地」などの概念規定の部分も重要な議論を提起するからである。ただし、この部分については後節に譲る。

　同書の目的は、著者の言葉を借りれば「アジア太平洋のさまざまな地域へ移住した日本人の「越境者」たちを、「移民と植民」という観点から捉え、彼らを主役とする政治史を描」[79]くことに尽きる。この目的のために、日本人移住者たちが移住先やあるいは日本内地の政治秩序にいかなる影響を与えたのかを明らかにするという課題が設定される。同書の結論は、著者自身の言葉を借りて以下のふたつに要約されよう。第一は、「従来の政治史研究が視野の外に置いてきた「民族」が、主権国家と密接に関わりながらも、主権国家が規定する国籍や市民権の枠組みに完全には回収し得ない政治主体として、近代の日本およびアジア太平洋地域の政治秩序に一貫して影響を与え続けてきた」[80]ということである。移住者の望む政治秩序と本国や現地政府の目指す政治秩序とは、常に調和するとは限らず、たびたび齟齬をきたしていたことを明らかにしている。第二は、「近代を通じて、国民国家が規範的単位を超える実在となったことは実際にはなかったとみるべきであろう。実在してきたのは、支配領域をたびたび変えてきた主権国家

と、空間的境界を持たずに移動し変容する不定形な民族集団とであった」[81] とい
うことである。国民国家が規範とした〈国民〉と〈国境〉が一致したことがな
かったことは、「越境者」の事例を挙げれば容易に反証され得ることであるが、
同書の意義はむしろ国民国家とはその規範にもかかわらず、実態としては国境を
変動させ国民を移動させ続ける存在なのだということを実証的に明らかにしたこ
とにある。同書の画期的な点は、領域の法制度的地位の動態性を前提にしている
ことにある。

　書題からも〈移動〉に関心を奪われがちであるが、同書はある領域において法
制度的地位が変化していく中での現地移住者たちの政治史を追うことで、ある逆
説的現象を見事に描き出している。それは、現地移住者たちがその領域の法制度
的地位が本国並みになることを必ずしも無条件に歓迎するとは限らないというこ
とである。たとえば、北海道や樺太では、参政権と引き換えに開発保護体制が撤
廃されることが懸念されたし、関東州や満鉄附属地では、満洲国建国により治外
法権撤廃や日系満洲人民に再編されることへの抵抗が示された。植民者を帝国主
義国家の尖兵とするイデオロギー的観点を前提とした歴史研究ではこうした現象
は軽視されてしまう。勢力圏を拡大する政府が交渉すべき相手は、現地の在来住
民だけではなく、本国からの移住者集団も重要な交渉相手であり、統治対象で
あったことを同書は明らかにしている。

　同書では、「民族集団」なるものが「大和人」の輪郭を描くことを中心に設定
されていることもあり、同書の議論は単心同心円状の構造を前提としてしまって
いる。しかし、実際の世界は多心構造であり、本国政府も現地移住者もその他の
中心からの影響も受けながら活動を展開しており、多心同心円構造からの理解へ
発展させることも可能なはずである。これは、単なる一国史や比較の寄せ集めで
はない、〈東アジア政治史〉ないしは〈東アジア史〉というものの可否を問うこ
とでもある。たとえば、満洲は、塩出浩之の定義に従えば、日本人、ロシア人そ
して中国人による「植民地」と呼びうるかもしれない。中国人も含めたのは、近
代満洲における中国人人口の動態を自然増だけから理解するには無理があるから
である。しかし、こうした認識に対しては、〈満洲は中国人の構成要素である満
族や蒙族の伝統的居住域であるし、前近代から漢族居住者もいたのだから満洲は
中国人の植民地とは言えない〉という反論も想定されるとともに、何よりも、
〈中国人民は日露の帝国主義国家の犠牲者であり、移住者であってもこれら加害
者と同列に扱われるべきではない〉という見解をあり得よう。しかし、まず問わ

れるべきは〈中国人とは誰のことか〉ということである。塩出浩之と同年代の日本政治史研究者の中で塩出浩之と双璧を成す遠藤正敬は、日本帝国における社会集団の形成過程を戸籍や国籍の観点から明らかにしている[82]。政治的領域の境界の動態性だけではなく、社会集団間の境界の動態性を同時に視野に入れることで、多心同心円構造からの理解へと近づくことができるのではないか。

　領域という水平面からの分析により、各領域内における垂直構造を見落としてはならない。もちろん、移住者の政治史に目を向けることで、水平面における支配・従属関係を垂直面に射影するだけでは見えてこない事象を明らかにしていることは塩出浩之の研究の大きな意義であることは間違いない。ここで言う垂直構造とは、民族集団間の支配従属関係や民族集団〈内部〉の階級間支配関係ではなく、権力と人間そのものの関係性である。たとえば、同書では前述の通り、衆院選挙法の全面施行などを「本国編入」の重要な指標としているが、近代日本においては、近代政府発足から本国での衆院選挙法施行までは、約20年かかっている。北海道では34年、沖縄で40年かかっており、もちろん戦時合理化・平等化の影響はあるとは言え、実は樺太の本国編入までの期間はこれら地域と大差がない。また、北海道、樺太と異なり、朝鮮、台湾同様に在来住民が多数を占め、前近代には独自国家を形成していた沖縄も本国編入を果たしており、在来住民の多寡は本国編入の是非とは必ずしも関係が無いということになる。つまり、塩出浩之の言う「属領」統治とは、本国においても近代化の過程で実施されていた開発専制が新領土で実施されている状態ともいい得るかもしれないのである。そのように考えれば、近代帝国における民族間支配と階級間支配、あるいはその他の支配従属関係を分離せず一体化させて理解する、あるいは相対性と複合性を前提とした抑圧／被抑圧関係から近現代史を理解する枠組みが得られるかもしれない。

　東アジア近現代史をこうした多心同心円構造として理解するために、台湾島、朝鮮半島、満洲など大国のはざまに置かれ境界変動を経験した地域を〈境界地域〉と位置づけることは決して無駄な試みではないはずである。帝国主義史やネイション史の視点ではどうしても、ある領域に対する〈正当〉な領有権保持集団が想定されてしまい、〈人間〉という視点から歴史を見ることが妨げられ、〈民族〉という〈物語〉へと立ち戻ってしまうと考えるからである。筆者は〈国民〉の歴史の必要性を否定するわけではない。主権者の〈教養〉のひとつとして〈国民〉の歴史は必要である。しかし、国民国家それ自体が普遍的人権観念と一体である以上、人間には〈人間〉の歴史が必要である。

次節では、そのための試みのひとつとして本書が提起する〈境界地域史〉の構想について論じる。

第2節　境界地域史

1　多数エスニック地域/多民族地域

前節で論じた通り、日本国内における日本帝国植民地史研究の大きな流れのひとつは帝国主義史研究の枠組みを以て行われて来た研究群であり、そこで重要な関心となっていたのは、あるネイションのその他の諸ネイションへの抑圧と搾取、つまりは日本帝国による〈朝鮮〉や〈中国〉に対する植民地主義的支配形態が問題関心の中心となっていたと言えよう。そのため、朝鮮、台湾、満洲といった植民地や勢力圏が研究対象とされ、なおかつ議論もそれらの地域が前提となっていた。

そうした研究潮流の中で、日本領樺太は例外的な植民地と見なされてきた。なぜならば、樺太は日本人（内地人、樺太本籍者も含む）人口が最初期を除けば一貫して9割を越える社会であり、あるネイションのその他の諸ネイションへの抑圧と搾取を検出するには、不向きであると考えられてきたからである。1945年のソ連による占領から1949年までの約40万人の日本人の大量退島（疎開、脱出、密航、抑留・送還、引揚げ）と同量ないしはそれを凌ぐソ連人（および北朝鮮地域住民）の大量流入によって、住民の総入換が起きたため、ポストコロニアル研究にもなじまなかった。

しかしながら、1990年代末以降、歴史地理学の三木理史や経済史の竹野学らにより、植民地樺太史研究が進められ、2008年のサハリン樺太史研究会発足以後はさらなる多様化と高度化が起きるようになっている。これらの研究は単に植民地樺太の実態を明らかにするだけではなく、日本帝国植民地の多様性や、北海道との類似性を示すことに貢献した。しかし、それでもなお、〈植民地樺太史〉研究の意義は、前節で述べた通り、日本植民地研究ではほとんど認められてこなかった。確かに植民地樺太史研究は、日本帝国植民地の多様性を示すことはできようが、それが他の日本帝国植民地・勢力圏の実態への反証となるわけでは決してない。では、樺太史研究の意義はどこにあるのか。

そもそも〈樺太〉とは何か。サハリン島は近現代において日露・ソ間で5度の境界変動を経験している地域である。一度目は1875年の樺太千島交換条約、二

度目は 1905 年のポーツマス条約、三度目は 1920 年の日本陸軍による「北樺太保障占領」、四度目は 1925 年の北樺太撤退とソ連による正式領有、五度目は 1945年のソ連軍による樺太占領である。本書の言う「樺太」とはこのうち 1905 年から 45 年にかけて日本帝国統治下に置かれた領域と期間を指す。つまり、樺太史とは、サハリン島近現代史の一部分である。

　では、近現代サハリン島を通時的に把握するにはどのような方法が適当であろうか。筆者は、すでに、多文化主義研究者のウィル・キムリッカ（Will Kymlicka）の多民族国家（multination state）/ 多数エスニック国家（polyethnic state）の弁別を援用して、近現代サハリン島を「多数エスニック地域」として規定した[83]。簡単に定義を説明しておくならば、「多民族国家」とはその内部の文化的多様性が、ある国家の拡大によって別の文化圏が併呑されたことによって発生している国家であり、「多数エスニック国家」とはその内部の文化的多様性が、先住民族（indigenous people）と移住者に由来している国家である。〈国家〉ではなく〈地域〉という単位で地理把握を行なうのは、ウィル・キムリッカの議論が、北米型国家や国民帝国から縮小した後のヨーロッパの国民国家を前提としているため、この点にあまり注意を払っていないが、多民族国家と言っても、その内部の地域ごとに文化的多様性の由来は異なる場合があるからである。

　日本帝国は、朝鮮に比重を置いて見れば「多民族国家」である。大韓帝国を形成していたあるいはその支配下にあったネイションを併呑したからである。しかし、樺太に比重を置いてみるとそうとは言えない。樺太にはネイションを形成しなかった先住民族はいたが、圧倒的多数は移住者であった。日本人に限らず、日本人より前に樺太に居住していたロシア人や、清国人、大韓帝国人もまた、移住者であった。樺太領有は別のネイションの併呑を意味しなかった。すなわち、日本帝国内において朝鮮のような「多民族地域」もあれば、樺太のような「多数エスニック地域」も存在していたのである。

2 「植民地」概念の再検討

「植民地」という概念は時間縦断的分析に適しているであろうか。「植民地」という語の定義をめぐっては様々な見解が存在するものの、日本植民地研究においては一般的に大日本帝国憲法の施行後に領有ないしは勢力圏に組み込まれ、憲法の適用外となった「異法域」として定義される[84]と言えよう。したがって、領土としての台湾、樺太、朝鮮、租借地としての関東州、委任統治領としての南洋

群島、傀儡国家としての満洲国が含まれ、租界や軍事占領地域を含むか否かは論者によるところが大きい。こうした日本植民地研究の「植民地」理解とは異なる定義を与えた、ないしは復活させたのが、前出の塩出浩之であった。塩出浩之は、矢内原忠雄やユルゲン・オースタハメルらの議論を踏まえた上で、従来の歴史研究では主に〈植民地〉と呼ばれてきた領域を、ある主権国家の内部にありながらも本国との間に政治的な支配従属関係がある場合には「属領」と定義する。「植民地」という語は、ある社会集団が従来の活動領域を越えて新たな活動を行なう領域として定義され、さらに軍隊の移動や官僚機構の移動によって主権外領域で政治的支配従属関係が発生する領域はそれぞれ「軍事植民地」「支配植民地」と定義され、満洲国などは後者に位置づけられる。そして、同地域内の移住者集団と原住者集団との間に発生する支配従属関係を「植民地主義」と定義する。なお、塩出浩之は、「本国」と「属領」とを分かつ基準として、主に徴兵令や衆院選挙法の全域施行を採用している。

　しかしながら、「植民地」と呼ぶにせよ、「属領」と呼ぶにせよ、塩出浩之の研究が示しているように、各領域の法的位置づけが、動的性格を持つということは極めて重要な点である。「植民地」＝「外地」（異法域）と考えるならば、その地域が異法域ではなくなれば、植民地ではなくなることとなるからである。実際に樺太は1943年に戦時合理化の中で「内地編入」がなされており、実際に国政選挙は一度も開催されなかったものの、住民への国政参政権の付与もなされた。実態上は、植民地期とほぼ相違はなかったため、また期間も短いため、多くの場合、樺太史研究では領有当初の軍政期と合わせて植民地体制の延長とみなしているものの、形式上は「植民地」や「属領」ではないのである。また、そもそも樺太に限らず日本帝国の各植民地は領有後の経営方針では様々な議論がなされており、異法域になることが必ずしも必然的な帰結ではなかったし、植民地の正当化においては、それがたとえ建前であれ、文明が未発達な地域に対する一時的な措置というロジックも用いられている。その意味でも、「植民地」とはある地域の政治体制の一形態であって、通時的把握には向かない概念となる。

　日本植民地研究の枠組みは、前節ですでに述べたように、「搾取・投資型植民地」のみを対象化し「移住型植民地」を充分に対象化し得なかったほか、上記のとおり政治体制の動態を包含した理論枠組みを充分に構築できずにいた。さらに源流に帝国主義論を持つために社会主義下で抑圧された地域を対象化する理論枠組みもまた充分に構築できずにいたし、日本帝国主義批判が中心的関心にあった

ため、そのほかの帝国の動向に対する批判的視角も充分に備えていなかった。

　日本の学界では、1932年に〈建国〉された満洲国に対して〈満洲国〉と括弧付けで呼称することがしばしば見られる。これは満洲国が国家としての実態を持つか否かを問わず、日本帝国の傀儡国家であり国際連盟に承認されていなかったことが大きな理由であるが、現在も満洲国を〈偽満〉と呼ぶ中華人民共和国への政治的配慮も少なからずあると言えよう。20世紀前半の〈中国東北部〉の歴史を抗日闘争史と位置付ける立場からすれば、〈偽満〉と呼称することには一定の合理性が認められるかもしれない。しかし、中華民国がモンゴル人民共和国を〈偽蒙〉と呼称していた時期が存在していたという事実はこの問題への再考を促す材料となるであろう。たとえば、中華民国外交部が1975年に編じた『偽蒙概況』という文書[85]は題からモンゴル人民共和国を「偽蒙」と表記し、本文中でもモンゴル人民共和国政府を意味する場合の「政府」や「蒙古人民軍」という語は必ず括弧でくくるなどの措置をとっている。中華民国は1946年に一度モンゴル人民共和国の独立を承認していたが、1953年に中ソ友好同盟条約の破棄に伴いソ連の友好国であった同国の承認を撤回しており、モンゴル人民共和国の領土と重なる「外蒙古」の領有権を主張していた当時の中華民国にとって、モンゴル人民共和国はソ連の傀儡であり、自国領土を不法占拠している集団とみなされたのである。しかしながら、日本の学界でこのような観点からモンゴル人民共和国を「モンゴル人民共和国」と括弧付きで記す例はほぼ見られない。

　改めて述べるまでもないが、東アジアにおける異法域としての植民地の成立は、1910年の朝鮮が最後であり、その後は傀儡政権や支援政権を樹立して、日本帝国、ソ連、中華民国、中華人民共和国が隣接地域を巡る勢力圏争いをし、これにイギリスなどの遠隔国家も参加している。これもまた当然であるが、日本帝国のみが東アジア近現代の境界変動の震源であるわけではない。〈境界地域〉を、国家ないしそれに準ずる実体の間で境界が変動した地域ないしは境界に接する地域を指すとするならば、これら大国の活動に伴って、こうした境界地域が形成されていったと言える。

3　近現代東アジア境界地域

　ここでまた筆者が提起した多民族地域／多数エスニック地域という弁別を日本帝国内の境界地域へ適用してみると、朝鮮は確かに多民族地域と呼べるが、その他の地域は必ずしも多民族地域とは呼べない。たとえば、台湾には現在は中国語

で〈原住民〉と呼ばれる先住民族がおり、漢人の大陸部からの流入は16世紀以降であり、定住開拓に従事した有力者を指す「墾首」という言葉が見られるようになったのは、18世紀中盤である[86]。日本帝国による領有後は、日本人の流入も始まった。戦後は日本人の引揚げが生じ、その後は内戦の避難民や敗退した国民党関係者など〈外省人〉の流入が起きた。単純に考えれば、これら外省人と在来の内省人は同じネイションであるはずであったが、実態としては言語、文化、アイデンティティなどに大きな差異があり、さらに外省人は政治的マジョリティの立場にあった。政治的建前は別にして、研究上は両者は別個の集団として認識されるべき状況にあった。少なくとも日本帝国の植民地体制が終焉した後も、独立は起きず、再度中華民国という国家へ併呑されることとなった。

　この状況は実は満洲も同様である。満洲にはオロチョンなどの先住民族がおり、なおかつ清朝の故地として長らく漢人の移住が制限され、その禁が解かれ漢人の流入が始まったのが19世紀であり[87]、同時に朝鮮人の流入も発生している。その後、日本帝国の勢力拡大により日本人の流入が生じる。満洲国が掲げた「五族協和」の五族のうち三族は、前近代に存在しなかったわけではないが、本格的な流入が始まったのは19世紀以降なのである。さらに満洲国の崩壊後は、最終的に中華人民共和国の統治地域となり、その主導により漢人の再流入が発生する。

　すなわち、満洲も台湾も先住民族を有しながら、大量の移住者が流入して構成され、なおかつ、境界変動のたびにマジョリティが交替しただけではなく、移住者の大量の流出と流入が生じた地域なのである。サハリンではマジョリティ移住者の全人口に占める割合が極端に大きいものの、こうした特徴は類似している。このように見ると、地域外への移住者はむしろ多いものの、地域内への移住者が人口に占める割合が比較的小さく、マジョリティの交替も少なく、分裂国家であれ、ポストコロニアル国家らしい国家を戦後に建設した朝鮮こそ、日本帝国植民地・勢力圏の非典型的な地域となる。またポストコロニアル国家樹立後は一時的に傀儡国家的性格を帯びるものの、独立国家の様相を整え多民族地域／多数エスニック地域の弁別に収まらない地域となる。それは同時に国内の文化的・民族的多様性を排除する過程を伴っていた。この点においては、ポーランドと類似している。

　日本帝国植民地の代名詞として朝鮮・台湾は並び称せられてきたが、これは日本帝国植民期のマジョリティである日本人人口やその活動を指標にしたに過ぎ

ず、必ずしも唯一の分類方法ではない。近現代という視野で見れば、住民が多重の帝国（大国）経験をしたサハリン、台湾、満洲こそ典型で、朝鮮はむしろ非典型的な地域と言える。

4 国内植民地論／内国植民地論

　国民国家論で日本の人文社会科学研究に大きな影響を与えた西川長夫は、「内国植民地 internalcolony」概念の再評価も行なっており[88]、それ以降、「内国植民地」ないしは「国内植民地」という概念は、日本植民地研究では充分に対象化し得なかった北海道や千島、小笠原、沖縄といった領域を植民地研究に接続し、〈内地〉〈本土〉と異なる抑圧や搾取が起きている空間を指す用語として理論化が試みられてきた。「国内植民地」としては今西一や天野尚樹、「内国植民地」としては大浜郁子らの議論が見られる。

　しかし、これらの用語をめぐってはいくつか検証の余地がある。まず、〈国内〉という線引きに対する疑義である。〈国内〉／〈国外〉を分かつ基準は果たして何なのであろうか。ある国民国家ないし国民帝国の実際上（あるいは空想上）の領土の内／外と考えるのであろうか。たとえば、新疆ウイグル自治区を「国内植民地」とみなす[89]ことは、一見中華人民共和国の国内の抑圧を顕在化させる効果がある。しかし、「国内植民地」と認めるということは、新疆ウイグル自治区の領域が、中華人民共和国に本来属すべきである、あるいは、それが中華人民共和国ではなくともどこかの大国の一部分であって然るべきだということを暗に認めることになるのではないだろうか。だとすれば、新疆ウイグル自治区は〈中華民族〉の〈固有の領土〉であるという中華人民共和国の政治的主張を受け入れることになりかねず、東トルキスタン共和国の樹立は、三一独立運動のごとき民族自決運動ではなく、単なる一部暴徒の占拠・僭称に過ぎなくなるのであろうか。国内植民地と（国外）植民地の弁別を領土の内外ということに拠るならば、日本帝国の場合、領土として宣言していた朝鮮、台湾、樺太などは国内植民地、領土宣言していない満洲国や南洋を（国外）植民地と呼ぶことは字義に適い妥当であろうが、このように理解してしまうと結局、朝鮮・台湾と樺太の間の線引きが再び消えてしまうことになる。

　また、天野尚樹は移住者の多寡や開発の深浅を国内／（国外）の別で表現しようとしている[90]が、「国」の字を用いるのであれば、主権の有無と関連付けるのが自然であり、それと無縁な指標で定義された用語にあえてこの字を用いる必要

はないのではないか。明確で妥当な定義がなければ分析概念としては不適格であり、アナロジーや文学的修辞句に堕してしまうおそれがある。天野尚樹が国内植民地について論じた近年の論稿[91]では、政治的〈国内化〉と経済的〈植民地化〉という動態性から〈国内植民地〉の定義が試みられており示唆に富むものの、樺太以外の地域への論及が無く、具体的に樺太以外のどの地域のどの時期が〈国内植民地〉に該当するのかが不明瞭で、仮に樺太は〈国内植民地〉だが朝鮮や台湾はそうではないとした場合、朝鮮や台湾では政治的な〈国内化〉が進んでいなかったと考えてしまったよいのかという疑問が残る。

　大浜郁子の「内国植民地」とは、「近世の幕藩制国家の領域には含まれていなかった」が、大日本帝国憲法施行までの間に日本領となった地域として定義され、対義語を「外地植民地」とする。具体的には、「北海道、樺太・千島列島、小笠原諸島、沖縄諸島」を指す。ただし、「樺太」は「例外」として含めている。そして、内地、内国植民地、外地植民地の実質的差異として、「植民地に属する人々の自己認識の問題」や旧慣調査のその後の統治政策への反映の仕方を挙げている[92]。大浜郁子が挙げた実質的差異の存在は重要であると考えられるものの、大浜郁子の議論にはいくつかの疑問が残る。

　第一に、松前藩の存在が示すように北海道の一部分は、「近世の幕藩制国家の領域には含まれていなかった」とは言えない。第二に、仮に大浜郁子の言う「千島列島」に歯舞、色丹、国後、択捉が含まれているならば、これらの地域は1855年の日露通好条約によってすでに国際的に日本領という合意がなされており、「近世の幕藩制国家の領域には含まれていなかった」とは言えない。第三に、大日本帝国憲法施行後に日本領になった樺太を例外として内国植民地として認めることは、定義の恣意性を暗示する。樺太を「外地植民地」から除外するのであれば、従来の日本植民地研究が日本帝国領内の「植民地」を定義するために用いてきた異法域という基準が意味をなさなくなり、日本政府の行政用語をあえて研究に取り入れて学術用語として用いる意義が薄弱になるからである。第四に、「樺太・千島列島」と言う形でひとつの地域に区分しているが、戦後のソ連およびロシアにおけるサハリン州がサハリン島とクリル列島から構成されているのに対して、日本帝国において樺太は樺太庁の管轄下に、千島は北海道庁の管轄下にあったため、政治的、経済的にもひとつの地域区分とすることに合理性を認めることは難しい。第五に、「明治期に石垣島へ四国からの農業移民が実施された」ことをもって、「沖縄もまさに「植民」地であった」[93]と論じているが、北海道

のように移住者人口が在来者人口を凌駕するようには沖縄地域全域への内地人の移住が進んだわけではない以上、そうした一般化が適切とは思えず、むしろ北海道庁管轄下にあった千島を北海道から切り離して独立した地域として認めるならば、八重山諸島あるいは先島諸島と沖縄本島部を分析上切り離して独立した地域として認めることが、琉球王朝期および現在における両地域間の関係性や「自己認識」の差異[94]から照らしてみても合理的であると考えられる。第六に、短い文章であるとは言え、「内国植民地」について論じなおかつそこに北海道や樺太を含めるのであれば、北大植民学派の内国植民論や戦後の北海道史における辺境論、そして天野尚樹らの国内植民論をまったく参照していないことは、すでに述べているように名目上は〈植民地〉に樺太を含めつつも実質的にはその研究成果を有効に接合し得ない日本植民地研究の限界を象徴していると言えよう。このことは、上記のとおり、北海道、千島、樺太への認識が不十分ないしは、樺太史研究者一般の認識とは乖離していること、大浜郁子のそもそもの関心が沖縄や台湾にあることから理解できる。

　上記の第三点については、大浜郁子にとって「内国植民地」の本来の定義が別に存在することを示唆していよう。それは、第一に、従来の〈植民地〉定義に含まれない地域であっても、近代以降の内地人の移住が進み政治的、経済的抑圧が発生した地域であること、第二に、従来の〈植民地〉定義に含まれても領有後に内地人移住者が多数派となり政治的、経済的抑圧が発生した地域であること、のいずれかに該当する地域という定義であると考えられる。「内国植民地」も「国内植民地」も実態からの定義と制度からの定義のはざまに置かれる地域を対象化しようとした試みとしては評価できようが、〈植民地〉という用語のアナロジー化が危惧される。

　境界地域史においては、近年の内国植民地論や国内植民地論が対象化しようとした地域は、〈境界地域〉ととらえられ、北海道、千島、樺太、小笠原は「多数エスニック地域」として、沖縄は「多民族地域」として分類することができ、あえて「内国植民地」「国内植民地」という用語は用いない。また、境界地域史においては、本国との制度的差異や干渉の程度も地域分類のための指標として用いる。具体的には、〈本国〉、憲法適用域であっても適用法令に差のある〈準本国〉、憲法適用外あるいは特別法で統治される日本帝国の外地やフランス帝国の海外領土などの〈異法域〉、領土主権保有主体と施政権実行主体が国際的合意によって異なる〈租借地〉、軍事的活動などにより生じる〈占領地〉、主権者が留保され国

連から施政権が保証されている〈委任統治領〉や〈信託統治領〉、形式上独立国家であるものの実態としては他国がその施政に深く干渉する衛生国家や傀儡国家などの〈干渉国〉、独立国家でありながら外交権、軍事権などが他国に委ねられている〈保護国〉、主権が未決である〈主権未決地〉などに分類できる。これを主権の所在から整序すると、〈主権完備〉の〈本国〉〈準本国〉〈異法域〉、〈主権干渉〉の〈干渉国〉、〈主権分離〉の〈保護国〉〈租借地〉〈占領地〉〈委任統治領〉〈信託統治領〉、〈主権未決〉の〈主権未決地〉と並べることができるであろう。そして各地域はこの軸の上を変動するという動態的存在として位置付けることができる。

5　土地と人間

　仮にサハリン島を国内植民地と規定するならば、それは諸帝国の周縁としてサハリン島を観る視点となる。一方、サハリン島を境界地域と規定するならば、諸帝国はサハリン島に影響を与えた─重大かつ決定的であれ─諸要素のひとつとして観る視点を得られる。

　サハリン島史ではＭ・Ｃ・ヴィソコフが、台湾島史では先述の通り曹永和が1990 年代の各国の民主化を背景として、地域主体の新しい歴史学の試みを行い、それは後続の研究者にも受け継がれている。こうした潮流と合流し、なおかつ地域横断的な研究を行うには、国民帝国・国民国家主体ではなく地域主体の視点へと転換することが合理的であろう。すなわち、「植民地」としてではなく、「境界地域」「多数エスニック地域／多民族地域」としての比較である。

　たとえば、台湾島史研究では日本人移住者が当初は台湾を「常夏の島」として表象していたのが、定住者の増加と移民社会の発展に伴い俳句を詠むために「四季」を見出すようになったことを明らかにした研究がある[95]。これは樺太において日本人移住者のうちの「植民地エリート」が「亜寒帯」という特有の気候条件を次第に強調していくようになったことと対照的な現象でもある[96]。もちろん、当時は自然に対する様々な考えが現われたと考えられるが、これらの比較は移住者の境界地域に対する心性の変化を把握する上で有益であろう。なぜならば、いずれも移住者の土地への愛着に対する表現であり、〈出稼ぎ地〉〈一旗組〉といった植民地ないしはそこへの移住者のイメージとは異なるものだからである。

　ところで、筆者が拙著『亜寒帯植民地樺太の移民社会形成』に「亜寒帯」と冠したのは、自然条件、つまりはブローデル歴史学で言うところの「長期持続」が

第1章　サハリン残留日本人研究の意義と方法　55

移民社会に与える影響を重視したからである[97]。実際に、稲作が不可能であるという気候条件は、移民社会に大きな問題を突き付けた。農業入殖者らは、主食である米が自家生産できないため、林業や水産業等の賃金労働市場へと労働力を傾注させ、その結果、樺太庁の農業拓殖政策は思うように進展しなかったのであり、同時に樺太独自の開拓への動員ロジックが生まれ、それが樺太特有の植民地イデオロギーへとつながって行くからである。こうした長期持続は従来の日本植民地研究ではあまり顧みられてこなかった。それは、比較的に気候や生産物が類似している朝鮮が典型とされ、すでに長期持続が中期持続に織り込まれており、その影響が顕著ではないほか、満洲、台湾についても日本式稲作技術の開発普及の成功ストーリーが農業技術史研究の主軸に据えられてしまった[98]ためであろう。必ずしも筆者は、「亜寒帯」や「亜熱帯」という言葉で地域分類をする意図は持っていない。しかし、境界地域史からアプローチするならば、同じ地域でも様々な文化や技術を持った移住者たちや先住民族がそれぞれの方法で農業や移民社会の形成を展開したことが明らかとなり、人の移動に対して関心の薄かった梅棹忠夫の「文明の生態史観」[99]のいま一度の再検討にもつなげることができるであろう。また、多数エスニック地域は自然条件（気候、距離）ゆえに前近代には人口希薄、低開発であった場合が多く、多数エスニック地域の分析において長期持続という視点は有用であろう。

　従来の歴史研究では、ある個人あるいはある集団はあるひとつのネイションに属するという前提が強かった。すなわち、ネイションや民族は生得的で単属的なものだという暗黙の了解が少なからず存在していた。この結果、〈同化主義〉とはある人物や集団のネイションを強制的に〈上書き〉する行為として見なされる傾向が強かったと言えよう。

　しかしながら、日本帝国においては日本人全体も近代以降は国民化のプロセスにあり続けたと言える状態にあり、そもそも新しい世代はその都度、国民化のプロセスを経験することになる。日本帝国下の日本人、正確には日本人家庭に生まれた、あるいは引取られた子どもさえ、〈日本人〉になるためのプロセスを経て〈日本人〉へとなっていくのであり、その意味では〈同化〉のプロセスを経験しているのである。筆者が明らかにした樺太の植民地エリートによる独自の国民化プロセス[100]はその一例と言えよう。

　また、北海道アイヌ史研究において、北海道アイヌの近代における経験を、〈同化〉だけではなく〈変容〉という観点から検証する立場があること[101]は興味

深い。確かに、〈同化〉させる側の〈和人〉とても常にその文化を変化させているが、それは西洋への〈同化〉の過程というよりも、外部からの影響や内部からの変化を取り込みつつ常に集団の文化を〈変容〉させていると理解するほうがより合理的である。

さらに、本書が後章で明らかにするように、樺太朝鮮人やその養子、実子、配偶者の日本人は単純なネイションによるカテゴライズや本国人のそれを基にした演繹にはなじまない実態を有している。たとえば、サハリン残留日本人の冷戦期集団帰国における自称日本人朝鮮人のひとりは、日本人の養父母に育てられ日本人の家へ婿入りしており、ソ連当局には日本人と申告しその証明書の発行を受けており、日本の係官に対して、「自分は戦前戦後を通じて日本人たることを確信しており、老齢の今日、内地へ渡つて妻子を探す以外に余生の目的はない」と述べている[102]。人間は〈血〉に忠実であるわけではない。また、付言すれば、DNA 人類学は〈民族〉や〈国民〉が自然科学的には定義不可能であることを示している[103]。

植民地史研究において多用されながら、しばしば充分な定義を欠く言葉に〈植民地主義〉という用語がある。この語が民族的マジョリティによる民族的マイノリティへの抑圧・搾取を含意することが多い事には概ね了解を得られると思われる。一方、植民地で起きたあらゆる抑圧・搾取を〈植民地主義〉で説明する、あるいは結び付けるような場合も多く見られるのではないか。しかし、実際に植民地で起きたあらゆる抑圧・搾取を〈植民地主義〉として説明すべきであろうか。

あるサハリン残留日本人[104] は、日本人夫婦の間に生まれたものの、物心つく前に親が死去し、朝鮮人養父と日本人養母に育てられた。終戦後に、父親が朝鮮人であり養父であることを知ったが、前者よりも後者の方が精神的ショックが大きかったという。この人物にとって、民族（差別）よりも血統（差別）の方が重大事であったことがわかる。

あるサハリン残留朝鮮人[105] は、1943 年に動員で樺太へ渡った人物である。労働していた炭鉱には「タコ部屋」（ここでは懲罰的な過酷な労働班）があり、そこには朝鮮人がいたが、日本人もいたという。当初、この人物は「タコ部屋に朝鮮人が入れられていた」旨の発言しかしていなかったが、筆者が「日本人はいなかったのか？」と問うことで、日本人もいたことを改めて教えてくれた。もし筆者がタコ部屋が朝鮮人のみに対する抑圧装置と考えていたならば、筆者はこのような質問をなしえなかったであろう。タコ部屋（あくまでこの人物が言う意味

の）は、民族抑圧装置ではなく、労働者の抑圧装置であり、民族問題ではなく、労働問題として考えるべきものである。また、この人物が日本政府に対して抱いている憤りは、樺太へ〈連れて来られた〉ことに対してではなく、契約期間を過ぎたにも関わらず、朝鮮へ帰還させてもらえず、結果として残留に至ってしまったことに向けられている。帰還が不履行にされた背景には、戦況の悪化による配船不足があると考えられ、同時期に日本人労働者の帰還も履行されていなかったならば、これも民族問題ではなく、労働問題、あるいは戦時被害の問題としてとらえるべきであろう[106]。

　前節でも述べた「移行期正義論」は、批判はあれども、東アジアの現状において進歩的な思想であり実践と評価できよう。しかしそこでも日本植民地研究にも通底する民族矛盾批判や〈支配と抵抗〉史観の偏重という現象が見て取れる。たとえば、日本台湾学会の2017年度学術大会のシンポジウムでは「転型正義と台湾研究」がテーマとされ、登壇者であり台湾における移行期正義（転型正義）の論客である法学者の呉豪人は、「この理論は、台湾の外に広げて、同じように自己表現の権利を奪われた弱小民族と分かち合うことができる。東アジアに限定して例を挙げると、いまだ自己表現を実現していない琉球、チベット、ウイグル、香港、内モンゴル、および段階的に実現している韓国やモンゴルは、ひとしく盟友になれる」[107] と発言している。ここで着目すべきは、呉豪人が連帯の紐帯を「弱小民族」という点に求め、中華人民共和国施政下の漢人中国公民（漢族）を完全に排除していることである。たしかに、中華人民共和国の内蒙古における文化大革命時の惨禍をモンゴル人中国公民（蒙族）住民に対する民族的弾圧とみなす観点も存在する[108] が、もちろん、いまだ〈移行期〉の契機を逸し続けているとは言え、大部分の漢人自体も文化大革命における政治弾圧の被害者であり、文化大革命に伴った文化破壊を考えれば、その文化的損失は漢人への民族的弾圧ともとらえられ得る以上、移行期正義論の観点から漢人も被害者となり得るはずである。漢人全体を「弱小民族」に対する〈強大民族〉と対置し、その内部の権力配分さえも均質的な集団とみなし、「自己表現の権利を奪われた」人々から排除する必要は本来ないはずである。

　仮に「独裁から民主化へ、あるいは紛争から平和な社会へ移行するにあたって、過去の不正義をただし、真実を明らかにし、正義を実現し、人権侵害を二度と繰り返さない社会をめざすこと、あるいはそのプロセス」[109] を「移行期正義」の定義とするならば、加害者と被害者、暴力と民衆、権力と人民、抑圧と被抑

圧、という構図こそが重要であり、それを〈強大民族〉と〈弱小民族〉という構図へと置き換えるべきではないのではないか。「自己表現の権利を奪われた」大陸の漢人たちと台湾の人々が連帯することが、台湾社会に対する中華人民共和国の現実的脅威を弱らせるために害をなすとは言えないはずである。

　植民地責任論が真摯であるほどに政治共同体あるいは政治的主体としての〈国民〉〈民族〉という概念が強調されたのと同じく移行期正義論も同様の傾向があり、各個人に対して〈あなたはどこの国民か〉という回答を迫るのである。もちろん、植民地責任論も移行期正義論も実践的な政治性を帯びるものである。研究者の課題のひとつは、そうした政治性の引力からいかに自らを自由にし、思考するか、そしてまた、一時的であれそのような引力から実践家たちを解放する場を提供するかということである。その意味において、抑圧と被抑圧という観点から歴史を見るという観点を確立するべきであろう。〈人間の歴史〉のためには、抑圧と被抑圧という観点から歴史を見て、そこに民族や国民、経済力、ジェンダーなどの要素がいかに影響しているのかを精査することが重要である。

6　境界地域史の方法論

　境界地域史の意義は、従来の日本植民地研究の諸概念の再検討だけではなく、移民研究や日本植民地研究が用いてこなかった新たな方法論を用いることにもある。境界地域史という交錯点を生み出す研究分野のひとつである〈境界研究 Border Studies〉の方法論を応用する。「境界研究」は、「ボーダースタディーズ」「国境学」[110] などとも呼ばれる場合があるが、本書では「境界研究」に統一する。

　自らが代表を務めた GCOE プログラム「境界研究の拠点形成」（2009 ～ 2013 年度）を通じて日本への本格的な境界研究の導入を試みた岩下明裕は、境界研究を「人間が生存する実態空間そのものと、その人間が有する空間および集合認識のなかで派生する差異化（自他の区別）をもたらす境界をめぐる現象を材料に、グローバル化する世界で様々に形成され変容する空間の脱／再領域化とその境界を多面的に分析する学問領域」[111] と定義している。境界研究では、境界変動を「脱境界化（de-bordering）」「再境界化（re-bordering）」「跨境化（trans-bordering）」の三つの現象に分けて理解する[112]。境界研究における〈境界〉とは、国境だけではなく軍事境界線や、新旧領土境界などを含む政治地理的境界を指し、「脱境界化」とは従来の境界が崩れること、「再境界化」とは境界が再形成されること、そして「跨境化」とはその新たな境界を跨ぐ関係性の構築あるいは分断を指す。

岩下明裕は、境界研究の三つのアプローチとして、「タイムライン」「透過性」「構築度」を挙げる。「タイムライン」とは、米墨境界地域研究の権威者であるオスカー・マルチネスが提唱した概念で、境界の両側の地域の関係性が、軍事的前線としての「砦」から、平和的な「共存」へ移行し、さらに経済活動などを通して「相互依存」にいたり、最終的には政治的、社会的「統合」に至るという時系列上の変化を示すものである。従来、この変化は不可逆的なものと考えられており、かつて EU はまさにその象徴であったが、現在ではむしろ EU はその可逆性の好例となり、「タイムライン」は可逆性も含めて用いるべき概念となっている[113]。

「透過性」（permeability）とは、簡潔に言えば、同一境界線であっても政治的変化によって異時点間あるいは越境主体間では越境制限の度合いが異なることから、その度合いを示すために用いられる概念である[114]。本書では、〈境界変動〉と言う場合、水平面上の物理的位置の変化だけではなく、この「透過性」の変化も含める。

　最後の「構築度」とは、社会における境界に対する重要性の認識の度合いや在り様を指し、境界の両側でも異なるほか、常に変化するという動態性を含めた概念である。岩下は、中ソ国境地帯のダマンスキー島を例にとり、それまで両国民にほとんど知られていなかったこの島が、1969 年 2 月に起きた中ソ間の武力衝突により両国において中ソ対立の象徴になったが、ペレストロイカ以降中ソ関係回復の流れの中で国境問題を解決し、いまではほとんど忘れ去られており、構築度が政治情勢の変化に連動していることを示したうえで、こうした構築度の変化の存在に注意しなければ、現存する領土問題などの境界問題が昔から今の形で存在していたかのような「神話」を生み出してしまうことを指摘している[115]。

　なお、岩下明裕も指摘している通り「構築度」は構築主義的分析になじむ概念であり[116]、物理的な国境設備や法制度よりも言説の影響力が強く、境界地域に住む、あるいは境界問題の直接的な当事者である人間よりも、むしろそうではない人間と境界との関係性を分析するのに有益な概念だと言えよう。たとえば岩下明裕は、2013 年のプーチン・森会談に先立って森喜朗元首相が CS 衛星放送で三島返還論を示唆したことを受けて、東京発のある新聞が「地元根室の反発は必至だろう」と書いたことに対して、この記者は根室現地に足を運ばずに記事を書いているのだろうと推測し、「政府が妥協的な姿勢をみせれば地元が反発する。これはお決まりの中央が発する言説だが、事実は正反対だ」と述べる。なぜなら

ば、岩下明裕は現地でのアンケート調査や聞き取り調査から、「同じ根室管内で
も、北方領土のもつ漁場に大きな利益を有する羅臼に柔軟な対応を望む傾向がみ
てとれる。そして根室は突出して北方領土問題の柔軟姿勢を支持する」という知
見を得ているからである[117]。

　境界研究が提起するこれらの概念は、少なくとも日本の移民研究や日本植民地
研究では明示的には用いられてこなかった。

7　境界地域概念の接続

　さて、既存の佐々木史郎らの言う「境界地域」と本書が提起するそれをどう接
続するのかという問題についても論じておきたい。佐々木史郎と加藤雄三は「境
界地域」という概念の定義を避けているものの、「境界地域」を「周辺地域」と
区別している。一国史観では「周辺地域」としか認識されない地域を〈周辺地
域〉と〈境界地域〉に弁別したこの佐々木史郎と加藤雄三の着眼点はきわめて重
要である。「周辺地域」とは、東アジアでは、中華王朝の直接支配地域ではない
ものの朝貢という形で関係性を持った地域を指す。日本の王権国家が支配地域を
広げていくことで、中世までにこれら周辺地域の一部は中華王朝やその他の地域
と日本をつなぐ仲介者の役割を担う「境界地域」に転じて行く。近世に入ると、
日本側の役人や商人による直接的関与が深まり、境界地域は「植民地化された境
界地帯」と「仲介者としての役割を期待するにとどめた境界地帯」とに分かれ、
具体的には前者は北海道、サハリン南部、南千島、奄美群島以北、後者はサハリ
ン北部、アムール川河口周辺、北千島、琉球王国となる[118]。境界地域は、「そこ
を固有の居住地とする住民が暮らし」、「文化交流の場でもあり、多文化的な状況
や文化のハイブリッド化が日常的に生じ」る空間である[119]。しかし、政治的に
は、国民国家体制が東アジアへも普及することで、近代的国家観からすれば人間
と土地の帰属が曖昧である境界地域が存在する余地が失われ、また外交が関係国
家間で直接行なわれるようになり仲介者としての境界地域の役割が失われ、経済
的にも国際市場と交通技術が発達し直接的貿易が一般化し、ここでも仲介者とし
ての境界地域の意義は失われ、その結果、境界地域は「消滅」することになる[120]。

　便宜上、本書が提起する〈境界地域〉を〈近現代境界地域〉、佐々木史郎と加
藤雄三の言う「境界地域」を〈前近代境界地域〉と呼び分けた場合、この両者を
接続させ得ることは可能なのか、またその有効性はどこにあるのかについて以
下考える。

〈前近代境界地域〉と〈近現代境界地域〉の大きな共通点は、いずれも国家にはさまれた地域であるという点である。しかし、この〈国家〉と、〈はさまれた〉の意味合いが異なる。〈前近代境界地域〉において境界地域の両側に存在する〈国家〉は、一方が「世界帝国」であり、一方がその帝国観を内面化し、「世界帝国」に対しては相対的小国でありながら、境界地域に存在する集団や国家に対しては相対的に大国である周辺国家である。東アジアの例で言えば、華夷秩序を原理とした「世界帝国」である中華帝国と、華夷秩序を内面化し小中華としてアイヌや琉球に対して優位な関係性を築いた日本である。ただし、客観的に見れば経済力や軍事力に格差があるものの、主観的には自分の側が優位あるいは双方対等という位置づけであるという認識の非対称性の上にこの関係性が成立していたという坂田美奈子の指摘[121]は、この時期を理解する上では重要である。

〈前近代境界地域〉は、文字通り世界帝国と相対的大国の間に〈はさまれ〉、それら両国のものとは異なる「独自の文化と帰属意識、アイデンティティを共有する人々」が生きる「民族的世界」[122]が広がっていた。一方で、〈近現代境界地域〉は、双方を対等な主権国家と認め合う国家の間の国際合意かあるいは一方的宣言によって領土化された地域でありながら、その境界が変動する、あるいはその変動する境界に接した地域であり、境界変動を経験しない大国の本国部分に〈はさまれた〉地域と言える。

　日本は実現することはなかったものの、中華帝国の周辺地域からは現前の王朝に挑戦し、軍事的優位性によって中華帝国の権威や文化を継承する征服王朝が繰り返し現れていることは、前述のヒルファーディングや山室信一が指摘する国民帝国の被支配地域がその国民国家主義を内面化し、ポストコロニアル国家の独立を果たし国民帝国が崩壊するというシナリオと比べても興味深い。中華帝国と小中華・日本の間に〈はさまれた〉地域だからこそ「境界地域」たりえたと佐々木史郎と加藤雄三は指摘[123]する。周辺地域が世界帝国を〈模倣〉することによって境界地域が生まれるのである。日本文学研究者の小森陽一は、明治期の外交文書や文学作品から近代日本の「植民地的無意識」や「文明－半開－未開」の三極構造の存在を指摘している[124]。小森陽一によれば、明治日本は「文明開化」というスローガンを掲げることによって、欧米列強の模倣という「自己植民地化」を隠蔽し、忘却することによって「植民地的無意識」を構造化する。そしてこのような「植民地的無意識」と「植民地主義的意識」の同時発動の最初のケースが「北海道開拓使」の創設にあるとする。すなわち、ロシアとの領土問題の関係上、

北海道アイヌを「日本人」としながらも、なおかつ「土人」という呼称をもって
それ以外の「和人＝日本人」と区別するという、同化と排除の二重性を作り出
す。そして、このような言説戦略はその後の日本型植民地主義を貫いて行く[125]。

　つまり、19世紀中盤以降、日本は世界帝国である中国の華夷秩序の〈模倣〉
を取りやめ、国民帝国である欧米諸国の国民帝国の競存体制を新たに〈模倣〉し
ていくわけであるが、その結果、〈前近代境界地域〉が〈近現代境界地域〉へと
変転していったと言えるはずである。もちろん、この変化は日本単独の行動の結
果ではない。北東アジアに関しては、ネルチンスク条約（1689年）、瑷琿条約
（1858年）、北京条約（1860年）によって、ロシア帝国が北東アジアに進出し、
前近代境界地域から中華帝国の影響力を排除し領土化していったために、前近代
境界地域を「消滅」させて行くとともに、その向こう側に存在した日本と遭遇す
ることで、同地域が日露間の領土交渉・紛争の対象となり、近現代境界地域へ変
転していくのである。

　確かに前近代境界地域を特徴づける「民族的世界」は自律性を極度に失い、仲
介者としての役割も喪失したものの、前近代境界地域は近代的境界によって線引
きされた後も、主権国家群の本国同様の地域になったわけでは全くないし、住民
も本国人同様に権利上平等で文化的に均質な存在なったわけでは全くない。近現
代境界地域は前近代境界地域の特性を変質させながら継承している。近現代境界
地域史は、前近代境界地域が近現代においてどのように変容し、どのような経験
をしたのかを、単に日本帝国の〈周縁地域〉たる植民地としてだけではなく、境
界地域としての連続性や、国民帝国の競存体制の中で理解することを試みるもの
である。

第3節　本書の課題と構成、資料

1　課題と構成

　すでに述べたとおり、本書の目的は、境界変動が住民に与える影響をサハリン
残留日本人を事例として明らかにすることである。本節では、そのために本書が
設定する課題と各章の対応関係について論じる。

　ただし、その前に、本書が〈サハリン残留日本人〉という集団をどのような集
団として理解しているのかということについて論じておきたい。

　移民研究では、〈日系人〉や〈ディアスポラ〉という語がしばしば用いられる。

〈日系人〉とは、主に北南米への日本人移民の次世代で現地の国籍を保有している人々を指すが、北南米へ移民した当の世代も指す場合があり、この場合、後者を「一世」、前者を「二世」「三世」などと呼称する[126]。〈日系人〉研究はその研究対象から、大きくふたつに分けることができる。ひとつは、北南米への日本人移民とその定住の増加、そして出生地主義などにより現地国籍を有する次世代からなる現地の日系〈コミュニティ〉を対象とする研究、もうひとつは、「顔の見えない定住」[127]と形容された1990年の日本の入管法改正以降に増加した日系人労働者などを対象とする研究で、この場合「ニッケイ」と表記する場合もある。また、東南アジアで日本人男性と現地人女性との間に生まれた人々に対して用いる場合があるが[128]、この場合、父親となる日本人男性の「引揚げ」や、逆に日本兵の残留などが深く関係しており、北南米の場合とは一般的に歴史的背景が異なり、むしろ〈残留〉研究の観点から論ずべき対象であるかと思われるので、次章で詳述したい。そこで、北南米の場合に限って言えば、どちらの場合においても〈コミュニティ〉や〈ネットワーク〉などの存在が前提とされている。

「ディアスポラ」という語は、元来はユダヤ人の離散とそれによって生まれた集団意識やネットワークを意味していたが、1990年代以降、カルチュラル・スタディーズが興隆すると、戦争などの暴力や抑圧を原因として祖国を離れて暮らす集団を分析するための概念となった[129]。コリアン・ディアスポラ研究はハワイの「コリア系」住民の研究から始まり、中でも独立運動とのかかわりが着目され研究が進んだ経緯を持ち、サハリン島の朝鮮系住民についても、ディアスポラの観点からの研究が存在している[130]。

しかし、本書では「日系人」や「ディアスポラ」の観点から残留日本人を分析するという道はとらない。その理由は、ふたつある。ひとつは、第7章で論じるように、サハリン残留日本人の全体像が見えるようになったのは本人たちにとってもポスト冷戦期からであり、それまでの間は個人的つながりの重なりがわずかにあったに過ぎず〈集団性〉がみとめられないからである。もうひとつの理由は、本書がサハリン残留日本人をエスニック集団ではく、〈残留〉という共通の〈経験〉をした人々の集団として位置付けるからである。換言すれば、サハリン残留日本人の次世代、とりわけ戦後に生まれた人々を、〈サハリン残留日本人〉とは見なさないということである。「日系人」や「ディアスポラ」という観点からのアプローチの可能性を決して否定はしないが、集団性と再生産性というこれら概念の要となる性質を本書が定義する〈サハリン残留日本人〉が備えないがゆ

えに本書では、この両観点からの分析を行なわない。

　境界地域史研究が目指すのは、一国史研究や地域史研究に陥らず、境界地域における現象の普遍性と特殊性を、地域横断的、時間縦断的に明らかにすることである。そして本書がとりあげる現象は〈残留〉であり、サハリン残留日本人を事例とする。

　第2章では、近現代東アジアにおける〈残留〉現象を、その類似現象を含めて、地域としては日本帝国が境界変動に関与した地域を中心に、時間としては樺太千島交換条約からポスト冷戦期までを対象に比較し、その普遍性と特殊性について考察すること、〈残留〉の定義を提起すること、そしてサハリン残留者をめぐる研究と言説を整理し本書の意義を示すこと、を課題とする[131]。

　第3章では、第二次世界大戦後のサハリン島をめぐる様々な人の移動やそれにかかわる社会運動の中のサハリン残留日本人の位置を確認することを課題とする。時代背景を抜きに特定の現象を論じることはできないからである。また、同章では第二次世界大戦後のサハリン島における時期区分と、〈脱境界化〉〈再境界化〉〈跨境界化〉についても論じることで、以降の章の議論のための準備を行なう。

　第4章では、サハリン残留日本人の定義をし、発生過程、総数と推移、類型を明らかにすることを課題とする。ここで言う〈発生〉には構築主義的な意味合いは持たせず、あくまで本書が定義する〈サハリン残留日本人〉に適う人々が〈脱境界化〉〈再境界化〉の過程の中で宗谷海峡を渡らず／渡れずにいた原因を明らかにする[132]。

　第5章では、日ソ間の境界の透過性が低位であり続ける中で、サハリン残留日本人の冷戦期帰国がどのような経緯で実施され、どのような実態を持ち、どのような結果をもたらしたのかを明らかにすることを課題とする。

　第6章では、1980年代末日本国内に現れたサハリン残留日本人を〈自己意思残留者〉とみなす認識の系譜と、1977年以降、冷戦期個別帰国が途絶えてしまった原因について明らかにすることを課題とする。これは戦後日本社会が透過性が低位状態にあり続けた冷戦期の宗谷海峡越しにサハリン残留日本人をどのようにまなざし、遇していたのかを問うことで、残留の〈継続〉の過程と原因を明らかにすることである。

　第7章では、冷戦期をサハリン残留日本人の個々人がどのように生きたのかについて明らかにすることと、1965年以降開始された〈樺太墓参〉がサハリン残留日本人に与えた影響について明らかにすることを課題とする。この課題は、前

章に対し、サハリン残留日本人の目線から冷戦期という長い時間の意味を問うこととともに、残留の〈継続〉の過程と原因を明らかにすることである。

第8章では、ポスト冷戦期帰国が実現する過程および実現した後の動向を明らかにすることを課題とする。1980年代後半から1990年代初頭にかけて急速に、日ソ間の、より具体的には宗谷海峡の透過性が上昇するという境界変動が、サハリン残留日本人に与えた影響と、日本社会との関係性を検証することが目的である。

2 資料

本書の研究ための用いた主な資料は、おおまかに公文書、民間団体資料、手記類、聞き取り調査である。

日本国外交史料館所蔵主に用いたものを簿冊単位で以下に示しておく。冷戦期の帰国や墓参に関する文書であり、第4章から第7章で主に用いる。いずれも公開資料である。

『ソ連および北方領土における本邦人墓地遺骨関係（慰霊を含む）墓参関係』（分類番号：G'-3-2-0-3-1）

『ソ連および北方領土における本邦人墓地遺骨関係（慰霊を含む）墓参関係年度別実施関係』第一〜四、六、九巻（分類番号：G'-3-2-0-3-1-1）

『引揚促進請願関係（ソ連、中共地区を含む）歎願書関係』第四巻（分類番号：K'-7-1-0-14 〜 K'-7-1-0-14-2）

『個別引揚関係』（分類番号：K'-7-1-0-19）

『ソ連地区邦人引揚関係一件引揚実施関係』第四、六、八、九巻（分類番号K'7-1-2-1-3）

『ソ連地区邦人引揚関係樺太残留者引揚関係』（分類番号 K'7-1-2-1-7）

『ソ連地区邦人引揚関係（中共地区を含む）引揚実施関係　個別』（分類番号K'7-1-2-1-3-1）

『太平洋戦争終結による旧日本国籍人の保護引揚関係雑件　朝鮮人関係』（K'7-2-0-1-2）

日本国国会会議録は国立国会図書館国会会議録検索システム（http://kokkai.ndl.go.jp/）を参照した。

冷戦期に日本へ〈帰国〉し、以後サハリン残留朝鮮人の帰国促進の運動を行なっていた朴魯学と李義八が所蔵していた資料のうち本書が用いたものは以下で

ある。主に第5章で用いる。両者とも公開資料である。

『サハリン残留韓国人帰還運動関係資料』国文学研究資料館所蔵。

『李義八氏寄贈資料』在日韓人歴史資料館所蔵（閲覧『이희팔 기증기록물』

（CD1-3）국가기록원、2012 년より）。

　民間団体資料としては、下記の団体が所蔵、刊行した資料を用いた。前者には前身である樺太（サハリン）同胞一時帰国促進の会および連携団体であるサハリン北海道人会の資料も含まれており、基本的に内部資料であるため非公開資料である。学術調査のために了解を得て使用した。全国樺太連盟の資料については、会報や団体史など公共図書館に所蔵されるなど一般公開されているものである。第4章、第6章、第8章で主に用いている。

　NPO 法人　日本サハリン同胞交流協会（および後継団体 NPO 法人日本サハリン協会）

　一般社団法人　全国樺太連盟

　聞き取り調査を行なった樺太元住民の内訳は表 1-1、聞き取り調査を行なったサハリン残留日本人、残留朝鮮人、樺太引揚者・元住民の基礎情報は表 1-2、1-3、1-4 の通りである。残留日本人 S・S、K・Sa と残留朝鮮人 Y・D、R・I を除いては日本語で聞き取り調査を実施した。本聞き取り調査は歴史認識問題にもかかわる問題であるため、情報提供者保護の観点から本書では実名表記を避けた。ただし、今後の学術研究のために、充分な調査を行えば、ローマ字イニシャ

表 1-1　聞き取り調査を実施した元住民（2005 ～ 2017 年）

分類	人数	内訳（第一回調査時点）
サハリン残留日本人	22	冷戦期帰国者（2）、ポスト冷戦期日本帰国者（6）、ポスト冷戦期韓国帰国者（1）、サハリン在住者（13）
サハリン残留朝鮮人	20	冷戦期帰国者（2）、ポスト冷戦期帰国者（13）、サハリン在住者（5）
樺太引揚者（疎開、脱出、密航、抑留など含む）	25	疎開（3）、脱出（1）、密航（1）、引揚げ（14）、抑留（2）軍務による事前・戦時退島（4）
合計	64	＊3名はサハリン残留日本人とサハリン残留朝鮮人の双方に属するため「人数」の総和と左記「合計」は一致しない。

　出典：筆者作成。

第1章　サハリン残留日本人研究の意義と方法　67

表 1-2　聞き取り調査を行なったサハリン残留日本人

氏名	性別	生年	永住帰国	調査	調査地	残留理由
残留日本人 F・K	女性	1920		2010	サハリン	引き留め
残留日本人 U・K	女性	1923	2010[注2]	2009	サハリン	戦後朝日世帯
残留日本人 T・R	女性	1923	2005	2017	東京都	戦後朝日世帯
残留日本人 N・M	女性	1926		2010	サハリン	戦後ソ日世帯
残留日本人 Y・S	女性	1927	1959	2014	東京都	戦後朝日世帯
残留日本人 A・Sb	男性	1927	1970	2017	千葉県	千島残留者
残留日本人 A・Sa	女性	1928	2001	2011	北海道	戦前朝日世帯（養子）
残留日本人 A・T	男性	1930	2013	2014	北海道	拘留
残留日本人 N・H	女性	1931		2010	サハリン	戦後朝日世帯
残留日本人 K・T	女性	1931		2010、12、17	サハリン、東京都	戦後朝日世帯
残留日本人 M・S	女性	1932		2010	サハリン	戦後朝日世帯
残留日本人 K・F	女性	1934		2016	サハリン	戦前朝日世帯（再婚）
残留日本人 K・Ya	男性	1934		2010、12	サハリン	戦前朝日世帯
残留日本人 W・G	男性	1935		2010	サハリン	戦前日ア世帯
残留日本人 S・Y	女性	1936	1996	2011	北海道	戦前朝日世帯（養子）
残留日本人 S・M	男性	1939		2012	サハリン	引き留め（親）
残留日本人 K・H	女性	1939		2010	サハリン	戦前朝日世帯
残留日本人 H・K	女性	1939	2000（韓国）	2009	韓国	戦前朝日世帯
残留日本人 T・A	女性	1944	2000	2014	北海道	戦後朝日世帯（再婚）
残留日本人 A・I	男性	1944	2011	2013	千葉県	千島残留者
残留日本人 S・S	女性	1946		2016	サハリン	戦後朝日世帯
残留日本人 K・Sa	女性	1948		2016	サハリン	戦後朝日世帯

出典：筆者作成。
注1：共同調査を行なった被調査者と研究者は以下の通りである。F・K、K・H、K・Y、W・G、N・M、N・H、K・T、M・S（竹野学、田村将人、加藤絢子）、K・F、S・S（Ten Veniamin）、H・K（三木理史）、K・S（Ten Veniamin、井潤裕）、T・A については研究会での共同聞取りのため個人名を省略する。
注2：聞き取り時点では未永住帰国。

表 1-3　聞き取り調査を行なったサハリン残留朝鮮人

氏名	性別	生年	永住帰国	調査年	調査地	渡韓経緯
残留朝鮮人 L・D	男性	1920	1959 (日本)	2014	東京都	動員朝鮮人
残留朝鮮人 L・G	男性	1923	1958 (日本)	2014	東京都	動員朝鮮人 (1943 年)
残留朝鮮人 Z・S	男性	1928	－	2015	サハリン	樺太生まれ
残留朝鮮人 B・D	男性	1928	2000	2009	韓国	動員朝鮮人の子ども（父 1939 年、本人 1942 年）
残留朝鮮人 L・Ka	男性	1929	2000	2015	韓国	動員朝鮮人の子ども（父 1939 年、本人 1939 年）
残留朝鮮人 K・Ra	男性	1930	2000	2009	韓国	樺太生まれ
残留朝鮮人 K・Sa	男性	1930	(不明)	2011	韓国	樺太生まれ
残留朝鮮人 S・Ta	男性	1931	－	2009	サハリン	樺太生まれ
残留朝鮮人 L・S	男性	1931	2000	2009	韓国	樺太生まれ
残留朝鮮人 L・Kb	男性	1931	2000	2009	韓国	樺太生まれ
残留朝鮮人 C・N	男性	1933	2000	2009	韓国	動員朝鮮人の子ども（本人 1940 年代）
残留朝鮮人 C・E	男性	1933	2000	2009	韓国	樺太生まれ
残留朝鮮人 K・Ka	男性	1934	2000	2015	韓国	動員朝鮮人の子ども（父 1939 年、本人 1940 年）
残留日本人 K・Y	男性	1934	－	2010	サハリン	樺太生まれ
残留朝鮮人 K・Sb	男性	1935	2000	2009	韓国	樺太生まれ
残留朝鮮人 K・Sc	男性	1935	2000	2009	韓国	樺太生まれ
残留朝鮮人 K・Sd	男性	1936	2000	2009	韓国	樺太生まれ
残留朝鮮人 Y・D	男性	1939	－	2009	サハリン	樺太生まれ
残留日本人 K・H	女性	1939	－	2010	サハリン	樺太生まれ
残留日本人 H・K	女性	1939	2000	2009	韓国	樺太生まれ

残留朝鮮人R・I	女性	1941	2000	2012	韓国	（不明）

出典：筆者作成。

注：共同調査を行なった被調査者と研究者は以下の通りである。残留朝鮮人B・D、K・Sc、K・Sd（三木理史）、L・Ka、K・K（韓恵仁）、K・R、C・N、C・E、K・Sb（倉田由佳）、S・T（金鎔基）、L・S（三木理史、金鎔基）、L・Kb（天野尚樹）、Y・D（金鎔基、許粋烈、今西一）、R・I（Din Yulia）、残留日本人K・Y（竹野学、田村将人、加藤絢子）、K・H、（竹野学、田村将人、加藤絢子）H・K（三木理史）。

表 1-4 聞き取り調査を行なった樺太引揚者および元樺太住民

氏名	性別	生年	退島	調査年	調査地	退島形態
元住民F・S	男性	1919	1941	2012	東京都	軍務による内地勤務
引揚者O・Sa	女性	1920年代	（不明）	2005	北海道	引揚げ
引揚者A・S	男性	1921	1946	2014	北海道	引揚げ
元住民S・H	男性	1923	1945	2014	北海道	軍務による戦時退島
抑留者M・S	男性	1925	1948	2011	北海道	抑留・引揚げ
元住民F・N	男性	1925	1945	2009	北海道	軍務により中国戦線・復員
抑留者N・I	男性	1926	1949	2011	北海道	抑留・送還
引揚者S・K	男性	1927	1947	2009	北海道	引揚げ
元住民N・Y	男性	1928	1944	2017	千葉県	軍務による内地勤務
元住民A・T	男性	1929	1944	2011	北海道	軍務による内地勤務
引揚者K・M	女性	1929	1947	2014、2016	北海道	引揚げ
引揚者M・T	男性	1930年代	1948	2016	北海道	引揚げ
引揚者O・Ya	男性	1930	1945	2011	北海道	脱出
引揚者K・N	男性	1930	1945	2008-2017	東京都	緊急疎開
引揚者O・Sb	男性	1931	1947	2009	北海道	引揚げ
引揚者T・T	男性	1932	1948	2017	北海道	引揚げ
引揚者M・K	男性	1932	1947	2017-2018	北海道	引揚げ
引揚者S・Y	男性	1933	1948	2009	北海道	引揚げ
引揚者H・M	男性	1934	1945	2009	北海道	緊急疎開

引揚者 Y・S	男性	1934	1947	2009	北海道	引揚げ
引揚者 G・N	女性	1936	1947	2009	北海道	引揚げ
引揚者 O・Yb	男性	1937	1947	2011、2014	北海道	引揚げ
引揚者 M・Ma	男性	1939	1948	2009	北海道	引揚げ
引揚者 M・Mb	男性	1941	1945	2009	北海道	緊急疎開
引揚者 K・H	女性	1940年代	1945	2009	北海道	密航

出典：筆者作成。
注1：「引揚者」には、緊急疎開、脱出、密航による移動をした者を含めている。
注2：共同調査を行なった被調査者と研究者は以下の通りである。元住民 F・S（田村
　　　将人、加藤絢子）、引揚者 A・S、O・Yb（Thomas Lahusen）、元住民 S・H（竹
　　　野学）、抑留者 M・S（竹野学、Jonathan Bull）、元住民 F.・N、引揚者 S・K、O・
　　　Sb、S・Y、H・M、Y・S、G・N、M・Ma、M・Mb（白木沢旭児、竹野学、
　　　Jonathan Bull）、抑留者 N・I、引揚者 O・Ya（竹野学）、引揚者 S・M（田村将人、
　　　田辺奈々瀬）、引揚者 K・N（竹野学）、引揚者 M・Ma（白木沢旭児、Jonathan
　　　Bull）。

表 1-5　主な調査団体・機関

名称（所在国）	期間
NPO 法人日本サハリン同胞交流協会（日本） ＊現・日本サハリン協会	2009 年～ 2017 年
社会福祉法人北海道社会福祉協議会北海道中国帰国者支援・交流センター（日本）	2010 年～ 2014 年
一般社団法人全国樺太連盟（日本）	2009 年～ 2016 年
樺太帰還在日韓国人会（日本）＊実質活動休止中	2014 年
サハリン北海道人会（ロシア）	2010 年～ 2016 年
サハリン州韓人会（ロシア）	2009 年
安山市故郷の村永住帰国者老人会（韓国）	2009 年～ 2015 年

出典：筆者作成。

ルや付帯情報から本人が特定できるようにしてある。聞き取り調査の実施状況は個々人によって大きく異なる。何度も会ったり、書簡の往復をしてたり補足資料がある者もいれば、一度限りでしかも聞き取り時間が一時間に満たない者もおり、なおかつ期間も 10 年以上におよび調査者自身の理解力や関心、質問事項も変わっており、均質的な調査を実施できたわけではないものの、基本的に特定の話題に質問を集中するのではなく、生い立ちから現在いたるまでについて語ってもらうようにした。

　また、機関や団体として聞き取り調査を行なったものは表 1-5 の通りである。

第4節　小括

　本章では〈境界地域史〉という研究枠組みを提起した。その背景には、日本植民地研究が 1990 年代以降、現地の政治状況の影響も受けながら発展した各地域の一国史研究や地域史研究の中に回収される傾向が生まれ、帝国主義史研究などが持っていた階級抑圧と民族抑というふたつのバランスが崩れていることがある。境界地域史研究は、帝国や大国にはさまれ境界変動を経験した地域の住民の視点から東アジア近現代史を多心同心円構造として理解し、境界変動が国家レベルではなく、住民レベルで与える影響を検証する試みである。

　境界地域史研究が目指すのは、一国史研究や地域史研究に陥らず、境界地域における現象の普遍性と特殊性を、地域横断的、時間縦断的に明らかにすることである。その特徴として以下の点が挙げられる。

(1) 従来の地域横断的研究は日本帝国を中心とする単心同心円構造から近現代東アジア史を論じる傾向が強かったが、境界地域史研究では境界地域を複数の帝国の影響の交錯する場として多心同心円構造から近現代東アジア史を論じる。

(2) 従来の近現代東アジア史研究では半ば本質化された「国民／民族」をジェンダーや職業などと同様に個々人の属性のひとつとして分析を行なう。

(3) 国家的抑圧を、植民地主義や帝国主義といった資本主義特有の現象とは理論化せず近現代国民国家特有の構造と人間社会に普遍的な構造とに分けて理解する。

(4) 国民国家の理念との間に矛盾を生む境界変動や人の移動／残留などの現象に着目する。

第2章では近現代東アジアにおける残留現象を総覧しその普遍性を提起するとともに、サハリン残留日本人をめぐる研究と言説から、本書におけるサハリン残留日本人研究の課題を明らかにし、第4章以降ではその課題に応えて行く。なお、本書ではサハリン残留日本人をエスニック・コミュニティやディアスポラのような集団としてではなく、あくまで〈残留〉を経験した人間の集団として論じることで、〈人間〉と近代的〈境界〉の関係性について明らかにすることを目指す。

注

1　佐々木史郎、加藤雄三編『東アジアの民族的世界：境界地域における多文化的状況と相互認識』有志舎、2011年。

2　浅田喬二「戦前日本における植民政策研究の二大潮流について」『歴史評論』第513号、1993年。

3　木村健二「近代日本の移民・植民活動と中間層」『歴史学研究』第613号、1990年。

4　森本豊富「日本における移民研究の動向と展望：『移住研究』と『移民研究年報』の分析を中心に」『移民研究年報』第14号、2008年、38頁。

5　たとえば、2017年に刊行された日本移民学会の学会誌に掲載されたブラジル日本人移民に関する論文でもこの語は用いられている（半澤典子「コーヒー干害低利資金貸付問題と移民政策：1920-30年代のブラジル・サンパウロ州を中心に」『移民研究年報』第23号、2017年）。

6　三田千代子「ブラジルの移民政策と日本移民」日本移民学会編『日本人と海外移住：移民の歴史・現状・展望』明石書店、2018年、131頁。

7　木村健二「植民地移住史研究の新たな方向」『歴史地理学』第212号、2003年。

8　森本豊富、森茂岳雄「「移民」を研究すること、学ぶこと」日本移民学会編『日本人と海外移住：移民の歴史・現状・展望』明石書店、2018年、13-17頁。

9　森本豊富「日本における移民研究の動向と展望：『移住研究』と『移民研究年報』の分析を中心に」『移民研究年報』第14号、2008年、38頁。

10　飯野正子、浅香幸枝「移民研究の現状と展望」日本移民学会編『日本人と海外移住：移民の歴史・現状・展望』明石書店、2018年、278頁。

11　小井土彰宏「移民」『現代社会学事典』弘文堂、2012年。

12　森本豊富、森茂岳雄「「移民」を研究すること、学ぶこと」日本移民学会編『日本人と海外移住：移民の歴史・現状・展望』明石書店、2018年、17-21頁。

13 たとえば、日本移民学会が2018年に刊行した学会誌掲載論文としては、安場淳「中国帰国児童生徒の就学状況と「外国につながる子供」支援者ネットワークの展開」、パイチャゼ スヴェトラナ「サハリン帰国者の若い世代の自己アイデンティティと言語使用・学習に関する考察」（『移民研究年報』第24号、2018年）がこれに該当する。

14 森本豊富、森茂岳雄「「移民」を研究すること、学ぶこと」日本移民学会編『日本人と海外移住：移民の歴史・現状・展望』明石書店、2018年、25-28頁。

15 日本国法務省入国管理局『出入国管理：出入国管理業務をご理解いただくために 2018年度版』日本国法務省入国管理局（http://www.moj.go.jp/content/001269730.pdf［最終閲覧日：2019年1月23日]）。

16 「概要」『海外移住資料館Webサイト』（https://www.jica.go.jp/jomm/outline/index.html［最終閲覧日：2018年8月29日]）

17 高木（北山）眞理子「まえがき」日本移民学会編『日本人と海外移住：移民の歴史・現状・展望』明石書店、2018年、3-4頁。

18 坂口満宏「移民史研究の射程」『日本史研究』第500号、2004年。

19 坂口満宏「移民史研究の射程」『日本史研究』第500号、2004年、135-140頁。

20 坂口満宏「移民史研究の射程」『日本史研究』第500号、2004年、140-148頁。

21 坂口満宏「移民史研究の射程」『日本史研究』第500号、2004年、145-148頁。

22 蘭信三編著『日本帝国をめぐる人口移動の国際社会学』（不二出版、2008年）、蘭信三編著『中国残留日本人という経験：「満洲」と日本を問い続けて』（勉誠出版、2009年）、蘭信三編『アジア遊学　帝国崩壊とひとの再移動：引揚げ、送還、そして残留』（勉誠出版、2011年）、蘭信三編著『帝国以後の人の移動：ポストコロニアリズムとグローバリズムの交錯点』（勉誠出版、2013年）。

23 竹野学「植民地開拓と「北海道の経験」：植民学における「北大学派」」『北大百二十五年史　論文・資料編』、2003年、190頁。

24 兒玉州平「帝国主義研究の現在的意義」日本植民地研究会編『日本植民地研究の論点』岩波書店、2018年、207頁。

25 兒玉州平「帝国主義研究の現在的意義」日本植民地研究会編『日本植民地研究の論点』岩波書店、2018年、205頁。

26 兒玉州平「帝国主義研究の現在的意義」日本植民地研究会編『日本植民地研究の論点』岩波書店、2018年、206-207、209-211頁。

27 竹内祐介「アジア経済史と植民地経済史」日本植民地研究会編『日本植民地研究の論点』岩波書店、2018年、35-37頁。

28 スミス アントニー・D（巣山靖訳）『ネイションとエスニシティ』名古屋学出版

会、1999 年、4 頁（= Smith Antony D. The Ethnic Origins of Nations, Oxford: Basil Blackwell, 1986, p.3)。

29　田中隆一『満洲国と日本の帝国支配』有志舎、2007 年、7-8 頁。

30　飯倉江里衣「記憶」日本植民地研究会編『日本植民地研究の論点』岩波書店、2018 年、239-241 頁。

31　飯倉江里衣「記憶」日本植民地研究会編『日本植民地研究の論点』岩波書店、2018 年、245-247, 249 頁。

32　朴裕河『帝国の慰安婦：植民地支配と記憶の闘い』朝日新聞出版社、2014 年。

33　上野千鶴子「『帝国の慰安婦』のポストコロニアリズム」浅野豊美、小倉紀蔵、西成彦編著『対話のために：「帝国の慰安婦」という問いをひらく』クレイン、2017 年。

34　金富子「ジェンダー・セクシュアリティ」日本植民地研究会編『日本植民地研究の論点』岩波書店、2018 年、109-110 頁。

35　上野千鶴子「『帝国の慰安婦』のポストコロニアリズム」浅野豊美、小倉紀蔵、西成彦編著『対話のために：「帝国の慰安婦」という問いをひらく』クレイン、2017 年、249-250、252 頁。

36　上野千鶴子「『帝国の慰安婦』のポストコロニアリズム」浅野豊美、小倉紀蔵、西成彦編著『対話のために：「帝国の慰安婦」という問いをひらく』クレイン、2017 年、250 頁。

37　もちろん、これに対して、〈政治的良心を蔑ろにして学術的良心を優先するのは、研究者の身勝手である〉という批判をあり得よう。

38　レーニン V、『帝国主義』岩波書店、1956（1917）年、199-200 頁。

39　レーニン V、『帝国主義』岩波書店、1956（1917）年、196 頁。

40　山室信一「国民帝国論の射程」山本有造編『帝国の研究』名古屋大学出版会、2003 年。

41　高橋哲哉『戦後責任論』講談社、2005 年、58-59 頁。

42　高橋哲哉『戦後責任論』講談社、2005 年、59 頁。

43　今西一「「満洲移民」研究の問題点」今西一、飯塚一幸編『帝国日本の動員と移動』大阪大学出版会、2018 年、13 頁。

44　今西一「「満洲移民」研究の問題点」今西一、飯塚一幸編『帝国日本の動員と移動』大阪大学出版会、2018 年、13 頁。

45　Кузнецов С.И., *Японцы в сибирском плену, 1945-1956*, ТОО Издательства журнала "Сибирь", 1997（＝セルゲイ・I・クズネツォーフ（長勢了治訳）『完訳　シベリアの日本人捕虜たち』長勢了治、2000 年）、Карпов Виктор, *Пленники Сталина : сибирское*

интернирование Японской армии, 1945-1956 гг., 1997（＝ヴィクトル・カルポフ（長勢
了治訳）『シベリア抑留　スターリンの捕虜たち：ソ連機密資料が語る全容』北海道新
聞社、2001 年）など。

46　長勢了治「訳者あとがき」カルポフ・ヴィクトル（長勢了治訳）『シベリア抑留
　　スターリンの捕虜たち：ソ連機密資料が語る全容』北海道新聞社、2001 年、370 頁。

47　谷ヶ城秀吉「あとがき」日本植民地研究会編『日本植民地研究の論点』岩波書店、
　　2018 年、288 頁。

48　日本植民地研究会編『日本植民地研究の論点』岩波書店、2018 年、257-285 頁。

49　竹野学「樺太」日本植民地研究会編『日本植民地研究の現状と課題』アテネ社、
　　2008 年。

50　原暉之「書評　三木理史『移住型植民地樺太の形成』」（『アジア経済』第 55 巻第 1
　　号、2014 年、152 頁）、中山大将「サハリン樺太史研究会発足以後の樺太史研究の動向：
　　三木理史『移住型植民地樺太の形成』から中山大将『亜寒帯植民地樺太の移民社会形
　　成』および〈戦後史〉へ」（『近代東北アジア地域史研究会ニューズレター』第 26 号、
　　2014 年）。

51　谷ヶ城秀吉「あとがき」日本植民地研究会編『日本植民地研究の論点』岩波書店、
　　2018 年、288 頁。

52　三木理史『移住型植民地樺太の形成』塙書房、2012 年、103-105 頁。

53　モーリス＝スズキ・テッサ（小林英里訳）「植民地思想と移民：豊原の眺望から」『岩
　　波講座　近代日本の文化史 6　拡大するモダニティ』岩波書店、2002 年。

54　中山大将『亜寒帯植民地樺太の移民社会形成：周縁的ナショナル・アイデンティティ
　　と植民地イデオロギー』京都大学学術出版会、2014 年、28-32 頁。

55　藤原辰史「稲も亦大和民族なり」池田浩士編『大東亜共栄圏の文化建設』人文書院、
　　2007 年、藤原辰史『稲の大東亜共栄圏』吉川弘文館、2012 年。

56　中山大将「台湾と樺太における日本帝国外地農業試験研究機関の比較研究」『日本
　　台湾学会報』第 20 号、2018 年。

57　尹海東著（藤井たけし訳）「植民地認識の『グレーゾーン』：日帝下の『公共性』と
　　規律権力」『現代思想』第 30 巻 6 号、2002 年、132-147 頁。

58　尹海東著（藤井たけし訳）「植民地認識の『グレーゾーン』：日帝下の『公共性』と
　　規律権力」『現代思想』第 30 巻 6 号、2002 年、138-139 頁。

59　並木真人「植民地期朝鮮における『公共性』の検討」三谷博編『東アジアの公論形
　　成』東京大学出版会、2004 年、197-222 頁。

60　並木真人「植民地期朝鮮における『公共性』の検討」三谷博編『東アジアの公論形

成』東京大学出版会、2004 年、203-205 頁。

61　趙景達『植民地期朝鮮の知識人と民衆』有志舎、2008 年、10 頁。

62　趙景達『植民地期朝鮮の知識人と民衆』有志舎、2008 年、26-27 頁。

63　許粹烈（庵逧由香訳）『植民地初期の朝鮮農業：植民地近代化論の農業開発論を検証する明石書店、2016 年（韓国語原著は 2011 年）。

64　若林正丈「「台湾島史」論から「諸帝国の断片」論へ」『思想』第 1119 号、2017 年、86-87 頁。なお、「地方史」「地域史」の呼び分けは筆者による。

65　若林正丈「「台湾島史」論から「諸帝国の断片」論へ」『思想』第 1119 号、2017 年、89-91 頁。

66　若林正丈「「台湾島史」論から「諸帝国の断片」論へ」『思想』第 1119 号、2017 年、91-93 頁。

67　田中隆一『満洲国と日本の帝国支配』有志舎、2007 年、44-54 頁。

68　田中隆一『満洲国と日本の帝国支配』有志舎、2007 年、54-58 頁。

69　田中隆一『満洲国と日本の帝国支配』有志舎、2007 年、25-42 頁。

70　田中隆一『満洲国と日本の帝国支配』有志舎、2007 年、2-13 頁。

71　これは同時に，アジア・アフリカにおいて民族独立・反植民地主義が掲げられ新国家独立が相次ぐ時代においても，多民族国家を維持し，さらには漢族比率の比較的低い地域へ漢族を移住させる〈正当性〉にもなった。

72　呉豪人（藤井康子、北村嘉恵訳）「大いなる幻影に抗して：台湾の市民社会による転型正義への試み」『日本台湾学会報』第 20 号、2018 年、7-14 頁。

73　高誠晩『〈犠牲者〉のポリティクス：済州 4・3／沖縄／台湾 2・28 歴史清算をめぐる苦悩』京都大学学術出版会、2017 年、11-14 頁。

74　水谷智「「間-帝国史 trans-imperial history」論」日本植民地研究会編『日本植民地研究の論点』岩波書店、2018 年、218-219 頁。

75　水谷智「「間-帝国史 trans-imperial history」論」日本植民地研究会編『日本植民地研究の論点』岩波書店、2018 年、220 頁。

76　水谷智「「間-帝国史 trans-imperial history」論」日本植民地研究会編『日本植民地研究の論点』岩波書店、2018 年、220-221 頁。

77　水谷智「「間-帝国史 trans-imperial history」論」日本植民地研究会編『日本植民地研究の論点』岩波書店、2018 年、222-227 頁。

78　三尾裕子「台湾と旧南洋群島におけるポストコロニアルな歴史人類学の可能性：重層する外来政権のもとでの脱植民地化と歴史認識」三尾裕子、遠藤央、植野 弘子編著『帝国日本の記憶：台湾・旧南洋群島における外来政権の重層化と脱植民地化』慶

應義塾大学出版会、2016 年、1-5 頁。

79 塩出浩之『越境者の政治史：アジア太平洋における日本人の移民と植民』名古屋大学出版会、2015 年、1 頁。

80 塩出浩之『越境者の政治史：アジア太平洋における日本人の移民と植民』名古屋大学出版会、2015 年、422 頁。

81 塩出浩之『越境者の政治史：アジア太平洋における日本人の移民と植民』名古屋大学出版会、2015 年、422-423 頁。

82 遠藤正敬『近代日本の植民地統治における国籍と戸籍：満洲、朝鮮、台湾』明石書店、2010 年、遠藤正敬『戸籍と国籍の近現代史－民族・血統・日本人』明石書店、2013 年。

83 以下、キムリッカの概念の検討と援用は、中山大将『亜寒帯植民地樺太の移民社会形成：周縁的ナショナル・アイデンティティと植民地イデオロギー』京都大学学術出版会、2014 年、23-25 頁を参照。

84 山室信一「国民帝国論の射程」山本有造編『帝国の研究』名古屋大学出版会、2003 年、114-124 頁。

85 「蘇聯與偽蒙」『外交部檔案（119.2/90001）』中華民國中央研究院近代史研究所檔案館藏。

86 頼福順編著『鳥瞰清代台灣的開拓』日創社文化事業有限公司、2007 年、1-7 頁。

87 王中忱「間宮林蔵は北の大地で何を見たのか」姫田光義編『北・東北アジア地域交流史』有斐閣、2012 年。

88 中山大将『亜寒帯植民地樺太の移民社会形成：周縁的ナショナル・アイデンティティと植民地イデオロギー』京都大学学術出版会、17-23 頁。

89 今西一「国内植民地論・序論」『商学討究』第 60 巻第 1 巻、2009 年、13 頁。なお、筆者は当該地域における抑圧的状況の存在を否定する者ではないし、この時点における今西一のこうした観点の提起は極めて意義深いものであると評価している。

90 天野尚樹「書評 三木理史著『移住型植民地樺太の形成』」『史林』97 巻 1 号、2014 年、250 頁。

91 天野尚樹「樺太における「国内植民地」の形成：「国内化」と「植民地化」」今西一、飯塚一幸編『帝国日本の移動と動員』大阪大学出版会、2018 年。

92 大浜郁子「内国植民地」日本植民地研究会編『日本植民地研究の論点』岩波書店、2018 年、85-86 頁。

93 大浜郁子「内国植民地」日本植民地研究会編『日本植民地研究の論点』岩波書店、2018 年、86 頁。

94 沖縄全域を一体化して認識し歴史的に沖縄は本土に支配されそれに抵抗してきたという歴史観は、「実際には那覇や首里を中心とした史観」であり、奄美や石垣島が一角を成す八重山は琉球王朝の被支配地域であり、現在でも八重山の住民は沖縄本島へ行く際には「沖縄に行ってくる」というふうに沖縄本島と八重山を切り離す「自己認識」が存在することや、さらに八重山の中でも西端部の与那国島は疎外されているために自ら台湾との親密さを強調する傾向があることが指摘されている（岩下明裕「ボーダースタディーズからみた世界と秩序：混迷する社会の可視化を求めて」村上勇介、帯谷知可編『融解と再創造の世界秩序』青弓社、2016 年、37-38 頁）。

95 顏杏如「従常夏到四季–日治時期在臺俳人眼中的季節感與生活寫實（1895-1936)」『臺灣文學研究叢刊』第 15 期、2014 年。

96 中山大将『亜寒帯植民地樺太の移民社会形成：周縁的ナショナル・アイデンティティと植民地イデオロギー』京都大学学術出版会、2014 年。

97 拙著におけるブローデル歴史学の援用の検討については中山大将『亜寒帯植民地樺太の移民社会形成：周縁的ナショナル・アイデンティティと植民地イデオロギー』（京都大学学術出版会、2014 年、32-34 頁）を参照。

98 藤原辰史『稲の大東亜共栄圏：帝国日本の＜緑の革命＞』（吉川弘文館、2012 年）など。

99 梅棹忠夫『文明の生態史観』中央公論新社、2002 年。

100 中山大将『亜寒帯植民地樺太の移民社会形成：周縁的ナショナル・アイデンティティと植民地イデオロギー』京都大学学術出版会、2014 年。

101 坂田美奈子『先住民アイヌはどんな歴史を歩んできたか』清水書院、2018 年、67-68 頁。

102 「第 16 次（樺太再開第 5 次）ソ連地域引揚状況（東欧課 昭和 33 年 9 月 8 日）」外務省『ソ連地区邦人引揚関係一件引揚実施関係 第八巻』外務省外交史料館所蔵［分類番号 K'7-1-2-1-3]。

103 篠田謙一『DNA で語る 日本人起源論』岩波書店、2015 年。

104 本書第 7 章参照。

105 本書第 6 章参照。

106 筆者は決して「日本人だってそうだったんだから…」という論法で、サハリン残留朝鮮人の境遇に対する日本政府の責任を免じようという立場ではない。日本人も含め、残留や家族離散の原因の追及と検討を行うべきであると考えている。

107 呉豪人（藤井康子、北村嘉恵訳）「大いなる幻影に抗して：台湾の市民社会による転型正義への試み」『日本台湾学会報』第 20 号、2018 年、15 頁。

第1章　サハリン残留日本人研究の意義と方法　79

108　楊海英『中国とモンゴルのはざまで：ウラーンフーの実らなかった民族自決の夢』岩波書店、2013年。

109　高誠晩『〈犠牲者〉のポリティクス：済州4・3／沖縄／台湾2・28歴史清算をめぐる苦悩』京都大学学術出版会、2017年、11頁。

110　岩下明裕「ボーダースタディーズからみた世界と秩序：混迷する社会の可視化を求めて」村上勇介、帯谷知可編『融解と再創造の世界秩序』青弓社、2016年、岩下明裕『入門　国境学』中央公論新社、2016年、など。

111　岩下明裕「ボーダースタディーズからみた世界と秩序：混迷する社会の可視化を求めて」村上勇介、帯谷知可編『融解と再創造の世界秩序』青弓社、2016年、27頁。

112　岩下明裕（『入門　国境学』中央公論新社、2016年、58-59頁）は、"transbordering"に「越境化」という訳語をあてているものの、その内容から見ると岩下が代表を務めていたGCOEがかつて用いていた「跨境化」（http://src-h.slav.hokudai.ac.jp/BorderStudies/program/mission/）のほうが適訳と考えられることから、本章ではあえて「跨境化」の訳語を用いる。

113　岩下明裕「ボーダースタディーズからみた世界と秩序：混迷する社会の可視化を求めて」村上勇介、帯谷知可編『融解と再創造の世界秩序』青弓社、2016年、28頁。

114　Diener Alexander C. and Hagen Joshua., *Borders*, Oxford: Oxford University Press, 2012, pp. 65-66（＝ディーナー　アレクサンダー・C.、ヘーガン114　ジョシュア（川久保文紀訳）『境界から世界を見る：ボーダースタディーズ入門』岩波書店、2015年、90頁）．

115　岩下明裕「ボーダースタディーズからみた世界と秩序：混迷する社会の可視化を求めて」村上勇介、帯谷知可編『融解と再創造の世界秩序』青弓社、2016年、30頁。

116　岩下明裕「ボーダースタディーズからみた世界と秩序：混迷する社会の可視化を求めて」村上勇介、帯谷知可編『融解と再創造の世界秩序』青弓社、2016年、30頁。

117　岩下明裕『北方領土・竹島・尖閣、これが解決策だ』朝日新聞社、2013年、98-99頁。

118　佐々木史郎、加藤雄三「東アジアの境界領域における民族的世界」佐々木史郎、加藤雄三編『東アジアの民族的世界：境界地域における多文化的状況と相互認識』有志舎、2011年、4-7頁。

119　佐々木史郎、加藤雄三「東アジアの境界領域における民族的世界」佐々木史郎、加藤雄三編『東アジアの民族的世界：境界地域における多文化的状況と相互認識』有志舎、2011年、3頁。

120　佐々木史郎、加藤雄三「東アジアの境界領域における民族的世界」佐々木史郎、加藤雄三編『東アジアの民族的世界：境界地域における多文化的状況と相互認識』有

志舎、2011 年、14-17 頁。

121　松前藩が「御目見」と呼び、北海道アイヌが「ウイマム」と呼んだ両者の儀礼交
　　易を、松前藩にとってはアイヌの服属を意味したが、北海道アイヌ側は松前藩との友
　　好関係の確認と理解していた（坂田美奈子「アイヌ口承文学におけるウイマム概念」
　　『歴史学研究』958 号、2017 年）。

122　佐々木史郎、加藤雄三「東アジアの境界領域における民族的世界」佐々木史郎、
　　加藤雄三編『東アジアの民族的世界：境界地域における多文化的状況と相互認識』有
　　志舎、2011 年、3-4 頁。

123　佐々木史郎、加藤雄三「東アジアの境界領域における民族的世界」佐々木史郎、
　　加藤雄三編『東アジアの民族的世界：境界地域における多文化的状況と相互認識』有
　　志舎、2011 年、7-8 頁。

124　小森陽一『ポストコロニアル』岩波書店、2001 年。

125　小森陽一『ポストコロニアル』岩波書店、2001 年、14-15 頁。

126　研究上の用法については、白水繁彦「ハワイ日系人の社会史：日本人移民が残し
　　たもの」日本移民学会編『日本人と海外移住：移民の歴史・現状・展望』明石書店、
　　2018 年、52 頁、三田千代子「ブラジルの移民政策と日本移民」日本移民学会編『日
　　本人と海外移住：移民の歴史・現状・展望』明石書店、2018 年、149-150 頁、など。

127　梶田孝道ほか『顔の見えない定住化：日系ブラジル人と国家・市場・移民ネットワー
　　ク』名古屋大学出版会、2005 年。

128　早瀬晋三「東南アジアへの移民：日本優位から対等な関係へ」日本移民学会編『日
　　本人と海外移住：移民の歴史・現状・展望』明石書店、2018 年、209-210 頁。

129　李里花『「国がない」ディアスポラの歴史：戦前のハワイにおけるコリア系移民の
　　ナショナリズムとアイデンティティ』かんよう出版、2015 年、19 頁。

130　日本では、今西一編著『北東アジアのコリアン・ディアスポラ：サハリン・樺太を
　　中心に』小樽商科大学出版会、2012 年、ロシアでは、Дин Ю.И., *Корейская диаспора
　　Сахалина: проблема репатриации и интеграция в советское и российское общество*, Южно-
　　СахалинскСахалинская областная типография, 2015 など。

131　なお、他地域・他集団の〈残留〉との詳細な比較や関連性に関する研究の深化は
　　今後の課題としたい。

132　なお、〈発生〉をめぐる構築主義的分析は今後の課題としたい。

第2章

近現代東アジアにおける残留

　サハリン残留日本人について論じるにあたっては、その〈残留〉現象の普遍性と特殊性について確認しておく必要がある。普遍性とは〈残留〉現象が日ソ戦後のサハリンにおいてのみ発生していた現象であったのかどうかという問題を指し、特殊性とは〈残留〉現象が異なる時期や地域においても普遍的に見られた場合に、サハリン残留においてはどのような固有の性質があったのかという問題を指している。また、そもそも何をもって〈残留〉とするのかという定義の問題についても取り組む必要がある。本第2節では、日本帝国の拡大過程における〈残留〉現象について確認し、次節第3節では、第二次世界大戦後の旧日本帝国権各地で発生した〈残留〉現象について確認する。最後に第4節でこれら〈残留〉現象の普遍性を提起するとともに、本研究における〈残留〉の定義について改めて議論する。

第1節　日本の領土拡大と残留者の発生

1　樺太千島交換条約

　1855年の日露和親条約以後、サハリン島には国境が設けられず日露雑居地化が進展していたものの、殖民競争においてはロシア側が優勢であり、領土交渉においても不利な立場に置かれた日本政府内には紛争回避と北海道開拓に専念することを目的とした樺太放棄論が現れるようになる。しかしながら当時の日本政府内には樺太放棄論に対する反対論も根強かったため、これら勢力を納得させるために樺太放棄の「釣合フヘキ」代償として千島全島の領有権獲得を当時の政権はめざし、ロシア帝国側も交渉長期化による英帝国の介入を警戒して対日譲渡を拡大し、結果として樺太千島交換条約が締結されることとなった[1]。この平和的な方法による境界はいかなる移動を生じさせたのか。

　まず漁業関係者を主とする日本人住民は、条約上は現地の日露両国民には国籍

を維持したままの居住権や財産権、営業権が認められていたものの、日本政府の意向で本国へと帰還した。日本政府はサハリン島に条約以前から進出していた日本人漁業者に対して前記の諸権利を放棄をするよう説得するなどしたため一時的に日本人によるサハリン漁業は中断していたが、これら日本人漁業者はサハリン出漁再開の許可を日本政府に請願して翌年には 12 名の漁業経営者が出漁を再開し、このうち 11 名が条約以前からの出漁者であった。サハリンの日本人漁業は春先の漁期に来島し、秋には帰国するという形態で、1900 年前後にはロシア人漁場主に雇用されていた者も含めると年間 7,000 人以上が来島するようになった[2]。つまり、すぐに再進出を果たすなど境界変動による透過性の低下は顕著ではないものの、領土権変更を伴う境界変動後に日本人のサハリンからの退去が発生していたことが確認できる。

　樺太アイヌについては 3 年以内の国籍選択猶予期間が条約で設けられていたものの、日本人漁業と密接な関係にあったこともあり、日本政府の誘導により 841 人が北海道へと移住し内地戸籍に編入され、残りの約 1,000 人は引き続きサハリンにとどまり、日本政府が往来を許可しなかったため家族離散も発生した。北海道へ移住した樺太アイヌも慣れない土地での生活のため疫病の流行などで人口を減らしたほか、1890 年代以降は出稼ぎや墓参を口実にサハリンへの帰還者が増加した[3]。

　次にサハリン同様に同条約の対象となっていた千島について見てみると、条約以前は日露和親条約に基づきロシア帝国領であったウルップ島以北の北千島では、アラスカに出自を持つ 100 名弱のアレウート人が条約以前から漁業労働者としてロシア側の雇用のもと居住していたが、交換条約後にはその全員がロシア領内へ移住し、同じく北千島に居住していた約 100 名余の千島アイヌも 26 人を残してロシア領であるカムチャッカへ移住した。1884 年には日本政府は、遠方の北千島への「撫育」のための経費抑制や外国人との交易、カムチャッカとの往来を理由に、当時北千島にいたアイヌ 97 人全員を南千島のシコタンへと強制移住させ、その後 15 年間で移住者の 6 割が死亡するという事態を招いた[4]。

　このように樺太千島交換条約という境界変動にともない、当地の移住者集団であった日本人、ロシア人だけではなく、先住民族である樺太・千島アイヌにも移住が発生することで、〈移住者〉という側面が付与されていく[5]と同時に、その中に移住しない者も現われることで、異なる歴史的経験、異なる国民編入経験が生まれていった。もちろん、「樺太アイヌ」や「千島アイヌ」という集団内に均

質性を求めること自体が、研究や行政の勝手な視点でしかなく、移住／残留の選択に地域や親族関係の偏差、生業や日露両国民との交流度合の相関関係が見られれば、本人たちにとっては「民族」よりもそれらのほうがより現実的に生活世界を形作るものであったと言うことになろう。

2 日露戦争およびポーツマス条約

　日露戦争開戦時には、日露断交を受けて342人の日本人が〈開戦引揚げ〉により当時ロシア領であったサハリン島から退去した[6]。この時点で、サハリン島に居住している樺太アイヌには樺太千島交換条約時からそのまま居住を継続していた「在来グループ」と一度北海道へ移住し内地戸籍に編入されたのちにサハリン島へも再移住した「帰還グループ」とがおり、形式的には後者は日本国籍者とみなせるはずであったが、在コルサコフ日本領事館はロシア側にはその見分けがつかず、敵国人として危害を受けることもないであろうと判断し、樺太アイヌに対しては開戦引揚げを促さなかったとされる。ただし、「土人」を妻とする日本人2名のうち1名は「土人」と見分けがつかないほど現地化しており開戦引揚げの意思はないだろうと予測しているほか、妊娠中のため港まで来ることのできなかった者もいたとされる[7]。

　日露戦争末期、日本帝国はサハリン島への侵攻を行ない戦況は始終日本軍優位に進み、侵攻一ヶ月もせずに日本軍は占領軍政を開始する。樺太庁の編纂した『樺太庁施政三十年史』では、日露開戦後にサハリンでは刑期縮減を特典にして義勇兵を募ったため、「之等義勇兵は特典に浴せんが為志願したので、愛国心の発露では無かつたから、攻略軍上陸当時迄に、刑期の満了を口実として大陸に渡つた者が多かつた」として、流刑地ゆえに戦中より退島を希望する者が多数いたことを示唆するような記述がある[8]ものの、当時の住民が全般的に退島を喜んで迎え入れたとは言い得ない。すでに戦中から現地高官や軍司令官およびその家族など約700人弱が日本内地へと移送され、従来の統治機構は崩壊しており、現地の食料事情を考慮した占領軍は本国帰還希望者の送還を決定、約7,000人が対岸のデカストリへと送還された[9]。前記7,000人のうち移動を制限されていた「苦役囚」は約500人にとどまり、その他は現地食料事情の悪化や課税を背景として、「自費で日本経由の帰国を果たせない大多数の住民にとって、日本の費用負担によるデカストリ「送還」は飢餓を逃れる最後の機会と映ったに違いない」[10]と板橋政樹が指摘している通り、これらを純粋な〈自発的〉移動とみなすことはで

きない。これは日ソ戦後に生じた日本人引揚げと比較して考える際にも重要な点である。住民たちの退去の背景として境界変動に伴う重大な社会環境の変化が存在することを示すからである。

　樺太千島交換条約と日露戦争時の日露政府双方の対応からは、境界変動後には旧自国領・勢力圏には自国民をなるべく残さず、新領土には他国民をなるべく残さないようにしようという〈国境と国民の一致〉の傾向が見て取れる[11]。しかし、それでも〈国境と国民の一致〉から逸脱する〈残留者〉が発生する。

　ポーツマス条約によってサハリン南部が日本領樺太となった後も、ロシア帝国臣民約 200 人が居住を続け、「残留露国人」と呼ばれることとなる[12]。ポーツマス条約では、これら「残留露国人」の財産権と居住権が認められていたものの、国籍選択の権利は認められず、旧来の国籍が保持された。ロシア帝国が崩壊し、ソ連が建国されると、これら残留露国人は「旧露国人」という名のもと、実質無国籍者として遇されることとなる。1927 年時点の樺太庁内部には、これら残留露国人が一般的に親日的であることを認めつつも、日本人と同等の権利を獲得すれば、その経営能力などから日本人の経済活動を圧迫するおそれがあるとして、国籍付与には「遽ニ帰化ヲ許スヘキニ非ス」[13] という極めて消極的態度が見られた。残留露国人には外国人として多くの制限が課されており、たとえば農地についても所有は認められず、樺太庁からの単年貸借契約を結ばねばならず[14]、とりわけ初期においては日本人の入殖を優先して換地まで強いられることも多く見られ、放牧禁止令などとも合わさり残留露国人の経済環境を不安定化し、離農や離島の要因となったと考えられる[15]。

　こうした「残留露国人」以外にも日露戦争以前からの〈残留者〉がいた。それはロシア領期に露国人に漁業労働者などの形で雇用されサハリンに居住していた数十名の朝鮮人や「清国人」であり、残留露国人同様に日本施政下においては外国人として制度、運用の両面から資源アクセス権などを制限され生活は困窮したが、朝鮮人については 1910 年の日韓併合後は日本帝国臣民として制限が緩和され生活が向上したと言われている[16]。以下、これまで研究者によってほとんど言及されることのなかった〈残留清国人〉について見ることで、境界変動が日露戦争の中立国に属した住民に与えた影響を見てみたい。

　日本の樺太領有時の残留清国人の人数について北海道・樺太華僑史を研究する小川正樹は『南樺太居住外国人ノ現況』の記述[17]から 5 人であったとみなしている[18]が、『樺太日日新聞』記者による残留朝鮮人への取材記事[19]によれば、残

留清国人 18 人が西海岸の遠節と唐仏（のちに「登富津」と表記）に居住していた。これら残留清国人はロシア帝国期にデンビー商会に雇われた昆布採取労働者であったが、本国に身寄りが無かったり、樺太で世帯形成をしていたため日露戦後も残留した人々であり、2 人が日本人の妻と、4 人が先住民族の妻と暮らしていた。張海なる人物は牛 11 頭を所有しているほか、遠節居住者でも 5 頭の牛を所有する者がいるものの、全般的には、日露戦争後に漁業権や狩猟権を失い「〔引用者注：残留朝鮮人に比べて〕清人の方は全く独立の生活を為す事は出来なくなつて今では雇漁夫となつて居る」状況にあり、日本の樺太領有による統治主体の交替は残留清国人の生活に深刻な影響を与えたことがうかがえる。

　また、18 人という数字はこの残留朝鮮人が把握している数であり、日本の樺太領有時には別の地域にも残留清国人がいたことを示す資料がある。樺太庁の統計書である『樺太庁治一斑』によれば、1926 年までに「清国人」「支那人」「中華民国人」（以下、〈清人〉と総称する）が居住していたことのある市街地・集落は、43 箇所にのぼるが、1921 年までは西海岸、特に真岡支庁管内に集中しており、その数は 23 個所にまでしぼられる。さらに、市街地を除いて、複数年にわたり清人人口が確認できることから定住者がいたと思われる集落としては、苫舞（1910 年 1 戸 6 人、1921 年 1 戸 4 人）、遠節（1910 年 2 戸 6 人、1921 年 3 戸 9 人）、仁多須（1910 年 1 戸 3 人、1921 年 1 戸 2 人）、登富津（1915 年 1 戸 1 人、1921 年 1 戸 1 人）、の 4 個所が挙げられる。数年単位で居住集落が島内で変化しているものの、海馬島（1910 年 1 戸 2 人、1921 年 1 戸 1 人）も常に 1 〜 2 名の居住者がいることが確認できる。1910 年に清人が居住していた大字としては、このほかに多蘭泊と荒鯉が挙げられるが、いずれも 0 戸男性 1 名という状況であり、なおかつ、その後の居住履歴との連続性がなく一時的な居住であったと考えられる。

　1910 年における西海岸清人の人口は 23 人であり、前出の新聞記事の数字に近い。仁多須の 1 戸も後述するの孫福仁一家であると判断できる。1910 年の統計上の「清国人」の総人口は 7 戸 25 人で、1921 年は 7 戸 19 人であることと、1910 年は 9 割以上が、1921 年は 8 割以上が前記定住集落に居住していることから、これら集落に居住している清人世帯は比較的安定した状態にあったと考えられる。統計上は男女比が 4.8 で男性に偏っているものの、上述のとおり、日本人や先住民族を妻とする者が複数いたとすれば、男性単身世帯が多数を占めていたとは必ずしも言えない。新聞記事の中の西海岸の 18 人とこれら清人世帯を重ね

合わせると、樺太全体の残留清国人は 1921 年まで 6 戸 20 人程度で推移していたと考えることができる。

　以下では、こうした残留清国人の実例について見てみたい。1905 年に父が、自身も 1909 年に樺太へ渡り留多加に居住し 1949 年に引揚げたある樺太引揚者が 1988 年に書いた回想記の中には「陳」姓を持つ残留清国人が現れる。

　陳に関する記述[20]を抜き出して要約すると以下のようになる。陳は中国東北部に生れ親元を出奔、サハリンまで行きつき、露国人農場経営者に「牧童」として雇われる。日露戦争時には日本軍に身柄を拘束され、樺太領有直後は留多加へ移住し部落総代となった著者の父親が預かることとなる。日露戦前に陳を雇っていた露国人はすでに退島しており、陳はその農場を引き継いで留多加での生活を続けるが、日本人や先住民族の女性との同居生活は 3 回とも破綻し、集落住民との間にもトラブルを繰り返してしまう。第一次世界大戦の好況期に、陳は農場を手放し馬を買い競馬で稼ぐと言って留多加を去るが、その後著者一家に陳が真岡で落馬して落命したという悲報が届く。

　この回想記自体が、陳の死後約 70 年後に書かれていること、おそらくは著者の父親からの伝聞であろう部分が少なくないことから考えても、著者により再解釈され整理されている可能性は否めず、同時代資料と同様に扱うことはできないものの、数ある樺太回想記類の中で、特定の残留清国人についての詳細な記述があるという点で、この資料は貴重である。

　この手記の中で、陳は若く子ども好きの働き者と描かれつつも、日露戦争前は露国人の「親方」に、戦後は部落総代である著者の父親に庇護され、時に見せる粗暴な振る舞いも庇護者によって赦され導かれる存在として描かれている。このことは、日露戦争時に「ロシア軍は親方を捕まえたかもしれない。そのロシア軍を日本運にやっつけてもらえば会えるかもしれない。」と陳が考えたという叙述や、陳の最期についての「『お父さん、お母さん！俺悪い人だったよ。』が最後の言葉だと言う。陳がいつもお父さん、お母さんと呼んでいたのは、梅吉とふさだった。」[21]という叙述によく表れている。この回想記は、陳を登場させることで、先住民族を含む先住者一般やあるいは戦後に〈外国人〉となってしまう朝鮮人といった非日本人を一切排除した〈開拓物語〉とは一線を画しつつも、日本人＝庇護者と先住者＝被庇護者という日本領樺太をめぐる植民者の認識構造を陳を通して表現しているとも言える。これは、この回想記自体が著者の父親の 50 周忌を記念して父の功績を顕彰する意味も込めて書かれているために一層強調され

てしまっていると言えよう。

　では、日本人を樺太の庇護者とするこうした認識だけが常に存在したのであろうか。樺太の篤農家のひとりとして称される吉田清五郎は、1912年に漁村の仁多須に入殖した時について、「其の晩〔引用者註：入殖地に到着した晩〕は現在〔引用者註：1929年〕でも一線に居らるゝ支那人孫福仁氏の厚意に甘へて厄介になりました。」[22] と1929年に語っている。孫福仁の来歴は不明であるが、おそらくは前記の唐仏[23] に住む残留清国人のひとりであると考えられる。日本人移住者＝庇護者と先住者＝被庇護者という認識構造はここでは成立していない。むしろ残留清国人は個々の日本人移住者を支援する立場にあったことがわかる。

　また、統計から見ると、残留清国人が居住する集落は残留清国人のみが暮らす空間ではなかった。1910年時点の清国人居住集落に居住する日本人は、明牛が20戸106人、苫舞が28戸111人、海馬島が81戸321人、多蘭泊が5戸30人、遠節が29戸92人、仁多須が4戸16人、荒鯉が20戸89人であり、仁多須を除けばすでに日本人移住者が圧倒的多数派を占めているし、仁多須でも清国人は少数派になっている。また、特筆すべきは、これら集落には露国人居住者がいないということである。これら集落は、日露戦争以前は露国人と清国人が居住する集落であったが、露国人の退島により清国人のみが引き続き居住を続け、そこに日本人の移住が進んだと考えられる。退島露国人が残していった空き家や耕作放棄地に日本人移住者が無関心であったと考えることはできない。実際、入殖計画を立てるために行なわれた農耕適地調査では、各集落にある露国人家屋の数も記載されている[24]。日本人住民の男女比も、最大で苫舞、多蘭泊の1.7であり、出稼ぎ男性労働者ばかりの飯場に経営者の家族や飯炊係の女性が数名いる程度といった状態ではなく、日本人移住者の定住化が進行していることが理解できる。

　そう考えると、前記の回想記の中の被庇護者としての陳の姿にも疑義が生まれる。当時留多加に移住した日本人はほぼすべてが初めて樺太へ来た者たちであったはずである。一方で、雇われ者だったとは言え、陳は当地での生活と農業の経験がある人間である。陳のそうした経験がまったく日本人移住者に顧みられなかったとは考え難いし、手記にもあるように陳は日本人を雇うほど営農に成功している。叙述のされ方には大きな相違があるものの、当時の日本人移住者からしてみれば、陳も孫福仁も同じように目されていた可能性もある。また、回想記の叙述によれば、陳が留多加に戻ってきたときには、すでに日本人の移住がある程度進んでいた。自分を拾ってくれた「親方」たちがいなくなり、その土地に見ず

知らずの日本人たちが暮しているのを見た陳の心情を、加害や被害といった概念を用いて叙述する姿勢はこの回想記には見られない。この認識構造においては、樺太の日本領有も日本人の入殖も所与のものであり、日本人が〈残留者〉にすべきは同情であって謝罪ではないのである。

上記陳の事例は、悲劇性が強調されている可能性はあるものの、戦争とその戦後処理条約に基づく境界変動が現地在住の中立国国民にさえ甚大な影響を与えてしまうことを示唆する。

3　北樺太保障占領と日ソ基本条約

1917 年のロシア革命に応じて発生したシベリア出兵は北サハリン対岸のニコラエフスクにも日本軍と日本人居留民の進出を招いたが、1920 年 3 月以降のパルチザン勢力との衝突の結果、1920 年 5 月には日本人に対する虐殺事件である「尼港事件」が発生し、日本政府はロシアが内戦中であることから、この問題に対する交渉主体が決まるまでの措置として、ロシア領であるサハリン島北緯 50 度線以北を占領する「北樺太保障占領」を実施する。現地行政はあくまで占領行政であり、薩哈嗹軍政部が担当し、南部の樺太庁の行政とは切り離されていた。占領軍の駐留により、商業者をはじめとした日本人の流入も始まり、1923 年には日本人人口が約 5,000 人にのぼった[25]。

1925 年の日ソ基本条約に基づき薩哈嗹軍政部が撤退すると同時に、日本軍と日本人は北サハリンから退去するが、このほかにも退去した集団があった。ひとつは、朝鮮人である。樺太北部の新興鉱業都市における朝鮮人人口の増加が起き[26]、これら移住朝鮮人の中には、比較的に総福な労働者や自営業者もいたとされる[27]。もうひとつは、〈白系ロシア人〉などと呼ばれるヨーロッパ系住民である。保障占領下の北樺太では、日露戦争時と異なり、一部のボルシェビキに共鳴する人々などを除けば、ヨーロッパ系住民の大規模な送出や自主退去は発生せず、5,000 人から 8,000 人程度で人口が推移していたものの、日本軍政への協力者や資産家、白軍関係者ら 300 ～ 500 人程度が島外へと避難・亡命したとされている[28]。さらには、1926 年 12 月にはシベリア出身の先住民族のサハに属するヴィノクーロフがソ連を逃れ家族や使用人 19 人と馴鹿 300 頭とともに樺太へと移住する現象も起きていた[29]。

これらの移動は〈民族〉的には包摂される得る国家から政治的な理由で逃れる移動であった。実際に、北樺太撤退以前に樺太から北サハリンへ移住していたあ

るポーランド人一家はソ連施政下でも北サハリンでの居住を続け、1930 年代には銃殺刑を含む政治的弾圧を受けたと言われている[30]。

4 下関条約と台湾

　樺太残留露国人と対照的であるのは、日本領台湾の旧住民[31]であろう。これまで清代台湾史研究では〈客家〉を指すとされてきた〈客 + a〉型の単語（「客民」「客子」など）を「土着」という語と合わせてその使用例を丁寧に分析することで、〈客 + a〉が大陸由来の漢人集団間の移住時期の相対的早晩を示しているという林淑美の指摘[32]は、台湾の移住者集団の重層性が、台湾社会の中で、あるいは清国の中で当時から認識されていたことを示している。ロシア帝国下のサハリンに比べれば、17 世紀末から漢人移住が本格化していた台湾とではその厚みは違うものの、ともに移民社会が形成されていたことは看過すべきではないだろう。

　日清戦争の戦後処理条約である下関条約（1985 年）では、旧住民に対しては 2 年間の居住地選択猶予を保障し、日本帝国臣民という法的地位の付与については日本政府の裁量によるという留保を残していた。この猶予期間において日本政府内で旧住民の国籍問題について検討が重ねられ、条約以前から台湾に居住している者を「台湾住民」と定義し、猶予期間後も台湾に居住している者を日本帝国臣民とみなすと定めた。この猶予期間中に退島した者は全住民 280 万人のうち 5,460 人のみであったとされている[33]。

　台湾の場合も、台湾に生活の根拠を置く旧住民に対し在外清国人という身分を与えなかったという点では、〈国境と国民の一致〉を方針としていた[34]と理解できる。台湾において日本政府が旧住民の送還を積極的に実施しなかったのはひとえに「人的資源としての観点から台湾人口の確保を要請するという国家エゴイズム」[35]として理解できようし、一方で樺太の場合、残留露国人は人的資源とはみなされず、占領当初ではむしろ食料事情などから負担とみなされ送還されていることからも、〈国境と国民の一致〉における占領および統治のための機会主義的側面には注意を払うべきであろう。

　樺太庁が先住民族を除く旧住民を「残留露国人」と呼び、台湾総督府が〈残留清国人〉という呼称は用いなかったのは、前者がロシア帝国籍を維持し、後者が清国籍を離脱した日本帝国臣民であるという認識と実態があったからと言える。しかしながら、従来の生活環境が維持されたわけではまったくなく、新たな移民

社会が形成される過程に、新移住者に比して劣位な立場で身を置かれたという点では共通している。〈退去〉も〈残留〉も、ひとたび境界変動が起きれば、〈原状維持〉が不可能であることを示している。

このように、日本帝国の拡大過程で発生した境界変動によって旧住民の退去と新住民の移住が繰り返されてきたと同時に、旧住民の中には移動を行なわずに居住を継続した人々も存在していた。その正確な定義は後節に譲るとして、このように境界変動による〈退去〉と〈残留〉は、日本帝国の拡大過程において発生していた。次節では、日本帝国崩壊過程において発生した境界変動による〈退去〉と〈残留〉の全体像について確認する。

第2節　日本帝国崩壊過程における引揚げと残留

日本帝国崩壊過程における日本人住民の退去（引揚げ）については、多くの手記や作品が発表されているだけではなく、厚生省の記録のほか、研究者による研究も発表されてきた。本節では、引揚げの反対現象として発生していた残留現象の全体像を確認する。

1　満洲の日本人

第二次世界大戦後の東アジアにおける残留現象として最も社会的認知度が高くまた研究の蓄積が豊富なのは「中国残留日本人」であろう。中国残留日本人をめぐる歴史的経緯を簡潔にたどるならば以下のようになる。まず、満洲国建国（1932年）以降、それまではほとんど満鉄附属地や都市部などに限られていた満洲地域における日本人の居住域が、内地から送出された開拓移民団などにより農村部にまで拡大し、終戦時には在満日本人口は約155万人にまで達していた。1945年8月のソ連参戦を発端に満洲地域の日本人社会は混乱に陥り、現地の中国人家庭の中に入ったり、あるいは前期集団引揚げ（1946年5月〜1949年10月）の機会を逃すなどして約4万人の日本人が満洲地域を中心に中国国内に居住し続けていた。後期集団引揚げ（1953年3月〜1958年7月）により、戦犯や留用者を中心にこれら日本人の本国帰還が行なわれたが、その後もなお中国国内に残り続ける日本人たちが約1万人いた。現在の中国残留日本人研究における「中国残留日本人」とは一般的にこれらの人々のことを指し、後期集団引揚げ終了前に本国帰還した人々は含まない[36]。

その後、1972 年の日中国交正常化契機に、民間団体の尽力などにより、永住帰国も実現されるようになっていった。永住帰国をしなかった、あるいは現段階においてまだしていない人々については「定着者」、帰国をした人々については「帰国者」といった呼び分けも研究上なされている。

以上の歴史的経緯を鑑みて、満洲日本人の〈残留〉の発生には 3 つの段階があったことが理解できる。第一は、1945 年のソ連満洲侵攻時の混乱を契機に現地中国人家庭に入っていった人々の発生である。第二は、前期集団引揚げの機会を逃した人々の発生、第三は、後期集団引揚げの機会を逃した人々の発生である。

猪股裕介は第一段階において中国人家庭に入った経緯を (1) 遭難型、(2) 困窮型、(3) 就労型の 3 つに分類している[37]。遭難型は主にはソ連満洲侵攻に伴う逃避行の間に、困窮型は逃避行の末都市部にたどり着いたもののそこでの困窮から中国人家庭に養子や妻などの形で入った場合を指し、就労型は生活再建の過程で同様に中国人家庭に入った場合を指す。

第二の段階について猪股は前期集団引揚げに加われなかった主な事情として(1) 情報不足、(2) 中国人による妨害・説得、(3) 家庭的・経済的事情をあげている[38]。前期集団引揚げ実施されているという情報を得られなかった者やそもそもその時点で幼児であり自己判断の余地さえなかった者は当然ながら引揚げはできず、情報を得ていても一度家族となった残留日本人が家庭から出て行くことを周囲の中国人が良しとしない場合はやはり引揚げの機会を逃すこととなったし、周囲の影響力を受けない立場にあった者もようやく築いた新生活を手放すことへの不安から断念する場合があったということである。

第三の段階である後期集団引揚げについて、南誠は、そもそも日本政府は戦犯や留用者が念頭に置いており、主に孤児や女性から構成される「一般邦人」の引揚げには消極的であり、さらに外国籍男性配偶者の同伴引揚げは許可しないことが明文化されていることから、多くの中国人家庭に入っていた日本人たちが残留を選択せざるを得なかったことを指摘している[39]。

上述の通り、中国残留日本人は大まかに言って、養子として引き取られた「孤児」と、妻として中国人家庭に入った「婦人」とに分かれるとされ、日本政府もこの呼び分けを行なっていた。「孤児」の場合、「中国人の家庭に引き取られたときから、出自は日本人でありながらも社会的には中国人として育てられた」[40]という人々も多く、長じてから養父母から日本人であることを教えられた事例も見られる。ただし、周囲が本人の実父母が日本人であると知っている場合、とりわ

け文化大革命期など政治的弾圧が強まった時期には「批判の対象となり、日々恐怖、不安、緊張に包まれる生活を強いられた」[41] のであった。こうした「孤児」が後期集団引揚げ終了までの間に本国帰還の機会を逸した、あるいはそもそも帰還の意思を持たなかったことは容易に理解できよう。

1956 年 5 月 29 日の天津協定に基づき主に「婦人」の一時帰国が実現したものの、その後 1 年間のうちに一時帰国した日本人女性 1,009 名のうちそのまま永住帰国へと移行したものは 110 名だけであったが、その主な理由は、第一に中国籍夫の呼び寄せが困難であり家族離散を避けようとしたことと、当時の日本社会での定着が困難であったことと考えられている[42]。この困難さには当然ながら就労問題や戦後 10 年、満洲国生活も入れればさらに長い日本社会経験の空白による社会適応の問題などもあろうが、「中国人の家庭に嫁いだことは、戦時中の理想的な「日本人像」に対する裏切りとみなされていた」[43] という日本社会自体が有していた社会的風潮の存在は無視してはならないであろう。

1994 年時点で、中国国内には永住帰国を希望する中国残留日本人が約 2.5 万人おり、同年の中国残留邦人等帰国促進・自立支援法制定以降は身元判明の条件が緩和された[44]。大久保明男はアウトロー化する中国帰国者の次世代の表象が日本社会に登場していることを指摘している[45] が、それ以外にも本人や呼び寄せ家族の偽装、生活保護費の不正受給疑惑問題など、中国帰国者の負の側面も懸念されるようになっている。

日本国厚生省の統計では、2009 年 1 月時点で認定残留孤児は 2,815 人で、うち 2,529 人が日本に永住帰国を果たしているのに対して、2000 年時点の中国当局の統計では東北地方の残留孤児は 3,768 人とされており、張嵐はこの差を中国政府が認定しても日本政府が認定していない場合があるためと説明している[46]。いずれにしろ、2009 年時点でも数百人の中国残留日本人が中国国内で居住を続けていることになり、これらの人々は前述の通り「定着者」と呼ばれる。

中国残留日本人研究の先駆的研究者である蘭信三は、中国残留日本人婦人を体験の特性から三つの類型の提示を試みている。ひとつの極は全般的に中国への残留を肯定的に受け止めている人々、もうひとつの極は残留に極めて否定的な態度をとり日本への帰還を強く願った人々、そしてその間にある人々である[47]。

呉万虹は、この蘭の研究も踏まえた上で、研究も含めた中国人残留日本人問題への視点の問題点として、(1) 過剰な同情、(2) 養父母などへの配慮の欠如、(3) 中国定着した中国人残留日本人への配慮の欠如を挙げ、定着者を 3 つの指標

でそれぞれ分類している。まず、「本人に本気で中国定着の個人意志がある場合」は「本意定着」、「本人に中国定着の個人意志がないがまわりの事情で中国に留まる場合」を「不本意定着」と分類している[48]。これは一見排反関係にある集合に分類しただけに見えるが、日本国厚労省の「中国残留邦人」に対する「様々な事情が障害となって樺太に残留（ソ連本土に移送された方を含む。）を余儀なくされた方々」「戦後の混乱の中、肉親と離別するなどし、国外に残留を余儀なくされ、長年筆舌に尽くせないご苦労がありました」[49]という説明から見ると、「自己意志」残留者がいるという実態を示す分類となっていることには注意を払うべきであろう。次に定着動機については、(1)「報恩型」、(2)「生活重視型」、(3)「やむをえず型」に分けた上で、「複合型の中国定着」も存在することを指摘している[50]。アイデンティティも、(1)「中国人アイデンティティ」、(2) 日本人アイデンティティ、(3) 中間柔軟アイデンティティの3つに分類を行なっている。これら分類では各分類ごとの割合などは示されていないものの、こうした分類が可能であること自体が定着者ひいては中国残留日本人の多様性を示し、「複合型の中国定着」や「中間柔軟アイデンティティ」は個々人の中の多面性の存在を示していると言えよう。また、張嵐が挙げた事例[51]からも、同一人物であっても時期によってアイデンティティや定着・帰国の意志の有り様が変化しており、定着者が動的存在として把握すべき存在であることが分かるほか、定着を志向する場合には、養父母の家庭が比較的経済的余裕があり、日本人としての被迫害経験が乏しいことが示唆される。張嵐は、定着志向の変化を「日本からのプッシュ要因」「中国へのプル要因」から理解しようと試みている[52]。

　このように中国残留日本人研究はその発生から現在にいたるまでの長い時間的範囲が研究対象として設定され、歴史社会学研究の成果により残留日本人の多様性や動態が明らかにされてきた。

2　満洲の朝鮮人

　前項では中国残留日本人の概要を先行研究から確認した。しかしながら、満洲地域には日本人同様に、戦後に本国へ帰還せずに同地域での居住を継続した移住者集団が存在し、そのひとつが朝鮮人移住者であった。戦後も満洲で居住を続ける朝鮮人が「残留朝鮮人」と呼称される事例はほとんど見られないが、ここではなぜそうなのかということも含めて満洲の朝鮮人の動向について確認する。

　1944 年段階で満洲地域全体の朝鮮人人口は約 166 万人、うち間島省には 1943

年時点で約 64 万人が居住していた[53]。満洲地域の朝鮮人について論じる場合に
気をつけておくべきは、日本人移住者に比べればその歴史は長いものの、満洲地
域への朝鮮人の移住が進んだのは 19 世紀以降であり集団としての朝鮮人は移住
者集団としての性格を持つということである。また、本人の帰属意識や居住地の
如何を問わず日韓併合以後、形式上は日本帝国臣民の法的地位を日本政府により
認められていた[54]ということである。ソ連満洲侵攻時の朝鮮人の動向は、ソ連
軍による被害は言及されても移動については、戦後の満洲における朝鮮人社会の
動向について詳細に論じた李海燕の研究[55]でもまったく言及されておらず、詳
細は不明である。

　満洲国解体後、国民党は満洲地域の漢人の支持がすでに厚かったため、朝鮮人
の支持を確保することには熱心ではなく、満洲地域の朝鮮人は朝鮮半島へ送還す
るという方針を有し、1946 年 4 月国民党は韓僑処理臨時弁法において、朝鮮人
のうち農民は当面現状維持、技術人員は日本人技術人員同様にとどめおき、共産
党員は送還、韓奸は検挙し、全朝鮮人は自由に移動させないとした[56]。間も無く
して、ソ連軍が満洲地域から撤収すると、国民党は朝鮮人財産の差し押さえと没
収を開始した。こうした中で、東北韓国僑民会総会が 500 人の帰還計画を作成す
るも実現しなかったが、同年夏には旱魃のための朝鮮人の難民化が予想されたた
め、アメリカが 1.5 万人の送還計画し、結果として、2,483 人が収容所経由で本
国送還された[57]。国民党は送還待機中に収容所にいる朝鮮人への虐待防止を呼び
かける[58]など、満洲地域の朝鮮人は「戦勝国民」として同等に取り扱われるど
ころか、日本帝国臣民あるいは対日協力者のごとき待遇を受けていたことがうか
がえる。

　一方、共産党が支配権を確立した地域では土地改革などが実施されると同時に
「政治清算」も開始された。朝鮮人人口の集中している延辺では 1946 年 10 月か
ら政治清算が開始され、地主階層、知識階層などが糾弾の対象となり、元満洲国
官吏、知識人、宗教家、地主、富農の一部が糾弾を逃れるために自力で陸路で朝
鮮南部へ「越南」するという現象が現われた[59]。同時期には、食料不足を背景に
朝鮮北部から延辺への人口流入も発生している[60]。やがて、1947 年 6 月には満
洲地域全体において共産党が優勢となり、瀋陽への朝鮮人の流入が始まり、難民
化する朝鮮人が現われ、国民党とアメリカは 1 万人の送還を計画するが延期さ
れ、やがて国民党の撤退が始まると朝鮮人のうち一部要人は空路で、残りの一般
民間人は海路が不可能となったことから、徒歩で天津へと移動し、天津から

1948 年 5 〜 7 月にかけて 7,344 名（9 月に 1,300 人の送還を予定）が朝鮮半島へと帰還することとなった[61]。

　1949 年満洲地域全体の朝鮮人人口は約 111 万人、うち 56 万人が延辺に居住していた[62]。あくまでストックからの計算ではあるが、4 年ほどの間に朝鮮人人口の 3 分の 1 にあたる約 55 万人が満洲地域から流出しているのに対して、公的な送還者数は 1 万人程度に過ぎず、自発的な移動がその主たる経路として考えられる。李海燕は当時の現地紙に報じられた数字などを基に、この時期に 100 万人近い朝鮮人が朝鮮へと移動したという従来の説に妥当性を認めている[63]。ただし、朝鮮北部に接し、なおかつ朝鮮人の最大の集住地域である延辺からの流出人口は朝鮮人人口の 2 割にも満たないことについて、花井みわは比較的移住期間の長い者が多い延辺では農業を中心に生活基盤が安定しており、あえて朝鮮半島へ戻ろうという動機が起きづらかったためと説明している[64]。

　こうした自発的な移動がこの時期の朝鮮人流出の主要因となり得たのは、戦後当初は満朝境界の移動制限が満洲国期同様に厳重ではなかったことがその背景として挙げられる。1946 年にソ連から共産党が境界管理を引き継いだ後も移動制限が緩やかなままであったが、満洲地域と朝鮮北部の双方で新政権の支配が確立してきた 1948 年の夏には、越境には双方の政府の許可が必要となるようになった[65]。1948 年 8 月に出された中共延辺地委「延辺民族問題に関して」では、在満朝鮮人のうち、戸籍や財産のある者を「公民」、臨時往来者や戸籍のない者を「僑民」と定め[66]、前者は後に成立する中華人民共和国の構成員とされ、後者は「外国人」として遇されることとなった。朝鮮戦争の際に満洲地域へ朝鮮北部から避難した人々も、あくまで「僑民」として遇された[67]。戦後秩序形成期に移動を行わなかった 100 万を越える満洲地域の朝鮮人は中国公民の一員「中国朝鮮族」として戦後体制を生きていくこととなる。

　「中国朝鮮族」という名辞のもとでこれら朝鮮人の戦後史を見ると、残留現象の議論にはなじまないようにも見えるかもしれないが、李海燕は上記の一連の満洲の朝鮮人の朝鮮半島への移動を「引揚げ」、移動しなかったことを「残留」と表現している。その前提には満洲の朝鮮人の多くが 19 世紀以降の移住者であるという認識がある。そして、その残留の背景として、財産や親族の関係から朝鮮に生活の拠点を持つことが期待できないこと、朝鮮への移動経費が工面できないこと、日本軍に家族が動員されその帰還を待っていることを挙げ、中国共産党による「帰農運動」も朝鮮人の残留を促進したとする[68]。

また、韓国戦後史の立場から見た時には〈離散〉という概念が立ち現れる。1972年に韓国のKBSラジオが対北朝鮮（本書では「朝鮮民主主義人民共和国」およびその前身となる政権を〈北朝鮮〉と略省する）放送チャンネルの中で「サハリンの同胞へ」という尋ね人番組の放送を始め、翌1973年、番組を聴取していた中国黒竜江省の朝鮮人が日本の樺太帰還在日本韓国人会経由で韓国の兄へ届けてもらおうと中国から日本へ送った手紙をきっかけに、KBSは満洲地域の朝鮮人向け尋ね人番組「北間島の同胞へ」の放送を開始した。1980年には上半期だけでも6,500通の手紙が放送局に届くほどであった。これらの送り主は、中国–韓国間で離散家族を探す人々であった。こうした中韓間のつながりを基に、1978年には一般人の安鶴彬夫婦が帰国を実現、1984年までに一時・永住帰国者は194名にのぼった。また、これらの番組は1982年に放映された南北離散家族探しテレビ番組へもつながった[69]。

　かくして1972年以降の韓国では、中国朝鮮族は〈離散家族問題〉と関連付けられて認識される状況が生まれたのである。〈離散家族〉が〈離散〉の状況にあるのは、日本帝国崩壊によって〈朝鮮民族〉が解放と独立を果たしたにもかかわらず、戦後秩序の中では日本帝国期には可能であった朝鮮半島と満洲地域の間の交通と通信が遮断されるという生活圏の分断が発生したためであった。

3　朝鮮の日本人

　樺太同様に日本帝国の外地のひとつであった朝鮮では、米軍占領地域であった南部とソ連軍占領地域であった北部とでは送還政策に違いがあり、ソ連は積極的な送還を計画せず、困窮した日本人たちの自主的な「脱出」による南下が発生し、米軍は満洲地域からの避難者も含むこれら在朝日本人を軍人軍属も合わせて63万人を1946年末までに日本へと送還した[70]。当初は、数世代にあたり朝鮮に在住していた住民を中心に、「残留」のための方策を講ずべきと言う意見も現われていたものの、米占領軍が日本人の一括送還方針を発表すると、そうした対立も立ち消えた[71]。

　朝鮮からの日本人の引揚げは〈朝鮮残留日本人〉の発生をもたらさなかったのであろうか。1969年に在釜山日本国総領事館が「在韓日本人永住帰国希望者」とその子どもの帰国援助を行ない、韓国内に帰国者寮が作られ、後に日本人妻保護施設として「ナザレ園」が創設された。また、後には芙蓉会など韓国に暮らす日本人妻たちの地域ごとの団体も作られた。山本かほりが言うこれら「在韓日本

人妻」[72] については、上坂冬子[73] をはじめいくつかのルポなどが刊行されて来たが、それらの中でも問題意識は朝鮮半島を渡った時期を問わず夫との死別などにより困窮した韓国在住日本人女性たちにあり、その多くは戦後になってから朝鮮南部にわたった人々であった。上坂冬子はこうした人々を「戦後に独立した夫の母国に勇躍帰国したケース」[74] と呼んでいるものの、写真家の伊藤孝司が取材した 30 名中 14 名が終戦から 1 年以内という大韓民国建国以前に韓国へ渡っており[75]、中には「夫は会社から三ヵ月の休みをもらってね（中略）すぐに日本へ帰るつもりだった」が日本へ帰ろうと釜山まで来ると日本へは戻れないと係官から告げられたという事例[76] も見られ、戦後の境界変動に翻弄されていることがわかる。これらの移動は日本人の朝鮮引揚げと同時に進行していた在日朝鮮人の朝鮮半島への帰還とは全く無関係ではない。

　玄武岩は、これら「在韓日本人女性」の多くが戦後に朝鮮半島に渡った人々であるという前提に立ちながら、「日韓の人びとを絡み付ける植民地政策の帰結が、国民国家の「境界」と衝突することでゆがめられた帝国日本の移動と動員の戦後風景の一面」[77] を見出そうとしている。この玄武岩の観点は、〈再境界化〉過程の幅を広くとることの意義を示すものであろう。

4　台湾の日本人

　台湾では、旧日本帝国臣民について日本人、琉球人、朝鮮人に分けた引揚げ・留用政策がとられ、日本人は 1947 年 5 月の第 3 回引揚げ終了時点で研究・教育関係者を主として留用者およびその家族 652 名が、琉球人は漁業関係者を中心に103 名が、朝鮮人は 1947 年 2 月時点で 358 名が台湾に在住し、朝鮮人は半数が基隆で水産業に従事しており、台湾韓僑協会など団体を組織していた[78]。

　台湾留用者の代表的人物である元・台北大学教授の磯永吉が 1957 年に帰国したように、日本人留用者は集団引揚げ終了後は時機を得れば個別に帰国を果たしていた。ただし、この時期の個別帰国希望者の中にはこうした留用者だけではなく、一般日本人も含まれていた。しかしながら、日本国厚生省はこうした一般日本人の帰国費用の国庫負担についての外務省からの問い合せについて、「現在台湾にいる日本人は、自己の意思に反し残留を余儀なくされているというソ連、中共地域の未帰還者の状態と同様とは考えられず、従って（中略）船運賃の国庫負担はいたしかねる」という回答をしている[79]。また、在中華民国日本国大使館は日本国外務大臣にあてた報告の中で帰国を希望するある日本人女性について前掲

の厚生省の認識をふまえつつ「国際結婚の通弊として××〔引用者注：実名のため伏字にした〕は異国の風俗習慣に親しまれず時時帰国を考えるが前記子供の愛に引かされいまだ踏み切りがつかず」[80] としたり、また同じく帰国申請者に対して別のケースでは「同人等は貧困者のため帰国旅費も支弁能力なく当館に国庫負担による送還方を願い出ている」[81] とし、留用者ではない在台日本人の帰国希望については、国際結婚上のトラブルや貧困など個人的問題の範疇であり、満洲やサハリンにおける残留問題とは性質のことなる問題ととらえていることがうかがえる。

5　東南アジアの日本人

　東南アジアにおける残留現象の主たるものとして、〈残留日本兵〉とフィリピンを中心とした〈日系人〉の存在をあげることができる。

　林英一は、フランス領インドシナ、オランダ領インド、イギリス領ビルマ、イギリス領マラヤ、アメリカ領フィリピン、タイ、中国、モンゴル、ソ連における総数１万人にのぼるとされる残留日本兵のうち 100 事例を分析し、「残留」という現象が、「引揚げの対概念としてだけではなく、多様な戦い、生存の社会関係の束でもあった」と論じる。ベトナムやインドネシアでは残留日本兵の多くが軍事組織に所属し、軍人や戦闘員として現地に定着した一方で、タイでは結婚という形で定着したこと、そして 1950 年代以降には新たに誕生したポストコロニアル国家によって排除／包摂され、国交回復後に進出するようになった日本企業との関係性の有無など、平時の社会での身の振りようによって残留日本兵間でも社会経済的地位の間に格差が発生していったことを林は指摘している[82]。

　大野俊は、戦前にフィリピンで農業や建設業、商業などに従事した日本人移住者の子孫のうちフィリピンに在住し、日本国籍を持つ者を「フィリピン残留日本人」、非日本国籍か国籍未確認の者を「フィリピン残留日系人」と呼称し、2005年段階でのその総数を約 3,000 人と推計し、その大部分が父親が日本人、母親はフィリピン人である人々だとする。戦前の在フィリピン日本人は最盛期で約３万人でその３分の２を男性が占め、1,000 人前後が現地のフィリピン人と結婚し、その世帯の子どもは約 3,000 人に上ったとする。日本人の父親の庇護のもと、教育も含めこの子どもたちは日本人社会に生きていたが、外国人としての権利制限を避けるために親によってフィリピン国籍を選択させられた者も多かったとされる。戦後、法定婚の場合は日本人の夫や父親とともに引揚げも可能であったが、

日本での生活不安や夫による反対、地元親族の反対、所有財産への執着から、引揚げを選択しない者が多数であったと言われる。ただし、すでに長じており、日本人アイデンティティが強く母親や年少の姉妹兄弟と別れて日本へ引揚げた者もいた。戦後、フィリピン政府は日本人の入国禁止や日系企業の活動の制限などを長く続け、日比間の往来が活性化するのは 1970 年代以降であった。「残留二世」たちは日本人を意味する「ハポン」と呼ばれ戦時中の日本軍の影響から迫害の対象とされ、日本人であることを隠して生きた人々が大半であったとされる。こうした残留日本人・日系人の支援がダバオ引揚者らを中心に始まるのは 1980 年代以降であった。1990 年の日本の入管法改正により、「定住者」や「日本人の配偶者等」の在留資格が取得できるため、日系人の日本への出稼ぎ熱が高まり、残留日本人・日系人であることはポジティブな意味を持つようなっていった[83]。

6　シベリア抑留者

　次に〈残留〉と類似した現象である〈抑留〉ついても考えておきたい。一般的に〈抑留〉と言う場合には、まず〈シベリア抑留〉が想起されよう。ソ連による満洲・樺太・千島への侵攻の結果、関東軍と第 5 方面軍はソ連軍に投降し捕虜約 45 ～ 50 万人がソ連領内の収容所へ移送されたとされる[84]。1950 年 4 月 22 日、ソ連政府はタス通信を通じて、日本人捕虜送還が完了したとする声明を出したが、日本政府はまだシベリア抑留者がソ連領内残存しているはずであると判断していた。1952 年 4 月 28 日、サンフランシスコ講和条約の発効に伴い、GHQ の「引揚げに関する基本指令」が失効し、ソ連領内未帰還者問題が連合国間問題から日ソ問題へと移行し、日本政府は全未帰還者の即刻送還の実現をソ連政府に要請したものの、1956 年 10 月 19 日の日ソ共同宣言中の第 5 項に抑留者の釈放と送還、消息不明者の調査の実施が盛り込まれたことを契機に、1956 年 12 月の第 11 次「後期引揚げ」が「総ざらい引揚げ」とも呼ばれるように、一挙にシベリア抑留者の送還が行われた[85]。

　富田武をはじめとする抑留研究では、サハリンの民間人の残留についても「抑留」という呼称を用い、「南樺太の残留はソ連本土の抑留より緩やかだったと言えるが、それでも強制残留という点では抑留に他ならなかった」[86] として、サハリン残留日本人問題をソ連領内抑留問題の一環として捉える傾向が見られる。富田のこのような考えは一理あるものの、基本的に抑留者の収容所は自分にまったく所縁のない土地に所在し、なおかつ収容所生活は現地社会と隔絶し苛酷な環境

での労働を強いられたほか、政治教育なども盛んに行なわれるなど[87]、残留者たちの生活とは環境が大きく異なっており、政治外交史という視点から見れば妥当かもしれないが、社会史や歴史社会学という観点から見れば弁別して論じるほうが有効であろうと考えられる。

7 在日朝鮮人、在日台湾人、在日中国人

戦後の在日朝鮮人、在日台湾人についても〈残留〉という観点から検討を加えてみたい。旧日本帝国外地籍者が公式に日本国籍を喪失するのはサンフランシスコ講和条約以後であるが、実際には占領軍を含めこれらの人々を内地人と区別した施策が各機関により実施されていたし、その中には朝鮮半島や台湾島への送還も含まれていた[88]。戦後の在札幌華僑社会の研究において曽士才は「日本残留中国人」という表現を用いている[89]。これは、戦後の札幌華僑社会の構成員の中に旧日本帝国勢力圏からの留学生や被強制連行者で帰還を選択しなかった者たちが多く含まれていたからである。

送還が実施される一方で、非正規ルートで日本への入域を図る「密航」も同時に発生していた。福本拓は朝鮮人の密航を念頭に「戦前の日朝両地域にまたがって形成されていた越境的な生活圏が、終戦後の国境の引き直しによって突如分断され、もともとの生活圏内部における移動が国家主権によって「不法」化された」ために「密航」が「創出」されたと論じる[90]。この〈生活圏の分断〉という観点は残留現象を考える上で重要である。〈残留〉を〈残留〉たらしめている重要な要素のひとつは〈透過性〉の変動だからである。このことは、前出の帰国希望台湾残留日本人についての外務省の問い合わせに対する厚生省の回答にもよく表われている。

第3節　サハリン残留日本人をめぐる言説と研究

1 ジャーナリズム

サハリン残留日本人について冷戦期にはほとんど研究や報道は見られない。第5章で詳細に論じる1950年代末の冷戦期集団帰国については新聞報道がなされたが、それらはあくまで帰国に関する情報であり、現地に残留し続ける人々に関する情報ではない。これは冷戦期にはサハリンに外国人である日本人が立入りすることが極めて困難だったからである。ただし、第7章第3節で論じる1965年

以降の墓参については報道機関の同行も許可されたため現地で記者が遭遇した残留日本人に関する記述もいくばかりか見られるようになる。

　サハリン残留者日本人をめぐる報道やルポが多く見られるようになるのは、1980年代末に墓参以外の形での日本人のサハリン入域が容易になってからである。その記事のひとつひとつを挙げることはできないものの、主要な著作物としては、岸本葉子『さよならニナーダ：サハリンに残された人々』（凱風社、1991年）、粟野仁雄『サハリンに残されて』（三一書房、1994年）、吉武輝子『置き去り：サハリン残留日本女性たちの六十年』（海竜社、2005年）が挙げられる。これらの著作における特徴は何点かある。ひとつは、サハリン残留日本人が戦後日本では忘れ去られた存在だということである。1988年に記者として別件の取材のために初めてサハリンに訪問した粟野仁雄もサハリン残留朝鮮人問題については知っていたものの、残留日本人問題についてはまったく知らなかったとし、その原因は樺太の日本人住民は戦後にすべて引揚げたという「漠然と聞いたその言葉を簡単に鵜呑みにしていたからだった」と記している[91]。ふたつ目の特徴は、日本政府の冷戦期の不作為性やポスト冷戦期における消極性の批判である。現地でサハリン残留日本人から直に聞き取りをすれば、冷戦期に帰国嘆願書を大使館に出したが返事がなかったなどの話が出てくることと、特に岸本葉子と吉武輝子はサハリン残留日本人の帰国運動を行なっていた日本サハリン同胞交流協会（樺太（サハリン）同胞一時帰国促進の会の後身団体。以下、「同胞協会」）ともかかわりながら取材を行なっているため同胞協会の見方も強く反映している。みっつ目の特徴は、サハリン残留日本人女性の残留理由である。朝鮮人との世帯形成について、結婚をしなければ密告して家族を刑務所に送ると脅されたという結婚の強要やソ連軍不良兵士による性暴力への回避策として描かれている。よっつ目は、ソ連末期から崩壊後のサハリン社会の経済的混乱である。いつつ目は、冷戦期帰国についてはほとんど触れられていないということである[92]。

　現在においては、これらの点のうち、第一点はすでに報道やルポが相当数蓄積されたため、第四点は時事性がいないためそのような論じ方はされないが、第二点や第五点については近年の報道やルポなどに共通する。たとえば、現地取材を基に2018年に書かれた井戸まさえ「「娘が死んだとき、ワシは踊った」サハリンで生きる残留日本人の告白」という記事[93]でも冷戦期帰国のことはまったく触れられていない。これは後述するように現在の残留者やポスト冷戦期の帰国者にとって冷戦期帰国は戦後期の引揚げほどの記憶上のインパクトが無かったり、戦

後期の引揚げと混同していたり、そもそも知らなかったりする場合があること
と、そして聞き手自体も冷戦期帰国について充分な知識がなく、聞き取りの中で
話題にすることがないためである。

　第三点については、筆者の聞き取り調査でも引揚者から聞いたことはあった
が、残留日本人からの聞き取りで直接聞いたことはないほか、近年の報道でもあ
まり言及されない。またこれと関連して、三書とも登場する残留日本人はある程
度共通しており、筆者が聞き取り調査をした人々も含まれていることは注意を払
うべきであろう。第 4 章でも示すように 1990 年頃には 400 名弱の残留日本人が
サハリンに在住していたと考えられるが、ジャーナリズムや研究に現われる事例
としての残留日本人はある程度限られているということである。

　なお、帰国運動関係者によって執筆された著作物として、小川峡一『樺太シベ
リアに生きる：戦後 60 年の証言』（社会評論社、2005 年）、NPO 法人日本サハ
リン協会編『樺太（サハリン）の残照：戦後 70 年近藤タカちゃんの覚書』（NPO
法人日本サハリン協会、2015 年）が挙げられる。また、戦後 70 年を節目にサハ
リン残留日本人も再度注目されるようになり、関連報道も増えたほか、運動に古
くから関わってきたジャーナリストによる回顧をまじえた記事や帰国促進運動の
四半世紀をまとめた記事も刊行されている[94]。

2　研究

　サハリン残留日本人に言及した早い研究としては、冷戦期集団帰国の人数など
について言及したロシアの V・L・パドペチュニコフの日本人引揚げに関する論
文が挙げられるが、あくまで「引揚げ」の一環として位置づけている[95]。しか
し、その後日本でもサハリン残留日本人に焦点をあてた研究は現れず、2010 年
に中国で杜颖がポスト冷戦期帰国者について中国帰国者との比較に関する短い論
稿を発表しているのが、「サハリン残留日本人帰国者（原文は「萨哈林日本归国
者」）」を論題に入れた初めての事例かと思われる[96]。日本語で書かれた論文の中
でサハリン残留日本人の人数や運動の具体像について独自の調査から論じた最初
のものは、2012 年に発表された拙稿[97]であると考えられる。また拙稿掲載誌で
は、サハリン帰国者の教育問題についても論じているパイチャゼ・スヴェトラナ
らの論考も発表された[98]。その後、サハリン残留日本人問題について研究を蓄積
させていくのは、パイチャゼ・スヴェトラナと玄武岩による共同研究と筆者によ
る研究群である。

パイチャゼ・スヴェトラナと玄武岩らの研究の成果のうち主要なものとして、10世帯に関するファミリー・ヒストリー集である玄武岩、パイチャゼ・スヴェトラナ、後藤悠樹（写真）『サハリン残留：日ロ韓　百年にわたる家族の物語』（高文研、2016年）と、玄武岩「サハリンで交錯する日韓の「残留者」たち：日韓ロの多層的空間を生きる」[99] が挙げられる。後者において玄武岩は、金富子の女性史研究の「継続する植民地主義」などの議論を踏まえジェンダーの観点からサハリン残留日本人にアプローチしている。このため、玄武岩の関心はサハリン残留日本人女性に集中し、サハリン帰国者の持つトランス・ナショナリティから「隠蔽されてきた植民地主義の暴力と構造を「帰国」という実践をとおしてあぶり出し、東アジアにおけるポストコロニアルの状況を指し示す」と論じる[100]。

　また、玄武岩はサハリン残留朝鮮人帰還問題に関する冷戦期の日韓交渉において、双方ともに残留朝鮮人の受け入れに消極的であったことを明らかにしており[101]、これは本書においても残留朝鮮人の動向を理解する上で重要である。すなわち、冷戦期においては、韓ソ間には国交も未樹立でソ連領内から直接韓国へ帰国することは想定されておらず、サハリン残留朝鮮人の帰国は冷戦期帰国を前例として日本経由で経路が想定されていたが、受け入れに消極的であるも本人たちの帰国意思を無視した場合の人道問題としての批判を免れようとして日本での滞留を期待する韓国政府と、滞留の可能性がある以上は日本への入国を阻止したい日本政府との交渉が充分な成果を生み出せず時間だけが過ぎたものの、わずかながらの帰国事例が発生したのである。このことが示しているのは、サハリン残留朝鮮人が冷戦期にはよっつの境界変動に直面したということである。韓国－サハリン間の境界、日本－サハリン間の境界、そして日韓間の国境、北朝鮮－韓国間の境界における低位の透過性である。そしてこれらは日本帝国期には存在しないものであった。皮肉にも、日本帝国からの朝鮮民族の〈光復〉と大韓民国の〈建国〉は、サハリン残留朝鮮人と故郷の間に数多くの透過性の低い境界を生じせしめたのである。

　一方で、サハリン残留日本人に関しては「継続する植民地主義」を問うか否かにしても、そうした議論のための基礎的研究がまだまだ不足しているという認識から作業を進めてきたのが筆者となる。具体的に言えば、そもそも総数やその変化、性別や残留背景の内訳などの量的全体像、厚生省刊行物以上には明らかになっていない冷戦期帰国の実像、個々のライフヒストリーを位置付けるための見取り図は、本書においても重要な研究課題となる。

第 4 節　小括

本節の課題は、日本帝国の拡大および解体過程における境界変動がもたらす〈残留〉現象の普遍性を検証し、研究用語としての〈残留〉の定義を模索することである。

サハリン島では第二次世界大戦直後に限らず境界変動に伴う退去や〈残留〉が繰り返されていた。日本人住民をめぐっては、規模の大小はあれど樺太千島交換条約による領有権放棄、日露戦争開戦、ポーツマス条約による北サハリン撤退、日ソ基本条約による北サハリン撤退によって計４度の退去が発生しており、第二次世界大戦後の引揚げは日本人の５度目のサハリン島からの〈引揚げ〉であったと言える。ただし、最初の４回の退去において残留者の発生はそれほど問題視されていない。その背景として考えられるのは、樺太千島交換条約については境界変動後も透過性がある程度保持されたこと、ほかみっつについても日本政府や軍が退去業務に現地から携わっており引揚げ業務が円滑に進んでいたことが考えられる。一方で、５回目の退去にあたる第二次世界大戦後の引揚げは日本政府は外交権を喪失した状態であり、退去業務に限らず現地のすべての行政活動がソ連の管轄下にあり配船を除けば日本政府が行なえることは極めて限られており、サハリン島からの日本人退去としては異例の形態であった。

こうした残留は日本人にのみ発生するものではなく、第二次世界大戦前のサハリン島の境界変動で旧住民の存在が最も可視化されていた〈残留者〉として、ポーツマス条約後も日本領樺太に居住を続けた「残留露国人」を挙げることができる。また、同条約後には清国人や朝鮮人の樺太残留例が見られる。サハリン島における退去は同時に残留を発生させている。

境界変動による退去と残留の発生は、サハリン島に固有の現象ではなく、ほかの地域でも起きていた普遍的現象であることは日清戦争後の台湾や日本帝国の崩壊過程の事例から示すことができた。

ただし、そこで見られた残留とは多様な実態を有しており、分析概念としての〈残留〉の定義が自明なものとして浮かびあがってくるわけではなかった。したがって、改めて本研究における〈残留〉の定義を提起しておきたい。

〈残留〉とは、〈境界変動によって、国民国家主義の基準から自身が属するべき国家の主権が存しない領域から主権の存する領域への移動が制限され、その領域

内での居住を継続すること〉と定義できすることが可能であると考えられる。ただし、この定義については、3つの留意点がある。第一に、これはあくまで研究上の定義であり、当事者や関係する政府、社会がこれらの現象を〈残留〉と呼称したかどうかはまた異なることは注意すべきであるということである。また、そのことに注意することで、〈残留〉を〈残留〉たらしめているもの、換言すれば、いかに〈残留〉が〈構築〉されるのか、を明らかにすることができる。第二に、「透過性」がどこまで低位であれば〈残留〉の要件を満たすとするのかということ、第三に、先住民族などネイションを持たない人々をどうとらえるのかという問題が残されている。

　上記定義に則って残留現象をとらえれば、本章で挙げた残留現象の普遍性として以下の点が提起できるのではないかと思われる。

(1) 脱境界化過程の混乱が生む家族離散は残留現象発生の要因になる。

(2) 再境界化過程における法的身分の再編は、人口の再編のための移動（引揚げ）の対象者の選別に関係し、残留現象の発生の要因となる。

(3) 再境界化過程における境界の再編とその透過性の急激な低下と跨境化過程における透過性低位状態の持続が残留現象を発生・継続させる。

(4) 残留者の主な残留理由として、(a) 生活・経済基盤の維持、(b) 再境界化過程における人口移動（引揚げ）の非対象者との世帯形成、(c) 拘束・収監などの公権力による束縛、(d) 帰還後の生活不安、(e) 情報不足、が挙げられる。

　上記の (3) が意味するのは、〈残留〉や〈引揚げ〉が戦争の問題というよりも、境界変動の問題として一般的に理解できるのではないかということであり、また〈残留〉はいかに〈構築〉されるのかということである。たとえば、樺太千島交換条約では戦争を伴わずに先住民族の〈移動〉と〈残留〉が発生していたし、サハリンでも満洲でも日本帝国期同様の透過性が維持されていれば残留者の数がそもそももっと少なかったり、深刻化もしなかったとも推定でき、サハリン朝鮮人と満洲朝鮮人の存在が韓ソ・韓中離散家族問題として浮上し、朝ソ・朝中の問題としてほとんど浮上してこなかったことは、韓・ソ中間と朝・ソ中間の透過性と国際関係に著しい相違があったからとも理解できる。1950年代の台湾残留日本人からの帰国嘆願に対して厚生省が、「現在台湾にいる日本人は、自己の意思に反し残留を余儀なくされているというソ連、中共地域の未帰還者の状態と同様とは考えられず、従って（中略）船運賃の国庫負担はいたしかねる」という

回答をしていたこと[102]や「在韓日本人妻」の問題が日本帝国期からの居住者を含みつつも居住時期を問わず、と言うよりもむしろ戦後に渡韓した人々を「戦後に独立した夫の母国に勇躍帰国したケース」[103]と呼ぶなどして中心に論じられ海外で困窮した日本人女性の問題として認識されていることも、当時の日華・日韓間と日中・日ソ間の透過性の相違に拠るところが多いと考えられる。第二次大戦後については、冷戦構造とそれがもたらす境界の透過性が残留現象の実態と〈構築〉に対して大きな影響を与えていると考えることができる。

　上記（4）が意味するのは、残留が現地国家への忠誠心やアイデンティティ、そしてまた同化の受容を意味するわけではないということである。樺太でもポーツマス条約後に残留露国人が発生しているものの、生活上の必要から日本語の習得事例が見られても、多くが旧来の信仰を維持し、残留ポーランド人にいたってはポーランド独立後にはその多くがポーランド国籍の取得を行なっており、良き〈住民〉になろうという意思は見えても、良き〈日本人〉になろうなどという意図を読み取ることは難しく、そもそも樺太庁自体が同化や国籍付与に消極的であった。台湾でも下関条約後、選択猶予期間を経て99.8％の住民が現地残留を選択したが、それらは台湾で築いた生活環境の維持を優先した結果であると考えるのが妥当であろう。また、樺太でも台湾でも住民の〈無差別追放〉が意図されたわけではなく、退域率に大きな差はあれど、治安問題や食料問題から〈好ましからざる人物〉に対する直接的送還や間接的な退域促進を実施していたことは留意されるべきである。日本帝国崩壊後の引揚者の発生にしてみても、避難活動や占領軍・新政権の施策により生活基盤や従前の社会環境が失われているかその可能性が極めて高いという前提を無視してはならず、〈国境と国民の一致〉の原理のみに基づいて引揚げや帰国などの移動を個々人が選択したと単純に考えることはできない。

　〈残留〉の随伴的現象としては〈生活圏の分断〉がある。ただし、この〈生活圏の分断〉は、引揚者や送還者などにも通じる現象であり、新たに形成された境界をはさんで主権の存する領域へ移動した者が広義の〈引揚者〉、主権の存しない領域に継続して居住あるいは移動した者が広義の〈残留者〉という構図を得ることができる。

　広義の〈引揚者〉は社会的差別や内面的葛藤を経験することはあっても、制度上の統合問題に直面することは稀である。一方で広義の〈残留者〉は統合過程において多くの問題に直面する。日清戦争後の在台湾漢人は猶予期間を与えられた

ものの、居住地選択と一体となった日清間の国籍選択を迫られ、日本帝国臣民に
なったとしても内地人と同等の権利や義務を有するわけではなかった。日露戦争
後の残留露国人は居住地選択権はあったものの国籍取得の道はほぼ阻まれ在樺外
国人としての地位を選択するほかなく、なおかつ財産権などの面で不利益を与え
られ続けた。日本帝国崩壊後の旧日本帝国臣民残留者の場合、サハリンでは日本
人も朝鮮人も当面のあいだ無国籍者扱いをされ様々な不利益を被り、満洲では定
住化していた朝鮮人には自動的に中国公民としての身分が付与されたが、やがて
祖国としての中華人民共和国への忠誠を要求された。在日朝鮮人、在日台湾人も
国籍選択権は一般的には認められなかった。

　これらの法的身分は、個々人の意向ではなく、おおむね国家によって一方的に
決せられ、その方法も人的資源の確保や食料・治安問題などその時々の状況に応
じる機会主義的な側面があった。国籍問題に限らず、実質的公用語や政治イデオ
ロギーをはじめとした社会制度や政治状況の変化は残留者にとって大きな負担と
なった。

　ここで提起した普遍性は仮説として本書でもサハリン残留日本人およびサハリ
ン残留朝鮮人の事例からの検証を試みる。本章で最後に行なっておきたい理論的
作業は、多様な残留現象を指標を手掛かりに分類を行ない、サハリン残留日本人
の位置を明らかにすることである。そのためには以下のふたつの指標を設けるこ
とが有用であると考えられる。

　第一は、境界変動直後の新たな社会への統合の度合いである。具体的に言え
ば、新たな統治国家の国籍の付与などが基準となる。たとえば、日清戦争後の台
湾では猶予期間設定後に旧住民には基本的に日本国籍が付与された一方で、日露
戦後の樺太では旧住民には日本国籍の付与は実施されなかった[104]。第二次世界
大戦についても、満洲の朝鮮人に対して中華人民共和国が中国公民の身分を与
えた一方で、南サハリンの朝鮮人に対してはソ連政府はすぐにはソ連国籍を与え
なかった。

　第二は、境界変動後の新たに生まれた境界の透過性である。戦後の冷戦構造の
中で中華人民共和国実効支配地域である満洲に居住していた日本人たちは公的な
引揚げの機会を除いては日本と往来することが困難であった。その一方で、中華
人民共和国の実効支配地域であった台湾島に居住していた日本人たちの日本との
往来については個人的行為とされ、日本政府は国庫支出を行なわなかった。前者
では境界の透過性が低かったのに対して、後者は比較的高い状態にあった。

これらの指標は、政府や社会、また研究者が旧住民に対して〈残留〉という表現を持ちるかどうかということとも深くかかわっている。そして〈残留者〉という言葉は、日本の文脈で言えば、「未帰還者」という言葉とも深くかかわっている。戦後日本においては、引揚げから漏れた人々が「未帰還者」と呼称されていたからである。また、すでに見た通り、韓国では中華人民共和国領内に居住する一部の朝鮮人に対して「離散」という言辞を用いていた。

それでは、サハリン残留日本人の残留者としての特殊性はどこにあるのか。それを議論するためにはまずサハリン残留日本人の全体像を明らかにする必要がある。また、サハリン残留日本人の特殊性を知るためには、その集団内だけに目を向けるべきではない。残留という現象自体が境界変動という政治的変動によって定義づけられる現象である以上、この集団が周囲の社会や国家とどのような関係にあったのかも明らかにされるべきだからである。次章では、日ソ戦開始後のサハリン島をめぐる人口移動の概要を整理することで、サハリン残留日本人の樺太〈戦後〉史における位置を確認する。

注

1　醍醐龍馬「榎本武揚と樺太千島交換条約（一）：大久保外交における「釣合フヘキ」条約の模索」『阪大法学』第65巻第2号、2015年、醍醐龍馬「榎本武揚と樺太千島交換条約（二・完）：大久保外交における「釣合フヘキ」条約の模索」『阪大法学』第65巻第3号、2015年。

2　神長英輔『「北洋」の誕生：場と人と物語』成文社、2014年、15-18、48-51頁。

3　秋月俊幸『日露関係とサハリン島』筑摩書房、1994年、251-255頁。

4　秋月俊幸『日露関係とサハリン島』筑摩書房、1994年、254-258頁。

5　だからと言って、このことを理由に〈先住権〉が否定されるということにはならない。

6　樺太庁『樺太庁施政三十年史』樺太庁、1936年、36頁。

7　田村将人「先住民の島・サハリン：樺太アイヌの日露戦争への対処」原暉之編『日露戦争とサハリン島』北海道大学出版会、2011年、112-113頁。

8　樺太庁編『樺太庁施政三十年史』樺太庁、1936年、31頁。

9　板橋政樹「退去か、それとも残留か：一九〇五年夏、サハリン島民の「選択」」原暉之編『日露戦争とサハリン島』北海道大学出版会、2011年、168-169、174-175頁。

10　板橋政樹「退去か、それとも残留か：一九〇五年夏、サハリン島民の「選択」」原暉之編『日露戦争とサハリン島』北海道大学出版会、2011年、174-175頁。

11　国境と国民の一致を図ることは19世紀後半以降、国際紛争回避のための有効な手段として認識され、人を移動させる「民族浄化」と国境再編が主として実施されてきた（吉川元『国際平和とは何か：人間の安全を脅かす平和秩序の逆説』中央公論新社、2015年）。

12　この呼称の用例としては、秋本義親（福富節男校注）『樺太残留露國人調査書』（福富節男、2004［1910］年）などが挙げられる。この「露国人」には、のちにポーランド国籍を取得する者なども含まれているため、本論でも「露国人」と総称する。

13　樺太庁『南樺太居住外国人ノ現況』樺太庁（函館市立図書館所蔵）、1927年、73-75頁。

14　樺太庁長官官房編纂『樺太法令類聚』樺太庁、1912年、392頁。

15　秋本義親（福富節男校注）『樺太残留露國人調査書』福富節男、2004［1910］年、119-146、162-166頁。

16　中山大将「樺太のエスニック・マイノリティと農林資源：日本領サハリン島南部多数エスニック社会の農業社会史研究」『北海道・東北史研究』第11号、2018年、82-84頁。

17　「現在管下居住ノ支那人ハ支那苦力ヲ除キ戸数二十二総数六十六名ニシテ此ノ中帝国ノ本嶋領有前ヨリ居住スル者五名アリ之等ハ小規模ノ農業漁業或ハ労働ニ従事ス」（樺太庁『南樺太居住外国人ノ現況』樺太庁（函館市立図書館所蔵）、1927年、82-83頁）。

18　小川正樹「樺太華僑史試論」谷垣真理子・塩出浩和・容應萸『変容する華南と華人ネットワークの現在』風響社、2014年、154頁。

19　「残留の清韓人（上）」『樺太日日新聞』1911年9月8日。記事の検索には、山田伸一「『樺太日日新聞』掲載在サハリン朝鮮民族関係記事：目録と紹介」（『北海道開拓記念館』第46号、2007年）を利用した。

20　須藤ツネ『留多加川の岸辺』須藤ツネ（北海道大学附属図書館北方資料室所蔵）、1988年、10-12、20-23、30-31、35-38、41-42頁。

21　須藤ツネ『留多加川の岸辺』須藤ツネ（北海道大学附属図書館北方資料室所蔵）、1988年、42頁。「梅吉」と「ふさ」は著者の父母の名前である。

22　樺太庁農林部『樺太農家の苦心談』樺太庁農林部、1929年、31頁。

23　唐仏と仁多須はたしかに別々の集落であるが、その間が数キロメートルであるのに対して、唐仏と遠節は直線距離でも60km以上離れている。この記事における発言は、唐仏と仁多須をひとつの地域とみなしてなされたものとも考えることができる。

24　樺太庁『南部樺太殖民地選定調査書』樺太庁、1906年。

25 竹野学「保障占領下北樺太における日本人の活動（1920～1925)」『経済学研究（北海道大学）』第62巻第3号、2013年。

26 三木理史『移住型植民地樺太の形成』塙書房、2012年、280-291頁。

27 三木理史「戦間期樺太における朝鮮人社会の形成 「在日」朝鮮人史研究の空間性をめぐって」『社会経済史学』第68巻第5号、2003年、39頁。

28 倉田有佳「日本軍の保障占領末期に北樺太から日本へ避難・亡命したロシア人（1924-1925年)」中村喜和、長縄光男、沢田和彦、ポダルコ・ピョートル編『異郷に生きるⅥ 来日ロシア人の足跡』成文社、2016年。

29 樺太庁『南樺太居住外国人ノ情況』樺太庁（函館市立図書館所蔵）、1927年、90頁。

30 セルゲイ・P・フェドルチューク著、板橋政樹訳『樺太に生きたロシア人』ナウカ、2004年、83-89頁。

31 ここで言う〈台湾〉とは下関条約によって清帝国から日本帝国へ割譲された地域を指し、台湾本島だけではなく、澎湖列島なども含む。当時「蕃人」と呼ばれた先住民族は下関条約で言う「住民」には含まれないとされ、別途の扱いを受けたので（遠藤正敬『近代日本の植民地統治における国籍と戸籍：満洲、朝鮮、台湾』明石書店、2010年、79頁)、以下で言う「旧住民」は主として漢人住民を指している。

32 林淑美『清代台湾移住民社会の研究』汲古書院、2017年。

33 遠藤正敬『近代日本の植民地統治における国籍と戸籍：満洲、朝鮮、台湾』明石書店、2010年、74-79頁。

34 ただし、前記2年間の検討の過程では、旧住民を外国人としてみなすべきであるという意見も出ていた（遠藤正敬『近代日本の植民地統治における国籍と戸籍：満洲、朝鮮、台湾』明石書店、2010年、75頁)。

35 遠藤正敬『近代日本の植民地統治における国籍と戸籍：満洲、朝鮮、台湾』明石書店、2010年、76頁。

36 猪股祐介「満洲農業移民から中国残留日本人へ」蘭信三『中国残留日本人という経験』勉誠出版、2009年、3-4、29-37頁。

37 猪股祐介「満洲農業移民から中国残留日本人へ」蘭信三『中国残留日本人という経験』勉誠出版、2009年、30頁。

38 猪股祐介「満洲農業移民から中国残留日本人へ」蘭信三『中国残留日本人という経験』勉誠出版、2009年、36頁。

39 南誠「想像される「中国残留日本人」：「国民」をめぐる包摂と排除」蘭信三『中国残留日本人という経験』勉誠出版、2009年、45-49頁。

40 趙彦民「中国残留孤児の生きられた歴史」蘭信三『中国残留日本人という経験』勉

誠出版、2009 年、99 頁。

41　趙彦民「中国残留孤児の生きられた歴史」蘭信三『中国残留日本人という経験』勉
誠出版、2009 年、99 頁。

42　南誠「想像される「中国残留日本人」:「国民」をめぐる包摂と排除」蘭信三『中国
残留日本人という経験』勉誠出版、2009 年、51、59 頁。

43　南誠「想像される「中国残留日本人」:「国民」をめぐる包摂と排除」蘭信三『中国
残留日本人という経験』勉誠出版、2009 年、51 頁。

44　大久保真紀「中国帰国者と国家賠償請求集団訴訟」蘭信三『中国残留日本人という
経験』勉誠出版、2009 年、304 頁。

45　大久保明男「「中国残留孤児」のイメージと表象」蘭信三『中国残留日本人という
経験』勉誠出版、2009 年、362-365 頁。

46　張嵐「〈異国〉を〈祖国〉として:今も中国で生きる残留孤児」蘭信三編著『帝国
以後の人の移動』勉誠出版、2013 年、785-786、801 頁。

47　蘭信三『「満州移民」の歴史社会学』行路社、1994 年、260-268 頁。

48　呉万虹「中国残留日本人の中国定着」蘭信三『中国残留日本人という経験』勉誠出
版、2009 年、171-173、175 頁。

49　「中国残留邦人等への支援」厚生省 HP（http://www.mhlw.go.jp/stf/seisakunitsuite/
bunya/hokabunya/senbotsusha/seido02/ ［最終閲覧:2016 年 12 月 31 日］）

50　呉万虹「中国残留日本人の中国定着」蘭信三『中国残留日本人という経験』勉誠出
版、2009 年、175、185 頁。

51　張嵐「〈異国〉を〈祖国〉として:今も中国で生きる残留孤児」蘭信三編著『帝国
以後の人の移動』勉誠出版、2013 年。

52　張嵐「〈異国〉を〈祖国〉として:今も中国で生きる残留孤児」蘭信三編著『帝国
以後の人の移動』勉誠出版、2013 年、799-800 頁。

53　花井みわ「帝国崩壊後の中国東北をめぐる朝鮮人の移住と定住」蘭信三編著『帝国
以後の人の移動』勉誠出版、2013 年、129 頁。

54　遠藤正敬『近代日本の植民地統治における国籍と戸籍:満洲、朝鮮、台湾』明石書
店、2010 年、57-58 頁。

55　李海燕『戦後の「満州」と朝鮮人社会 :越境・周縁・アイデンティティ』御茶の水
書房、2009 年。

56　田中隆一「在中国朝鮮人の帰還」蘭信三編著『帝国以後の人の移動』勉誠出版、
2013 年、87 頁。

57　田中隆一「在中国朝鮮人の帰還」蘭信三編著『帝国以後の人の移動』勉誠出版、

2013 年、88-89 頁。

58 田中隆一「在中国朝鮮人の帰還」蘭信三編著『帝国以後の人の移動』勉誠出版、2013 年、89 頁。

59 花井みわ「帝国崩壊後の中国東北をめぐる朝鮮人の移住と定住」蘭信三編著『帝国以後の人の移動』勉誠出版、2013 年、114、118-120 頁。

60 花井みわ「帝国崩壊後の中国東北をめぐる朝鮮人の移住と定住」蘭信三編著『帝国以後の人の移動』勉誠出版、2013 年、135-137 頁。

61 田中隆一「在中国朝鮮人の帰還」蘭信三編著『帝国以後の人の移動』勉誠出版、2013 年、91-93 頁。

62 花井みわ「帝国崩壊後の中国東北をめぐる朝鮮人の移住と定住」蘭信三編著『帝国以後の人の移動』勉誠出版、2013 年、129 頁。

63 李海燕『戦後の「満州」と朝鮮人社会：越境・周縁・アイデンティティ』御茶の水書房、2009 年、31-36 頁。

64 花井みわ「帝国崩壊後の中国東北をめぐる朝鮮人の移住と定住」蘭信三編著『帝国以後の人の移動』勉誠出版、2013 年、129 頁。

65 李海燕「中華人民共和国の建国と「中国朝鮮族」の創出」蘭信三編著『帝国以後の人の移動』勉誠出版、2013 年、519-520 頁。

66 李海燕「中華人民共和国の建国と「中国朝鮮族」の創出」蘭信三編著『帝国以後の人の移動』勉誠出版、2013 年、518 頁。

67 李海燕「中華人民共和国の建国と「中国朝鮮族」の創出」蘭信三編著『帝国以後の人の移動』勉誠出版、2013 年、519 頁。

68 李海燕『戦後の「満州」と朝鮮人社会 ：越境・周縁・アイデンティティ』御茶の水書房、2009 年、36-41 頁。

69 玄武岩『コリアン・ネットワーク：メディア・移動の歴史と空間』北海道大学出版会、2013 年、160-162 頁。

70 李淵植（李洪章訳）「朝鮮半島における日本人送還政策と実態：南北朝鮮の地域差を中心に」蘭信三編著『帝国以後の人の移動』勉誠出版、2013 年。

71 李淵植（舘野哲訳）『朝鮮引揚げと日本人：加害と被害の記憶を超えて』明石書店、2015 年、93-97 頁。

72 山本かほり「在韓日本人妻の戦後」蘭信三『中国残留日本人という経験』勉誠出版、2009 年、560 頁。

73 上坂冬子『慶州ナザレ園：忘れられた日本人妻たち』中央公論社、1982 年。

74 上坂冬子『慶州ナザレ園：忘れられた日本人妻たち』中央公論社、1982 年、28 頁。

第 2 章　近現代東アジアにおける残留　113

75　伊藤孝司『日本人花嫁の戦後：韓国・慶州ナザレ園からの証言』LYU 工房、1995 年、
　　15、26、31、33、37、41、61、95、117、127、134、149、157、163 頁。

76　伊藤孝司『日本人花嫁の戦後：韓国・慶州ナザレ園からの証言』LYU 工房、1995 年、
　　37-38 頁。

77　玄武岩「在韓日本人の戦後：引揚げと帰国のはざま」今西一、飯塚一幸編『帝国日
　　本の移動と動員』大阪大学出版会、2018 年、308 頁。

78　楊子震「戦後初期台湾における脱植民地化の代行：国民政府の対在台沖縄人・朝鮮
　　人政策を中心に」『国際政治』第 162 号、2011 年。

79　「台湾地域残留個別引揚希望者の船運賃国庫負担について（引揚援護庁援護局長
　　発　外務省アジア局長　宛　1953 年 8 月 26 日　援引第 690 号）」『個別引揚関係　南
　　方地域関係　台湾の部』外交史料館（分類番号：K'-7-1-0-19-1-4）。

80　「坂本××の帰国に関する件（在中華民国日本国大使館特命全権大使宮崎　発　外
　　務大臣重光葵　宛　1955 年 1 月 18 日　台普第 44 号）」『個別引揚関係　南方地域関係
　　台湾の部』外交史料館［分類番号 K'-7-1-0-19-1-4］（なお、××は実名のため筆者
　　が伏字としたものである）。

81　「松本××外二名の送還に関する件（在中華民国日本国大使館特命全権大使芳澤謙
　　吉　発　外務大臣岡崎勝男　宛　1953 年 8 月 8 日）」『個別引揚関係　南方地域関係
　　台湾の部』外交史料館［分類番号 K'-7-1-0-19-1-4］（なお、××は実名のため筆者が
　　伏字としたものである）。

82　林英一『残留日本兵：アジアに生きた一万人の戦後』中央公論新社、2012 年、i-ii、
　　229-232 頁。

83　大野俊「フィリピン残留日系・日本人」蘭信三編著『アジア遊学８５　中国残留孤
　　児の叫び：終わらない戦後』勉誠出版、2006 年。

84　富田武『シベリア抑留者たちの戦後：冷戦下の世論と運動 1945-56 年』人文書院、
　　2013 年、16 頁。

85　厚生省援護局編『引揚げと援護三十年の歩み』厚生省、1977 年、106-107 頁。

86　富田武「シベリア抑留の論争問題と論点整理」下斗米伸夫編著『日ロ関係 歴史と現
　　代』法政大学出版局、2015 年、142 頁。

87　富田武『シベリア抑留者たちの戦後：冷戦下の世論と運動 1945-56 年』人文書院、
　　2013 年、23-48 頁。

88　巫靚「日本帝国崩壊後の人的移動：在日大陸籍者と台湾籍者の移動の諸相を中心に
　　（1945 ～ 50 年）」『社会システム研究』第 17 号、2014 年、165-166 頁。

89　曽士才「日本残留中国人：札幌華僑社会を築いた人たち」今泉裕美子・柳沢遊・木

村健二編『日本帝国崩壊期「引揚げ」の比較研究：国際関係と地域の視点から』日本経済評論社、2016 年。

90　福本拓「アメリカ占領期における「密航」朝鮮人の取締と植民地主義の継続」蘭信三編著『帝国以後の人の移動』勉誠出版、2013 年、477 頁。

91　粟野仁雄『サハリンに残されて』三一書房、1994 年、199 頁。

92　ただし、粟野仁雄（『サハリンに残されて』三一書房、1994 年）は冷戦期帰国者の事例を挙げてる。

93　井戸まさえ「「娘が死んだとき、ワシは踊った」サハリンで生きる残留日本人の告白：8 月 15 日に戦争が終わらなかった島」『現代ビジネス』2018 年 8 月 16 日（https://gendai.ismedia.jp/articles/-/56854　［最終閲覧：2018 年 10 月 29 日］）

94　奈賀悟「ルポ　サハリンの日本人：何が帰国を阻んだのか」（『世界』第 891 号、2017 年）、粟野仁雄「ルポ　サハリン残留日本人たちの七三年。」（『潮』第 709 号、2018 年）、石村博子「サハリン・シベリアで生きぬいた日本人：一時帰国の道を拓いた小川岟一と仲間たち」（『世界』第 899 号、2017 年）。

95　Подпечников В. Л., "Репатриация," *Краеведческий Бюллетень*, янв, 1993, c.109.

96　杜穎「关于日本遺孤与中国养父母的关系问题：兼对中国日本遺孤与俄萨哈林日本归国者作比较研究」『西伯利亜研究』第 37 卷第 6 期、2010 年。

97　中山大将「樺太移民社会の解体と変容：戦後サハリンをめぐる移動と運動から」『移民研究年報』第 18 号、2012 年。

98　パイチャゼ・スヴェトラナ、杉山晋平、千葉美千子「非集住地域における外国人・帰国児童生徒の教育問題：札幌市を事例として」『移民研究年報』第 18 号、2012 年。

99　玄武岩『「反日」と「嫌韓」の同時代史：ナショナリズムの境界を越えて』勉誠出版、2016 年、265-303 頁。

100　玄武岩『「反日」と「嫌韓」の同時代史：ナショナリズムの境界を越えて』勉誠出版、2016 年、299 頁。

101　玄武岩『コリアン・ネットワーク：メディア・移動の歴史と空間』北海道大学出版会、2013 年。

102　「台湾地域残留個別引揚希望者の船運賃国庫負担について（引揚援護庁援護局長発　外務省アジア局長　宛　1953 年 8 月 26 日　援引第 690 号）」『個別引揚関係　南方地域関係　台湾の部』外交史料館［分類番号 K'-7-1-0-19-1-4］。

103　上坂冬子『慶州ナザレ園：忘れられた日本人妻たち』中央公論社、1982、28 頁。

104　ただし、日韓併合後には朝鮮人に、1932 年以降は樺太アイヌに日本国籍が付与された。

第3章

戦後サハリンをめぐる人口移動と市民運動

　前章では境界変動に伴う〈残留〉現象発生の普遍性を確認するとともに、第二次世界大戦後のサハリン残留現象の日本帝国の拡大および解体過程における位置を検証した。本章ではサハリン残留現象を理解するための前提として、樺太移民社会の解体過程の全体像を明らかにする。

　本書の言う「移民社会」とは、移民社会を構成する制度、経済だけでなく、そこで形成された生産様式、コミュニティ、文化、アイデンティティ、記憶といったものまでも含む。したがって、日本帝国の崩壊と同時にサハリン島から「樺太移民社会」が霧散するわけではなく、サハリン島の内外で、変容、解体して行くと考えることができる。

　本章の第一の課題は、日ソ戦後のサハリン島をめぐる人口移動とそれに関する市民運動の諸相を整理・分類することである。日本帝国勢力圏内における〈引揚げ〉研究はこの 10 年で大きく進展し、たとえば加藤聖文『「大日本帝国」崩壊』（2009 年）などは豊富な資料から各地域からの引揚を総覧したものである[1]。しかし、帝国崩壊と人口移動の関係を理解するには〈引揚げ〉だけで充分なわけではない。日ソ戦後のサハリンの人口移動について、引揚者や残留日本人・朝鮮人問題について、当事者および関係者による文献が刊行されているが、それらを研究の俎上にのせるためにも、まず全体像を整理する作業が必要である。第二の課題は、これらの移動と背景となる政治的状況によっていかに樺太移民社会が変容解体したのかの全体像を明らかにすることである。

　市民運動に着目するのは、引揚者や帰国者、残留者はそのすべてが新しい社会にそのまま統合されたわけではなく、集団的課題を抱えながら新しい社会を生きており、市民運動はそれらの表出のひとつと位置付けられ、なおかつ後述するように、樺太引揚者運動のみならず、サハリン残留者のための運動さえ、重要な交渉対象は日本政府であり、日本在住者が運動主体として重要な役割を担っており、サハリン残留者と戦後日本の関係性を問うために市民運動を見ることが有効

だからである。

　解体過程について論じる前に樺太移民社会の形成過程（1905 ～ 1945 年）について簡潔にまとめておく。1875 年の樺太千島交換条約により、千島全島が日本領になる代わりに、サハリン島全島がロシア帝国領となった。ロシア帝国下のサハリンは、チェーホフの『サハリン島』で有名なように流刑地であり、ロシア人や先住民族が居住していた。ただし、日露戦争後の 1906 年にサハリン流刑制度は廃止された。日露戦争時の 1905 年に日本軍はサハリン島全島を占領するものの、その後のポーツマス条約により北緯 50 度線以南のサハリン島南部のみが日本帝国領となる。日本政府は、1907 年に樺太庁を設置し、外地・樺太としての経営を開始する。庁政開始に先立つ軍政期にすでに占領軍は、南部のロシア人 2,739 人を沿海州へと送還しており[2]、函館ロシア領事館の記録によれば、1906 年末に南部に在住していたロシア人は 123 人に過ぎなかった[3]。

　樺太の基幹産業は漁業、林業であり、樺太庁財政自体も漁業料収入、森林収入に依存していた[4]。このため、日本人（内地籍）だけでなく、多くの朝鮮人（朝鮮籍）も来島し、鉱業も含めたこれらの産業に従事した。徴用問題などで、「樺太の朝鮮人」即「強制連行」「徴用」というイメージが強調されるが、戦時動員以前に約 8,000 人の朝鮮人がすでに樺太で暮らしていた。

　1920 年代後半には樺太の森林資源の枯渇が深刻化し、樺太庁は新たな財源を求めるとともに、帝国内の植民地として、帝国内で深刻化しつつあった人口・食糧問題解決地たるべく農業移民を振興するようになる[5]とともに、1920 年代末以降は農業移民の招来から定着へと力点を移し、30 年代には「出稼ぎ地・樺太」から、「故郷・樺太」への認識と実態の転回が叫ばれるようになる[6]。

　1939 年の樺太文化振興会の設立と東亜北方展覧会の開催は、その象徴と言えよう。樺太文化振興会は、樺太在任期間の長い植民地官僚や教育者、そして樺太で生まれこの頃には樺太社会に進出していた「移民第二世代」らが、「樺太文化論」とも呼べるイデオロギーを共有して設立したものであり、東亜北方展覧会は樺太の技術者たちによるその表明であった[7]。1930 年代には、樺太も本籍地として登録が可能となり、『樺太庁統計書』によれば樺太籍は、1941 年には 4 割超に至っている。「故郷」樺太へのアイデンティティと実態が徐々に形成されていたのである。

第3章　戦後サハリンをめぐる人口移動と市民運動　117

　旧国立サハリン公文書館（ГАСО）に所蔵されていた所謂「樺太庁文書」の中に、「地方課　往復書簡」と題された資料[8]があり、その中に緊急疎開の始まる前の段階での人口を集計したと推定できる表が含まれている。総人口382,713人、うち内地人358,568人（93.6％）、朝鮮人23,498人（6.1％）である。樺太はしばしば〈出稼ぎ社会〉とも言われるが、実際には領有数年にして女性比率が4割台で推移するようになり、帝国内移動により来島した多くの住民が定住のための基盤を築きつつあった社会であったと言うことができる。

　また、後述するようにサハリン残留日本人の発生に、樺太に居住していた朝鮮人の存在は極めて大きく影響している。以下では、樺太移民社会における朝鮮人の概観についても示しておきたい。

　歴史地理学者の三木理史は、1920年代に入ると直接朝鮮半島から渡航して来るだけではなく、北サハリン経由での朝鮮人の流入が起き、樺太北部の新興鉱業都市における朝鮮人人口の増加が起きたことを指摘している[9]。だからといって、そこですべての朝鮮人が民族コミュニティを形成し、そこに閉じこもっていたということにはならない。聞き取り調査によれば、日本人にまじって生活し、家庭内においても両親が朝鮮語を話すことがなく、自身もまったく朝鮮語にふれずに日本時代を過ごしたという例も珍しくない。また、朝鮮人も常に、〈被雇用者〉の立場にあったわけではなく、飯場経営者など〈雇用者〉の立場にある場合があったことが聞き書きなどからも確認できる。こうした山林労働者が定着したものと見られる農山村で自作農を営む朝鮮人世帯の存在も確認できる[10]。また、朝鮮人の中には日本人同様に「女郎屋」を営む者も存在していたことが聞書きや、聞き取りからも確認できている[11]。さらに、町会議員になった者、東京の学校で技術を身につけ島内の製紙工場で高い地位に就いた者や、朝鮮人「憲兵」[12]、中等学校や高等女学校在籍・卒業者などがいたことも聞き取り調査から得られている。

　このように、朝鮮人であっても樺太では、日本人同様に、それなりの機会と努力、そしてまた意志があれば樺太移民社会の教育、産業、自治などの現場で多様な地位を築けたことがうかがえる[13]。樺太で最も成功した朝鮮人のひとりに朴炳一を挙げることができる。朴炳一は実業家であり、失業した樺太の朝鮮人労働者を集めて農村開拓を試みた人物である。三木理史が言うように、この事業は「樺太在住の朝鮮人が自ら差別的な居住環境を改善しようとする活動の一環」[14]であった。しかし、この朴炳一も樺太の有力者らと共に東京視察に出向いた際に以

下のような経験をする。

　　宴席の余興に招かれた講談師大島伯鶴君は、集まつた歴々の紳士の
　　内に、まさか朝鮮出身者が居るとは知らず、朝鮮飴売の声色をつか
　　ひ、盛に鮮人を揶揄したまではよかつたが、後で一座に君の居た事を
　　聞かされて、「これは近頃の失敗だ」と冷汗を流した由である[15]。

　講談師は日本人人士と共にいたので、朴炳一が朝鮮人であるとは一目見て
は気付かず、また、朝鮮からならともかく、樺太からやって来た「歴々の紳
士」の中に朝鮮人がいるとは想像もしておらず、今風に言えばエスニック・
ジョークにあたることを演じてしまったのである。日本人と同じような身な
りをし、日本人からの信望も得て樺太の有力実業家に数えられながらも、日
本人社会ではなおマイノリティであることが改めて示されたこの出来事は、
樺太の朝鮮人をめぐる薄れるスティグマと残る差別を象徴するものである。
　ただし、以上はあくまで 1939 年の動員以前に樺太へ渡樺した移住朝鮮人
の状況であり、動員朝鮮人の経験とはまったく異なっている。動員朝鮮人の
具体像については、第 5 章第 3 節で触れる。

第 1 節　戦後期（1945 ～ 1949 年）

　1945 年 8 月 11 日にソ連軍が国境地帯から本格的な侵攻を開始する。本書
ではこれを日ソ戦にともなうサハリン島における脱境界化過程の起点とする。
13 日には、政軍協力の下、南サハリンから北海道への「緊急疎開」が開始
され、緊急疎開では約 88,000 人が移動した[16]。この中には、疎開船ではな
く、自主的に漁船などを使って移動した〈脱出〉も含まれている。後述する
ようにこの避難において多くの朝鮮人も加わり日本人と行動を共にしてい
た。地上戦が続いたのちに、22 日に停戦協定が結ばれ、翌 23 日には、ソ連
軍が首都・豊原へ進駐し緊急疎開も停止された。
　本書では、戦闘が一応終結し、戦後体制の構築の始まる 1945 年 8 月 23 日
を再境界過程の起点とし、日本人住民の引揚げの終わる 1949 年 7 月 23 日を
その終点ととらえる。脱境界化と再境界過程については、引揚者の手記など
も数多く刊行され続けているが、1973 年に引揚者団体によって編まれた『樺

太終戦史』[17] が最も体系的な著作であったが、2012 年にはロシアの歴史研究者のエレーナ・サヴェーリエヴァがロシア側の公文書を用いて再境界過程を中心にした歴史研究を刊行した[18]。それぞれの歴史観に基づく評価や解釈は別にして、個々の事案に関しては双方で大きな大差はないと筆者は判断している。また、軍事史の観点からの同時期の再検証[19]や、各移動や引揚者の戦後に関する研究も近年では数多く現れるようになっている[20]。

　緊急疎開の停止により、1946 年 12 月の公式引揚げ開始までは、公的に宗谷海峡を越えることはできなくなった。このため、ソ連軍の監視の目を縫い、自分の漁船を使ったり、或いは漁民に代価を支払い、北海道へと〈密航〉する人々が現れた。本稿で、〈密航〉という表現を用いるのは、その違法性を強調するためではなく、それが違法とされてしまったことを強調したいからである。1946 年までに北海道沿岸に上陸したのは少なくとも約 24,000 人と推定できる。また、再度南サハリンへと戻る者も中にはいた。主要港湾都市のひとつであった大泊（コルサコフ）には、1946 年 1 月の段階で、約 200 名の〈逆密航〉者がいたという報告も残っている[21]。

　主都・豊原（ユジノサハリンスク）へのソ連軍進駐と前後して、南サハリン各地方へも進駐軍が入って行った。一部の高級将校は接収した公共施設を自宅としたが、下級将校は日本人の家に「間借り」することがよく見られたと言われている。日本人にしてみても、不良兵士による略奪や暴行の危険を避けることができるので、将校との同居は歓迎されることが多かったと言われている[22]。つまり、南サハリンへやって来た軍人が、一般市街地で日本人や朝鮮人と生活を送ることとなったのである。将校やその家族、一般兵士が日本人の家へ遊びに来ると言うエピソードは、しばしば見られるものである。また、現地で除隊しそのままサハリンで民間人として残った者たちもいた。たとえば、1946 年の夏に東柵丹（トマノボ）の炭鉱では除隊兵士たちが働いており、彼らが、日本人はやがて日本へ帰るが朝鮮人たちはサハリンに残って自分たちロシア人と一緒に暮らすのだと語っていたというエピソードも残っている[23]。また、この軍人の〈進駐〉のほか、一般ソ連人の〈移住〉も開始された。

　上述の停戦協定を受けて、8 月 28 日には日本軍と警察の組織的な武装解除が完了し、約 16,000 人が北部を含むサハリン島内や、シベリアでの強制労働に従事することとなった。また、1945 年 12 月 30 日の大津敏雄樺太庁長官の逮捕を皮切りに、文民である官民の要人・有力者も逮捕され始めた。約 2,000 人が、シ

ベリアの強制収容所へと移送された。合わせて約 18,000 人が強制的な〈抑留〉を強いられた。シベリアまで移送されずサハリンに残された軍人の多くは、その後、解放され、一般の島民と共に〈引揚げ〉に加わることができた。一方、シベリアから内地への〈送還〉は、1946 年 12 月から開始された。1950 年 4 月にソ連は「日本人捕虜の送還完了」との声明を発表したが、3 年後には再度、送還を再開し、最終的な集団送還は 1956 年に終了する[24]。

　緊急疎開に伴う混乱と、ソ連軍進駐、そしてソ連人の移住による動揺はあったものの、逮捕・連行された抑留者を除いては、引揚船乗船直前以外に樺太住民が収容所に入れられることはなく、日常が継続されていたし、ソ連当局もそれを促した。

　進駐当初の一部のソ連軍人による掠奪暴行は、確かに当時の日本人たちに強烈な印象と損害、そして〈敗戦国民〉としての屈辱を与えているし、その後の監視国家ソ連での生活の異様な緊張感も、手記や回想録から容易に確認できる。しかし、一方で必ずしも当時の日本人たちが、個々のソ連人を支配者として眼指していたわけでもなかったことが、同様に手記や回想記、そして聞き取り調査から確認できる。ひとことでいえば、多くの日本人は、ソ連人たちを〈奇妙な隣人〉として眼指していた。また、ソ連人移住者たちからは〈戦勝国民〉としての威厳もあまり感じられず、あたかも貧しい外国人移民のようにさえ見えていた。たとえば、ソ連人移住者たちは、サハリンへたどり着くと、ソ連政府が開設した民政局で手続きをしなければならず、多くの移住者たちが民政局の廊下や屋外で野営しながら「何日も」待たされていた。その間、「敗戦国民」日本人は暖房のある自宅で安穏としていたのである[25]。

　日本人が〈敗戦〉という事実から政治的マイノリティへの転落をすぐに受け容れていたのに対して、多くの一般ソ連人は自分たちが政治的マジョリティであるということに無自覚であったり、時には自戒的でさえあったりした。ある日本人ジャーナリストは、1945 年 12 月頃に、戦勝国民としての立場を笠に着たあるソ連人将校から横暴な振る舞いに遭ったところ、そこに居合わせたソ連人民間人が、そんな差別待遇は理不尽だ、日本人も今は一緒に働いている仲間であり友人だ、と激昂してソ連人将校に食ってかかったというエピソードを記している[26]。また、そもそも移住ソ連人たちは、すでに多民族国家ソ連を経験したうえでサハリンへやって来たという点も充分に考慮

第3章　戦後サハリンをめぐる人口移動と市民運動　121

すべきである。ロシア人、ウクライナ人、朝鮮人（後述の〈高麗人〉）、チュヴァ
シ人などからなる多民族的集団であったのである[27]。同化主義的な日本帝国に生
まれ育った日本人にしてみれば、彼らは〈ロシア人〉とひとくくりにして〈外国
人〉にしか映らなかったが、多民族国家・ソ連に生まれ育ったソ連人からしてみ
れば、日本人や朝鮮人は新しい一員と映っていた。

　1945年9月に南サハリン民政局がソ連政府によって設置されたが、実際には
樺太庁などの従来の統治機構をそのまま利用していた。1946年2月2日にソ連
人民委員会議は「南サハリンの行政機構とソ連の法律の施行について」[28]を採択
し、3月1日までに日本時代のすべての統治機構を解体することになった。また
同日付「南サハリンおよびクリル列島に関するソ連最高会議幹部会令」[29]により、
〈樺太〉は〈南サハリン州〉となり、正式にソ連に編入される。さらに同日付で
「サハリン島南部及びクリル諸島の土地、銀行、産業及び公営事業、鉄道及び水
上交通、ならびに通信機関の国有化について」[30]も中央から発令され、ソ連化が
制度面で本格的に始まる。

　このようにソ連化が推し進められたからといって、それまでの社会が劇的に変
化したわけでは必ずしもない。たとえば、上記指令に対応して3月1日付で日本
人所有の農場をソ連の各機関へと受け渡すようにという指令[31]が出ており、こ
の結果、34の事業者から6,988haの農地[32]が接収されているものの、これら大
面積所有者以外の多くの農家はこれまで通りの農業生産を続けていた。また都市
部でも、日本人が電気料金の集金や検針を引き続き行うために身分証明書の発行
をソ連当局から受けている[33]。

　1946年11月27日に、「引揚に関する米ソ暫定協定」が結ばれ、翌12月19日
には「ソ連地区引揚米ソ協定」が締結される。これにより、樺太からの日本人の
〈引揚げ〉が開始することとなる。1946年12月の第1次引揚から1949年7月の
第5次までに292,590人がサハリンから内地へと移動する[34]。この間、サハリン
南部では日本人・朝鮮人とソ連人の〈共住生活〉が見られた。

　進駐・移住ソ連人に間貸しした日本人は〈хозяин（主人）〉と呼ばれた。また、
しばしば日本人とソ連人の間で配給食糧のやりとりがあるなど、日本人とソ連人
の間に連帯感が生まれたかのように、当時のことが回想されることも多い。しか
し、この食料を巡る連帯も、社会が安定し、バザールが開設されると解消して
行った。社会の安定は同時に、日本人とソ連人が同じ職場で働くという状況を一
般化させていった。ソ連人が、日本人の職業倫理や能率性を高く評価したという

ことは、しばしば見られるものであるが、これは引揚の遅延や残留の原因にもなった。また、道徳観のズレは、日本人にとってソ連人を「奇妙な隣人」として印象付けるために、重要な要素であった。

　その一方で、朝鮮人たちは日本人とは異なる動きを強いられた。その一つとして日本帝国下の樺太には存在しなかった、「朝鮮人民族学校」が設立されたことが挙げられる。当初、教員は朝鮮人の内で教育程度の高い者が務めたが、やがて、大陸から移住してきた〈高麗人〉に取って代わられていく。〈高麗人〉とは、1930年代に沿海州から中央アジアへと強制移住をさせられた朝鮮人のことを指す。彼らは、ソ連国籍を持ち、ロシア語を解する朝鮮人、つまりはソ連化した朝鮮人として、サハリンへと移住し教師や監督者を務めた。その数は約2,000人と言われている[35]。また、1946年から1949年までに朝鮮北部から労働者とその家族合わせて26,065人がサハリンへと渡って来た[36]。このように、戦後のサハリンには、樺太時代から居住して日本化していた朝鮮人、ソ連化した〈高麗人〉、そして朝鮮北部労働者の、三種類の〈朝鮮民族〉が存在していたのである。また、朝鮮人の中には、ソ連人が充分に移住して来ないために、集団で引揚げた日本人農村集落へと集団で入るよう当局から促され、個別農業経営を行い、その後、高麗人が幹部を務める新設コルホーズで移住ロシア人と共に働いたケースなども見受けられる。このほか、日本式の技術を身につけていたり、日本語の技術書を読むことができるなど、朝鮮人は、樺太移民社会に構築・蓄積された資本主義的生産関係を社会主義的なもの移行するための役割を現場で果たしていたことが実際の事例からうかがえる。

　ここで、ソ連史観を含むレーニンの帝国主義史的歴史観や、愛国民族主義的歴史観からは決して演繹し得ない、脱境界化過程と再境界過程に起きた現象についていくつか言及しておきたい。ひとつは、日本帝国主義の被抑圧民族であった樺太の〈朝鮮民族〉が必ずしもソ連軍を解放軍として歓呼の声で迎えたわけではないということである。むしろ、樺太の朝鮮人たちと避難行動をとっていたのである。たとえば、残留朝鮮人の李炳律は手記の中で、母親が、ソ連軍侵攻後は自分とは別に緊急疎開のために東柵丹の日本人婦女子たちとともに行動し、樺太南部へと移動していたことを記し[37]、残留朝鮮人K・Scは親族の婦女子で一度北海道の江別まで避難したものの樺太に残した男性家族のことが心配になり再度みんなで海を渡り、樺太へと戻ったと

語っている[38]。また、真岡でソ連軍の上陸部隊に遭遇した残留朝鮮人 L・Ka は、ソ連軍の銃撃を受けて負傷した上に拘束され船へと連行され、数日後に解放されるなど、直接的被害を受けている[39]。戦後にはソ連軍の中には朝鮮人部隊がいたとか朝鮮人の中にソ連軍への内通者がいたなどの噂が流れたが、内地生まれで日本人と共に遊び学び育った李炳律にとって、こうした朝鮮人をめぐる噂は不名誉なものと受け止められたようで、自ら公文書館へ足を運び、ソ連進駐軍の中に朝鮮人がいなかったことを確認している[40]。観念的にも実態としても、朝鮮人がソ連軍を解放軍として迎えたということを示す資料はほとんど見られない。

　次に、瑞穂事件など、ソ連樺太侵攻後に疑心暗鬼にかられた一部の日本人による朝鮮人の虐殺事件の存在は広く知られているが、その一方で、官憲による日本人民間人の殺害事件も発生していたと言われている。引揚者 M・T は、緊急疎開のために上敷香に終結した人々の中に日本人男性結核患者がおり、その男性を警官が射殺したことを記憶している[41]。

　また、国境に近い集落で引揚げまでを過ごしていた引揚者 T・T は、被害者からの伝聞として、成人手前の日本人男性が、ソ連軍女性兵士3名に性的虐待を受けた話を記憶している[42]。

　こうした現象をあえて挙げたのは、被害／加害の複相性の存在を示したいからである。イデオロギーあるいは集団が希求する〈物語〉による〈配役〉通りには歴史は動いていことを前提に歴史研究はなされなければならない。

　緊急疎開、脱出、密航、送還そして引揚で内地へと帰還して行った広義の「引揚者」たちは、引揚援護局や身内などから緊急的な支援を受けながら、新しい内地での生活を一から組み立てる必要に迫られた。やがて、樺太からの帰還者たちの一部有志は連絡を取り合い、引揚者団体[43]を設立するようになる。

　1946年5月1日、密航した折戸惣市（前・樺太農業会専務理事）を会長として、「樺太引揚者団体連合会」が札幌で結成される。「樺太村」の建設や、引揚促進、緊急疎開者・密航者の支援を目的として活動を開始する。そして1949年3月に解散する。

　1948年4月には抑留から帰還した白井八洲雄（元・樺太庁第一経済部長）を会長として、「全国樺太連盟」が結成される。樺太庁東京事務所の跡地に本部をおき、引揚促進、引揚者支援を目的として活動を開始した。「樺太引揚者団体連合会」にしても、「全国樺太連盟」にしても、樺太時代の官民の要人・有力者たちの再結集という側面があった。戦後日本内地社会において、樺太関係者を結集

するためには、大津長官などの要人の求心力と政治力が期待されたと考えられる。全国樺太連盟は、樺太関係者を結集させ連帯を強めるために、後述する〈戦後樺太アイデンティティ〉を訴えかけていった。

第2節　冷戦期（1949年〜1988年）

　日本人の引揚げとソ連人の移住が進むことによって、サハリンでは人口的マジョリティも、日本人から次第にソ連人へと遷り変わっていったが、そのあとには残留日本人と、残留朝鮮人が存在していた。朝鮮人の引揚船への乗船が、「ソ連地区引揚米ソ協定」[44] では認められていなかったからである。引揚船の配船についてはGHQが行うが、サハリン内での引揚業務の一切は、ソ連政府に委ねられていた。第7章でも言及するように父親が朝鮮人であったある残留日本人のケースでは、父親を日本人だと思い込んでいたが、引揚船に乗るために列車へ乗ろうとしていたところを密告され、家族ごと引き戻されたという。このように、朝鮮人の〈家族〉であった〈日本人〉は、引揚の対象にならないか、あるいは自ら断念することとなった。配偶者が朝鮮人であった場合、特に妻が日本人であった場合、養父母が朝鮮人であった場合に、残留日本人になったケースが見受けられる。ただし、このほかにも、特別な技術者としてソ連当局が引揚を認めない場合も実際にはあった。

　朝鮮人を政治的マイノリティの立場に留めた大きな原因のひとつは国籍問題である。朝鮮人の多くは、ソ連国籍を取得してしまうと、帰国の道が閉ざされるのではないかと考え、あるいはすぐに帰国できるのだからと考え、無国籍状態にあった。しかし、無国籍状態でいることは、生活上様々な困難を生み出した。移動、進学、昇進の制限、給料の格差などである。また、朝鮮人民族学校で朝鮮語を習得しても、就職上役に立つわけではなかった。家庭では、日本時代以来、日本語を話しているし、職場ではロシア語が事実上の公用語である。したがって、ソ連社会の中で、ソ連市民としての出切る限りの自由と利益を享受するには、ソ連国籍を取得し、ロシア語を身につける必要があったのである。実際、進学のためにソ連国籍を取得して大陸の大学へ入学し、そのまま大陸で生活を続けている朝鮮人も少ないとされる。

　戦後のサハリン社会では、当初からハングル新聞が刊行されていた。1949年6月1日には、ハバロフスクにて『朝鮮労働者新聞』が創刊されており、

その2年後の1951年には、サハリンでも共産党の機関紙としての性格を持つ『レーニンの道』が創刊される。三種類の〈朝鮮民族〉は形式上は〈кореец〉と総称されていたが、実質的には分断されていた。

引揚できる〈日本人〉／引揚のできない〈朝鮮人〉、ソ連国籍を持つ〈ソ連人〉移住者／無国籍の〈朝鮮人〉、ソ連人移住者の中の〈ソ連化〉した〈高麗人〉／〈日本化〉した「朝鮮人」、そして「祖国」の国籍を持つ〈北朝鮮人〉／持たない〈朝鮮人〉という構図である。

1950年代末に残留朝鮮人・日本人をめぐる状況は大きく変転する。まず、1956年12月12日に日ソ国交正常化がなされ、残留日本人の永住〈帰国〉の機会が訪れるのである。

この〈帰国〉は、「後期集団引揚」「再開樺太引揚」などの名称でも呼ばれるが、本章では、〈冷戦期帰国〉と呼ぶ。その理由は、1952年4月28日のサンフランシスコ講和条約の発効により、1946年3月16日付のGHQによる日本政府宛覚書「引揚げに関する基本指令」が失効し、以後のソ連領内から日本への人口移動は、米ソ日間問題から、日ソ間問題に移行したからである。また、このために、国交の回復が必要条件となったのである[45]。もう一つの理由は、後述するようにこれ以降の〈帰国〉では、朝鮮人家族の同伴が可能となったという意味でも、1946年から1949年までの〈引揚げ〉とは性格を異にしていることである。1957年8月の第1次から1959年の第7次までのべ2,299名が帰国を果たしている。厚生省援護局編（1977年）では、「民間人（749名）」「元軍人（17名）」を「引揚者」と記載する一方で、「抑留漁夫（38名）」「外国籍（1,541名）」を「引揚者外」として、「引揚者」に含めていない。「抑留漁夫」は日ソ国境海域で拿捕された漁業者と考えてよいので、「引揚者」にはあたらないのは当然である。しかし、「外国籍」＝「朝鮮人」も、「残留樺太住民」であることに変わらないはずであるが、「引揚者」としては認めていないのである。こうした扱いは、上陸後に起きた〈弁当事件〉にも端的に現われている。日本国内を移送中に、同じ家族でも日本人の妻と、子供にのみ弁当が支給され、夫の朝鮮人の分が用意されなかったという場面があったのである[46]。些細なことであるが、帰国者の不安定な立場を象徴する事件として語られる。また、帝国から単一民族主義国民国家への急転換がもたらした矛盾が表出した事件の一つでもある。

注意すべきは、国交が回復しても国際移動が自由になったわけではないということである。この段階の〈帰国〉は、一度日本に入ってしまえば二度とサハリン

には戻れないという前提の下でなされているのである。

　同時期に、駐ナホトカ朝鮮民主主義人民共和国（以下北朝鮮）総領事館が戦前から居住していた朝鮮人と戦後朝鮮北部から渡って来た労働者に北朝鮮国籍取得と〈帰国〉を促す工作をサハリンで開始し、前者の中にも北朝鮮国籍を取得する者、帰国する者が現われた[47]。若者に対しては、もし北朝鮮へ来るなら大学へ入学させ、卒業後には良い職を与えると約束した。この誘いに乗り、サハリンでの生活に閉塞感を感じていた多くの若者が北朝鮮へと渡った。しかし、進学希望者だけでなくこの時期に祖国復興に貢献すべく帰国した者の多くも渡航後に連絡を絶ち、たとえ連絡がとれても、それは北朝鮮の惨状を伝えることとなった。たとえば、1957年に北朝鮮に残っていた家族からの要請を受けて帰国した尹兄弟のエピソード[48]はその格好の事例である。

　一方、1958年7月25日にソ連閣僚会議は「サハリン州在住朝鮮民族の無国籍者について」[49]を採択し、朝鮮人のソ連国籍取得を促そうとした。また1965年までに朝鮮人民族学校を閉鎖させ、駐ナホトカ北朝鮮総領事館の指導のもと組織された公民学習組なども活動停止に追いやられた[50]。半谷史郎はソ連当局のこれらの対応を、朝鮮人労働力の島外流出を防ぐためのものと推測している[51]。

　1958年に日本では日本人妻と帰国した朴魯学らが朝鮮人の帰国運動を起こし「樺太抑留帰還者韓国人会」を組織していたものの[52]、それが戦後韓国社会へと波及するのは、日韓国交正常化（1965年）以降である。1970年には、「樺太抑留僑胞帰還促進会」（のちの「中ソ離散家族会」）が、1983年には大韓弁護士会による「サハリン僑胞帰還推進委員会」が韓国で結成される。また、1975年には日本で高木健一らが弁護団を組織し、「樺太残留者帰還請求裁判（樺太裁判）」が始まる[53]。日韓両国で、サハリン残留者問題への取り組みが始まって行った[54]。

　しかし、韓国への帰国の道は閉ざされ続けていた。1976年にはソ連からの出国許可が出た4人の朝鮮人老人が出国地であるナホトカで日本領事館での日本入国許可申請をしようとするも出国許可期限が迫ったため一度サハリンへ帰ったところ当局より今後出国申請をしないようにと申し渡された有名な「ナホトカ四老人事件」が起きた[55]。また、同年には、当時北朝鮮国籍を取得していた残留日本人が日本への帰国を表明したところ、ソ連当局によっ

第3章　戦後サハリンをめぐる人口移動と市民運動　127

て北朝鮮へと連行されるという梅村秀子事件も発生している[56]。さらに、その翌年1977年には〈都万相事件〉が起きた。韓国地域出身でコルサコフ（大泊）在住の朝鮮人・都万相が、日本経由での韓国帰国申請が何度も却下されたので、一家で抗議デモを行ったが、鎮圧・軟禁・精神病院収容の上、北朝鮮へと移送されたのである[57]。ソ連当局は、都万相らは〈朝鮮人〉であり、〈朝鮮人〉の〈祖国〉は北朝鮮であるとした。すなわち、当時の朝鮮人にとって、〈北朝鮮〉とは国民国家のロジックの中で、〈故郷〉と切り離された〈与えられた祖国〉であった。

　1950年代後半は、日本国内の引揚者にとっても動きのある時期であり、1955年に抑留から帰還した大津敏雄（元・樺太庁長官）を総本部長として、樺太連盟を後ろ盾とした「南樺太返還期成同盟」が結成され、領土としての樺太の回復を訴えて行く。また、全国樺太連盟は、機関誌として、『中央情報』（1948年12月〜1953年12月）、『樺連情報』（1954年1月〜現在）を発行し、会員に情報を発信し、「戦後樺太アイデンティティ」と言うべきものが、呼びかけられ形成されていくこととなった。1977年以降、『樺連情報』の「主張」に、「樺太人は樺連の下に集まろう」という条項が掲げられるようになるのも、その表れの一つと言える。ただし、全樺太引揚者・密航者・抑留者が樺連に参集したわけではない。樺太引揚者が多数を占める戦後開拓集落にあっても樺連の存在さえ知らずに過ごしていた人々も見受けられる。また、都市生活者となった人々の中にも樺連の存在を知りつつも距離を置き続けている人々もいる。けれども団体への所属の有無に限らず、回想記や同郷会、同窓会などを通じて、樺太を巡る「記憶」の共有も進んでいった。これは現在も『樺連情報』が「主張」のひとつに「樺太の歴史を残そう」を掲げていることにも象徴されている。また「真岡の九人の乙女」「留萌沖三船殉難」などの進駐・疎開をめぐる悲劇が樺太の代名詞として認知されていく。

　大多数の一般樺太関係者は、戦後内地日本社会でどのような境遇にあったのか。例として戦後開拓地に目を向けてみたい。北海道のある開拓農協組合加入全75世帯（1963年）のうち、5世帯（7％）が樺太・千島、7世帯（9％）が「満洲」からの引揚者であった。残りの63世帯（84％）は北海道出身者であったが、その多くは元・軍人軍属であった。また、この戦後開拓集落には農地を所有していない農業労働者世帯も存在していた。これらの世帯はのちに別の戦後開拓地へと入殖する[58]。樺太引揚者を含めこれらの人々は近代日本の人口移動の流れの中でなお生成される〈フロンティ〉で滞留していたのである。

第3節　ポスト冷戦期（1988年〜）

　サハリンではハングル紙が刊行され、党の機関紙的性格を持っていたとは
いえ、民族語のメディアをもつことで、朝鮮人コミュニティを形成すること
ができていた。この点は、数が少ない上に地理的に分散し、さらに朝鮮人に
一体化し、中には自分が最後のサハリンの日本人かもしれないと思う者さえ
いた残留日本人とは異なっていた。朝鮮人コミュニティの存在は、逆説的で
はあるが、『レーニンの道』による1988年のソウル・オリンピック報道を契
機として、朝鮮人社会が急速に韓国へと接近して行ったことから証されるの
である。ソウル・オリンピック報道は、朝鮮人の知らない間に経済発展して
いた「祖国」の姿を朝鮮人たちに知らしめた。また、1990年9月30日には
韓ソ国交が樹立され、『レーニンの道』は1990年に党から分離、韓国政府や
韓国の民間団体の補助を受けて経営を続け、1991年には紙名を『新高麗新
聞』に変更し現在にいたっている。ペレストロイカ以降、民族団体結成が認
可されたため、この同時期に、朝鮮人の団体が設立されていく。

　1988年には、サハリン在住朝鮮人約35,000人のうち約32,000人がすでに
ソ連国籍を有していた[59]が、エスニック・アイデンティティの表明、しか
も同じ社会主義圏の北朝鮮ではなく、非社会主義圏の韓国へのシンパシーの
表明と帰国を求める運動が集団的に行われていくようになっていたのであ
る。このことは、1990年に組織された朝鮮人団体「サハリン州高麗人会」
の名称が、1993年に「サハリン州韓人協会」に改称されたことにも象徴さ
れている。また、韓国政府はサハリン韓国教育院を設置し、サハリン韓人文
化センターの設立運営資金も提供している。1988年以降に韓国への一時帰
国が本格化し始め、1989年には日韓の赤十字が帰国支援のための「在サハ
リン韓国人支援共同事業体」を設立する。1995年に、日本政府は永住帰国
者用の団地建設資金の拠出を決定し、1999年には韓国仁川市に療養院であ
る「サハリン同胞福祉会館」を建設し、次いで同年内に韓国安山市にも900
人を収容できる永住帰国施設「故郷の村」が完成、翌2000年から入居が開
始される。その他地域の施設も含め2011年7月までに約3,500名が〈帰国〉
を果たした[60]。

　帰国者は韓国の国籍を取得しているが、自分たちと他の韓国人の間に差異

第3章　戦後サハリンをめぐる人口移動と市民運動　129

を見いだしている。まず青壮年期をソ連社会で過ごしているため、〈韓国国民〉としての空白期間があまりに長い。また、ある朝鮮人帰国者は、スポーツの国際試合では必ず日本を応援すると言い、それでは日韓戦はどうするのかと問うと、それが一番困るのだと苦笑し、その理由としてやはり「日本の教育」を受けたこと、つまり樺太で日本人と机を並べて日本人と同じ教育を受けていたことを挙げた。この世代の多くは、戦後になって朝鮮人民族学校などで初めて「朝鮮語」を学ぶ。つまり、発音がネイティブではないし、たとえ流暢に話せても高麗人が教鞭を執ったため朝鮮半島南部の「韓国語」とは発音が異なるのである。朝鮮人のアイデンティティは日本、ロシア、韓国の間で揺らぐ一方で、独自の〈サハリン韓人〉というポジションを改めて彼らに選択させている。

　サハリン各地に散らばっていた残留日本人たちも、徐々につながりを作り始め、自己のエスニック・アイデンティティの表明と帰国を求める運動を始めて行く。その大きな契機は、1989年12月に「樺太（サハリン）同胞一時帰国促進の会」（事務局長・小川岟一）が日本で設立され、翌1990年には「サハリン北海道人会」がサハリンで結成されたことである。1992年12月に前者は「日本サハリン同胞交流協会」に改組（事務局長・小川岟一）され、1998年まで同会が民間団体として、帰国事業支援の中心的役割を果たしていた。小川らの日本在住の日本人のサハリンへの渡航、およびサハリン内での移動が可能となったことで、サハリン現地との連絡が可能となり、帰国事業へ向けての組織作りが可能となったのである。また、帰国事業の困難さの原因は、国際的移動を制限していたソ連側のみに帰するわけではない。基本的に日本政府は、1949年に公式引揚完了以後の残留日本人については、「自由意思」とみなし、その帰国事業には消極的であった。このため当初は、一時帰国事業などの場合に、日本の外務省が残留日本人に対して「敵性国人入国要領」を適用し、質・量ともに非現実的な申請書類を要求するなどしていたと言われている。2009年1月31日時点で、永住帰国者は74名世帯204人で、樺太に残っている日本人は435人である[61]。

　また、国家だけでなく〈家族〉という仕組みもこれらの移動の成否に大きく関わっていた。たとえば、ある帰国者の場合、夫が北朝鮮地域出身のため韓国への帰国に夫が関心を持たなかったので韓国への帰国は行わなかった。そして、彼女自体が日本人として日本への帰国を考えるようになったのは、夫の死後であり、なおかつ子供たちからの反対もあったという。また、直接的に朝鮮人家族によって帰国が遮られていたケースもある。たとえば、ある残留日本人女性は、日ソ国

交正常化時に帰国しようと申請したが、朝鮮人の夫が彼女の知らない間に彼女の民族籍を〈朝鮮民族〉に変更していたため、〈非日本人〉とされ、帰国申請が却下されてしまったのである。これらの実例については、第7章で詳述する。朝鮮人帰国者同様に日本人帰国者も青壮年期をソ連社会で過ごしている。同じ樺太出身者であっても、遅くとも1949年で〈樺太〉の経験が絶え、戦後の国民国家日本に回収された〈引揚者〉とはこの点で大きく異なっており、〈記憶の共同体〉との距離は大きいのである。

第4節　小括

　戦後期における大量の人口移動（疎開、脱出、密航・再密航、送還、引揚げ、進駐、移住）とソ連による統治機構の再編により、政治・人口的マジョリティが日本人からソ連人移住者へと変わり、サハリン島の樺太移民社会はほぼ解体されてしまう。上記移動のうち、疎開、脱出は脱境界化過程として、それ以外の移動は再境界化過程として位置づけることが出来る。日本人引揚者の一部は、かつての官民の要人・有力者を核に移動後の本国において再結集し引揚者団体を設立し、引揚援護や領土回復などの運動を展開する。樺太移民社会が運動体へと変容したのである。けれども時間の経過とともに、運動の実現性と意義とが希薄となると同時に、回想記、同郷会、同窓会などを通じ、樺太移民社会は「記憶」の共同体としての側面を強めている。

　サハリン島への残留を強いられた朝鮮人は冷戦期において、ソ連化の道をたどりつつも、戦後移住してきた高麗人や北朝鮮人とともに〈サハリン朝鮮人社会〉なる実態を築くことはなかった。むしろ、ソ連化の過程で独特のアイデンティティが形成され、朝鮮人移民社会は変容して潜在化する。それが公然と顕在化するのが、ポスト冷戦期の朝鮮人団体の設立と韓国への接近、そして帰国運動である。残留日本人の場合、数の僅少さと地理的分散、さらに妻という立場での朝鮮人社会への埋没により移民社会は解体し尽くされたと言ってよい。しかしながらポスト冷戦期には日本人団体を設立し、帰国運動を実現して行く。

　これらの帰国運動が両者とも、本国市民有志からの働きかけに支えられたものであったことは特筆しておくべきであろう。

　以上、日本帝国崩壊後の、サハリン・樺太をめぐる人口移動と樺太移民社

第 3 章　戦後サハリンをめぐる人口移動と市民運動　131

会の解体変容の概観を示した。次章以降では本章での知見を基にさらに議論を深
めていく。

注

1　加藤聖文『「大日本帝国」崩壊』中央公論新社、2009 年。

2　樺太庁編『樺太庁施政三十年史』樺太庁、1936 年、44-45 頁。

3　ヴィソコフ，M.C. ほか（板橋政樹訳）『サハリンの歴史』，北海道撮影社、2003
年、123 頁（＝Высоков, М.С（. авторский коллектив）, История Сахалинской области,
Южно-Сахалинск：Сахалинский центр документации новейшей истории, 1995）。

4　平井廣一『日本植民地財政史研究』ミネルヴァ書房、1997 年。

5　竹野学「人口問題と植民地：1920・30 年代の樺太と中心に」『経済学研究』第 50 巻
3 号、2000 年。

6　中山大将『亜寒帯植民地樺太の移民社会形成：周縁的ナショナル・アイデンティティ
と植民地イデオロギー』京都大学学術出版会、2014 年。

7　中山大将『亜寒帯植民地樺太の移民社会形成：周縁的ナショナル・アイデンティティ
と植民地イデオロギー』京都大学学術出版会、2014 年。

8　ГАСО, Ф. 3ис, Оп. 1, Д. 27.

9　三木理史「戦間期樺太における朝鮮人社会の形成：『在日』朝鮮人史研究の空間性
をめぐって」『社会経済史学』第 68 巻 5 号、523–544 頁。

10　中山大将『亜寒帯植民地樺太の移民社会形成：周縁的ナショナル・アイデンティティ
と植民地イデオロギー』京都大学学術出版会、2014 年、127 頁。

11　野添憲治『樺太の出稼ぎ 林業編』（秋田書房、1977 年、87 頁）、筆者による残留朝
鮮人 L・S への聞き取り調査（2009 年、韓国安山市）による。

12　1943 年から終戦にかけて樺太の上敷香で憲兵として勤めていた樺太元住民 S・H へ
の聞き取り（2014 年 9 月、北海道）によれば、当時の朝鮮人憲兵の存在について記
憶がないものの、朝鮮人の取り締まりに関与していた朝鮮人軍属はおり、軍服のよう
な服装をしていたという。以下のエピソードの朝鮮人憲兵はこれら朝鮮人軍属を憲兵
と誤認している可能性が強いので、本稿ではこのエピソード中の憲兵を「」をつけて
表記することとする。サハリン残留日本人 A・Sa からの聞き取り（2011 年、北海道）
によれば、ある朝鮮人「憲兵」は、ある朝鮮人がボランティアで朝鮮人子弟に朝鮮語
を教えているのを取り締まり、この朝鮮人を拘留した。しかし、その後ソ連軍の侵攻
によりこの朝鮮人は解放され、ソ連軍の通訳として活躍することとなったが、一方の

朝鮮人「憲兵」は逮捕されるという皮肉な事件も戦後サハリン社会では起きている。

13　もちろん、こうした成功者ばかりではなく、多くの男性朝鮮人は肉体労働に従事し、女性朝鮮人の中には「醜業」従事者も少なくなかったのは事実である。しかし、そうした状況が朝鮮人特有のことでは必ずしもなく、日本人の中にもそうした業種の従業者がいなかったわけではない。井潤裕「明治大正期の樺太・サハリンにおける公娼と半公娼」（今西一、飯塚一幸編著『帝国日本の動員と移動』大阪大学出版会、2018 年）、中山大将『亜寒帯植民地樺太の移民社会形成：周縁的ナショナル・アイデンティティと植民地イデオロギー』（京都大学学術出版会、2014 年、66 頁）。

14　三木理史『国境の植民地・樺太』塙書房、2006 年、121 頁。

15　藤井尚治『樺太人物大観』敷香時報社、1931 年、171 頁。この人物録において朴炳一は樺太を代表する実業家 33 名の一人として紹介されている。なお、なお,朴炳一は後に日本帝国期の活動を理由に韓国の親反日民族行為真相糾明委員会から「朴容煥」の名で「親日」認定を受けている（친일반민족 행위 진상 규명 위원회『종합보고서용결정이유서　박용환』친일반민족 행위 진상 규명 위원회,2009 년）。

16　疎開者、脱出者、密航者の数は樺太終戦史刊行会編『樺太終戦史』（全国樺太連盟、1973 年、320-346、379-386）による。

17　樺太終戦史刊行会編『樺太終戦史』全国樺太連盟、1973 年。

18　Савельева, Елена Ивановна., От войны и миру: гражданское управление на Южном Сахалине и Курильских островах 1945-1947 гг, Сахалин: Министерство культуры Сахалинской области, 2012.同書の日本語訳として、エレーナ・サヴェーリエヴァ（小山内道子翻訳、サハリン・樺太史研究会監修）『日本領樺太・千島からソ連領サハリン州へ：一九四五年 - 一九四七年』（成文社、2015 年）がある。

19　藤村建雄『知られざる本土決戦　南樺太終戦史：日本領南樺太十七日間の戦争』潮書房光人社、2017 年。

20　個別論文としては、木村由美「「脱出」という引揚げの一方法：樺太から北海道へ」（『北海道・東北史研究』第 9 号、2014 年）、木村由美「戦後樺太からの引揚者と北海道：都市部と炭鉱都市を中心に」（『北大史学』第 54 号、2014 年）、竹野学「樺太からの日本人引揚げ（1945 〜 49 年）：人口統計にみる（竹野学）」（今泉裕美子ほか編『日本帝国崩壊期「引揚げ」の比較研究』日本経済評論社、2016 年）、木村由美「樺太深海村からの引揚げ：『引揚者在外事実調査票』によ

る分析」(『北方人文研究』第 11 号、2018 年)、Jonathan Bull, "Karafuto Repatriates and the Work of the Hakodate Regional Repatriation Centre, 1945-50," *Journal of Contemporary History*, No. 53, 2018 が挙げられ、論集としては、ed. Svetlana Paichadze and Philip A. Seaton, *Voices from the Shifting Russo-Japanese Border : Karafuto / Sakhalin*, Oxon: Routledge, 2015、が挙げられる。

21 財団法人在外同胞援護会・財団法人樺太協会北海道支部『樺太資料第 2 号 残留同胞と南樺太』財団法人在外同胞援護会・財団法人樺太協会北海道支部、1946 年、19 頁。

22 筆者の聞き取り、および大橋一良『失われた樺太』(大橋英子、1995 年、130-132 頁)など。

23 李炳律『サハリンに生きた朝鮮人』北海道新聞社、2008 年、109 頁。

24 樺太終戦史刊行会編『樺太終戦史』全国樺太連盟、1973 年、428-431、533-542、589-591 頁。

25 大橋一良『失われた樺太』大橋英子、1995 年、99、149-150 頁。

26 大橋一良『失われた樺太』大橋英子、1995 年、186-187 頁。

27 ヴィソコフ, M.C. ほか(板橋政樹訳)『サハリンの歴史』北海道撮影社、2003 年、158-160 頁(= Высоков, М.С (. авторский коллектив), *История Сахалинской области*, Южно-Сахалинск : Сахалинский центр документации новейшей истории, 1995)。

28 Постановление N 263 Совета Народнык Комиссаров Союза ССР。ただし、原文は、Г.И.Дударец, *Исторические Чтения №2*, (ГАСО, 1994, c.74.) による。

29 Ведомости Верховного Совета СССР. 1946. 16 февраля。ただし、原文は、Г.И.Дударец『*Исторические Чтения №2*』(ГАСО, 1994, c.80) による。

30 条文は末澤昌二・茂田宏・川端一郎編著『日露(ソ連)基本文書・資料集(改訂版)』(ラヂオプレス、2003 年、79-80 頁)による。なお、南サハリン州行政長官の名前で関連指令書が 2 月 14 日から 8 月 5 日にかけて出ている(Г.И.Дударец, *Исторические Чтения №2*, ГАСО, 1994, c.80)。

31 ГАСО, Ф. 171, Оп. 1, Д. 26。なお原文は、(Г.И.Дударец, *Исторические Чтения №2*, ГАСО, 1994, c.85-87) による。

32 樺太開発の所有していた武意加の農地 97,350ha も接収されたが、「トナカイ飼育ソフホーズ」に引き渡されていることから、粗放地であると考えられるので、この数値には含めていない。なお、1941 年度の『樺太庁統計書』によれば、総耕地面積は 30,240ha なので約 4 分の 1 の農地が接収されたと推計できる。

33 ГАСО, Ф. 171, Оп. 1, Д. 7 には、樺太配電株式会社豊原営業所の集金者、検針者への身分証明書下附証明書が所収されている。

34 厚生省援護局編『引揚げと援護三十年の歩み』（厚生省、1977 年、100 頁）。千島からの引揚者約 1 万名も含んだ数値である。なお、樺太アイヌなど先住民族の動向については田村将人「樺太アイヌの＜引揚＞」（蘭信三編『日本帝国をめぐる人口移動の国際社会学』不二出版、2008 年）、所謂「白系ロシア人」の動向については、尾形芳秀「旧市街の先住者「白系ロシア人」達の長い旅路：オーシップ家をめぐるポーランド人たちの物語」（『鈴谷』第 24 号、2008 年）に詳しい。

35 クージン　А.Т.『沿海州・サハリン　近い昔の話：翻弄された朝鮮人の歴史』凱風社、1998 年、268 頁（Кузин А. *Дальневосточные корейцы: Жизнь и Трагедия Судьбы*, Южно-Сахалинск: Литературно-издательское объединение "ЛИК", 1993）。

36 クージン　А.Т.『沿海州・サハリン　近い昔の話：翻弄された朝鮮人の歴史』凱風社、1998 年、261 頁（Кузин А. *Дальневосточные корейцы: Жизнь и Трагедия Судьбы*, Южно-Сахалинск: Литературно-издательское объединение "ЛИК", 1993）。

37 李炳律『サハリンに生きた朝鮮人』北海道新聞社、2008 年、70-72 頁。ただし、このエピソードが、疑心暗鬼にかられた日本人による朝鮮人虐殺の噂とともに記されていることは注意を要する。

38 筆者による残留朝鮮人 K・Sc への聞き取り調査（2009 年、韓国安山市）による。

39 筆者による残留朝鮮人 L・Ka への聞き取り調査（2015 年、韓国安山市）による。

40 李炳律『サハリンに生きた朝鮮人』北海道新聞社、2008 年、92-93 頁。

41 筆者による引揚者 M・R への聞き取り調査（2016 年、北海道）による。

42 筆者による引揚者 T・T への聞き取り調査（2017 年、北海道）による。

43 以下の引揚者団体については、樺太終戦史刊行会編『樺太終戦史』（全国樺太連盟、1973 年、606-644 頁）を参照。

44 原文仮訳は厚生省引揚援護庁編『引揚援護の記録（正）』（引揚援護庁、1950 年、［資料］43 頁）を参照した。

45 厚生省援護局編『引揚げと援護三十年の歩み』厚生省、1977 年、103 頁。

46 新井佐和子『サハリンの韓国人はなぜ帰れなかったのか』草思社、1998 年、119 頁。

47 朴亨柱『サハリンからのレポート』御茶の水書房、1990 年、55-65 頁。

48 尹兄弟のエピソードについては、李炳律『サハリンに生きた朝鮮人』（北海道新聞社、2008 年、196-198 頁）を参照。

49 和訳はクージン　А.Т.『沿海州・サハリン　近い昔の話：翻弄された朝鮮人の歴史』（凱風社、1998 年、273 頁）（＝ Кузин А. *Дальневосточные корейцы: Жизнь*

第3章　戦後サハリンをめぐる人口移動と市民運動　135

и Трагедия Судьбы, Южно-Сахалинск: Литературно-издательское объединение "ЛИК", 1993)。

50　朴享柱『サハリンからのレポート』御茶の水書房、1990 年、65 頁。

51　半谷史郎「サハリン朝鮮人のソ連社会統合：モスクワ共産党文書が語る 1950 年代半ばの一断面」原暉之編『ロシアの中のアジア／アジアの中のロシア（II）』北海道大学スラブ研究センター、2004 年。

52　なお、サハリンからの日本への帰国事業にわずかに遅れて、1959 年 8 月 13 日に「日本赤十字社と朝鮮民主主義人民共和国との間における在日朝鮮人の期間に関する協定」が締結され、在日朝鮮人の北朝鮮帰還事業が日本で始まり、1959 年 12 月から 1967 年 12 月までに、88,611 人が北朝鮮へと帰還した（厚生省援護局編『引揚げと援護三十年の歩み』厚生省、1977 年、160-167 頁）。朴魯学らは、この事業に反対運動を起こした（新井佐和子『サハリンの韓国人はなぜ帰れなかったのか』草思社、1998 年、108-127 頁）。

53　高木健一『サハリンと日本の戦後責任』凱風社、1990 年、51-78 頁。

54　この時期のサハリン残留朝鮮人帰国問題については大沼保昭『サハリン棄民』（中央公論社、1992 年）、玄武岩「サハリン残留韓国・朝鮮人の帰還をめぐる日韓の対応と認識：1950 ～ 70 年代の交渉過程を中心に」（『同時代史研究』第 3 号、2010 年）に詳しい。

55　李炳律『サハリンに生きた朝鮮人』北海道新聞社、2008 年、295-296 頁。なお、この事件については、第 5 章でもふれるように語る者により詳細が異なる場合がある。

56　「不明のサハリン残留邦人女性　北朝鮮へ移住させられた」『読売新聞』1991 年 1 月 5 日。

57　李炳律『サハリンに生きた朝鮮人』北海道新聞社、2008 年、296-302 頁。

58　Nakayama Taisho, "Agriculture and Rural Community in a Social and Familial Crisis: The Case of Abandoned Rural Community and Invisible People in the Postwar Settlement in Shin-Nopporo, Japan," *Asian Rural Sociology*, IV-II, 2010.

59　クージン　A.T.『沿海州・サハリン　近い昔の話：翻弄された朝鮮人の歴史』（凱風社、1998 年、289 頁）（＝ Кузин А. *Дальневосточные корейцы: Жизнь и Трагедия Судьбы*, Южно-Сахалинск: Литературно-издательское объединение "ЛИК", 1993）。

60　安山市故郷の村永住帰国者老人会の提供資料による。

61　中国帰国者・サハリン帰国者支援ホームページ厚生労働省等資料「樺太等残留邦人関係統計一覧」（2010 年 1 月 28 日）による。（http://www.kikokusha-center.or.jp/kikokusha/kiko_jijo/chugoku/mhwdata/index_f.htm）

第4章

サハリン残留日本人の発生

　サハリン残留日本人についてはその総数やその時間的推移、残留背景や性別による内訳については充分に検証されてきたとは言い難い。本章では、サハリン残留日本人について論じるための大前提となるこれら基礎的情報について検証する。

第1節　サハリン残留日本人の発生

　1949年7月に日本人の樺太からの引揚げは終了する。しかしながら、すべての〈日本人〉が引揚げた訳ではなかった。引揚船に乗らなかった、あるいは乗れなかった日本人が存在し、ここに〈サハリン残留日本人〉が発生することとなる。本章で言う〈サハリン残留日本人〉には大まかに次の三類型が含まれる。ひとつめは、特別な技術者等であったためソ連当局が引揚げを認めない引き留めにより残留を強いられた人々とその家族である。ふたつめは、引揚事業終了後に抑留を解除された者や、戦後期に冤罪や軽犯罪も含む犯罪で逮捕拘留され、同様に引揚げ終了後に釈放された者である[1]。最後は、婚姻などを通して朝鮮人と世帯を形成（朝日世帯）したり、養子入りなどの形で朝鮮人世帯や朝日世帯の一員となった者およびその子どもである。これは朝鮮人が引揚げの対象に含まれなかったことに起因する。ただし、ここで言う〈婚姻〉や〈養子縁組〉は必ずしも法的手続きを得たものばかりであったわけではない。

　前出の「ソ連地区引揚米ソ協定」では、引揚げ対象者の「日本人」について明確な定義はなされていない。ソ連当局は、樺太の住民をどのように「日本人」と「非日本人」とに選別したのであろうか。ここで、戦後サハリンにおける日本人と朝鮮人の民族籍と国籍の問題についての認識を整理しておきたい。

　ソ連当局は、1946年2月2日に「南サハリンの日本人住民に対する一時身分証明書交付と居住証明書」に関する決定を採択し、その数ヵ月後に国内身分証を

発行した[2]。この国内身分証は、残留日本人への聞き取り調査の中では〈パスポート〉と呼ばれる物である。国内身分証には民族籍の欄があり、〈日本〉〈朝鮮〉などの民族集団名が記載された。樺太帰還在日韓国人会の活動の協力者であった新井佐和子はこの国内身分証発行の際に「日本人」については日本の国籍が認められ、朝鮮人には「無国籍」という証明が行われたかのように書いている[3]が、実際にはサハリン残留朝鮮人の李炳律が記しているように、国内身分証には国籍欄はなく民族欄のみがあり[4]、そこに記載された〈日本〉や〈朝鮮〉がそのまま〈国籍〉を意味するわけではなかった。

　では、この民族籍の確認は具体的にはどのように行なわれたのであろうか。サハリンの歴史研究者エレーナ・サヴェーリエヴァは、住民が内務省事務所に出頭し「内務省の通訳官およびスメルシと共に面接の結果、居住登録と期限付証明書の交付の決定が行なわれた」[5]としている。実際にこの国内身分証発行の際に恵須取（ウグレゴルスク）で係官を務めた残留朝鮮人Z・S[6]は、窓口に来た住民から「名前、住所、家族構成、民族、以前の国籍」などの必要事項を聞き出し、それをロシア語の申請書（анкета）に書きこむという作業を同僚 15 名ほどで行なっていたと語っており、実際の現場作業はロシア人官吏ではなく日本人や朝鮮人たちが担っていた可能性がうかがえる。また、残留日本人K・Tによれば、この時には調査員が各戸を回って来て聞き取りを行ない住民は自己申告で民族籍を回答しており、世帯主が朝鮮人だと世帯全体が朝鮮人になる場合もあったと記憶している[7]。つまり、国内身分証の交付にあたっては、公文書に記述されたような厳正な作業が行われていなかった可能性が高い。

　そのために逸脱行為も発生した。残留朝鮮人Z・Sは知り合いの朝鮮人から民族籍を〈日本人〉と記載して欲しいと依頼され、そのように記載したところ、この朝鮮人は民族籍が〈日本〉と記載された国内身分証を交付され、その後の引揚げでも日本人として乗船し日本へ渡った[8]。なお、残留朝鮮人Z・Sによれば、この朝鮮人の父親は戦前に日本軍に飛行機を献納していた人物のため、自身に対日協力者としての追及が行なわれることを恐れていた可能性がある。同様の事例は他にもあり、日本人引揚者の引揚者M・T[9]によれば、多蘭泊（カリニノ）の山奥の造材所で集団で働いていたため、国内身分証の申請書は造材所で一括して処理され、同僚の朝鮮人にまで民族籍が「日本」の国内身分証が発行されたが、本人も引揚げを希望していたため、1948 年 5 月頃に同僚たちと集団で引揚げ請願書を当局に提出し、引揚者M・Tとこの朝鮮人は同年 7 月に同僚らと共に日

本へと引揚げた。また、前章で挙げた残留日本人K・Yaの事例では、家族で引揚船に乗るための列車に乗ろうとしたところ、父親が朝鮮人であることを係官に密告され、その時に初めて自分の父親が朝鮮人なのだと知ったとされる。このような本籍〈朝鮮〉民族籍〈日本〉の朝鮮人の存在は、冷戦期集団帰国の際にも数例発覚していた。これについては、第5章第1節で詳しく論じる。

　個々のケースに異同はあろうが、このように一般民間人については、民族籍については自己申告であったようであり、夫婦で民族籍が異なる場合もあった。そしてまた個人把握ではなく、世帯把握の場合も見られた。国内身分証発行後に朝鮮人と日本人が結婚した場合は、二人の国内身分証の民族籍が異なる場合もあった。[10]

　ここまでの事例から次のことが考えられる。第一に、国内身分証の申請交付時の民族籍欄は自己申告による場合が少なくなかったと考えられ、その結果、本籍〈朝鮮〉民族籍〈日本〉の朝鮮人が発生していたこと、第二に、ソ連当局が個々の住民の引揚げの可否を判断する際に国内身分証の民族籍欄が参考にされたため、本籍〈朝鮮〉民族籍〈日本〉の朝鮮人の引揚げ船への乗船が発生していたことである。

　樺太・千島からの引揚港であった函館には、その大半を朝鮮人が占める287世帯425名の「三国人」が上陸した[11]。函館引揚援護局は「非日本人たることの明瞭なものは当然ソ連側において送出取扱をしない」[12]はずだと記しているが、引揚げ開始前の国内身分証発行時点で、上述の通り、その意図の有無にかかわらず非内地籍の自称「日本人」がある程度の人数すでに発生していたことは否定できないし、ソ連当局としてはこれら非内地籍自称日本人を見分ける手立ても充分に持ち合わせていなかったと言えよう[13]。

　注意したいのは、函館引揚援護局がこれら非内地籍自称日本人として「日本人を妻として」いるタイプを挙げているものの、その逆は挙げていないということである。つまり、日本人男性の妻となった朝鮮人女性は問題なく入国できた可能性が大きい。これは、引揚げ可否の判断におけるソ連側の父系主義的判断というよりも、上述の通り国内身分証交付時に世帯把握した場合には、そうした朝鮮人女性は民族籍〈日本〉の扱いを受けたと考えるのが妥当であろう。また引揚船中や日本入国後に「第三国人」であることが判明した場合は、正規軍人以外は佐世保へ移送された[14]。

　では、樺太旧住民の国籍はソ連国内ではどのように取り扱われていたのであろ

うか。〈樺太裁判〉では、原告側は朝鮮人の日本国籍喪失の根拠を1952年のサンフランシスコ講和条約に伴う法務省民事局長通達第438号とみなしているが、あくまでこれは日本国政府にとってのサハリン残留朝鮮人の国籍問題の解釈であって、ソ連政府がそれと同様の解釈をとったとは限らない。シベリア抑留研究者である長勢了治は先述の新井同様に、1946年の国内身分証発行時に、日本人は「日本国籍」、朝鮮人は「無国籍」とされ、それが引揚げの可否の根拠になったとしている[15]。しかし、長勢はその根拠を示しておらず、該当部分付近で引用しているアナトーリー・クージンの研究でもそのような記述は見当たらない。むしろ、アナトーリー・クージンは冷戦期帰国に関して「無国籍の日本人とその家族である朝鮮人が引揚げることになった」[16]と、「無国籍の日本人」が当時いたと明記している。

　残念ながら、ロシア側の研究や資料集では「無国籍の日本人」が存在した根拠に関する詳細な記述は見られない。そこでソ連国内法に目を向けてみたい。1930年代に適用されていた「外国人の居住証に関する規則」では、「外国人」とはソ連以外の国民でソ連が発行した査証の付された旅券かソ連との条約や協定に基づき在ソ公館などが発行した旅券を所持する者（第1条）、こうした旅券を持たない非ソ連国民は「外国人と自称する者」とされ（第2条）、両者は同等の法的権利を認められるものの区別された[17]。1938年に制定されたソ連国籍法[18]では、ソ連領内に居住しソ連国民の条件を満たさない者で外国国籍を有していることを証明する書類を有さない者は「無国籍者」とみなされた（第8条）。したがって、この条文通りに解釈すれば、戦後のサハリンに居住していた日本人も朝鮮人も「無国籍者」と扱われたことになるはずである。なお、1956年の国会では引揚援護局長の田辺繁雄が、ソ連地区で収容所から出所した日本人のソ連国内の法的地位についてこれら条文に基づき同様の解釈の答弁を行なっている[19]。この点を、具体的な証言からも確認してみよう。

　筆者の残留者に対する調査においては、残留朝鮮人に限らず、残留日本人も、当初は無国籍であったと本人たちが認識しており、当初に発行された国内身分証には「БЕЗ ГРАЖДАНСТВА（無国籍）」[20]という印が押され、その後の国内身分証でも民族籍欄には〈日本民族〉ないし〈朝鮮民族〉と書いてあったという証言がある[21]。残念ながら、残留朝鮮人や残留日本人の当時の国内身分証の実物を筆者は複写物も含めて見たことが無いものの、サハリンの郷土史家のセルゲイ・P・フェドルチュークの著作には、日本帝国期から樺太に居住していたロシア人に

1948年に交付された「無国籍者用ソ連邦内居住許可証」[22] が掲載されており、この許可証にも先述の証言同様に「БЕЗ ГРАЖДАНСТВА」という印が押されている。

　後述する冷戦期帰国およびポスト冷戦期帰国に関する公文書、支援団体内部文書においても、残留日本人が〈日本国籍〉を保有しているとソ連政府が認めている事例は見られない。たとえば、ソ連外務省が1959年の集団帰国打ち切りを日本国大使館に通告する際に「無国籍日本系市民の帰国」という表現を用いているのが見られる[23] ほか、第5回目の集団帰国では日本国外務省が抑留漁夫を除く「日本人世帯」を「無国籍」と「ソ連籍」に分けている[24]。なお、ソ連側が作成した冷戦期集団帰国者の引渡名簿には、"национальность"という欄があり"японец/японка（日本の）"、"кореец/кореянка（朝鮮の）"などと記されているが、これも国籍を意味するものではない。"национальность"は辞書的には〈民族〉あるいは〈国籍〉とも解釈できるものの、ソ連の国勢調査では〈民族〉の意味で一般的に用いられているほか、当該名簿においても"ороч/ороченка（オロッコの）"など民族名になり得ても国籍名になり得ない単語が記されており、"без гражданства"という記載も一切見られない[25]。

　以上より、残留朝鮮人に限らず、樺太旧住民が戦後のサハリンではソ連当局から〈無国籍者〉として施政当初から扱われていたと理解することができ、引揚げにおけるソ連当局の出国可否の基準は、日本国籍の有無ではなく直接的にはソ連国内身分証の〈民族籍〉にあったと考えるのが妥当であろう。

　なお、筆者の調べた限り、現在にいたるまで残留日本人のうち日本の国籍を取得し〈在ソ/ロ日本国民〉としての居住歴を持つ事例は見られない。後述する冷戦期における残留日本人から外務省や駐ソ大使館への連絡は帰国実現を求めるものであり、在ソ連日本国民としての資格確認を求めるような類の事例は見られない。これは、残留日本人にとって、在ソ連日本国民としての法的地位が保障されたところで、ソ連国内では無国籍者と法的に大きな違いが生まれるわけではなくほとんど意味をなさなかったからと理解できよう。これはポスト冷戦期も同様であり、すでにソ連/ロシア国籍を有する場合、永住帰国を希望せずソ連/ロシア国内での居住を継続するのであれば、あえて〈外国人〉になることに意味が見出せないからである。

　さて、残留日本人はどのような実像を持っていたのであろうか。引揚げ行政に関わっていた厚生省引揚援護局は『引揚げと援護三十年の歩み』（1977年）で次

のような記述をしている。

> 国際結婚の日本婦人は終戦後樺太における朝鮮人の地位及び生活状態が高まるに従いこれらの者と結婚した者が多く、これらの日本婦人のうちには、本邦に帰る父母兄弟等と別れて、夫の朝鮮人とともに樺太に残留したものがある。[26]

また、ある日本人引揚者[27] は、同郷の残留日本人について、戦後に「朝鮮人」と結婚して良い目を見たと言及し、同様に筆者も知る同郷の朝鮮人については、ソ連軍が来た途端にロシア語をしゃべり始めたと語った。この引揚者の話と、引揚援護局の記述とには、残留日本人女性や朝鮮人をあたかも祖国あるいは日本人家族を見捨てた人々と見るかのような認識が見て取れる。果たして、こうした見方は公平で公正なものなのであろうか。

第 2 節　数の検証

1　サハリン残留日本人の定義

引揚援護局自体が、サハリン残留日本人の数を「総数千数百人」[28] としか記述していないように、その数はいまだ詳らかになっていない。ここには、データの問題もあるが、誰をサハリン残留日本人とするかという定義の問題も関わっている。

〈サハリン残留日本人〉と類似した呼称として厚生労働省が用いている「樺太残留邦人」という用語がある。厚生労働省の Web サイトでは一般的解説として、以下のように説明されている[29]。

> 日ソ開戦時、樺太（千島を含む）には約 38 万人の一般邦人、また、約 1 万人の季節労働者が居留していました。開戦により樺太庁長官は、軍の要請と樺太の事態にかんがみ、老幼婦女子等を北海道に緊急疎開させることとしましたが、昭和 20 年 8 月 23 日、ソ連軍によりこうした緊急疎開が停止されました。
> その後、集団引揚げが昭和 34 年までに行われましたが、様々な事情が障害となって樺太に残留（ソ連本土に移送された方を含む。）を余儀なく

された方々を「樺太残留邦人」といいます。

　また、法律上の定義としては、「中国残留邦人等の円滑な帰国の促進並びに永住帰国した中国残留邦人等及び特定配偶者の自立の支援に関する法律」（平成6年法律第30号）による以下のものが挙げられる[30]。「樺太残留邦人」とは同条第2項に該当する人々のこととして解釈されている。

　　第二条　この法律において「中国残留邦人等」とは、次に掲げる者をいう。
　一　中国の地域における昭和二十年八月九日以後の混乱等の状況の下で本邦に引き揚げることなく同年九月二日以前から引き続き中国の地域に居住している者であって同日において日本国民として本邦に本籍を有していたもの及びこれらの者を両親として同月三日以後中国の地域で出生し、引き続き中国の地域に居住している者並びにこれらの者に準ずる事情にあるものとして厚生労働省令で定める者
　二　中国の地域以外の地域において前号に規定する者と同様の事情にあるものとして厚生労働省令で定める者

　また、同法の第13条では国民年金の受給資格の特例範囲として「昭和二十一年十二月三十一日以前に生まれたもの（同日後に生まれた者であって同日以前に生まれた永住帰国した中国残留邦人等に準ずる事情にあるものとして厚生労働省令で定める者を含む。）」[31]を含めている。

　本書が主題とする〈サハリン残留日本人〉と「樺太残留邦人」は大きく重なるものの、その定義はいささか異なる。まず、本書における〈サハリン残留日本人〉とはエスニック・グループやディアスポラのような言語・文化・血統を重視して定義される集団ではない。〈サハリン残留日本人〉とそれ以外の人びとを分かつ重要な相違点は〈残留〉経験の有無である。したがって、この意味において、たとえ同法にある「日本国民として本邦に本籍を有していたもの」を「両親として」出生した者であっても、戦後生まれであれば日本社会の生活経験が無い場合があり、こうした場合は〈残留〉を経験したとは言えないので、本書では〈サハリン残留日本人〉には含まないことになる。では、どこで出生年の線引きを行なうべきか。それを検討する前に、まず〈残留〉についていま一度検討して

おきたい。

　同法では定義されていないものの、上述の厚生省の一般的解説では、「樺太残留邦人」の「残留」とは冷戦期集団帰国終了以後もなお日本に永住帰国をせずソ連領内等での居住を続けた人々とされている。しかし、本書の言う〈残留〉とは、第2章でも論じたように再境界化過程における人口移動の中で移動しなかったことを指しており、サハリンの場合、具体的に言えば、引揚げが終了する1949年7月23日までに出域せず引き続きサハリン島やそのほかソ連やその友好国領内で居住を継続したことを指す。厚生労働省が上記のように「樺太残留日本人」を位置付ける理由は明快であろう。冷戦期集団帰国者は当時から遅れてきた引揚者として位置づけられており、法的支援等がその枠組みで実施されてきた経緯があるからである。しかし、引揚から漏れ10年以上の在ソ経験を持った人々を引揚者の一部分として議論することは妥当性がないし、実際研究上、樺太の引揚げ者研究はいずれも1949年までの帰還者のみを「引揚者」として扱い、冷戦期帰国者の存在はほとんど顧みられてこなかった。それと同様に、サハリン残留・帰国日本人の研究やルポなどにおいても、筆者の研究を除けば冷戦期帰国者が視野に入っていることが一般的であるとは言えない。したがって、サハリン冷戦期帰国者の存在を可視化するためにも、本書では〈残留〉の定義を引揚げが終了する1949年7月23日までにサハリンから日本へ出域しなかったこととする。

　再び出生年の定義の検討に戻ろう。上記の〈残留〉の定義から、1949年7月23日がひとつの基準として挙げられる。ただし、これでは戦後ソ連社会で出生した者も含まれることとなる。では、樺太における〈戦後〉とはいつからになるのか。8月15日の玉音放送は有意義な基準にはなり得ない。なぜならば樺太ではまだ戦闘が継続していたし、脱境界化過程における移動である緊急疎開は、1945年8月13日から開始され15日以降も継続しているからである。緊急疎開や脱出、密航、引揚げといった脱境界化、再境界化過程において移動をしなかった者が残留者となることを考えれば、脱境界化の起点であるソ連樺太侵攻開始の1945年8月11日を出生年の基準にすることにも合理性が認められよう。また、国民年金の特例範囲に含まれる1946年12月31日という基準も一向に値しよう。なぜならば、この基準だと1945年8月11日以前にすでに胎児状態にあり、その後に出生した人々も含むことができるからである。もちろん、原理的にはそれ以外の人びとも含まれてしまうが、国民年金受給という当事者にとっては切実な問題に関係した基準としても意義のある基準となるはずである。

ただし、どの基準をとるにしろ。これらの基準直前に出生した人々であればまだ幼く樺太日本社会への記憶があるとは限らない。しかし、何歳から記憶が形成されるのかは緒論があろうし、そもそも個人差が大きいことでもあり、そうした曖昧な要素を定義に反映することは有意義であるとは考えられない。また、親を同じくする兄弟姉妹であっても出生年によって一方は残留日本人だが、一方は残留日本人ではないということになる可能性も充分にある。どの基準をとるにしろ、何がしかの問題は残ることとなる。そこで本書では、上述の基準のうち、1945年8月11日、1946年12月31日、1949年7月23日という三つの基準を採用し、その数を検討することとする。

　次に、〈日本人〉とは誰を指すのかということについても検討を加えておきたい。本書では、日本帝国期に親のいずれか一方が内地あるいは樺太に本籍地があった者およびそのように考えられる者とする。一方で、〈朝鮮人〉は親のいずれか一方が朝鮮に本籍地があったものと定義する。このため、両方に属する者が一定人数発生する。最後に、〈サハリン〉の範囲についても検討しておきたい。第2章でも述べたように千島もソ連占領下に入ったことで、旧住民の大部分はサハリン島経由で引揚げたが、わずかな残留日本人が発生していた。しかし、これらの人々も第5章第3節で述べるようにやがてサハリン島への再移住を強いられ、冷戦期とポスト冷戦期の双方で日本へ永住帰国している。本書ではソ連施政下においてはサハリン州にクリル地域も含まれることから、これらの千島残留者もサハリン残留日本人に含めることとする。

　以上の検討より、本書におけるサハリン残留日本人とは以下の要件を満たす者とする。第一に、1949年7月23日の時点でサハリン州に居住していた、あるいはそれまでにソ連領内の別地域へ移動し居住していた、第二に、日本帝国期に親のいずれか一方が内地あるいは樺太に本籍地があったか、そのように考えられる。

　なお、言うまでもないことであるが、これらの定義はあくまで研究上の定義であり、〈真のサハリン残留日本人〉を定める意図は全くなく、この定義から外れる人々が〈サハリン残留日本人〉を自称したり、あるいは他称されることになんの問題もないと筆者が考えていることは念のため断っておく。

2　サハリン残留日本人の総数の算出
　上記のサハリン残留日本人の定義と、第3章で述べた移動形態をふまえると、

サハリン残留日本人とは、冷戦期集団帰国者、冷戦期個別帰国者、冷戦期北朝鮮帰国者、ポスト冷戦期日本帰国者、ポスト冷戦期韓国帰国者、現地死没者、現地在住者の各集合の総和と考えることができる。ただし、「現地在住者」には、サハリン州以外でも旧ソ連領内居住者全般を含めているほか、1名のみ中国への移住者も含んでいる。

　これらに該当する人数を把握するために表4-1にかかげた名簿等の集計を行なった。厚生省や外務省の発表数値をそのまま採用しないのは、上記の通り、本書の定義とそれらの定義が異なっていることと、残留背景の検討を行なうためには、最低限でも氏名や出生年などの個別把握が要されるからである。以下、各名簿等についての説明を行なっておく。名簿A～Eは冷戦期集団帰国第12～16次の各帰国船について日本政府が作成した乗船名簿であり、朝鮮人世帯員なども含め実際に乗船し日本へ入国した全員の氏名、本籍地、生年月日などの基本的な情報が把握できるほか、世帯単位で並んでいるため世帯把握が可能である。抑留帰還者や戦後にソ連によって海上拿捕された抑留漁夫も乗船者として含まれているものの、これらの人々は総数の集計時には排除している。残念ながら、第17・18次の乗船名簿は発見できていないため、同乗船者の氏名等の個別把握はできなかった。このため、第17・18次の帰国者数については厚生省が挙げている「民間人」の人数を採用した。ただし、その中にはサハリン残留日本人と朝鮮人との間に出生した当時未成年であった者が含まれていない可能性があるほか、両親ともに日本人で1949年7月以降に出生した者が含まれている可能性がある。

　名簿G[32]は、「国民年金に係る特別措置対象者該当申出」のために作成され各都道府県民生主管部局宛に提供した資料であり[33]、1961年4月から1996年4月にかけてソ連地区とサハリン地区から永住帰国した日本人の氏名や生年月日、帰国年月日が掲載されている。全110名中、サハリンからの永住帰国者は105名で、そのうち5名がポスト冷戦期永住帰国者であるため、個別帰国者の数は100名となる。この名簿により、1961年以降（1961、1962年は該当者なし）の個別帰国者の実名が把握でき、統計上でしか把握できない個別帰国者は1951年から1960年にかけて個別帰国した12名のみとなる。ただし、最年少者が1941年出生者であり、同伴帰国家族の情報などは一切記載されていないため、戦後出生者などは含まれていない可能性がある。これを部分的に補えるのが、個別帰国希望者に対する日本入国査証審査関係書類である名簿Fである[34]。同資料からは42世帯分の世帯情報が得られ、そのうち前記の厚生省の名簿から個別帰国が確認できる世

帯が 35 世帯ある。他の名簿には名前が出てこないものの、日本入国査証審査関係書類からは実名が確認できる 1946 年 12 月 31 日までに出生した者は、4 名確認できる。ただし、日本入国のために査証を要しなかったソ連国内で無国籍者扱いを受けていた日本人については、そもそも同様の文書が作成されておらず、世帯構成の把握ができない。したがって、名簿 G 記載の冷戦期個別帰国者のうち 59 名は世帯構成は不明のままであり、また名簿 G には 1963 年以前の個別帰国者の情報が無いため、1951、1954、1959、1960 年の個別帰国者 12 名については個別情報は不詳で、1949 年 7 月 23 日以降の出生者も含まれている可能性がある。

　また、厚生省が統計としてあげている数値[35]と上記名簿の間には数字上の齟齬がある。たとえば、1965 年の個別帰国者は厚生省の統計上は 74 名であるが、前記名簿では 60 名であり、14 名少ない。この差が発生した可能性として、統計では外国籍者家族まで計数していることが考えられるが、だとすればその数倍の数になってしまうはずである。したがって、集団帰国時の統計と同様に、朝日世帯に生れた子どもを含めた「外国籍者」が含まれているとは考えることはできない。この差を理解するために日本入国査証審査関係書類に目を向けると、35 世帯のうちで 1965 年の帰国が確認できる日本人世帯には戦後生れた子どもが計 10 名おり、これらの人々は名簿には名前が記されていない。このほかに世帯構成が確認できないものの 1965 年に個別帰国した世帯は名簿から 25 世帯あり、このうちに日本人世帯で生まれた者が 4 名いると考えることは無理なことではなく、この 14 名の差は 1996 年の名簿作成にあたって、日本人世帯の子どもであっても国民年金の特別措置に該当しない 1947 年以降生まれの者は除外されていると考える事ができる。だとすると、厚生省の統計には、本書の定義からは除外される 1947 年以降に日本人世帯に生れた者が含まれている事となる。以上より、個別帰国したサハリン残留日本人の人数は、1963 年から 1976 年にかけて帰国した者のうち実名が把握できた 104 名と、実名の把握が困難で厚生省の統計に拠らざるを得ない者 12 人の合計 116 人という数字をある程度の正確さが認められた数値として挙げる事ができる。なお、性別については性別が確認できる 104 名中、24 名が男性であり、全体の 23% に相当する。

　名簿 H、I は冷戦期の北朝鮮への帰国者の名簿である。掲載人数はわずか 7 名、サハリン残留日本人に該当する者は 5 名に過ぎないが、北朝鮮への〈帰国〉が起きていたこととその背景を示す重要な資料である。なお、北朝鮮への移住が見られるのは 1976 年が最後であり、ポスト冷戦期には北朝鮮へ移住が起きていない

ものとして本書では想定し議論を行なう。同様に、冷戦期の韓国へのサハリン残留日本人の日本や第三国を経由しないサハリンからの直接〈帰国〉も発生していないものとみなす。

　名簿Jは1984年時点で厚生省が把握していたソ連領内の「未帰還者」の情報である。残念ながら世帯構成までは不明であるものの、国籍や居住地などの情報が記載されており個別に分析が可能な資料である。大陸抑留者も記載されているため、樺太・千島出身者以外は集計の際には除外している。名簿K～Pは日本サハリン同胞交流協会が帰国促進運動の中で蓄積した情報である。名簿Kは1991年までの現地死没者の情報が把握できる。名簿M、Nは名称は「総会名簿」であるが、協会が把握したサハリン残留日本人の情報が記載されており、各時点での現地在住者が把握できる。これに永住帰国者が記載された名簿P、1991年から2011年にかけての現地死没者が把握できる名簿L、補助資料としての名簿Oを加えた名簿J～Pを整理統合し重複などを排除することで、2011年までの現地死没者、日本、韓国へのポスト冷戦期帰国者、2011年時点の現地在住者の把握が可能となる。なお、2000年以降の国内身分証名が確認できた残留日本人女性156名のうち、朝鮮姓あるいは朝鮮名を記載している者は約8割の125名に上り、朝鮮人の妻や子として冷戦期を生きていたこともうかがえる。[36]

　ただし、これらの名簿による世帯把握は不完全なものにならざるを得ない。それに替えて、協会の協力を得てこれらの人々の残留背景を調査した。具体的には、「戦前に朝鮮人と結婚」「戦後に朝鮮人と結婚」「戦後にロシア人と結婚」「親の一方が朝鮮人」「戦前に朝鮮人の養子」「戦後に朝鮮人の養子」「戦後に親が朝鮮人と再婚」「戦後に刑務所」「当局の引き留め」「残留希望」に該当するか否かを2012年に調べた。

　これら名簿等を精査することで得られたサハリン残留日本人の総人数とその内訳は表4-2に示したとおりである。氏名と出生年が把握できている者ついては、45年基準では1,270名、49年基準では1,482名であり、冷戦期個別帰国者および冷戦期北朝鮮帰国者のうち氏名と出生年が不明の78名をこれらに加えると45年基準では1,348名、49年基準では1,560名となる。筆者の以前の研究で挙げた46年基準の数値よりも本書の46年基準の数値が低い値であるのは、主に個別帰国者の精査が進んだためである。両基準の間には212名の差があり、これらの人々は戦後出生者と判断できる。そしてそのうち184名（87%）は冷戦期帰国者である。49年基準のサハリン残留者全体のうち冷戦期帰国者の占める割合が67%で

第4章　サハリン残留日本人の発生　149

表 4-1 サハリン残留日本人関連名簿類一覧

略号	名称	作成年	対象年	作成者	掲載人数
A	ソ連地区第 12 次帰還者興安丸乗船者名簿	1957	1957	日本国外務省	219
B	ソ連地区第 13 次帰還者白山丸乗船者名簿	1957	1957	日本国外務省	317
C	ソ連地区第 14 次帰還者白山丸乗船者名簿	1958	1958	日本国外務省	546
D	ソ連地区第 15 次帰還者白山丸乗船者名簿	1958	1958	日本国外務省	549
E	ソ連地区第 16 次帰還者白山丸乗船者名簿	1958	1958	日本国外務省	472
F	個別帰国者査証関連	1965	1965	日本国外務省	207
G	樺太及び旧ソ連本土からの永住帰国者名簿	1996	1964 〜 1994	日本国厚生省	110
H	北朝鮮に居る肉親	1990	1945 〜 1990	日本サハリン同胞交流協会	7
I	北朝鮮関係	1998	1945 〜 1998	日本サハリン同胞交流協会	7
J	未帰還者名簿	1984	1945 〜 1984	日本国厚生省	176
K	物故者名簿	1991	1945 〜 1991	日本サハリン同胞交流協会	182
L	物故者名簿	2011	1991 〜 2011	日本サハリン同胞交流協会	212
M	総会名簿	2000	1990 〜 2000	日本サハリン同胞交流協会	259
N	総会名簿	2011	2011	日本サハリン同胞交流協会	148
O	一時帰国者一覧	2011	1991 〜 2011	日本サハリン同胞交流協会	1,266
P	永住帰国者一覧	2011	1990 〜 2011	日本サハリン同胞交流協会	231
合計					4,908

出典：筆者作成。

表 4-2　サハリン残留日本人の総数（単位：人、2011 年 5 月時点）

		基準 45 年	46 年	49 年	不明
冷戦期帰国者	日本	780	796	964	77
	北朝鮮	3	3	4	1
ポスト冷戦期帰国者	日本	53	55	56	0
	韓国	38	39	39	0
現地死没者		218	218	219	0
現地在住者		178	192	200	0
合計		1,270	1,303	1,482	78
合計（含出生年不明者）		1,348	1,381	1,560	

出典：筆者作成。

注：「冷戦帰国者」（日本）の「不明」77 名は第 17・18 次の帰国者全員である。

あることから考えると、戦後出生者は冷戦期帰国者に偏っていることが理解できる。

第 3 節　サハリン残留日本人の動態と構成

1　経年変化と男女比率

　女性比率については、表 4-3 のとおり、全体が 65 〜 68％で、個別集団についても大きな偏りは見られず、おおむねサハリン残留日本人の 3 分の 2 が女性であったと言える。

　人口動態を各年末の現地在住者、累積帰国者、累積現地死没者のみっつの集団に分けて図示したのが図 4-1 である。1957 年から 1959 年にかけての冷戦期集団帰国が一挙に現地在住者数を減少させ、さらに 1965 年前後にまた大きく現地在住者数が減少していることが理解できる。現地死没者数はピークを持たないものの、逓増傾向にあり、ポスト冷戦期には日韓双方への年間永住帰国者数を年間死没者数が凌駕していくという状況が生まれている。図 4-2 は出生年別の人数を図示したものである。ここからは、サハリン残留日本人の出生年のピークが 1929 年と 1947 年のふたつあることがわかる。

　さらに男女比に目を向けると、1920 年から 1933 年にかけては女性比が常に

第4章　サハリン残留日本人の発生　151

表 4-3　サハリン残留日本人の女性比率（単位：％、2011年5月時点）

		基準 45年	46年	49年	不明
冷戦期帰国者	日本	71	70	66	-
	北朝鮮	100	100	100	100
ポスト冷戦期帰国者	日本	64	64	64	
	韓国	68	67	68	
現地死没者		63	63	63	
現地在住者		62	63	63	
合計		68	68	65	-
合計（含出生年不明者）		71	70	66	

出典：筆者作成。

70％以上であるものの、1919年以前は男女比に常にばらつきがあり、女性が少数派である年のほうが多い。また、1934年以降は男女比の開きが少なくなり、概ね女性比は5〜6割で推移するようになる。以上から、ピーク両年の差は18年であり、1929年前後に出生した女性たちが戦後に朝鮮人との間に子どもを産むことにより1947年のピークが出現したと推測できる。

図 4-1　サハリン残留日本人の人口推移

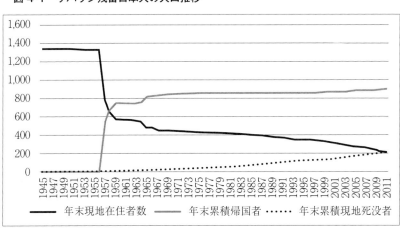

出典：筆者作成。

図4-2 サハリン残留日本人の出生年別人数

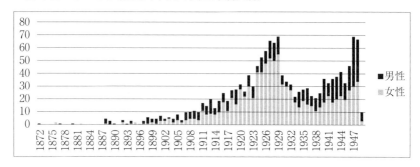

出典：筆者作成。

　数が自体は少なくないものの、1919年以前の出生者のうち男性が半数近くを占めていることは、朝鮮人との世帯形成以外の理由で残留を強いられた男性がいたことを示唆している。また、看過できないのは1945年には成人を迎える層が相当数おり、これを計数すると530名におよんでいることである。ただし、これは裏返せば、サハリン残留日本人の3分の2は1945年時点で未成年か未出生であり、子どもという従属的な立場で残留を強いられたということを意味している。女性比率と未成年比率を考慮した時、幼・女・老を主な対象としていた緊急疎開の停止がサハリン残留日本人総数の増大に寄与したことは間違いがない。

2　残留背景の数量的把握

　それでは残留背景についても数量的に考察を加えてみたい。すでに述べたように、冷戦期帰国者とそれ以外では、収集できている情報が異なっている。そのため、ここではこのふたつの集合に分けて考察を行なう。なお、残留〈理由〉ではなく残留〈背景〉としたのは、具体的な残理由を分類するには相応の情報が必要であり、数量的把握だけでは充分ではないと考えられ、〈理由〉の考察の前提となる情報として〈背景〉をまずは明らかにする必要があると考えたからである。つまり、〈理由〉とはあくまで主観的な動機を意味し、〈背景〉とはそれが実際に動機の形成にどの程度影響を与えたかは別にして客観的に観測された状況である。

　表4-4は冷戦期帰国者の世帯を朝鮮人と日本人から成る世帯（朝日世帯）とそれ以外の世帯とに分類したものである。なお、冷戦期帰国者のより詳細な世帯分

第 4 章　サハリン残留日本人の発生　153

表 4-4　冷戦期帰国者の世帯分類

| | 基準 | | | |
	45 年	46 年	49 年	不明
朝日世帯	491	506	662	0
それ以外の世帯	230	231	243	0
判断材料無し	59	59	59	77
合計	780	796	964	77
合計（含出生年不明者）	857	873	1,041	

出典：筆者作成。

類と分析は第 5 章で行なう。表 4-4 からは、判断材料のある者のうち、6 〜 7 割以上が朝日世帯に属していることがわかる。このことは、これらの人々が朝日世帯形成を背景として残留を強いられた可能性を示唆していると同時に、残りの人々はそれとは別の背景で残留を強いられたことを示唆している。ただし、前者については 1949 年 7 月以降に世帯形成を行なった場合、後者については残留背景が朝日世帯形成であっても、その後の離縁や死別などにより新たな世帯を形成した場合も想定されるため、これらの数値をそのまま残留背景の内訳として採用することはできないものの、両者の相殺も考慮すれば、大まかな外観を得られる数字である。また、49 年基準と 45 年基準の間には 184 名の差があり、そのうち 171 名（93%）は朝日世帯に属している。

　表 4-5 は冷戦期帰国者以外の残留日本人、すなわち、現地死没者、現地在住者、ポスト冷戦期帰国者の残留背景を人数別に示したものである。ただし、残留背景がこのみっつの集合全体で見た場合、一番多いのは「親の一方が朝鮮人」の者である。すでに見たように、45 年基準と 49 年基準の間には 212 名の差があり、これらの人々は戦後出生者と判断できたが、184 名（87%）は冷戦期帰国者であった。と言うことは、冷戦期帰国者以外の戦後生まれの者は 28 人となり、仮にそのすべてが「親の一方が朝鮮人」だと想定しても、49 年基準の「親の一方が朝鮮人」107 名中の 79 名が戦前に朝日世帯に出生していた者となる。「戦前に朝鮮人と結婚」した者は 14 名であり、前記 79 名の半数近くはこれら 14 名の子どもという推測ができるほか、戦前にすでに親が死去していたり、あるいは親が緊急疎開や引揚げで退去していた者も想定できる。つまり、この 90 名前後に「戦前に朝鮮人の養子」になった者 13 〜 15 名を加えれば、100 名近くが戦前から朝鮮

表 4-5 冷戦期帰国者以外の残留日本人（現地死没者、現地在住者、ポスト冷戦期帰国者）の残留背景

該当者数（人）	全体			現地死没者			帰国者（日本）			帰国者（韓国）			現地在住者		
	45年	46年	49年	45年	46年	49年	45年	46年	49年	45年	46年	49年	45年	46年	49年
戦前に朝鮮人と結婚	14	14	14	11	11	11	1	1	1	0	0	0	2	2	2
戦後に朝鮮人と結婚	89	89	89	36	36	36	12	12	12	2	2	2	39	39	39
戦後にロシア人と結婚	24	25	25	10	10	10	1	1	1	0	0	0	13	14	14
親の一方が朝鮮人	98	107	107	21	21	21	13	14	14	30	30	30	34	42	42
戦前に朝鮮人の養子	13	15	15	4	4	4	4	4	4	4	5	5	1	2	2
戦後に朝鮮人の養子	2	2	2	0	0	0	0	0	0	1	1	1	1	1	1
戦後に親が朝鮮人と再婚	6	7	7	1	1	1	3	3	3	0	0	0	2	3	3
戦後に刑務所	12	12	12	8	8	8	4	4	4	0	0	0	0	0	0
当局の引き留め	3	3	3	2	2	2	1	1	1	0	0	0	0	0	0
残留希望	7	7	7	5	5	5	2	2	2	0	0	0	0	0	0
不明・その他の理由	219	226	234	140	140	141	12	13	13	1	1	2	66	72	78
人数	487	504	514	218	218	219	53	55	56	38	39	39	178	192	200

女性比率（％）	全体			現地死没者			帰国者（日本）			帰国者（韓国）			現地在住者		
	45年	46年	49年	45年	46年	49年	45年	46年	49年	45年	46年	49年	45年	46年	49年
戦前に朝鮮人と結婚	79	79	79	82	82	82	0	0	0	-	-	-	100	100	100
戦後に朝鮮人と結婚	93	93	93	92	92	92	100	100	100	100	100	100	92	92	92
戦後にロシア人と結婚	58	60	60	40	40	40	100	100	100	-	-	-	69	71	71
親の一方が朝鮮人	62	62	62	52	52	52	62	57	57	67	67	67	65	64	64
戦前に朝鮮人の養子	77	73	73	75	75	75	75	75	75	75	60	60	100	100	100
戦後に朝鮮人の養子	100	100	100	-	-	-	-	-	-	100	100	100	100	100	100
戦後に親が朝鮮人と再婚	67	57	57	0	0	0	67	67	67	-	-	-	100	67	67
戦後に刑務所	8	8	8	13	13	13	0	0	0	-	-	-	-	-	-
当局の引き留め	67	67	67	50	50	50	100	100	100	-	-	-	-	-	-
残留希望	29	29	29	20	20	20	50	50	50	-	-	-	-	-	-
不明・その他の理由	54	54	54	60	60	60	50	54	54	0	0	50	58	58	58

出典：筆者作成。

人と世帯関係にあったと推定できることになる。また、「戦後に朝鮮人と結婚」
した者と「戦後に朝鮮人の養子」になった者、「戦後に親が朝鮮人と再婚」した
者の合計は 97 ～ 98 名であり、これに前記の戦後に朝日世帯に出生したと想定し
た 28 名を加えれば 115 ～ 116 名となり、確かに戦後に朝日世帯を形成した者の
ほうが多いものの、朝日世帯の形成が戦後特有の現象だったとは言えないことが
わかる。また、戦後にソ連人と世帯形成をした者も 24 ～ 25 名いるものの、朝鮮
人との世帯形成との大きな相違点は、朝鮮人と戦後に世帯形成をした者の 9 割以
上が女性であったのに対して、ソ連人と世帯形成した者の場合、女性は 6 割にと
どまり、数としては 15 組の日本人男性とソ連人女性の世帯形成が起きていたと
いうことである。

　残留背景としては、こうした世帯形成以外にソ連により何がしかの罪状で拘留
されたり、あるいは技術者などで引き留められ、引揚げの機を逸した人々、およ
び残留を希望した人々が少数ながらいる。また、表で「その他の理由」とされた
者の中で具体的な理由が判明しているのは身分証を紛失したため引揚げの機会を
逸した者である。残留背景が不明の者は 49 年基準では 234 名に上りこれは冷戦
期帰国者以外の総人数 514 名の 46%におよび、その 6 割が現地死没者であり、日
本サハリン同胞交流会の活動が開始される前にすでに死没していた者については
情報が限られているためと考えられる。すでに見たように出生時期の早い層の中
では男性の比率が低いわけではなかった。また、現地在住者は相対的に出生年が
遅い者が多く、親が「戦後に刑務所」「当局の引き留め」に該当する場合も、「不
明・その他の理由」に分類されてしまっている。こうした事情を考慮すれば、「不
明・その他の理由」に分類される人々の残留背景の内訳が、それ以外の残留背景
の人々のそれと同様であると推定することは安易にはできない。

　1945 年に成人を迎えるサハリン残留日本人 530 名のうち冷戦期帰国者以外の
者は 168 名うち男性は 59 名で、そのうち「不明・その他の理由」に該当する者
は 54 名であり、さらにその中で 1990 年以前に死没している者は 48 名である。
これらの人々の大部分が「戦後に刑務所」「当局の引き留め」に該当すると推定
することも可能である。さらにこれらの該当者の子どもが出生時期の遅い「不
明・その他の理由」該当者のある程度の部分を構成しているとも考えられる。

　以上、総合すると 49 年基準の冷戦期帰国者のうち世帯構成について判断材料
が無い者を除いた 964 名のうち朝日世帯を残留背景とする者が 662 名、それ以外
の者が 243 名であり、冷戦帰国者以外では 514 名中、朝日世帯あるいはソ日世帯

を残留背景とする者が 259 名、それ以外の残留背景を持つ者が 22 名、残留背景が不明・その他の理由の者については、その半数が朝日世帯・ソ日世帯を残留背景とし、残りがそれ以外の残留背景を持つと推定すると、前者の合計が約 370 名、後者の合計が約 140 名、すべて総合すると、サハリン残留日本人の 7 割が朝日世帯を、残りの 3 割が引揚げ終了までの間の拘留や引き留めを主たる残留背景としていたと推定できる。

　したがって、サハリン残留日本人をジェンダーの観点から理解することには注意を要する。日本人のサハリン残留はジェンダーのみに起因する問題ではないからである。サハリン残留日本人全体において女性が多いことは確かであるもののそれでも 7 割以下にとどまると考えられ、なおかつ残留時に成人していた世代のうち男性は約半数を占めており、サハリン残留日本人の存在をジェンダーのみから理解しようとすれば、これら男性残留日本人の存在が説明できないし、これらの人々が被った理不尽を視野の外に置くことになる。確かに、サハリン残留日本人をジェンダーの観点から論じることは可能であるが、それはあくまで一部分に限られたことであり〈物語〉の再生産でもあることには注意を要すべきである。次章以降では、サハリン残留日本人の全体像と具体像についてさらに明らかにしていく。

第 4 節　小括

　本章では研究のための〈サハリン残留日本人〉の定義を行なった。本書におけるサハリン残留日本人とは、第一に、1949 年 7 月 23 日の時点でサハリン州に居住していたか、その期間内にサハリン州からソ連内の別地域へ移動した、第二に、日本帝国期に親のいずれか一方が内地あるいは樺太に本籍地があったか、そのように考えられる、という条件を満たすものとして定義される。

　氏名と出生年が把握できる者については、サハリン残留日本人の総数は、1949 年基準をとった場合、1,482 名となった。女性比については、冷戦期帰国者、ポスト冷戦期帰国者、現地死没者、現地在住者で大きな相違はなく、概ね 7 割であった。サハリン残留日本人の 7 割が朝日世帯を、残りの 3 割が拘留や引き留めを主たる残留背景としていたと推計できた。

注

1　以上の二類型を「残留者」とは区別して論じることも可能であるが、サハリンでは
これらの人々は抑留・収監・引き留め解除後に特別に送還されたわけではなく、他の
残留日本人と同様の境遇に置かれた場合が多々見られるため、本章では「残留者」と
して一括して扱うこととする。

2　クージン　アナトーリー・チモフェーヴィチ、岡奈津子・田中水絵訳『沿海州・
サハリン　近い昔の話：翻弄された朝鮮人の歴史』凱風社、1998 年、242-243 頁
（=Кузин A, *Дальневосточные корейцы: жизнь и трагедия судьбы*, Южно-Сахалинск:
Литературно-издательское объединение "ЛИК", 1993）。

3　新井佐和子『サハリンの韓国人はなぜ帰れなかったのか』草思社、1998 年、244 頁。

4　李炳律『サハリンに生きた朝鮮人』北海道新聞社、2008 年、108 頁。

5　エレーナ・サヴェーリエヴァ（小山内道子訳）『日本領樺太・千島からソ連領サハ
リン州へ』成文社、2015 年、33 頁。「スメルシ」とはソ連の国防人民委員部防諜部
（СМЕРШ）を指す。なお、「期限付証明書」は、クージンの訳書における「一時身分
証明書」、後述する聞き取り調査では「臨時身分証」と日本語で呼ばれていたもので
ある。

6　残留朝鮮人 Z・S への筆者による聞き取り調査（2015 年 10 月、ロシア連邦サハリ
ン州）。

7　残留日本人 K・T への筆者による聞き取り調査（2012 年 2 月、東京）による。

8　残留朝鮮人 Z・S への筆者による聞き取り調査（2015 年 10 月、ロシア連邦サハリ
ン州）。

9　引揚者 M・T への筆者による聞き取り調査（2016 年 12 月、北海道）。

10　第 7 章参照。

11　この内訳は、「朝鮮人」308 名、「中国人」2 名、「台湾人」13 名、「沖縄人」42 名、「奄
美大島人」60 名である（函館引揚援護局編『函館引揚援護局史』函館引揚援護局史、
1950 年、169 頁）。ただし、函館引揚援護局は一部大陸からの引揚・復員者も取り扱っ
ていたため、このすべてがサハリンから移動してきたと断じられない。なお、引揚開
始前の 1946 年時点では、南サハリンには 79 名の「中国人（китаец）」がいたとされ
る（ГАСО.Ф.171.Оп.3.Д.6）。ソ連軍進駐後にサハリンで発行された日本人向けプロパ
ガンダ紙『新生命』の記者であった大橋一良は、1945 年冬の回想の中で、戦勝国民と
して小さな紙の青天白日旗を振り回し、ロシア語で自分は中国人だとソ連人に愛想を
振る「支那人」の姿を描写している（大橋一良『失われた樺太』大橋英子、1995 年、

183 頁）が、中には日本人として国内身分証を得て、日本へ入国を試みた者がいたことも考えられる。

12　函館引揚援護局編『函館引揚援護局史』函館引揚援護局史、1950 年、44-45 頁。

13　これらの人々は、後述する冷戦期帰国時にも「不法入国容疑朝鮮人」として問題となった。たとえば、内地で土建業に従事していたある朝鮮人は 1943 年に親方（雇主）と樺太に渡り、1946 年の国内身分証発行の際には〈日本人〉として登録を行った親方に倣った。引揚げが始まった時に朝鮮人であると密告され、当局から国内身分証を訂正するように要求されたが、そのまま放置していたため、冷戦期帰国時には日本人を妻としていた親方の家族として共に帰国することができた。なお、この朝鮮人は戦前に日本人女性と事実婚関係にあったが、この女性は緊急疎開で北海道に渡ったため残留日本人にはなっていない（「樺太からの帰国邦人およびその鮮人家族引取報告書（1957 年 10 月 23 日）」『ソ連地区邦人引揚関係一件引揚実施関係　第六巻』外務省外交史料館所蔵［分類番号 K'7-1-2-1-3］など）。

14　函館引揚援護局編『函館引揚援護局史』函館引揚援護局史、1950 年、172 頁。

15　長勢了治『シベリア抑留全史』原書房、2013 年、74 頁。

16　クージン　アナトーリー・チモフェーヴィチ、岡奈津子・田中水絵訳『沿海州・サハリン　近い昔の話：翻弄された朝鮮人の歴史』凱風社、1998 年、258 頁（=Кузин A, Дальневосточные корейцы: жизнь и трагедия судьбы, Южно-Сахалинск: Литературно-издательское объединение "ЛИК", 1993）。

17　外務省欧米局第一課『「ソヴィエト」連邦出入国及通関関係法令』外務省欧米局第一課、1932 年、10-11 頁。

18　外務省欧亜局東欧課『昭和四十二年一月　ソ連邦及びロシア共和国主要法令集（第一分冊）』外務省、1967 年、29-30 頁。

19　「第 24 回国会衆議院　海外同胞引揚及び遺家族援護に関する調査特別委員会（21号）」『国会会議録』1956 年 10 月 29 日。

20　ロシア語の"гражданства"という語は、本来は「市民権」と翻訳されるべきとされるが、「国籍」とも訳し得ること（藤田勇『概説　ソビエト法』東京大学出版会、1986 年、336 頁）、日本国外務省は一貫して「国籍」という語を使い、〈市民権〉という表現を用いていないこと、日本側の対応する制度と概念も「国籍」と称されていることから、本書では「гражданства」と「без гражданства」の訳語は、それぞれ〈国籍〉〈無国籍〉とする。

21　ただし、「元日本国民である」や「最後の国籍は日本である」と言った文言が戦後に発給された身分証に記載されていたという証言もある。

22 セルゲイ・P・フェドルチューク著、板橋政樹訳『樺太に生きたロシア人』ナウカ、2004 年、44 頁。

23 「在ソ邦人の引揚げに関する件（門脇大使発　岸大臣臨時代理宛　1958 年 9 月 14 日）」外務省『ソ連地区邦人引揚関係一件引揚実施関係　第九巻』外務省外交史料館所蔵〔分類番号 K'7-1-2-1-3〕。

24 （「第 16 次（樺太再開第 5 次）ソ連地域引揚状況（東欧課　1958 年 9 月 8 日）」『ソ連地区邦人引揚関係一件引揚実施関係　第九巻』外務省外交史料館所蔵〔分類番号 K'7-1-2-1-3〕。

25 （「第 15 次引揚報告書（1958 年 1 月 30 日）」外務省『ソ連地区邦人引揚関係一件引揚実施関係　第八巻』外務省外交史料館所蔵〔分類番号 K'7-1-2-1-3〕など）。

26 厚生省援護局編『引揚げと援護三十年の歩み』厚生省、1977 年、107 頁。

27 筆者による引揚者 O・Sb への聞き取り調査（2009 年、北海道）による。

28 厚生省援護局編『引揚げと援護三十年の歩み』厚生省、1977 年、107 頁。

29 「中国残留邦人とは」日本国厚生労働省 Web サイト（https://www.mhlw.go.jp/stf/seisakunitsuite/bunya/hokabunya/senbotsusha/seido02/index.html〔最終閲覧：2018 年 10 月 21 日〕）。

30 条文は「中国残留邦人等の円滑な帰国の促進並びに永住帰国した中国残留邦人等及び特定配偶者の自立の支援に関する法律」（平成 6 年法律第 30 号）日本国総務省 e-Gov（http://elaws.e-gov.go.jp/search/elawsSearch/elaws_search/lsg0500/detail?lawId=406AC1000000030　〔最終閲覧：2018 年 10 月 21 日〕）による。

31 条文は「中国残留邦人等の円滑な帰国の促進並びに永住帰国した中国残留邦人等及び特定配偶者の自立の支援に関する法律」（平成 6 年法律第 30 号）日本国総務省 e-Gov（http://elaws.e-gov.go.jp/search/elawsSearch/elaws_search/lsg0500/detail?lawId=406AC1000000030　〔最終閲覧：2018 年 10 月 21 日〕）による。

32 厚生省社会・援護局『樺太及び旧ソ連本土からの永住帰国者名簿』日本サハリン協会所蔵、1996 年。

33 『樺太及び旧ソ連本土からの永住帰国者名簿の送付について（国民年金に係る特例措置関連）（社援一調第 164 号　1996 年 3 月 26 日　厚生省社会・援護局業務第一課長発　各都道府県民生主管部（局）長宛）』日本サハリン協会所蔵、1996 年。

34 「ソ連籍未帰還者邦人斉××× 以下 9 名及びその家族の査証に関する経伺（下田大使発　外務大臣宛　1965 年 6 月 13 日）」、「ソ連籍未帰還者邦人 23 名およびその家族の査証について（須之部臨時代理大使発　外務大臣宛　1965 年 7 月 8 日）」、「ソ連籍未帰還者邦人四役×× 以下 4 名およびその家族の査証に関する経伺（須之部臨時代理

大使発　外務大臣宛　1965 年 7 月 31 日）」、「ソ連籍未帰還邦人岡林×××以下 4 名
およびその家族の査証について（須之部臨時代理大使発　外務大臣宛　1965 年 8 月 7
日）」、「ソ連籍未帰還邦人福島×××および福島×××ならびにその家族の査証経伺
（須之部臨時代理大使発　外務大臣宛　1965 年 8 月 21 日）」、「未帰還邦人の査証経伺
（中川大使発　外務大臣宛　1965 年 11 月 1 日）」『ソ連地区邦人引揚関係樺太残留者引
揚関係』外務省外交史料館所蔵［分類番号 K'7-1-2-1-7)-2-1-7]。「××」部分は原資
料では実名が記されている。

35　厚生省援護局編『引揚げと援護三十年の歩み』厚生省、1977、119、689 頁。

36　なお、戦後期までに朝鮮人の妻となっていた日本人女性のすべてが最初から残留の
道を選んだわけではない。朴魯学の妻・堀江和子も一度は引揚船に乗るための列に並
んだが、係官にその日の分の受け付けは終わったと追い返され、思い直して引揚げを
取りやめたと言う（新井佐和子『サハリンの韓国人はなぜ帰れなかったのか』草思
社、1998 年、93 頁）。また、朝日新聞記者の奈賀悟は一九九一年にサハリンへ旅行し
た際に花売りをしている「コリアン女性」から札幌の母へお土産を渡してほしいと言
われ、帰国後にその住所を訪ね彼女の母親らしい人物と出会えたものの、門前払いを
受けた経験を記している（奈賀悟『日本と日本人に深い関係があるババ・ターニャの
物語』文藝春秋、2001 年、169-171 頁）。こうした引揚者あるいは冷戦期帰国者の事
例を考えると、本章の分析から推計されるよりもさらに多くの日本帝国期からの朝鮮
人男性と日本女性との婚姻関係の存在も推測されるし、そうして数字としてはもはや
再構成し得ない部分が、同時に語られることを拒まれた部分でもあることが示唆され
る。

冷戦期帰国

　冷戦期帰国については、ジャーナリズムにおいても研究においてもほとんど顧みられてこず、サハリン残留朝鮮人問題との関係で玄武岩[1]らによって論じられた程度に過ぎない。しかし、前章で示したように、サハリン残留日本人の半数以上は、冷戦期帰国で日本への帰国を果たし、同伴帰国した朝鮮人成人男性たちの活動は、ポスト冷戦期の永住帰国につながっていくものである。本章の課題は、第一に、サハリン冷戦期帰国者の全体像を明らかにすること、第二に、冷戦期帰国に対する日本政府の対応を明らかにすること、第三に、事例から帰国者の帰国後の動向について明らかにすることである。

第1節　サハリン冷戦期集団帰国

1　サハリン冷戦期集団帰国の背景

　1945年8月以降、旧日本帝国圏内に取り残された日本人は、占領軍や現地政権の管理の下、日本本国へと帰還していく。厚生省援護局はソ連が日本人捕虜の送還完了を宣言した1950年4月22日までを「前期集団引揚げ」と呼び[2]それ以降を「後期集団引揚げ」と呼んでいる。各地域の状況を見ると[3]、前期集団引揚により1956年までの帰還者の99％が帰還し、その後も年を追うごとに帰還者数は減少していく傾向にある。ただし、ソ連および千島・樺太地域の場合、1946年までの帰還者は1％に過ぎず、1947・48年の両年に85％が集中している。これは占領とともに日本人の送還が速やかに行われなかったことを意味している。

　サハリンの冷戦期帰国が、日ソ国交正常後に起きたことは事実であるが、前出の樺太帰還在日韓国人会の支援者であり、後に袂を分かった新井佐和子の書くように[4]、冷戦期帰国が残留日本人の嘆願が実ったものとして単純に理解することは、はたして適切であろうか。ここでは、同じくソ連領内未帰還者であったシベリア抑留者[5]の帰還動向にも目を配ることで、この点を検証しておきたい。

まず、「後期引揚げ」の経緯についてまとめると以下のようになる[6]。1950年4月22日、ソ連政府はタス通信を通じて、日本人捕虜送還が完了したとする声明を出したが、日本政府はまだシベリア抑留者がソ連領内残存しているはずであると判断していた。1952年4月28日、サンフランシスコ講和条約の発効に伴い、GHQの「引揚げに関する基本指令」が失効し、ソ連領内未帰還者問題が連合国間問題から日ソ問題へと移行し、日本政府は全未帰還者の即刻送還の実現をソ連政府に要請したものの、ソ連政府は未帰還者問題については日ソ間の平和条約締結によって解決を図ろうと考えており、政府間の交渉は難航した。しかし、日ソ赤十字間の交渉により、1953年11月に第1次「後期引揚げ」が実現する。1955年9月5日には1,011名分の「在ソ既決日本人軍事俘虜名簿」および354名分の「在ソ民間人中日本籍人名簿」からなる「マリク名簿」をソ連政府は日本政府に渡すものの、その内容は実態の完全な把握とは言えなかった。図1の通り、シベリア抑留者の送還は続くものの、人数は激減する低迷期を迎える。1956年10月19日の日ソ共同宣言中の第5項に抑留者の釈放と送還、消息不明者の調査の実施が盛り込まれたことを契機に、1956年12月の第11次「後期引揚げ」が「総ざらい引揚げ」とも呼ばれるように、一挙にシベリア抑留者の送還が行われた。

この大陸からの「総ざらい引揚げ」から半年以上を経て、1957年7月に第12次「後期引揚げ」が実施される。図5-1の通り、第12次からは、その構成が一変し、軍人が急減し「外国籍者」が急増しただけでなく、出港地がナホトカから

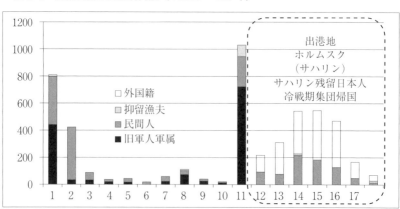

図5-1　後期引揚げ回次別内訳（1953～59年）

出典：厚生省援護局編『引揚げと援護三十年の歩み』（厚生省、1977年）より筆者作成。

ホルムスク（真岡）へと変わっている。第12次以降は樺太未帰還者が主となるために第12次以降は「再開樺太引揚げ」とも呼ばれるのである。本書では、これをサハリン残留日本人の〈冷戦期集団帰国〉と呼ぶ。ただし、上記の通り日本政府はこれを「後期引揚げ」と呼び引揚げの延長として処理しており、帰国者には「引揚証明書」が発行[7]された。また、第12次以降はそれまでと異なり大幅に「外国籍」者が増えている。これは、帰国する日本人女性が朝鮮人の夫やその子供を随伴させて帰国しているためである。本書が、〈サハリン冷戦期帰国〉と呼ぶのは、サハリンからの移動となるこの第12次以降の集団帰国と個別帰国である。

　なお、サハリン残留日本人の冷戦期集団帰国として見た場合、この〈ソ連・樺太地区第12次後期引揚げ〉は〈サハリン第1回冷戦期集団帰国〉となるが、本書では第11次までの連続性や資料上の呼称などを鑑み、〈第12次（集団帰国）〉〈第13次（集団帰国）〉といった場合は、それぞれ〈第12次後期引揚げ〉〈第13次後期引揚げ〉を指し、サハリンからの〈第1回冷戦期集団帰国〉〈第2回冷戦期集団帰国〉を指す。

　シベリア抑留史研究や日ソ外交史研究では、ソ連・樺太地域からの後期集団引揚げは第11次までが主な関心対象とされ、第12次以降、つまりはサハリンの冷戦期集団帰国に関しては充分な研究が行われておらず、この転換について充分な説明は用意されていない。しかし、以上の経緯を見ると、サハリン残留日本人の冷戦期集団帰国は独立した現象とはみなせず、あくまでソ連領内未帰還者問題の一環としてシベリア抑留者送還との連続性や、軍事俘虜送還完了というソ連側のメッセージを負った副産物としての位置付け得るものであり、さらなる検討が要されよう。

2　サハリン冷戦期集団帰国の過程

　日ソ国交正常化後の1957年3月、駐日ソ連大使テボシャンが樺太地区未帰還者の送還開始を通告し[8]、同月21日にソ連政府から駐ソ日本国大使館へ「帰国希望邦人225名およびその家族である朝鮮人146名」のリストが渡された[9]。同年7月12日にはクルジュコフ極東部長が門脇大使に、日本人帰国者第1陣258名の送還準備が完了したと通知する。この時点で日本政府は帰国者名簿をソ連政府から渡されておらず、名簿は第12次集団帰国船興安丸のホルムスク入港後に渡され、同船は通告外の68名を含む計219名を乗せホルムスクから29日に出港

した。

第 12 次集団帰国にあたり、日本政府は朝鮮人男性と日本人女性からなる夫婦はソ連当局発行の結婚証明証を持っていても内縁関係として扱い、朝鮮人夫とその子供については「朝鮮人として入国を許可する方針」をとり、「ポツダム宣言の受諾に伴い発する命令に関する件に基く外務省関係諸命令の措置に関する法律」（昭和 27 年 4 月 28 日法律第 126 号）を適用して在日朝鮮人同様の在留資格を与えた[10]。玄武岩も言及しているように、冷戦期集団帰国は、あくまで残留日本人を対象としたものであり、旧日本帝国臣民であっても残留朝鮮人一般の日本入国は原則認められず、入国を容認された残留朝鮮人世帯員も「付随品」と言わざるを得ない立場にあった[11]。以降、これが踏襲されることとなるものの、朝鮮人入国にあたってはまだまだ問題が生じ続けることとなった。それらの問題については、次章で論じる。

この第 12 次集団帰国は、言うまでもなく残留者にとっては引揚げ終了後の初めての公式の日本への集団的な移動機会であった。このため、サハリンの州都ユジノサハリンスク（豊原）において 1957 年 5 月下旬に帰国を希望する朝鮮人が関係機関に殺到し、その受付を一時停止するという事態が発生した。これは「豊原事件」と呼ばれている。帰国後に参考人として国会に召喚されたある帰国者の言によれば、その顛末は以下の通りである[12]。1956 年 12 月にソ連の警察当局から日本人のみ帰国ができるという知らせがあり、帰国を希望する者たちが帰国希望書を提出した。1957 年 3 月になって日本のラジオ放送において帰国予定者の名簿が読み上げられた際に、日本人と同世帯の朝鮮人の名前も読み上げられたため、朝鮮人たちも帰国希望書を提出したところ、5 月になって日本人や朝鮮人世帯員だけではなく、独身の朝鮮人のところにも警察当局から帰国許可の内示が届いた。これを知った日本人と世帯関係にない朝鮮人までが、帰国希望書を提出しようと役所に列をなし、一時受付を停止した。こうした事態に驚いたのが高麗人共産党員たちであり、朝鮮人を集めて集会を開き日本への帰国を思いとどまるように説得を試みるも強烈な反発を受けて騒擾が起きたのである。外務省の報告書では、帰国希望書を出した朝鮮人は 800 名で、受付を中止させ帰国断念の説得を試みたのは、「北鮮系指導者」であり、説得の失敗後もソ連当局に朝鮮人の帰国を阻止するために働きかけ続けたとされているが、それがその後の冷戦期帰国に直接的影響を及ぼした形跡は見られない。

1957 年 9 月 20 日、カービッツアー極東部長代理から「日本人及びその家族た

る朝鮮人」合計312名の送還準備が完了したことが駐ソ日本国大使館へ通知された[13]。この際に、帰国予定者名簿も手渡され、1957年3月の名簿と照合した結果、今回の第13次集団帰国予定者のうちこれに名前が搭載されている者は、日本人4名に過ぎなかった。第13次集団帰国船白山丸は10月16日に317名を乗せてホルムスクを出港した。

1957年12月19日、パブルイチェフ参事官から駐ソ日本国大使館に、「日本人及びその家族たる鮮人〔ママ〕合計一千有余」名を同月28日ホルムスクで引き渡すと通知がなされた[14]。日ソ間の協議の結果、2回に分けて翌1958年1月に実施されることとなり、12月25日にはカービッツアー極東部長代理から引揚げ予定者1,122名のリストと物故者895名リスト[15]が手渡された。12月26日には藤山大臣が門脇大使へ、「日本人以外のもの、または日本人の家族ではない朝鮮人が引揚げ船に便乗することは関係官庁において入国を許可しない建前となつており紛争を招くおそれがあるので」この点についてソ連当局に確認するように念を押している。この第14次の帰国船は、1958年1月9日にホルムスクで546名を引き取り、10日にホルムスクを出港した。先述の帰国予定者名簿に名前がない者37名、書類不備で乗船できない者5名がいた。

引き続き、予定から遅れたものの1958年1月23日に第15次帰国船は549名を乗せてホルムスクを出港、27日に舞鶴に帰港した[16]。

1958年8月14日、ジミヤーニン極東部長が駐ソ日本国大使館に多少の追加が想定されるものの「在ソ日本人およびその家族たる朝鮮人366名」を8月末にホルムスクから帰還させる準備があると知らせる[17]。19日駐ソ日本国大使館は、再度「日本人と家族関係なき朝鮮人の引取りを拒否する」とソ連政府に念を押した。これは、第15次集団帰国の際に、後述する偽装結婚の朝鮮人が含まれていたからであると考えられる。当初、ソ連側は帰国予定者名簿はホルムスクで引き渡すと通告していたが、日本政府の要請により、27日に帰国予定者454名分の名簿が駐ソ日本国大使館に渡される。第16次帰国船は、472名を乗せて9月3日にホルムスクを出港した。

1959年1月12日、パブルイチェフ参事官が、「在ソ日本人およびその家族たる朝鮮人合計約150名」を同月28日にホルムスクで引き渡す準備をしていると駐ソ日本国大使館へ知らせ、28日にソ連政府は駐ソ日本国大使館に148名分の帰国予定者名簿を手渡す[18]。この148名のうち、日本政府側で把握していた未帰還者は26名に過ぎなかった。第17次帰国船は、2月3日に40世帯172名を乗

せホルムスクを出港した。

1959 年 9 月 10 日、極東部係官から朝鮮人家族を含む「引揚げ日本人約 60 名」を 25 日にホルムスクから帰還させる準備をしていることが駐ソ日本国大使館に知らされる[19]。同月 14 日、帰国予定者リストが駐ソ日本国大使館へ渡され、同時にカービッツアー極東次長は、今回の第 18 次集団帰国をもって集団帰国を打ち切り、今後は個別帰国へ切り替えると通告した。そして、同月 27 日の 72 名を乗せた第 18 次帰国船の小樽入港をもってソ連地区未帰還者の集団帰国は幕を閉じるのである。

3　冷戦期集団帰国者の構成

ソ連政府は、帰国希望者や帰国予定者の名簿を数次にわたって日本側に提供したが、帰国希望者・予定者が乗船しなかったり、逆に名簿外の者が乗船することが常態化しており、日本政府側はサハリン残留日本人の全体像をつかめないまま帰国事業にあたらなければならなかった。

サハリン冷戦期集団帰国者の内訳（表5-1）を見ると 98%が非軍人のサハリン残留者であり、その 3 分の 2 が単独では帰国要件を満たさない朝鮮人であった。したがって、帰国者の全体像を把握するためには人数の内訳だけではなく世帯の内訳も重要となる。第 12 次から第 16 次までの集団帰国乗船者名簿を整理し、世帯主、姓名、年齢、本籍などを基準に全 512 世帯を 4 類 16 型に分類したのが表

表 5-1　サハリン冷戦帰国者人数次別身分内訳［人、%］

| 年次別 | 1957 | | 1957 | | | 1959 | | 小計 | 個別 | 合計 | 割合 |
	12	13	14	15	16	17	18				
旧・軍人	5	2	3	5	0	1	1	17	–	17	1
民間人	89	77	216	180	122	48	17	749	135	884	32
小計	94	79	219	185	122	49	18	766	135	901	33
抑留漁夫	0	2	13	1	8	0	14	38	–	38	1
外国籍	125	235	313	363	342	123	40	1,541	298	1,839	66
小計	125	237	326	364	350	123	54	1,579	298	1,877	67
合計	219	316	545	549	472	172	72	2,345	433	2,778	100

出典：厚生省援護局編『引揚げと援護三十年の歩み』（厚生省、1977 年、108、119、689 頁）
　　　および樺太帰還在日韓国人会『引揚者名簿』国文学研究資料館所蔵より筆者作成。
注：「外国籍」には朝鮮人などのほか、朝鮮人夫 - 日本人妻間の子供も含まれている。

第5章　冷戦期帰国　169

表 5-2　サハリン冷戦期集団帰国者世帯類型［人、％］

類	型	世帯数	割合	世帯構成
1	1	15	3	抑留者
	2	24	5	抑留漁夫
	小計	39	8	（サハリン残留者以外）
2	3	59	12	単身者男性（日本人）
	4	3	1	単身者女性（日本人）
	5	3	1	単身者男性（朝鮮人）
	小計	65	13	（単身者世帯）
3	6	47	9	日本人夫妻（および親、子供）
	7	3	1	日本人男性および戦前生れの子供
	8	2	0	日本人男性および戦後生れの子供
	9	6	1	日本人女性および戦前生れの子供
	10	3	1	日本人女性および戦後生れの子供
	小計	61	12	（日本人世帯）
4	11	8	2	日本人女性および朝鮮人夫（戦前に家族形成）
	12	28	5	日本人女性および朝鮮人夫（戦後に家族形成）
	13	49	10	日本人妻、朝鮮人夫および戦前生まれで朝鮮人夫の姓を持つ長子、ほか。
	14	212	41	日本人妻、朝鮮人夫および戦後生まれで朝鮮人夫の姓を持つ長子、ほか。
	15	29	6	日本人妻、朝鮮人夫および戦前生まれで日本人妻の姓を持つ長子、ほか。
	16	21	4	日本人妻、朝鮮人夫および戦後生まれで日本人妻の姓を持つ長子、ほか。
	小計	347	68	（日本人・朝鮮人世帯）
	合計	512	100	

出典：「ソ連地区第12次帰還者　興安丸乗船者名簿」『ソ連地区邦人引揚関係一件引揚実
施関係　第四巻』、「ソ連地区第13次帰還者　白山丸乗船者名簿」、「ソ連地区第
十四次帰還者　白山丸乗船者名簿」外務省『ソ連地区邦人引揚関係一件引揚実施
関係　第六巻』、「ソ連地区第15次帰還者　白山丸乗船者名簿」外務省『ソ連地区
邦人引揚関係一件引揚実施関係　第八巻』、「ソ連地区第16次帰還者　白山丸乗船
者名簿」外務省『ソ連地区邦人引揚関係一件引揚実施関係　第九巻』外務省外交
史料館所蔵［分類番号 K'7-1-2-1-3］、厚生省援護局編『引揚げと援護三十年の歩み』
（厚生省、1977年、108頁）より筆者作成。

5-2 である。第 1 類は、旧・軍人および抑留漁夫などサハリン残留者に含まれな
い世帯である。第 2 類は、第 1 類を除いた単身者世帯、第 3 類は、日本人のみの
世帯、第 4 類は朝鮮人を含む世帯である。

　最も多い型は日本人妻・朝鮮人夫・戦後生まれで朝鮮人夫の姓を持つ長子など

からなる世帯（第14型）で212世帯ある。第15・16型も加えると、戦後に日本人女性と朝鮮人男性によって形成された世帯は全体の約半数262世帯となる。一方、日本帝国期に日本人女性と朝鮮人男性によって形成された世帯であると判断できるもの（第11・13型）は少なくとも57世帯存在する。ここから、日本人女性と朝鮮人男性による世帯の形成が戦後期特有の現象ではなかったことが指摘できるのである。また、乗船名簿の記載情報からだけでは明らかにできないものの、これら日本人女性の中には両親の一方が朝鮮人である者や、朝鮮人の養子となっていた者も有る程度含まれていると考えられる。第15型は夫の応召や配置転換で母子家庭となった日本人女性が戦後に朝鮮人と結婚することで形成された世帯と考えられる。いずれにしろ第4類は、合計347世帯で全体の68%を占めており、冷戦期帰国者において朝鮮人・日本人世帯の比重が大きかったことがわかる。またそれ故に、朝鮮人をめぐって多くの問題が起きたのであり、第5型はその不法入国容疑朝鮮人のことである。これについては、次章で詳細に論じる。

　戦後期の引揚げと異なるのは、成人男性朝鮮人世帯員の同伴帰国だけではなく、残留日本人のソ連国内の法的身分の多様性である。具体的に言えば、ソ連国籍や北朝鮮国籍を取得している者や、国内身分証の民族籍が「朝鮮人」である者がこの時点で発生していた。つまり、国籍と民族籍の組み合わせで少なくとも6通りのグループが存在していたことになる。日本政府としてもソ連政府としても、民族籍が「日本人」で無国籍扱いの者が理想的な帰国者であったと考えられる。まず、民族籍が「朝鮮人」である場合、ソ連当局から出国許可が出ない。このため、無国籍扱いの者でも、民族籍を「朝鮮人」から「日本人」に変更する必要があり、日本から戸籍謄（抄）本を取り寄せ、当局に願書と共に提出することでその変更が可能であった。実際に、第17次集団帰国においては、日本人49名中22名がこの訂正を行った上で帰国した。また、ソ連国籍を取得している場合でも、ソ連国内で入手できる各種証明書と、内地から取り寄せた戸籍謄本や肉親からの帰国嘆願書、自身の帰国嘆願書を提出することで出国許可申請を行えた。ただし、民族籍を一度「朝鮮人」にした上でソ連国籍を取得した場合は、出国許可が下りづらかったとされている[20]。ソ連国籍や北朝鮮国籍取得者、そして民族籍を「朝鮮人」に変更してしまった者は、無国籍や民族籍「日本人」に戻す等の手続きが要されたし、そのことを充分に知らなかった者は、ソ連当局から出国許可を得られなかった。

第2節　サハリン冷戦期個別帰国

　1959年の集団帰国打ち切り以降、サハリンからの帰国は個別帰国に一本化され、以降1976年までに142名が樺太・千島地区から個別帰国で日本へ帰国し、ソ連地区と合わせるとその数は、149名となる[21]。なお、引揚げ（前期集団引揚げ）と冷戦期集団帰国（後期集団引揚げ）の間にも、樺太・千島地区からは2名、ソ連地区からは8名が集団帰国船によらない個別帰国を行なっている[22]。両地域からの冷戦期の帰国者数は合計3,647名でこのうちソ連地区からの帰国者がおよそ7割を占めるものの、個別帰国に限れば、9割が樺太・千島地区からの帰国者であった。

1　1965年の大量個別帰国をめぐる日本政府の対応

　サハリンからの冷戦期個別帰国者は、1965年前後に集中し1965年1年だけで74人にのぼり、これは冷戦期個別帰国者の半数以上にあたり、その前後の1964年と1966年の帰国者も含めれば、冷戦期個別帰国者の約7割がこの3年間に集中していることになる。この個別帰国者数集中の背景には、駐ソ日本国大使館から1965年1月30日付で同館には残留日本人から148通の手紙が届きソ連赤十字社には帰国嘆願書99通が届いているという連絡が来たために[23]、外務省本省は、ソ連から渡された帰国希望残留日本人200名の名簿だけではなく、大使館やソ連赤十字に寄せられた残留日本人の手紙などを基に残留日本人の帰国意思の確認作業を始めたことがある[24]。

　3月15日には、外務省、法務省、厚生省の各省の担当者が集まり、帰国事業の具体化のための三省協議が開かれた[25]。この席で法務省入国管理局担当者は、1957年から1959年にかけての集団帰国では「入管側はかなり無理をして引揚げに協力した」ので集団帰国方式は望ましくなく、同伴帰国世帯員も外国籍者は配偶者と子どもまでで、配偶者の兄弟等までは許可できないと述べている。入国管理局の言う「かなり無理をして」というのは次章で見る「不法入国容疑朝鮮人」問題のことを指している。また、入国管理局担当者は、「留守宅の意向を明らかにしておいて頂きたい」と要請している。この時点で厚生省は、「帰国希望者本人の約90％は日本国籍をもつて」おり、「北朝鮮籍をとつているものは3名、身元も不確なもの約30名、それに成年に達した子供は30数名」と把握しているも

のの、まだまだ情報が不充分であるため、「帰国希望者の氏名、家族関係、婚姻の時期、現住所、本籍、父母の氏名、父母と別れた当時の父母の年齢等」の情報を提供するよう外務省に要請している。旅費については、厚生省は集団帰国方式を想定しておらず、すでに個別帰国の事例もあり、それら事例から見れば自費での帰国が困難と思えないものの、旅費の工面ができない者も出てきた場合に、一部の者にのみ旅費を国庫負担するのであれば、「公平をかき、全体に支給しなければならないことになる」と述べ、外務省に「保護・送還」として帰国経費を負担できないかと尋ねるが、外務省は不可能だと明言し、ひとまず旅費の問題は棚上げされ、帰国希望残留日本人の実態把握が喫緊の課題として認識された。

　外務省は、三省協議の4日後には「昭和39年10月20日より昭和40年2月20日までの間に在ソ連大使館に対し帰国意思を表明する手紙を送付越した未帰還在ソ邦人の名簿」を大使館から取り寄せ、その写しを厚生省や法務省へ送り情報の共有を図った[26]。

　オコネシニコフ極東部参事官は5月6日駐ソ日本大使館に、ソ連側の調査の結果として、ソ連が提供したリスト掲載の200名のうち7名は死亡し、4名は北朝鮮へ出国し、他の6名は行方不明であること、71名はソ連出国を希望していないことが判明し、45名はソ連出国を希望したのですでに出国を許可しており、残りの67名は未だに帰国意志を決しかねているが、もし今後出国希望を申出るなら許可すると知らせた[27]。ただし、具体的に名簿上の誰が帰国許可を得たのかなどは明らかにされておらず、外務省は事前の個別審査のために必要な情報として、その情報の提供をソ連外務省に要請している[28]。ソ連政府が日本政府に対して帰国を希望しない残留日本人の存在を明示したことは、次章で論じる1960年代後半以降の冷戦期帰国の停滞を考える上では重要である。

　5月12日に開かれた三省協議[29]では、ソ連が集団引揚げを要請したらどうするか、帰国意思を明らかにしていない67名の帰国を認めるか、在ソ朝鮮人からの帰国嘆願をどう処理すべきかの3件が当初の議題とされたが、実際の討議の大部分は、入国許可を与える範囲に割かれた。外務省旅券課の事務官の「未帰還者の子供などで朝鮮人と法律上認められるものもあるであろうが、日本人の血の入つているものは引取ることとしたらどうか。」という提案には厚生省も同意し、法務省入国管理局も「国籍を喪失したものでなければ、つまり戸籍が残つているものは、日本人として取扱い、また他の国籍をとつているものも、就職、子供の就学等のためにやむをえずとつたと解釈することもできる。」という見解を示し、

現状の国籍を問わず、内地籍者の入国には寛容な姿勢を見せた。外務省法規課も「除籍の事実がなければ日本人として取扱えばよいと思う。」と述べ、ソ連施政下で朝鮮人と婚姻した日本人の入国を問題視していないが、同伴世帯員の朝鮮人については、日韓条約による協定永住権を認めることはできないと主張した。入国管理局も、集団帰国では昭和27年法律第126号の該当者として永住権を認めたが、個別帰国者については、出入国管理令第4条第1項第16号の該当者として在留期間は1年としているので、今後同伴世帯員として入国する朝鮮人にも同様の法的地位を与えるべきだと主張した。外務省東欧課の事務官は、「未帰還者問題は長びけば長びく程問題は複雑化する。例えば子供が成人に達し、結婚する。そしてその子供も生れてくる。従つて、一定のところで打切ることが必要となる。」と発言し、残留日本人の帰国を恒常化させない意向を明確にし、入国許可の範囲は「日本人（元日本人を含む）とその配偶者とする。成人の子供は国籍の問題もあり、ソ側も出国を認めないし、わが方も入れたくないが、いずれにしても余り多くないと思われるので、ケース・バイ・ケースとすること致したい。」という結論をくだした。なお、日本人世帯と無関係な朝鮮人の嘆願書への対応については、旅券課長が「何とかしてやりたい。日本へ来たいものは一般外国人として一般の手続で考慮してはどうか」という提案を出したが、東欧課長が「いずれにせよ、今焦眉の問題ではない」として、先送りされた。

　7月12日の三省協議では、外務省側からソ連国籍取得者の入国可否について問われた入国管理局の担当者が日本人ソ連国籍者は「入国査証には在留1年とし、帰国後に外国人登録の際に在留資格の抹消、就籍となる」と回答している[30]。これにはすでに前例があり、1963年に日本に帰国した残留日本人Ｉ・Ｙ[31]は、ソ連国籍のまま日本へ一時帰国という形で入国し、その一年後に就籍し日本国籍を取得するという方法で永住帰国を果たしていた[32]。日本人と世帯関係の無い朝鮮人の帰国嘆願については、日本を経由して韓国へ入国するという保証の無い限り、「若干日本側に道義的責任があるとしても入国を認める訳にはいかない」とし、否定的態度が共有され続けていた[33]。

　上述の通り、一部の帰国希望者はすでにソ連政府から出国許可を得ているという情報があるため、日本政府としてもその出国許可期限に間に合うように入国許可を出すための手続きなどを急いで進める必要があった。ソ連国籍を取得していない帰国希望者は自分と同伴帰国する子どもの情報を記入した「未帰還邦人調査票」を大使館へ提出し、大使館はそれに基づき日本への入国許可証となる「未帰

還日本人証明書」を発給、外国籍の同伴配偶者については「VISA APPILICATION（渡航証明書発給申請書）」を大使館に提出し、外務省本省で審査の上、入国許可証となる「渡航証明書」を発給し、本人へ送付することになっており、外務省本省と厚生省はソ連国籍を取得した帰国希望者向けに一連の手続き方法を示した手紙を用意していた[34]。ただし、これらの入国許可証とソ連の出国許可証があればいつでも日本へ帰国できるわけではなく、実際にはソ連当局による指示が無ければソ連内の出国地点への移動ができなかった[35]。

5月12日の三省協議でも確認されたように日本政府は「日本人の夫、子供以外の第3国人の便乗引揚を防止するため昭和32年の大量引揚げの際のような一括リストによる集団引揚げ方式によることなく、個別審査によることを原則とする方針」[36]を採ることとしていたが、この方針は一時的に転換されることになる。前出の7月21日の三省協議の席で、ナホトカ経由の日ソ間の定期便[37]による個別帰国方式では、人数が多いため帰国希望者とその家族全員の帰国は困難であるとし、1950年代後半の集団帰国同様に日本側からサハリンへ配船して一括して帰国させる方法が最適とされ、懸念していた「日本人の配偶者ではない朝鮮人が混入」することはソ連側の協力があれば防止できるであろうとされた[38]。そして、その2日後には、厚生省と法務省の個別審査の結果、出国許可が出ている72名とその世帯員については、1世帯を除き入国に問題が無いと判断され、集団帰国の時期は1965年の10月頃とする案が浮上した[39]。

日本政府が集団帰国方式案を持ち出したのは、定期便の輸送効率では出国期限に間に合わない者が出てくる可能性があること、ナホトカ経由だと旅程が長くなり途上でトラブルが発生するリスクが大きくなること、旅費を工面できない者が発生するおそれがあること、そして1950年代後半の経験もあり円滑な一括帰国が見込めることが主な理由であった[40]。

しかし、この集団帰国方式案はあくまで日本政府内の合意に過ぎず、駐ソ日本大使館が8月4日に非公式にソ連政府に打診したところ、ソ連側は「通常の定期船で個別に帰国する方法を強く主張」した[41]。8月12日に駐ソ大使がエリザベーチン極東部長に面会した際に、集団帰国方式案を伝えると、同部長は「今回の引揚げは集団引揚げではなく日本に帰ることを希望する人が個々にソ連を出国して日本に帰る」という形である以上、時期が個々人の都合によって異なるのは当然であり、大人数を港湾都市に集め待機させることは宿泊所の手配などソ連側の負担が大きいことから、集団帰国方式には同意できないと回答した[42]。ソ連政府が

集団帰国方式に消極的であった理由としては、シベリア抑留者送還の際と同様に集団帰国方式は目立ってしまい日本国内の反ソ感情の刺激や国際舞台でのソ連の非人道性を示す材料として用いられることをソ連が懸念していたことが考えられ、日本政府側も「引揚船の派遣をもつて本件をキャンペーンするような意図は毛頭ない。」[43]、「日本としては引揚問題を大袈裟に取扱う積りはなく実務的に処理する意向である」[44] ということを熱心にソ連側に伝えようとしていた。

これを受けて開かれた8月30日の三省協議[45]では、厚生省の援護局長も個別帰国方式への再転換に賛同し、旅費を自弁できない者への旅費支給にも同意したが、支給対象の認定方法や立替方法については課題が残った。また、法務省側からは、帰国の円滑化のために出国地点であるナホトカへ大使館員を派遣できないかという提案がなされたが、外務省はたとえ内地籍を除籍されずにいるとしてもソ連国籍者に対してどこまで世話をすることが許容されるのかが不明だとし、館員派遣には消極的態度をとった。結局、支給対象の認定と旅費の立替は、ソ連側が行ない旅費については日本政府が後日支払うというソ連側の提案に日本政府が同意することで決着した。

2 1965年大量個別帰国の過程

1965年の最初の個別帰国者は上述の最初の三省協議が開かれる以前の2月28日に帰国した残留日本人O・Tであった[46]。1965年の帰国者の2組目となる残留日本人A・C妻夫は、日ソ間で帰国方式についてやりとりをしている間の8月2日に個別帰国を果たしていた[47]。その後も、個別帰国が続いたが、帰国経路に用いられていたナホトカ－横浜間の定期便の便数が限られていたことと、ソ連側の出国指示が一定の時期に集中する傾向があったことから、結果的には各便に複数の世帯が同乗していた。

残留日本人A・C妻夫に続く帰国は、9月7日大泊を出港し、ウラジオストク、ナホトカ経由で9月15日に横浜に到着した8世帯35人であった。なお、1世帯のみラジオストク－ナホトカ間を鉄道ではなく「ハイヤー」で移動しており、出国地までの旅程は各世帯に任されていたと考えられる。3世帯については、出航日が出国許可期間開始日よりも早かったものの、「親しいものが帰国するので、淋しくなるため」ユジノサハリンスクで手続きを試みたところ出国許可期間の変更が認められたのであった。なお、居住地は、ゴルノザボーック（内幌）3世帯、ポロナイスク（敷香）2世帯、ネベリスク（本斗）2世帯、トマリ（泊居）1世

帯であった[48]。興味深いのは、その 11 年後に起きたナホトカ四老人事件では、ソ連出国のためにナホトカまで来た 4 老人が日本領事館で日本入国手続きをする前に一度サハリンへ戻ったのはサハリンで出国許可期間の延長手続きをするためであるとされていることである[49]。ここではソ連の出国制度の変遷を検討する余裕が無いものの、ナホトカ四老人事件と同期時に梅村秀子事件や都万相事件が起きていることを考えれば、1960 年代のソ連の出国行政は比較的柔軟な態度をとっていたということができよう。

9 月 24 日には 3 世帯 17 名が横浜に到着した。1 世帯はユジノサハリンスクから空路でウラジオストクへ向かった。一部の者の出国許可期限が切れていたが、ナホトカで延長手続きが認められた[50]。

10 月 3 日には、7 世帯 44 名がコルサコフ（大泊）とナホトカを経由して横浜に到着した。この一団はサハリンを出る前にすでに出国許可期限が過ぎていたためにユジノサハリンスクで延長手続きを行なっている。ナホトカまでは自費で旅費を捻出したものの、ナホトカから大使館へ電報を打ち、横浜への船賃もないわけではないが、それでは日本帰国後に必要な金銭が残らなくなってしまうほか、9 月 12 日の日本のラジオ放送で「ナホトカ・横浜間の船賃は全額日本政府が負担するということをきいた」ことを理由に日本政府の立替払いを依頼し、大使館もこれを受け入れた[51]。

10 月 29 日にはホルムスク、ナホトカ経由で 15 世帯 56 名が横浜に到着した。ナホトカ－横浜間の船賃は、現地旅行会社に日本政府の後払いであると伝えると問題なく発券された[52]。

11 月 16 日にはホルムスク、ナホトカ経由で 19 世帯 95 名が横浜に到着した。この組もナホトカ－横浜間の船賃の日本政府による後払いで発券を受けている。居住地は、コルサコフ 2 世帯、ヤブロチュナヤ（蘭泊）2 世帯、ネベリスク 2 世帯、ヴイコフ（内淵）2 世帯、ユジノサハリンスク 2 世帯、ドリンスク（落合）1 世帯、ノヴォアレクサンドロフスク（小沼）1 世帯、ポロナイスク 1 世帯、マカロフ（知取）1 世帯、オクティヤブリスキ（清川）1 世帯であり、特定の地区の居住者ではなく、各地から帰国申請を行ない許可が下りていることがわかる[53]。12 月 25 日にはナホトカ経由で 2 世帯 14 名が帰国した。この際には、1 世帯の残留日本人の朝鮮人配偶者の父親がソ連からの出国許可を得ていたにもかかわらず、日本側が入国許可を与えなかったため、サハリンに残らざるを得なかったことに、同世帯は不満を抱いていた。透過性の不充分な状態での移動は再度の

離散をもたらすことになった実例である。この場合、この父親がソ連側での手続きを行なっていたためにこうした問題が表出したが、親世代が日本への出国を希望せず子ども世代との離散を経験したという事例が表出することなく複数存在していた可能性を否定することはできない。なお、この個別帰国に際しては、駐ソ大使館の書記官がナホトカで両世帯の世話をはかった[54]。

最終的には、ナホトカ－横浜間の船賃は日本政府が負担することが常態化したものの、日ソ両政府が予想していたように、この時期の帰国者世帯は必ずしも経済的に困窮した世帯ばかりであったとは言えない。残留日本人Ａ・Ｃ世帯は帰国時に米80kgと砂糖20kgを携行して日本側係官を驚かせた[55]が、その後に続く帰国者世帯も多ければ20個を超える荷物を携行し、別途それに近い数の荷物を予め輸送している世帯もあるなど、所有物が多かった[56]。これは、単に長年使い込んだ家財道具を捨てるのが忍びなかったというだけではなく、持ち出しのためにナホトカで外貨に兌換できるソ連国内通貨が一人あたり90ルーブルまでと限られていたため、残余を商品の購入という形で消費したためとも考えられ、「子供1人1人に腕時計をはめている世帯もあつた」[57]ほどであった。しかし、いずれにしろ着の身着のままに近かった戦後期の緊急疎開・脱出や密航、引揚げとは状況が全く異なっていることがわかる。ただし、当時のサハリン残留日本人がすべてこのようにある程度の経済力をつけた人々であったと一般化することは早計であろう。第7章でもふれるように帰国予定のサハリン残留日本人の中からも、旅費を工面できない者は許可が出ても帰国ができないのではないという懸念が示されていたからである。

このように、1965年8月から12月にかけて、55世帯382名が横浜に到着した。翌1966年1月21日には2世帯19人、2月24日には1世帯4名、5月2日には1名、7月29日には1名が日本へと帰国した[58]。1966年1月に訪ソした椎名悦三郎外務大臣は、同年1月19日の記者会見で「帰還問題に関し促進方を促したことに対し先方は協力を惜しむものではないが帰還の意思を含め調査の上促進すると答えた。行方不明者の調査についても調査を促したのに対し先方は協力を約した。」[59]という旨の発言をしているものの、1966年3月時点でレオコニシニコフ外務省日本課長は駐ソ日本大使館に「後の者は日本へ帰る意志がないようである。もっとも、今後これらの人達が帰国を希望するならばソ連政府としては何んらこれを阻止する積りはない。」と伝えている[60]。1967年以降も1976年までの11年間で30世帯、1年あたり平均3世帯弱、最大8世帯が帰国を行なっていたが、

1977 年以降はポスト冷戦期の帰国の始まる 1990 年まで永住帰国者が皆無の状態が続くこととなる。この停滞と途絶については、次章で詳しく論じる。

なお、1976 年に個別帰国した残留日本人 1 名はその後に再びソ連へ戻り、ポスト冷戦期になって一時帰国を申請したところ日本政府から拒否されたという[61]。これは自己意思でソ連へ再入国したことが明らかである以上、残留日本人にあたらないという判断によるものであると思われる。

3 冷戦期個別帰国者の構成

前節で冷戦期集団帰国者の世帯構成を分析したように、ここでも冷戦期個別帰国者の世帯構成の分析を試みてみたい。ただし、日本が配船した帰国船による一括帰国ではないため集団帰国のように乗船名簿などが残されているわけではない。そこで、外務省側に残されていた日本入国査証関係資料[62]の中の世帯情報で代替して分析を行ないたい。同資料を用いるにあたっては、留意すべき点が 2 点ある。第 1 点は、日本への入国査証発給手続きであるため、無国籍者扱いの残留日本人のみの世帯の場合など、この手続きを行なっていなかったり、行なっていても資料が残されていない可能性があること、第 2 点は、この手続きを行なった者が全員個別帰国できたわけではないことである。厚生省側の帰国者の名簿[63]と照合してみると、59 名分の情報が入国査証関係資料からは確認できず、7 世帯が個別帰国世帯としては厚生省側の資料に記載されていない。その結果、世帯構成が把握できたのは 35 世帯に限られた。

表 5-3 は、前節の表 5-2 に準じて世帯を類型化したものである。該当なしの型が多いのは、第 1 類はそもそも資料の性質上含まれていないこと、第 7 〜 10、11、15、16 型は母数の多い集団帰国でも極めて僅少であったことから説明できる。表 5-3 から理解できるのは、日本人の男性の単身帰国（第 3 型）が見られること、日本人世帯（第 6 型）の割合が集団帰国の時よりも多いこと、集団帰国同様に戦後に形成されたと考えられる朝日世帯（第 14 型）が最も多いこと、割合としては少ないものの戦前に形成された思しき朝日世帯（第 13 型）が存在することである。このように傾向としては集団帰国時と大きく変わることはなく、集団帰国者と個別帰国者の間に世帯構成上の大きな相違は認められない。

第 5 章　冷戦期帰国　179

表 5-3　サハリン冷戦期個別帰国者世帯類型 [人、%]

類	型	世帯数	割合	世帯構成
1	1	-	-	抑留者
	2	-	-	抑留漁夫
	小計	-	-	(サハリン残留者以外)
2	3	2	6	単身者男性（日本人）
	4	0	0	単身者女性（日本人）
	5	0	0	単身者男性（朝鮮人）
	小計	2	6	(単身者世帯)
3	6	6	0	日本人夫妻（および親、子供）
	7	0	0	日本人男性および戦前生れの子供
	8	0	0	日本人男性および戦後生れの子供
	9	0	0	日本人女性および戦前生れの子供
	10	0	0	日本人女性および戦後生れの子供
	小計	6	17	(日本人世帯)
4	11	0	0	日本人女性および朝鮮人夫（戦前に家族形成）
	12	0	0	日本人女性および朝鮮人夫（戦後に家族形成）
	13	1	3	日本人妻、朝鮮人夫および戦前生まれで朝鮮人夫の姓を持つ長子、ほか。
	14	26	74	日本人妻、朝鮮人夫および戦後生まれで朝鮮人夫の姓を持つ長子、ほか。
	15	0	0	日本人妻、朝鮮人夫および戦前生まれで日本人妻の姓を持つ長子、ほか。
	16	0	0	日本人妻、朝鮮人夫および戦後生まれで日本人妻の姓を持つ長子、ほか。
	小計	27	77	(日本人・朝鮮人世帯)
	合計	35	100	

出典：「ソ連籍未帰還者邦人斉×××以下 9 名及びその家族の査証に関する経伺（下田大使発　外務大臣宛　1965 年 6 月 13 日）」、「ソ連籍未帰還者邦人 23 名およびその家族の査証について(須之部臨時代理大使発　外務大臣宛　1965 年 7 月 8 日)」、「ソ連籍未帰還者邦人四役×××以下 4 名およびその家族の査証に関する経伺（須之部臨時代理大使発　外務大臣宛　1965 年 7 月 31 日）」、「ソ連籍未帰還者邦人岡林×××以下 4 名およびその家族の査証について（須之部臨時代理大使発　外務大臣宛　1965 年 8 月 7 日）」、「ソ連籍未帰還邦人福島×××および福島×××ならびにその家族の査証経伺(須之部臨時代理大使発　外務大臣宛　1965 年 8 月 21 日)」、「未帰還邦人の査証経伺（中川大使発　外務大臣宛　1965 年 11 月 1 日）」『ソ連地区邦人引揚関係樺太残留者引揚関係』外務省外交史料館所蔵 [分類番号 K'7-1-2-1-7] -2-1-7) より筆者作成。原資料では「×××」は実名。

第3節　冷戦期帰国者の経験

　ポスト冷戦期帰国者やポスト冷戦期の現地在住者に比べれば冷戦期帰国者はその存在自体がほとんど知られてこなかったし、その実像も明らかになっているとは言えない。特に詳細な事例については、新井佐和子[64] によって記された朴魯学・堀江和子夫妻の半生や粟野仁雄が挙げた事例[65] にとどまる。本節では、筆者による当事者への聞き取り調査を中心に、冷戦期帰国者の経験について明らかにし、後章でポスト冷戦期帰国者やポスト冷戦期の現地在住者との差異について検討する材料としたい。

1　冷戦期集団帰国朝日世帯

　最初に挙げるのは、第 17 次集団帰国によって 1959 年に集団帰国した残留日本人 Y・S、残留朝鮮人 L・D 夫妻の事例[66] である。残留日本人 Y・S は 1927 年に北海道の赤平茂尻炭礦で出生したが、父親の死去を契機に小学校を卒業すると兄たちのいる樺太北樫保へと移住する。樺太で高等科を卒業した後は北樫保の炭鉱で事務員などとして勤めており、姉も同地で看護婦として勤めており、ソ連樺太侵攻時も北樫保にいた。避難のために一度は最寄りの駅で集合するものの、結局列車が来なかったため、移動せずに過ごした。1947 年にコルサコフへと仕事を探しに行ったところ、残留日本人 Y・S がコルサコフにいる間に北樫保の母たちに引揚げ許可が出て引揚げをしてしまい、さらに出征していた兄たちの妻子もすでに引揚げてしまっており残留日本人 Y・S は身寄りを失ってしまう。なお、出征していた兄たちはシベリア抑留されていたが、後に無事に帰還している。

　残留朝鮮人 L・D は 1920 年に朝鮮忠清北道で生れ料理人などで生計を立てていたが、1943 年に役場からの「募集」によって樺太へ渡り北樫保の炭鉱で働き始める。職場は朝鮮人ばかりであったわけではなく、日本人とも混じって労働に従事し、病院では看護婦であった残留日本人 Y・S の姉と知り合っている。2 年の契約期間が切れる直前に残留朝鮮人 L・D は豊原へと逃げ出し、朝鮮人の「親方」が経営する木工所で働くようになる。残留朝鮮人 L・D の再就職が円滑に進んだのは、この朝鮮人親方が余分な朝鮮人登録を持っていたためと残留朝鮮人 L・D は語っている。その後、ソ連樺太侵攻の直前に博打で大負けしたため、その職場からも逃亡し樫保の知人の世話になり、やがてコルサコフへと移動し、麺店で

勤めるようになる。残留朝鮮人L・Dは敗戦に際しても特に朝鮮への帰還を期待できたわけではなかったと語っている。

　そうした状況の中で、残留日本人Y・Sと残留朝鮮人L・Dは出会い同居生活を始める。残留朝鮮人L・Dはかつてある日本人女性[67]と恋人関係にあったほか、北樺保時代には残留日本人Y・Sの姉に好意を寄せていたなど、残留朝鮮人L・Dにとって日本人女性は社会的に距離のある存在ではなかった。残留日本人Y・Sは引揚げ申請を続けたが残留朝鮮人L・Dが荷物を隠すなどの妨害を続け、やがて妊娠したことで残留日本人Y・Sは引揚げの意思を喪失してしまう。その後日本へ手紙を書いてみることもせずにいたが、1956年に駐ソ日本大使館の再設を知り、帰国嘆願書を送付する。一時帰国ではなく最初から永住帰国の意思を持っていた。なお、残留日本人Y・Sが大使館再設を知ったのはメディアなどからではなく、堀江和子から個人的に知らされたと記憶している。大使館からの返信がなかった[68]が、サハリンの当局へ相談したところ、出国許可のために必要な書類を指示されたので、初めて日本の兄へ戸籍謄本を送るようにと手紙を出した。帰国船で小樽に到着した際には、兄弟が迎えに来ており、3年前にすでに母が死去していたことを初めて知らされた。

　日本での定着地については夫婦間で意見の相違があり、残留日本人Y・Sは家族のいる北海道を希望したが、残留朝鮮人L・Dは先に帰国していた残留朝鮮人L・Gらのいる東京を希望しており最終的に東京へ定着し引揚者用住宅である金町寮で生活を始め、一年後に足立区への住居を移す。なお、金町寮時代に一度北海道を訪問し、戦前に炭鉱事故で死亡していた兄の子どもを引き取り東京へ連れ帰っている。残留朝鮮人L・Dは入国2年を経過すれば日本からの出国が可能になるので、韓国への帰国も考えたが、残留日本人Y・Sは反対し、もし残留朝鮮人L・Dが韓国へ帰国するなら自分は子どもたちと日本に残ると主張したため、韓国への移住を残留朝鮮人L・Dは断念した。帰国時、長子はすでに小学校3年生に相当する年齢であり、サハリンでは朝鮮民族学校に通い家庭でも朝鮮語とロシア語が主であったため日本語をまったく解さず、小学校1年生に編入された。ただし、帰国後は今度は家庭でも日本語ばかりを話すようになり、子どもたちは日本社会に急速に適応してしまい、ロシア語や朝鮮語はすぐに忘れてしまったという。子どもたちも幼いころは多少は食べ物についてサハリンのことを懐かしがったが、長じていくと懐旧の念は見られなくなったという。また、子どもたちは朝鮮籍者として入国していたため、数年後に帰化の手続きを行なった。なお、

残留朝鮮人L・Dについても後に日本政府から特別永住権取得を促す通知が来たので、特別永住権を取得し、その後、残留朝鮮人L・D自身は日本国籍の取得を考えたものの、残留日本人Y・Sが取得に必要性はないと言ったためそのまま現在に至っている。

　残留朝鮮人L・Dは、日本に帰国した朝鮮人たち4～5人で1961年頃に韓国への一時帰国を果たしているが、残留朝鮮人L・Dにとってこの一時帰国は必ずしも幸福な思い出にはなっていない。残留朝鮮人L・Dは日本の化粧品を大量に持ち込み韓国で高値で売り、その金で親の墓を建立しようと考えていたが、親戚にすべて土産物として無償で持ち去られ、姉からは郷里に不在だった約20年間分の「家賃」の支払を要求されそれに応じたためにそれが果たせなかったからである。残留朝鮮人L・Dも残留日本人Y・Sも、残留朝鮮人L・Dが帰国後に大泣きしたのを記憶している。なお、夫婦で韓国へ初めて訪問したのは1970年代になってからであった。夫婦の生活が安定するようになるのは、残留朝鮮人L・Dが麺打ち技術を評価されて1963年にデパートの中華料理店に勤務するようになってからであった。残留朝鮮人L・Dは当時の大卒初任給と比較して当時の月給の高さを誇り、当時発行された料理雑誌に載った自分の記事を大切に保管するなど、夫婦にとって重要な転機であった。なお、この転機をもたらしたのは、帰国後から監視役にあった公安関係者であった。この公安関係者が残留朝鮮人L・Dが調理人経験があることを知り、前記の中華料理店を紹介してくれたのである。公安関係者が在日外国人の生活安定を促すことは確かに保安上の合理性があり、これはその実例と言えよう。ただし、後述する残留日本人A・Sbの場合も冷戦期帰国後に公安関係者の監視下に置かれており、国籍のみから警戒されていたと即断することはできない。

　また、残留日本人Y・Sと残留朝鮮人L・Dは、帰国当初周囲の日本人からは忌避されたと感じており、また在日朝鮮人ともうまく交流することができず、交流相手は主に同時期に帰国した帰国者であったと回想している。残留日本人Y・Sは堀江和子に連れられて一度、樺太引揚者団体である全国樺太連盟を訪問したことがあったが、「身分が高そう」なため委縮し、その後は関係を持たなかったと語っている。

　残留朝鮮人L・Gも日本人妻である残留日本人U・Hと冷戦期集団帰国した人物であるが、筆者の聞き取り調査時[69]にすでに残留日本人U・Hが逝去していたため以下では残留朝鮮人L・Dとの比較として、残留朝鮮人L・Gの経験につ

いてまとめておく。

　残留朝鮮人Ｌ・Ｇは1923年に朝鮮で生れ、父方の伯母が裕福な家へ嫁いでいたのでそこで世話になり尋常小学校を卒業した。尋常小学校では、校長と教員１名が日本人であったと残留朝鮮人Ｌ・Ｇは記憶している。兄弟５人、姉１人がいるが尋常小学校を卒業したのは残留朝鮮人Ｌ・Ｇだけであった。卒業後は江原道にも土木作業の稼ぎに出たことがあったが、そこで出会った日本人労働者たちは知能障害者や疾病罹患者などであったとして良い印象を抱いていない。ただし、偶然目にした日本人とび職の日給が自分の数倍であったことを現在も鮮明に覚えている。樺太へは1943年に地元の面長に勧誘され、当時失業していたこともあり、２年後に帰郷した際には仕事を用意しておくという条件と、その段階であれば「募集」として行けるので「徴用」として行くよりも条件が有利だという話に説得され、渡樺を決断する。当時の残留朝鮮人Ｌ・Ｇは２年後に帰郷して母親の還暦を祝おうと考えていた。渡樺後はすぐに現場労働に入ったわけではなく、教育程度が低く集団規律に慣れていない朝鮮人のための集団行動の練習を西内淵で受けていた。読み書きを満足にできる者もほとんどない状況で、残留朝鮮人Ｌ・Ｇは尋常小学校を卒業し集団行動に慣れていたため、その指導係なども務めた。現場に入ると残留朝鮮人Ｌ・Ｇは主にパイプの切断や削岩機の修理や管理など坑外業務に従事し、日本人労働者が応召によって次第に減っていったことを記憶している。給料について日本人との間に大きな格差があったとは残留朝鮮人Ｌ・Ｇは記憶しておらず、月３〜４円の小遣い程度の現金支給があり、残りは報国貯金に回し契約終了時に満額渡されるという話であった。1945年５月に契約満了となり朝鮮へ帰郷できるはずであったが、現場に来た「憲兵」によって非常時のため回鮮の船が用意できないことを理由に無期限「再徴用」を申し渡された。不満を唱えた者は「タコ部屋」送りになり、残留朝鮮人Ｌ・Ｇは自分の持ち場からその様子を見たことを記憶している。なお、ここで言う「タコ部屋」とは懲罰的作業班を指し、朝鮮人のみが対象であったわけではない。

　戦争が終わったことで、残留朝鮮人Ｌ・Ｇはようやく朝鮮へ帰れると期待したが、周囲の日本人からは「第三国人」[70]だから日本人とともに引揚げすることはできないだろうと言われたことを残留朝鮮人Ｌ・Ｇは記憶している。戦争の終結は職場にも大きな変化をもたらした。先述の「タコ部屋」送りになった愚連隊風の朝鮮人のひとりはソ連樺太侵攻以前にはすでに元の持ち場に復帰していたが、「タコ部屋」での待遇への怨恨を募らせていたのか、「タコ部屋」の「親方」を殺

害し倉庫を開けたため、一部の「タコ部屋」の労働者は物資を持って四散してしまった。ソ連化は急速には進まず徐々に進められたため、一般朝鮮人労働者の中には職場を放棄し闇商売を始める者も現われたが、残留朝鮮人L・Gのように引き続き労働を続ける者もおり、中には管理職に昇進する者も現われた。残留朝鮮人L・Gは業務を続けていた「お礼」に職場からメリヤスをもらったことを記憶している。

1946年の春に残留朝鮮人L・Gは西内淵で同僚であった朴魯学の誘いでコルサコフへと移り、漁業コンビナートの運送部門で自動車修理工として働き始める。同僚の日本人たちは引揚げが決まると残留朝鮮人L・Gにエンジンの解体などまでして自分たちの知る限りの技術を残留朝鮮人L・Gに伝授してくれたという。残留朝鮮人L・Gが結婚をしたのは1950年であり、日本人の引揚げ終了後であった。残留朝鮮人L・Gの妻となる残留日本人U・Hが引揚げせずに残留していたのは、母親が国内身分証をバザールで紛失したのでその再発行手続きをしている間に引揚げ自体が終了していたからであったという。なお、測量助手であった残留日本人U・Hの父親は残留日本人U・Hの弟と引揚げており、これが再度手続きさえすれば容易に引揚げできるだろうと楽観的に考えていたからなのか、とにかく家族全員でなくても引揚げの機会を逸するわけにはいかないという判断なのかは不明である。母と共に残留することとなったのは残留日本人U・Hとその妹であり、妹が先に朝鮮人と結婚したため、その縁で残留朝鮮人L・Gと残留日本人U・Hが結婚することとなる。

自分を気に入ってくれたウクライナ系ソ連人の上司からはソ連国籍取得を勧められたが、ソ連国籍を取得してしまうと帰国の権利を喪失するのではないかと危惧し、手続きは行なわなかった。なお、この上司が残留朝鮮人L・Gを信頼するようになった背景には残留朝鮮人L・Gが日本のラジオ放送を通じてソ連国内では一般人が知り得ない情報を知っていたからだと残留朝鮮人L・Gは推測している。特に、1953年のスターリンの死についてはソ連国内ではすぐに公表されなかったため、「国家元首の死を国民が知らず、外国人が知っているのは、この国がもうすぐ終わることを示している」と嘆息したという。北朝鮮の領事館員による国籍取得と帰国促進の宣伝もあったが、すでに北朝鮮の状況について悪い噂が流れていたほか、一度北朝鮮へ渡っても再びサリンへ戻って来た者もいたので残留朝鮮人L・Gは北朝鮮には関心を持っていなかった。なお、残留朝鮮人L・Gは宣伝に来た領事館員について、「ハングルは字が少ない」[71]ので共産党員でも

頭の悪い者がいたと回想しており、これも北朝鮮への悪印象の一因であったのか
もしれない。

　残留朝鮮人Ｌ・Ｇはロシア語が読めないため新聞は情報源になり得ず、ラジオ
から聞こえる日本の放送が重要な情報源であった。残留朝鮮人Ｌ・Ｇがラジオで
熱心に日本の放送を聴いていたのは、引揚げの情報を得るためであった。駐ソ連
大使館再設の報もラジオで知り、大使あてに帰国嘆願書を書いたが返事は来な
かった[72]。その後、ラジオで冷戦期集団帰国の報にも接したほか、高麗人経由で
ソ連当局からも帰国に関する通知を受け取った。残留朝鮮人Ｌ・Ｇも豊原事件の
ことを耳にしており、おそらく残留朝鮮人Ｌ・Ｇがこの通知を受け取ったのは、
それ以前であると考えられる。残留朝鮮人Ｌ・Ｇはソ連当局に出国許可を申請し
手続きを進めた。残留朝鮮人Ｌ・Ｇのその動機は、ウクライナ系ソ連人の上司に
気に入られるなどしていたものの、ソ連社会での生活になじめず、日本経由で韓
国へ帰国できることを期待していたことであった。

　残留朝鮮人Ｌ・Ｇによれば集団帰国の過程は以下のようであった。出国許可の
申請にあたっては、勤務先の印が必要であり、これは保有国債の現金化にも必要
であった。残留朝鮮人Ｌ・Ｇの場合、出国8日前に手紙が来て、出国地点である
ホルムスクへの集合日が通知された。残留朝鮮人Ｌ・Ｇらは出国4日前にホルム
スクに到着し「収容所」[73]に入れられた。帰国船に搭乗時にはソ連側の係官に国
内身分証を返却し、乗船すると日本側の係官から聴取を受けた。この際に、自称
内地籍朝鮮人が発覚し下船させられたと残留朝鮮人Ｌ・Ｇは語るが、自身が目撃
したわけではなかった。次章で述べるように、少なくとも外務省の資料では残留
朝鮮人Ｌ・Ｇらの第14次集団帰国においては「不法入国容疑朝鮮人問題」は発生
していない。舞鶴上陸後には引揚げ証明が交付された。舞鶴には戦後にコルサコ
フで知り合い第13次で先に日本へ帰国していた沈桂變が迎えに来てくれていた。
帰国船内で残留朝鮮人Ｌ・Ｇ一家は入国後の定着地を妻方の身寄りのある宮城県
と申告していたが、沈桂變に勧められたことと、妻方の実家へ行っても長続きし
ない事例が多いと聞いたことから、東京へとその場で定着先を変えた。出国時に
は8万円相当の現金と新調した身の回り品を携行していたが、それらの新調品は
帰国後に残留日本人Ｕ・Ｈがソ連生活への嫌悪感からすべて捨ててしまったとい
う。なお、この帰国時点で残留朝鮮人Ｌ・Ｇ夫妻の間にはすでに3名の子どもが
いた。

　残留朝鮮人Ｌ・Ｇは日本入国時の日本政府側の処理について不満を抱いている。

ひとつは、妻の残留日本人Ｕ・Ｈが「戸主」とされたこと、もうひとつは、ソ連
政府発行の婚姻証明書が無効とされ新たに日本の役所で婚姻手続きが要されたこ
と、そして旧日本帝国臣民であるにもかかわらず本籍地が内地ではないことから
引揚者としての支援対象外とされたことである。前二者は次章で見るように、朝
鮮人家族の入国を実現するために朝鮮人夫を内縁の夫とした日本政府側の苦肉の
策であったが、係官たちからの充分な説明が当時なかったのか、60年近く経っ
ても不満に思い続けていた。ただし、日本政府がソ連発行の婚姻証明書を認めな
かったのは、前記の通り入国措置のためであり、ソ連発行の証明書全般を無効と
みなしたわけではなかった。残留朝鮮人Ｌ・Ｇが持参したソ連国内の運転免許証
は普通免許分についてのみ有効とされ、切り換え措置によって日本国内用の普通
運転免許証の交付を受けることができた。

　また、自分自身に関する事柄ではないものの、ナホトカ四老人事件についても
ソ連政府側よりも日本政府側の責任について1972年に帰国した横井庄一や1974
年に帰国した小野田寛郎ら残留日本兵への日本政府や日本社会の対応を引き合い
に出し筆者の前で批難していた。なお、時期は不明であるものの残留朝鮮人Ｌ・
Ｇが自ら書き留めたメモの中には、四老人がサハリンへ戻ったのは日本外務省が
日本への入国を拒否したためだと残留朝鮮人Ｌ・Ｇが理解していることをうかが
わせる箇所が見られた[74]。筆者の聞き取り時点では、残留朝鮮人Ｌ・Ｇはナホト
カ四老人事件の名前を書いたメモ用紙を常にポケットに入れていると語ってい
た。ナホトカ四老人事件が冷戦期帰国者にとっても心を痛める象徴的な出来事で
あったことを示すと同時に、横井庄一や小野田寛郎ら残留日本兵に対する日本社
会の熱狂的な反応が対比的にサハリン残留・帰国朝鮮人の孤立感を際立たせる作
用を有していたことを示す事例である。なお、1965年に樺太抑留帰還韓国人会
が日本赤十字に提出した陳情書の中にも、「昨年日本ではグアム島に残る日本兵
の一、二人のために国をあげての努力をしました。それにひきかえ数万人にのぼ
るわが同胞はどうでしょうか」という一文が見られる[75]。

　先述の通り、残留朝鮮人Ｌ・Ｇは日本から韓国への帰国を当初は考えていたも
のの、日本帰国後は、すぐに韓国へ生活拠点を移すことは難しいであろうと判断
し、また残留日本人Ｕ・Ｈも日本での生活を望んだため日本での生活を継続した。
生活は経済的にも順調ではなかったと語るが、それ以外にも残留朝鮮人Ｌ・Ｇの
心を痛める出来事が起きていた。たとえば、引揚者寮で生活している頃に、在日
朝鮮人団体の関係者が「何しに日本へ来たのか、どうしてソ連を去ったのか」と

詰問しに来たので、追い返したことがあった。また、朝鮮で通っていた尋常小学校の元校長の許を訪問したところ、土産物を要求されたり、焼き肉をご馳走させられたりと、冷たく扱われた。残留朝鮮人Ｌ・Ｇの場合も、残留朝鮮人Ｌ・Ｄ同様に、日本帰国後の韓国の家族との関係は必ずしも明るいものではなかった。残留朝鮮人Ｌ・Ｇは樺太から故郷の家族へ送った手紙の中に現金を入れて送っていたはずであったが、兄たちからは現金は届いていないと言われたのである。兄たちとこの件について話した時点で送ったはずの手紙の所在は不明となっており、そもそも手紙が届いていたのかさえ明らかではなかった。検閲時に抜き取られたのではないかと残留朝鮮人Ｌ・Ｇは一回目の聞き取りで語ったが、二回目の聞き取りでは、渡樺の際に「隊長」であった朝鮮人が抜き取っていたのだと語った。

　残留朝鮮人Ｌ・Ｇの語りから読み取れるのは、朝鮮在住時に出会った日本人教員や労働者に対して良い印象を抱いていないものの、樺太で同僚であった日本人たちには良い印象をいだいているほか、自身が周囲の朝鮮人に比して模範的な労働者であったことを自負していることである。ソ連社会でもウクライナ人上司に信頼されるなど仕事の上では順調であったと語るものの、帰国後に残留日本人Ｕ・Ｈがソ連で購入した物品を処分してしまったことが示すように、強烈な閉塞感、忌避感をソ連社会に抱いていたことが理解できる。また、これは残留朝鮮人Ｌ・Ｄにも共通することであるが、日本人妻の側の家族に頼るのではなく、サハリンで築いた残留朝鮮人同士の関係を軸に帰国後の生活を設計し、韓国の家族との関係も決して明るいものとしては語られない。

　日本政府への不満、不信感はもちろんながら、〈祖国〉たるべき北朝鮮や韓国へも良い印象は抱いていない。筆者が残留朝鮮人Ｌ・Ｇの自宅に掲げられていた韓国政府からの勲章について尋ねると残留朝鮮人Ｌ・Ｇは「最低」ランクのものだと不満げに答えた。後述するように、帰国後の朴魯学らとの残留朝鮮人帰還運動は日本社会一般や民団や総連を含む在日朝鮮人社会からも順調な支持を受けたわけではなかった。ただし、熱心に耳を傾けてくれたある朝日新聞記者や後述する樺太裁判にかかわった弁護士の高木健一や法学者の大沼保昭に対しては感謝と尊敬の念を抱いているように、日本社会全般への評価と日本人個々人への評価が同一視されているわけではない。加えて言えば、日本社会全般への評価はあくまで残留問題に限ったものである。筆者の残留朝鮮人Ｌ・Ｇへの二回目の聞き取りは残留日本人Ｙ・Ｓと残留朝鮮人Ｌ・Ｄの自宅で行なわれたのであるが、その日はちょうど残留朝鮮人Ｌ・Ｄの行政支援を受けた在宅介護サービスの日であり、

そのことが話題に及ぶと、日本は外国人にもこうした福祉を提供してくれるとても
もいい国だ、という発言を三者がした。

　残留朝鮮人Ｌ・Ｇと残留朝鮮人Ｌ・Ｄの事例から冷戦期集団帰国朝鮮人の一般
像を紡ぐことはできないが、その経験と語りの多様性の片鱗を知ることは可能で
ある。残留朝鮮人Ｌ・Ｇが日本社会においてもソ連社会においてもよき労働者で
あったことを強調する一方で、残留朝鮮人Ｌ・Ｄは逃亡や博打などおよそそれと
は異なる人物像を語りだしている。

2　冷戦期集団帰国者の日本での活動

　次章で論じるように、集団帰国の打ち切り以降、日本政府はサハリン残留者問
題に消極的になっていったと言える。それでは、冷戦期帰国者自体は、帰還促進
運動を行わなかったのであろうか。まず、サハリン残留日本人はサハリンにおい
ても、日本人団体やコミュニティと呼び得るものはなく、個別の友人関係や親族
関係が散在する程度の凝集力しか持たなかった。この背景としては、数的僅少、
地理的分散、そして女性という従属的立場や少数民族扱いされなかったという政
治的立場などが原因であった。さらに帰国後も、組織的な動きはほとんど見られ
なかった。ただし、堀江和子は帰国後にサハリンで知り合いであった残留日本人
の残留日本人Ｍ・Ｍのための帰国書類について外務省に依頼するなどの動きを
しており[76]、個人間での帰国促進のための活動があったことがうかがえる。

　また、堀江和子は夫の朴魯学が帰国後の1958年に結成した「樺太抑留帰還韓
国人会（樺太帰還在日韓国人会）」の活動にも参加していた。主な活動内容は、
日韓両政府や関係機関等にサハリン残留朝鮮人の帰国の促進を陳情することと、
日本を中継地点としたサハリンと韓国の離散家族の間の手紙の仲介をすること、
サハリンと韓国の離散家族の日本での再会の促進であった。そして、これらの活
動の中でサハリン残留朝鮮人に関する数値が集計されていくことになる。

　帰還促進が目的であったためソ連出国希望者の名簿である「樺太抑留同胞帰還
希望者名簿」も作成された[77]。この名簿はＡとＢの二種類があり、Ａは日本への
帰国を希望する世帯、Ｂは韓国への帰国を希望する世帯の名簿である。表5-4は
この名簿に掲載されている1967年6月20日と1971年11月1日の集計結果であ
り、すでに1965年の大量個別帰国も終了した後の数値となる。これによれば、
同時点とも約2割弱の世帯が日本を帰国先として希望している。

第5章 冷戦期帰国 189

表 5-4 サハリン残留朝鮮人の希望帰国先（樺太抑留帰還韓国人会調べ）

1967 年	世帯	成人	未成年	計	1971 年	世帯	人数
日本	334	732	844	1,576	日本	335	1,579
韓国	1,410	2,681	2,667	5,348	韓国	1,370	5,333
合計	1,744	3,413	3,511	6,924	合計	1,705	6,912

出典：樺太抑留帰還韓国人会「樺太抑留同胞帰還希望者名簿 A（1967 年 6 月）」『李義八
　　　氏寄贈資料』在日韓人歴史資料館所蔵（閲覧『이희팔 기증기록물 CD-1』국가기
　　　록원 , 2012 년）より筆者作成。
注 1：1971 年のデータはのちに別紙で追加されたものである。
注 2：「成人」「未成年」は原資料では「大人」「小人」と表記されている。

　この数字をどのように理解すべきであろうか。考慮すべき点は 3 点ある。第一
は、そもそも朴魯学らがサハリン残留朝鮮人は 4 万人近くいると主張していたに
もかかわらず、本名簿によれば帰国希望者が 7,000 人に満たないということであ
る。この点は、国外の一民間団体がサハリンの残留朝鮮人全体を掌握した上で帰
国希望を集計したわけではなく、その掌握範囲に限界があったとまずは考えるべ
きで、残りの残留朝鮮人すべてが帰国を希望していなかったと考えるべきではな
い。したがって、これは帰国希望者の下限値としてとらえることのできる数値で
ある。
　第二は、数値上は少数派になるとは言え、2 割におよぶ朝鮮人世帯が日本への
帰国を希望していることである。これについては、まず回答に際して回答者が
〈理想〉と〈現実〉をどこまで考慮しているかについて想像を及ぼすべきであろ
う。この段階において帰国先を表明したからと言って帰国が即実現するわけでは
ない。韓国への帰国に対して日本への帰国は集団帰国と個別帰国という実績がす
でに存在しており、ソ連出国を第一に考え、より実現性のあるほうとして日本と
回答した世帯が存在した可能性は否定できない。たとえば、前述の残留朝鮮人 L・
D や残留朝鮮人 L・G が帰国前に同様のことを問われていれば、どのように回答
したかは未知数である。なぜならば、二人とも当初は日本経由の韓国への帰国も
視野に入れつつ冷戦期集団帰国に臨んでいるからである。したがって、2 割弱と
いう数字は本心の中での理想的な帰国先がどちらであるかは別にして、日本への
帰国に関心がある世帯と判断するべきであろう。
　第三は、なぜ日本への帰国に関心がある人々が約 300 世帯約 1,600 人にもおよ
ぶのかということである。第 4 章の表 4-5 に基づけば、冷戦期帰国者以外の残留

日本人の中で残留背景が判明している者のうち 219 ～ 234 名が朝鮮人と世帯関係にあった。これは 8 割強におよぶので、これを 1967 年時点の現地在住残留日本人数 473 人に乗じてみると約 390 人であり、仮にこれに朝鮮人成人男性の人数として同数を加えても上記の 1,600 人には及ばない。つまり、日本人を世帯員に含まずとも日本への帰国を希望した朝鮮人世帯が存在したことが示唆される。そして、実際にそうした事例が外務省の資料の中に見出せるのである。たとえば、第 6 章第 2 節でも言及する残留朝鮮人 K・E 父子は日本に家族が在住しておりその家族から日本政府へ嘆願書が提出されている[78]。つまり、残留朝鮮人だからといって離散家族のすべてが朝鮮半島に在住していたわけではなく、日本在住の親族知人を頼って帰国を期待していた残留朝鮮人世帯も存在していたと考えることができる。全員にあてはまるわけではないにしても、透過性が低位にあるとは言え、残留朝鮮人の越境的生活世界はサハリン－韓国間直線上の往来としてではなく、サハリン-日本-韓国の成す三角形の各頂点と各辺から理解すべきであり、この三角形は日本帝国期に由来しているということである。

　朴魯学らの活動は、日本社会の中にも呼応者を生み出していく。その大きなもののひとつは 1975 年から始まった高木健一らによる「樺太抑留韓国人帰還請求訴訟裁判（樺太裁判）」である。その趣意書[79]の中では、「何よりもこの問題が、未解決のまま残された日本の戦後処理の問題であり、日本国と私達日本人に直接責任のある問題でもあるのです」として戦後責任論の中に位置づけられ、支援者からはひとつの運動として認識されることとなった。同趣意書には、実行委員会事の務局長として三原令、同弁護団長として柏木博、樺太抑留帰還韓国人会会長の朴魯学、樺太抑留帰還韓国人会に協力する妻の会会長の堀江和子、韓国樺太抑留僑胞帰還促進会会長の韓栄相、韓国弁護団団長の金昌郁が名を連ねていた。

　1982 年になるとこの訴訟運動にかかわっている団体のうち樺太帰還在日韓国人会と韓国大邱市の中・ソ離散家族会が行なっている離散家族間の郵便仲介のための予算逼迫を補うために「カラフト抑留者留守家族支援の会」が結成され支援を募った[80]。翌年には「未決の「戦後処理」問題の解決をめざして、息の長い研究調査活動によって個々の問題を正しく把握するとともに、多様な手段を通じて政府、社会にたいして積極的にはたらきかけることが重要」であるとしてその実現をめざし「アジアにたいする戦後責任を考える会」が大沼保昭や高木健一らにより発足した[81]。

　1987 年には高木健一と大沼保昭らの奔走により、自民党の原文兵衛を会長、

社会党の五十嵐広三を事務局長とする「サハリン残留韓国・朝鮮人問題議員懇談会」が発足し、日本からソ連への外交上のはたらきかけや、韓ソ国交樹立、日韓赤十字による事業体の発足などを通じて 1980 年代の末から一時・永住帰国が実現するようになった[82]ことを受けて、樺太裁判は役割を終えたとして 1989 年 6 月に一審判決を見ないまま取り下げられた。

　高木健一は樺太裁判を、世論を高める効果があり、サハリン−日本−韓国をつなげることができたと評価している[83]。これは、冷戦体制の中で分断された三角形が、「戦後処理」をめぐる市民運動という形で修復されたことを意味している。

　ただし、運動内部では分派的現象が起きていたことも事実である。樺太裁判は継続していたものの、樺太抑留韓国人帰還請求訴訟実行委員会は、1984 年 8 月 8 日に衆参両院で請願書が採択されことをもって役割を終えたとして 9 月 30 日で解散、今後は三原令が「サハリンの朝鮮人訪問実現の会」として活動を続けることが『樺太裁判実行委員会ニュース』の最終号で表明された[84]。

　また、1988 年に朴魯学会長が死去すると妻である堀江和子が会長職に就くことで役員会の同意が得られたが、堀江和子はその 2 ヶ月後に会長職を辞退し、李義八を会長、副会長を沈桂變とする新しい体制が提案された[85]。この背景には、堀江和子の会長就任にあたって「韓国人会」の会長が非韓国人であることに異論が出ていたことがあった[86]。堀江和子は会長辞退と同じ 1988 年 5 月に、樺太帰還在日韓国人会から離脱を表明し、「サハリン再会支援会」を発足させた。なお、同会発足時の挨拶状には堀江和子の樺太帰還在日韓国人会会長就任については言及がなく朴魯学死去からの 2 ヵ月間は「喪に服す為休会」していたと説明している[87]。その後、サハリン再会支援会は 1 年も経たずに 1989 年 2 月に解散に至る。その間の活動としては、以前から手続きが進められていたある残留朝鮮人の招聘状を発送し、「韓国への正式帰還第一号」を実現させるなどした。解散の挨拶状では、解散の具体的な理由として、朴魯学の死去以降、招聘の窓口が複数化し混乱が起きたこと、離散家族再会が予算化されたために金銭トラブルや問い合せが急増し対応しきれなくなったことが挙げられている。また、同挨拶状には堀江以下朴魯学の家族 3 名と 2 名の日本人の名が連ねられている[88]。1977 年から樺太帰還在日韓国人会の活動に協力していた新井佐和子も堀江和子とともにサハリン再会支援会に活動の場を移しており、これ以降、樺太帰還在日韓国人会と活動をともにしていた高木健一弁護士や大沼保昭教授らに対しても批判的な言説を展開するようになっていく。近年でも新井佐和子は「樺太裁判は、吉田証言前後か

ら、樺太韓国人の帰還より日本の戦争責任追及、「強制連行」「植民地支配」罪悪論へと軌道修正され、朴の運動から大きく離れていった」と評している[89]。

　新井佐和子の高木健一や大沼保昭に対する批判は1990年代以降日本で渦巻いた歴史認識問題や戦後責任問題とは無縁ではなく、というよりもサハリン残留朝鮮人問題をその渦のひとつにする契機となった。ただし、ここではこの問題には立ち入らず、あくまで冷戦期に日本に帰国したサハリン残留朝鮮人の帰国促進運動に、堀江和子のようにその妻などの形で協力した者や、関心の所在がどうであれ、高木健一や大沼保昭そして新井佐和子のようにサハリンとは直接的な縁がない日本人たちにより支援のための市民運動が惹起されたこと、そしてそれらが現在にまでいたる歴史認識論争などの一部分を構成するようになったことを示すにとどめたい。

　サハリン残留朝鮮人問題が惹起した日本国内の市民運動を概観して疑問として沸くのは、なぜこれだけサハリン残留朝鮮人をめぐって市民運動が展開され成果が生まれていたにもかかわらず、サハリン残留日本人をめぐっては同様の現象が起きなかったのかということである。この点については、次章第6章で論じることとする。

3　冷戦期個別帰国者の経験

　冷戦期個別帰国者の事例として千島の水晶島出身者の残留日本人A・Sbの事例を以下では見てみたい。残留日本人A・Sbの経験は千島に残留した日本人の事例としても貴重である[90]。

　残留日本人A・Sbの父は元々富山県出身で、残留日本人A・Sbも母親の里帰り先の富山県で1927年に出生したがその後は水晶島で幼少期を過ごし小学校卒業後は父親の意向で富山県の尋常小学校の高等科へ進み1940年に卒業すると水晶島へ戻り家業である漁業に従事した。ソ連千島侵攻時もソ連が侵攻してくるという危機感はなく、水晶島に日本軍がいなかったこともあり、戦火に巻き込まれることもなく、上陸したソ連軍も暴力的略奪を行なうことはなかった。しかし、島民の半分ほどは逃げ出し、残りの半分はそのまま居残っていた。当初はソ連軍による統制は穏やかであったものの、1945年の10月くらいから労働力の提供が割り当てられ、残留日本人A・Sbは志発島の缶詰工場へと働きに出ることとなった。当初は3ヵ月の約束であったが、ソ連人の移住が進まないということで延長され、残留日本人A・Sbは結局1948年の秋まで志発で労働に従事していた。島

内の 15km ほど離れた集落にロシア語の教科書を持っている日本人がいたため、夜間は兵隊に見つからないように気を付けながら通ってそれを書き写させてもらっていた。残留日本人 A・Sb がロシア語に興味を持ったのは、朝鮮人通訳たちの通訳がおかしいと気づいたほか、なぜ日本が負けたのか情報不足で納得にいく答えが得られなかったため、それを知るためであった。

　1948 年の秋に水晶島住民に対する引揚げの意向が調査され、残留日本人 A・Sb は父親に残留を提案した。その理由は、ソ連が日本人向けに発行していた和文紙『新生命』を熱心に読んでおり、日本国内の状況を絶望視していたのと、サハリンでも多くの日本人が残留生活を送ることになると思い込んでいたからであった。母親はこの提案に反対しており引揚船に乗ろうと一番下の弟だけ連れて行こうとしたが、乗船時の手続き時に名簿に名前が無いことから結局引揚げは果たせなかった。水晶島で残留したのは残留日本人 A・Sb の一家だけだったため、一家は空き家に残った物資をかき集め自給自足の暮らしを始め、時にはソ連軍兵舎へ農作物を持って行きパンと交換するなどしていたところ、ほかの島の将兵も農作物を買い求めに来るようなったほか、志発島まで連れて行ってもらい商店で買い物をすることもあった。やがて、国後島に残留していた鍛冶職人のアイヌの夫婦も水晶島へ移住してきたので、農工具を作ってもらったりするようになった[91]。

　朝鮮戦争開戦後の 1951 年 8 月に国境地帯に適性外国人を居住させることはできないとされ、数日の猶予だけを与えられてサハリンのペンゼンスコエ（名寄）へと移住させられた。ただし、移住先がペンゼンスコエであったのは、移住先の希望を聞かれ農業と漁業のできるところと伝えたためであった。当初はソ連人と共同の住居であったが、父親たちと新たに住居を建て一家で暮らすようになる。なお、水晶島で暮らしていたアイヌ夫婦はすでに 1950 年にどこかへ移住していたという。ペンゼンスコエには朝鮮人の妻である残留日本人が数名いたことを記憶している。1953 年にソ連国籍を取得したが、それは地元の学校から教員になるよう要請され、そのために必要だったからであった。教員になり「労働科」を担当したものの、やはり言葉の問題があり辞職し、ユジノサハリンスク（豊原）の建設現場で働くようになるがそこでは現場監督を任された。ユジノサハリンスクでは残留日本人の家を訪問する機会もあったが、日本人男性には会った記憶が無いという。

　日本への帰国に関心を抱くようになったのは、1960 年頃に入りサハリンへ木

材の積取に来た日本の船の船員と接触する機会があり、日本の経済状況が良く
なっていると言われ、また船員たちの持ち物からそれを実感したからであった。
他の残留日本人に相談したところオビールで手続きできると言われ、申請書を出
したが3年後に呼び出され却下と申し渡される。その後もあきらめず3回ほど申
請を繰り返した。その後、モスクワに行く機会があり、日本大使館を訪問するも
門衛に追い返されてしまったので、電話で面会の約束を取り付け館員に門まで迎
えに来てもらい面会したところ、帰国希望者は全員帰国させると言われ、手続き
を始めてもらった。約1年で日本への入国査証が交付され、1970年にサハリン
からハバロフスク経由でナホトカへいたり、そこから海路で東京へと入国した。
個別帰国ではあったが、港には厚生省の職員が迎えに来ていた。入国後は都営住
宅にまずは入り、公安関係者から仕事も斡旋してもらい商社のソ連部門に就職す
るものの、入国後3年近くは時折公安調査庁から呼び出しを受けることが続い
た。帰国に際して家族の反対はなく、子ども3人を連れての帰国であった。

　ソ連での生活に対して大きな不満があったわけではないと残留日本人A・Sb
は語っている。帰国前に職場では集会が催され上司は建前から「彼は日本で革命
の戦士になる」と言うなど和やかな雰囲気の中で送り出されている。

　父と母はサハリンで死去したものの、弟と妹たちもそれぞれ日本への帰国を果
たしている。一番上の妹は朝鮮人と結婚し冷戦期集団帰国（第15次）で、2番
目の妹も冷戦期に帰国し、一番上の弟は1967年に冷戦期個別帰国を、2番目の
弟は2004年に、3番目の弟は2011年にポスト冷戦期帰国をしており、兄弟姉妹
でも異なる時期に帰国している[92]。なお、3番目の妹もいるが日本帝国期から富
山県で養子に入っており、残留を経験していない。

　興味深いのは、冷戦期集団帰国で日本人の妻と同伴帰国した朝鮮人の残留朝鮮
人L・D同様に、自身の監視役の公安関係者から仕事を斡旋されていることであ
る。帰国時期に開きがあるために安易な比較はできないものの、残留日本人A・
Sbの場合、ソ連からの帰国者という理由で監視がついたと考えるのが妥当であ
り、残留朝鮮人L・Dの場合も監視がついた理由をその国籍如何のみから判断す
ることが早計であることが理解できる。残留日本人A・Sbの経験が、冷戦期個別
帰国者の経験としてどこまで一般性を持つのかを定められるほど他の個別事例が
集まっていないものの、次章で挙げる各事例の断片的情報と合わせてもみても、
生活上の窮迫により帰国にいたったというよりも、むしろある程度の余裕がある
ために帰国にいたれたという点は個別帰国者一般にある程度言い得ることである

ことは重要である。ただし、残留日本人 A・Sb の事例の特殊性は、父母などの再会すべき親族が日本にいるわけではない中での帰国選択だということである。

第4節　小括

　1957 年から開始されたサハリン冷戦期集団帰国は、サハリン残留日本人に対して独立してソ連政府がとった措置ではなく、日ソ国交正常化を受けて行なわれたシベリア抑留者の「総ざらえ引揚げ」の延長として実施されたと考えられる。最終的に冷戦期集団帰国は計 7 次にわたって実施されたものの、日本政府側はその見通しを把握できないまま帰国船の派遣に応じざるを得なかった。当初は一回で残留日本人の帰還が完了するという想定であったため、国内法上問題のある朝鮮人世帯員の同伴帰国も容認した。世帯構成の分析からは、集団帰国世帯中 7 割近くが朝日世帯であったことが明らかになったほか、少数派ではあるものの日本帝国期に形成されたと思われる朝日世帯の存在も確認できた。

　1965 年の大量個別帰国の背景は、駐ソ日本国大使館が同館や日ソ双方の赤十字社宛に届いた大量の帰国嘆願書の存在について外務省本省に通知したことであった。日本政府は帰国船を配船しての集団帰国を希望したが、ソ連政府は実務上の問題のほか、この残留日本人の帰国事業が国際的に人道的問題として認識されることを嫌い、あくまで個別帰国での実施となった。なお、大量個別帰国者の世帯構成は集団帰国のものと大きく変わらなかった。ただし、個別帰国者については、実態としては国際航路分の旅費の支給があったものの、サハリンからナホトカまでの旅費は自己負担する必要があり、それだけの経済力が要された。

　冷戦期集団帰国によって堀江和子と同伴帰国した朴魯学は有志と 1958 年に「樺太抑留帰還韓国人会（樺太帰還在日韓国人会）」を結成し、残留朝鮮人の帰国促進運動を起こし、日本経由でのサハリン－韓国間の離散家族のための郵便転送なども実施した。朴魯学らの運動は時間はかかったものの、日本側の支持者も得て「樺太裁判」や「サハリン残留韓国・朝鮮人問題議員懇談会」などにつながっていった。一方で、朴魯学の死去、運動は分裂し、この分裂は 1990 年代以降の日本社会における歴史認識問題や戦後責任問題の渦のひとつとなった。

注

1　玄武岩『コリアン・ネットワーク：メディア・移動の歴史と空間』北海道大学出版会、

2013 年。

2 　厚生省援護局編『引揚げと援護三十年の歩み』厚生省、1977、86 頁。

3 　厚生省援護局編『引揚げと援護三十年の歩み』厚生省、1977、689 頁。

4 　新井佐和子『サハリンの韓国人はなぜ帰れなかったのか』草思社、1998 年、108-114 頁。

5 　実際には、シベリアだけではなく他の地域でも抑留が行われていたことから、長勢了治（『シベリア抑留全史』原書房、2013 年）は「ソ連モンゴル抑留」という用語を用いており、筆者もこの主張に首肯するものの、本書ではシベリア抑留という一般的な用語を引き続き使うこととする。また、シベリア抑留者には軍人だけではなく、民間人も含まれていた。筆者の定義では、これら民間人は〈残留者〉と呼び分けられるべきであるが、本書ではシベリア抑留者と一括して呼称し、「シベリア残留者」の実態については、今後の課題としたい。

6 　事実関係については、厚生省援護局編『引揚げと援護三十年の歩み』（厚生省、1977 年、103-108 頁）。

7 　実物の収蔵例として「サハリン残留韓国人帰還運動関係資料［53-1-0-0］」（国文学研究資料館所蔵）がある。一方、ポスト冷戦期帰国者には引揚証明書は発行されておらず、戦時死亡通告の取消、国籍証明、就籍などの形で、日本国民としての権利を回復している。

8 　厚生省援護局編『引揚げと援護三十年の歩み』厚生省、1977、107 頁。

9 　第 12 次集団帰国については、「在ソ邦人の引揚について（外務省情報文化局発表 1957 年 7 月 13 日）」、「樺太よりの引揚げに関する件（金山欧亜局長宛　1957 年 7 月 29 日）」、「1957 年 7 月 28 日ソ連政府通告によるソ連地域第 12 次帰還者名簿（昭和 32 年 7 月 29 日）」『ソ連地区邦人引揚関係一件引揚実施関係　第四巻』外務省外交史料館所蔵［分類番号 K'7-1-2-1-3］による。

10 　「樺太引揚（真岡港）出張報告（昭和 32 年 8 月 5 日）」『ソ連地区邦人引揚関係一件引揚実施関係　第四巻』外務省外交史料館所蔵［分類番号 K'7-1-2-1-3］。

11 　玄武岩『コリアン・ネットワーク：メディア・移動の歴史と空間』北海道大学出版会、2013 年、134 頁。

12 　豊原事件については、「第 26 回国会衆議院　海外同胞引揚及び遺家族援護に関する調査特別委員会海外同胞引揚に関する小委員会（1 号）（1957 年 8 月 12 日）」、「ソ連地域第 12 次帰還者および残留状況等について（引揚援護局未帰還調査部　1957 年 8 月 10 日）」『ソ連地区邦人引揚関係一件引揚実施関係第四巻』外務省外交史料館所蔵［分類番号 K'7-1-2-1-3］による。

13　第13次については、「在ソ邦人引揚げに関する件（門脇大使発　岸大臣臨時代理宛
　　1957年9月20日）」、「在ソ邦人の引揚について（外務省情報文化局発表　1957年9
　　月21日）」『ソ連地区邦人引揚関係一件引揚実施関係　第六巻』外務省外交史料館所
　　蔵［分類番号 K'7-1-2-1-3］。

14　第14次については、「在ソ邦人引揚げに関する件（門脇大使発　藤山大臣宛　1957
　　年12月19日）」、「在ソ邦人引揚に関する件（門脇大使発　藤山大臣宛　1957年12
　　月24日）」、「在ソ邦人引揚げに関する件（門脇大使発　藤山大臣宛　1957年12月25
　　日）」、「在ソ邦人引揚の件（藤山大臣発　門脇大使宛　1957年12月26日）」、「在ソ邦
　　人引揚の件（藤山大臣発　門脇大使宛　1958年1月11日）」『ソ連地区邦人引揚関係
　　一件引揚実施関係　第六巻』外務省外交史料館所蔵［分類番号 K'7-1-2-1-3］。

15　このリストにはシベリア抑留者も含まれていると考えられる。

16　第15次については、「第15次引揚報告書（1958年1月30日）」、「ソ連地区第15次
　　帰還者　白山丸乗船者名簿」『ソ連地区邦人引揚関係一件引揚実施関係　第八巻』外
　　務省外交史料館所蔵［分類番号 K'7-1-2-1-3］。

17　第16次ついては、「在ソ邦人の引揚げに関する件（門脇大使発　岸大臣臨時代理宛
　　1958年8月14日）」、「在ソ邦人の引揚に関する件（門脇大使発　藤山大臣宛　1958
　　年8月19日）」、「在ソ邦人の引揚について（外務省情報文化局　1958年8月28日）」
　　『ソ連地区邦人引揚関係一件引揚実施関係　第九巻』外務省外交史料館所蔵［分類番
　　号 K'7-1-2-1-3］。

18　第17次については、「在ソ日本人の引渡しに関する件（門脇大使発　藤山大臣宛
　　1959年1月12日）」、「1959年1月28日ソ政府通告による第17次帰還予定者につい
　　て（外務省厚生省　1959年1月29日）」、「引揚者引取りに関する件（白山丸発　門脇
　　大使宛　1958年2月4日）」『ソ連地区邦人引揚関係一件引揚実施関係　第九巻』外務
　　省外交史料館所蔵［分類番号 K'7-1-2-1-3］。

19　「樺太の邦人引揚げに関する件（法眼臨時代理大使発　岸大臣臨時代理宛　1959年
　　9月10日）」、「在ソ邦人の引揚げに関する件（1959年9月14日）」『ソ連地区邦人引
　　揚関係一件引揚実施関係　第九巻』外務省外交史料館所蔵［分類番号 K'7-1-2-1-3］。

20　「ソ連地域第17次帰還者及び南樺太地域の残留状況等について（厚生省引揚援護局
　　未帰還調査部長　東亜課長宛　1959年2月18日）」『ソ連地区邦人引揚関係一件引揚
　　実施関係　第九巻』外務省外交史料館所蔵［分類番号 K'7-1-2-1-3］。

21　厚生省援護局編『引揚げと援護三十年の歩み』厚生省、1977、119、689頁。

22　厚生省援護局編『引揚げと援護三十年の歩み』厚生省、1977、119、689頁。

23　「在ソ未帰還邦人の帰国問題について（椎名大臣　発　下田大使　宛　1965年2

月 18 日）」、「未帰還邦人の帰国問題（椎名大臣　発　下田大使　宛　1965 年 3 月 19
日）」『ソ連地区邦人引揚関係樺太残留者引揚関係』外務省外交史料館所蔵［分類番号
K'7-1-2-1-7］。なお、同時期には、日本への帰国を希望するサハリン残留日本人および
残留朝鮮人から日本赤十字社にも「呼出証明」の送付を依頼する書簡が「数通」届く
など、一部の残留者の間で「帰国問題が具体的に決定された」という噂が広まってい
たことがうかがえる（「樺太残留邦人の引揚について（1965 年 2 月 4 日）」『ソ連地区
邦人引揚関係樺太残留者引揚関係』外務省外交史料館所蔵［分類番号 K'7-1-2-1-7］）。

24　「在ソ未帰還邦人の帰国問題について（椎名大臣　発　下田駐ソ大使　宛　1965 年
2 月 18 日）」『ソ連地区邦人引揚関係樺太残留者引揚関係』外務省外交史料館所蔵［分
類番号 K'7-1-2-1-7］。

25　以下、同日の三省協議の内容は、「未帰還邦人の帰国問題について（1965 年 3 月 15
日）」（『ソ連地区邦人引揚関係樺太残留者引揚関係』外務省外交史料館所蔵［分類番
号 K'7-1-2-1-7］）による。

26　「未帰還邦人の帰国問題（椎名大臣発　下田大使宛　1965 年 3 月 19 日）」『ソ連地区
邦人引揚関係樺太残留者引揚関係』外務省外交史料館所蔵［分類番号 K'7-1-2-1-7］。

27　「未帰還邦人の帰還問題ついて（下田大使発　外務大臣宛　1965 年 4 月 27 日）」
『ソ連地区邦人引揚関係樺太残留者引揚関係』外務省外交史料館所蔵［分類番号
K'7-1-2-1-7］。

28　「在ソ未帰還邦人の帰国について（外務大臣　発　下田大使　宛　1965 年 5 月 26
日）」『ソ連地区邦人引揚関係樺太残留者引揚関係』外務省外交史料館所蔵［分類番号
K'7-1-2-1-7］。

29　以下、同日開催の三省協議については、「在ソ未帰還邦人の引揚げと在ソ朝鮮人の
帰国嘆願書について（昭和 1965 年 5 月 12 日）」『ソ連地区邦人引揚関係樺太残留者引
揚関係』外務省外交史料館所蔵［分類番号 K'7-1-2-1-7］。

30　「在ソ未帰還邦人の帰国問題について（1965 年 7 月 21 日）」『ソ連地区邦人引揚関係
樺太残留者引揚関係』外務省外交史料館所蔵［分類番号 K'7-1-2-1-7］。

31　『樺太及び旧ソ連本土からの永住帰国者名簿の送付について（国民年金に係る特例
措置関連）（社援―調第 164 号　1996 年 3 月 26 日　厚生省社会・援護局業務第一課長
発　各都道府県民生主管部（局）長宛）』日本サハリン協会所蔵。

32　「未帰還邦人の帰国問題について（1965 年 3 月 15 日）」『ソ連地区邦人引揚関係樺太
残留者引揚関係』外務省外交史料館所蔵［分類番号 K'7-1-2-1-7］。

33　「在ソ未帰還邦人の帰国問題について（1965 年 7 月 21 日）」『ソ連地区邦人引揚関係
樺太残留者引揚関係』外務省外交史料館所蔵［分類番号 K'7-1-2-1-7］。

第5章　冷戦期帰国　199

34　「事務連絡（在ソ大使館勝間田書記官発　東欧課小林事務官宛　昭和 1965 年 9 月 11 日）」『ソ連地区邦人引揚関係樺太残留者引揚関係』外務省外交史料館所蔵［分類番号 K'7-1-2-1-7］。

35　「在ソ未帰還邦人の引揚げ問題について（1965 年 8 月 30 日）」『ソ連地区邦人引揚関係樺太残留者引揚関係』外務省外交史料館所蔵［分類番号 K'7-1-2-1-7］。

36　「在ソ未帰還邦人の帰国について（1965 年 5 月 26 日）」『ソ連地区邦人引揚関係樺太残留者引揚関係』外務省外交史料館所蔵［分類番号 K'7-1-2-1-7］。

37　なお、ナホトカ−横浜間の定期旅客船の運行が開始したのは、1961 年 5 月 26 日である（末澤昌二・茂田宏・川端一郎編著『日露（ソ連）基本文書・資料集（改訂版）』ラヂオプレス、2003 年、568 頁）。

38　「在ソ未帰還邦人の帰国問題について（1965 年 7 月 21 日）」『ソ連地区邦人引揚関係樺太残留者引揚関係』外務省外交史料館所蔵［分類番号 K'7-1-2-1-7］。

39　「未帰還者の引揚げについて（1965 年 7 月 23 日）」『ソ連地区邦人引揚関係樺太残留者引揚関係』外務省外交史料館所蔵［分類番号 K'7-1-2-1-7］。

40　「樺太残留者の引揚げについて（1965 年 8 月 9 日）」『ソ連地区邦人引揚関係樺太残留者引揚関係』外務省外交史料館所蔵［分類番号 K'7-1-2-1-7］。

41　「在ソ未帰還邦人の引揚げ問題（1965 年 8 月 7 日）『ソ連地区邦人引揚関係樺太残留者引揚関係』外務省外交史料館所蔵［分類番号 K'7-1-2-1-7］。

42　「樺太残留者の引揚げについて（1965 年 8 月 13 日）」『ソ連地区邦人引揚関係樺太残留者引揚関係』外務省外交史料館所蔵［分類番号 K'7-1-2-1-7］。

43　「樺太残留者の引揚げについて（1965 年 8 月 9 日）」『ソ連地区邦人引揚関係樺太残留者引揚関係』外務省外交史料館所蔵［分類番号 K'7-1-2-1-7］。

44　「樺太残留者の引揚げについて（1965 年 8 月 13 日）」『ソ連地区邦人引揚関係樺太残留者引揚関係』外務省外交史料館所蔵［分類番号 K'7-1-2-1-7］。

45　「在ソ未帰還邦人の引揚げ問題について（1965 年 8 月 30 日）」『ソ連地区邦人引揚関係樺太残留者引揚関係』外務省外交史料館所蔵［分類番号 K'7-1-2-1-7］。

46　『樺太及び旧ソ連本土からの永住帰国者名簿の送付について（国民年金に係る特例措置関連）（社援一調第 164 号　1996 年 3 月 26 日　厚生省社会・援護局業務第一課長発　各都道府県民生主管部（局）長宛）』日本サハリン協会所蔵。

47　「在ソ未帰還邦人の引揚げ問題について（1965 年 8 月 30 日）」『ソ連地区邦人引揚関係樺太残留者引揚関係』外務省外交史料館所蔵［分類番号 K'7-1-2-1-7］。

48　「樺太残留者の引揚げについて（1965 年 9 月 16 日）」『ソ連地区邦人引揚関係樺太残留者引揚関係』外務省外交史料館所蔵［分類番号 K'7-1-2-1-7］。

49　李炳律『サハリンに生きた朝鮮人』北海道新聞社、2008 年、295-296 頁。

50　「樺太残留者の引揚げ状況について（1965 年 9 月 30 日）」『ソ連地区邦人引揚関係樺太残留者引揚関係』外務省外交史料館所蔵［分類番号 K'7-1-2-1-7]。

51　「在ソ未帰還邦人の引揚げについて（1965 年 9 月 27 日）」および「樺太残留邦人の引揚げ状況（1965 年 10 月 6 日）」『ソ連地区邦人引揚関係樺太残留者引揚関係』外務省外交史料館所蔵［分類番号 K'7-1-2-1-7]。

52　「樺太残留邦人の引揚状況について（1965 年 10 月 30 日）」『ソ連地区邦人引揚関係樺太残留者引揚関係』外務省外交史料館所蔵［分類番号 K'7-1-2-1-7]。

53　「樺太残留邦人の帰国状況について（1965 年 11 月 18 日）」『ソ連地区邦人引揚関係樺太残留者引揚関係』外務省外交史料館所蔵［分類番号 K'7-1-2-1-7]。

54　「樺太よりの引揚者の帰国について（1965 年 12 月 26 日）」『ソ連地区邦人引揚関係樺太残留者引揚関係』外務省外交史料館所蔵［分類番号 K'7-1-2-1-7]。

55　「（東欧課小林事務官発　在ソ大使館勝間田書記官宛　昭和 40 年 9 月 3 日）」『ソ連地区邦人引揚関係樺太残留者引揚関係』外務省外交史料館所蔵［分類番号 K'7-1-2-1-7]。

56　「樺太残留邦人の帰国状況について（1965 年 11 月 18 日）」および「樺太残留邦人の引揚げ状況（1965 年 10 月 6 日）」『ソ連地区邦人引揚関係樺太残留者引揚関係』外務省外交史料館所蔵［分類番号 K'7-1-2-1-7]。

57　「樺太残留者の引揚げについて（1965 年 9 月 16 日）」『ソ連地区邦人引揚関係樺太残留者引揚関係』外務省外交史料館所蔵［分類番号 K'7-1-2-1-7]。

58　「樺太地区からの引揚邦人の帰国旅費について（1965 年 7 月 18 日）」『ソ連地区邦人引揚関係樺太残留者引揚関係』外務省外交史料館所蔵［分類番号 K'7-1-2-1-7]および『樺太及び旧ソ連本土からの永住帰国者名簿の送付について（国民年金に係る特例措置関連）（社援一調第 164 号　1996 年 3 月 26 日　厚生省社会・援護局業務第一課長発　各都道府県民生主管部（局）長宛）』日本サハリン協会所蔵。

59　「椎名・グロムイコ会談（中川大使　発　外務大臣　宛　1965 年 1 月 19 日）」『ソ連地区邦人引揚関係樺太残留者引揚関係』外務省外交史料館所蔵［分類番号 K'7-1-2-1-7]。

60　「樺太からの邦人引揚げについて（中川大使発　外務大臣宛　1966 年 3 月 23 日）」『ソ連地区邦人引揚関係樺太残留者引揚関係』外務省外交史料館所蔵［分類番号 K'7-1-2-1-7]。

61　日本サハリン協会での小川峡一、笹原茂への聞き取り調査（2017 年、東京）による。

62 「ソ連籍未帰還者邦人斉×××以下 9 名及びその家族の査証に関する経伺（下田大
　使発　外務大臣宛　1965 年 6 月 13 日）」、「ソ連籍未帰還者邦人 23 名およびその家族
　の査証について（須之部臨時代理大使発　外務大臣宛　1965 年 7 月 8 日）」、「ソ連籍
　未帰還者邦人四役×××以下 4 名およびその家族の査証に関する経伺（須之部臨時代
　理大使発　外務大臣宛　1965 年 7 月 31 日）」、「ソ連籍未帰還邦人岡林×××以下 4 名
　およびその家族の査証について（須之部臨時代理大使発　外務大臣宛　1965 年 8 月 7
　日）」、「ソ連籍未帰還邦人福島×××および福島×××ならびにその家族の査証経伺
　（須之部臨時代理大使発　外務大臣宛　1965 年 8 月 21 日）」、「未帰還邦人の査証経伺
　（中川大使発　外務大臣宛　1965 年 11 月 1 日）」『ソ連地区邦人引揚関係樺太残留者引
　揚関係』外務省外交史料館所蔵［分類番号 K'7-1-2-1-7］原資料では「×××」には
　実名が記されている。

63 厚生省『樺太及び旧ソ連本土からの永住帰国者名簿』日本サハリン協会所蔵、1996
　年。

64 新井佐和子『サハリンの韓国人はなぜ帰れなかったのか』草思社、1998 年。

65 粟野仁雄『サハリンに残されて』三一書房、1994 年。

66 筆者による残留日本人 Y・S、残留朝鮮人 L・D、李義八への聞き取り調査による
　（2014 年 12 月、東京都）。

67 なお、この女性は夫妻より先の第 16 次で朝鮮人成人男性と 4 名の子どもを伴って
　集団帰国しており、同男性が 1930 年生まれであること、長子が 1948 年生まれである
　ことから同男性と戦後に世帯形成をしたものと思われる（「ソ連地区第十六次帰還者
　　白山丸乗船者名簿」外務省『ソ連地区邦人引揚関係一件引揚実施関係　第九巻』外
　務省外交史料館所蔵［分類番号 K'7-1-2-1-3］）。

68 日本外交史料館の資料の中にも残留日本人 Y・S の名前は見えない。保存されてい
　ないだけなのか、そもそも郵便事情の関係で届いてないだけなのかがは不明である。

69 筆者による残留朝鮮人 L・G への聞き取り調査（2014 年 5 月、東京都）と筆者によ
　る残留日本人 Y・S、残留朝鮮人 L・D、残留朝鮮人 L・G への聞き取り調査による
　（2014 年 12 月、東京都）。

70 この時点で樺太にいた日本人が「第三国人」なる言葉を実際に用いたのかには疑問
　が残る。

71 北朝鮮では漢字を用いなくなったことを指していると思われる。

72 なお、外交史料館の所蔵資料の中には、残留朝鮮人 L・G 名義の書簡は見当たらな
　い。

73 戦後期の引揚げ時の引揚げ待機用施設と同一のものであるかは不明である。

74 「経歴書（作成年不明）」『李義八氏寄贈資料』在日韓人歴史資料館所蔵（閲覧『이희팔 기증기록물 CD-3』국가기록원, 2012 년）。

75 「樺太抑留韓国人に関する陳情書（樺太抑留帰還韓国人会　日本赤十字社宛　1965 年 11 月 24 日）」『太平洋戦争終結による旧日本国籍人の保護引揚関係雑件　朝鮮人関係』外交史料館［分類番号 K'7-2-0-1-2］、1965 年

76 「書簡（堀江和子発　外務省欧亜局第三課宛　1958 年）」『引揚促進請願関係（ソ連、中共地区を含む）歎願書関係　第四巻』外交史料館［分類番号 K'-7-1-0-14-2］

77 樺太抑留帰還韓国人会「樺太抑留同胞帰還希望者名簿 A（1967 年 6 月）」、樺太抑留帰還韓国人会「樺太抑留同胞帰還希望者名簿 B（1967 年 6 月）」『李義八氏寄贈資料』在日韓人歴史資料館所蔵（閲覧『이희팔 기증기록물 CD-1』국가기록원, 2012 년）。

78 「請願書（鄭××、姜××発　外務大臣藤山愛一郎宛　1957 年 7 月 30 日）」『太平洋戦争終結による旧日本国籍人の保護引揚関係雑件　朝鮮人関係』外交史料館［K'7-2-0-1-2］。原資料では「××」には実名が記されている。

79 樺太抑留韓国人帰還請求訴訟裁判実行委員会「樺太抑留韓国人帰還請求訴訟裁判趣意書」『サハリン残留韓国人帰還運動関係資料』国文学研究資料館所蔵［37-18］。

80 「カラフト抑留者留守家族支援の会（1982 年 6 月）」『サハリン残留韓国人帰還運動関係資料』国文学研究資料館所蔵［37-27］。

81 「アジアにたいする戦後責任を考える会　趣意書」『サハリン残留韓国人帰還運動関係資料』国文学研究資料館所蔵［37-28-2］。

82 しかし、実際に本格的な永住帰国事業が始まったのは 2000 年代に入ってからであった。（玄武岩『コリアン・ネットワーク：メディア・移動の歴史と空間』北海道大学出版会、2013 年、155-180 頁）。

83 筆者による高木健一への聞き取り調査による（2018 年 9 月 22 日、東京都）。

84 「樺太裁判実行委員会ニュース　第 47 号」『サハリン残留韓国人帰還運動関係資料』国文学研究資料館所蔵［37-2］。

85 樺太帰還在日韓国人会「役員会の事項（1988 年 5 月 21 日）」『李義八氏寄贈資料』在日韓人歴史資料館所蔵（閲覧『이희팔 기증기록물 CD-2』국가기록원, 2012 년）。

86 「書簡（李義八発新井佐和子宛（1993 年）」『李義八氏寄贈資料』在日韓人歴史資料館所蔵（閲覧『이희팔 기증기록물 CD-3』국가기록원, 2012 년）。

87 「サハリン再会支援会　発足の挨拶（1988 年 5 月）」『李義八氏寄贈資料』在日韓人歴史資料館所蔵（閲覧『이희팔 기증기록물 CD-2』국가기록원, 2012 년）。

88 「サハリン再会支援会　解散のご挨拶（1989 年 2 月）」『李義八氏寄贈資料』在日韓人歴史資料館所蔵（閲覧『이희팔 기증기록물 CD-2』국가기록원, 2012 년）。

89　新井佐和子「樺太の朝鮮人と抑留帰還裁判のまやかし：なぜ「強制連行」が捏造された
　　のか」『別冊正論 25　「樺太—カラフト」を知る』産経新聞社、2015 年、93 頁。

90　筆者による残留日本人 A・Sb への聞き取り調査による（2017 年 1 月 28 日、千葉県）。

91　なお、北方領土問題に詳しいジャーナリストと研究者により近年刊行された『北方
　　領土の基礎知識』では、日本人の引揚げと同時に「南千島にかろうじて残存していた
　　アイヌの末裔たちもすべて離島した」「ソ連当局はソ連国籍取得を条件に日本人の残
　　留を認めたようだが、希望者はおらず」（石郷岡建、黒岩幸子『北方領土問題の基礎
　　知識』東洋書店新社、2016 年、116 頁）とされており、残留日本人 A・Sb の記憶と
　　の間には齟齬がある。

92　『樺太及び旧ソ連本土からの永住帰国者名簿』日本サハリン同胞交流協会所蔵、
　　1996 年、「ソ連地区第 15 次帰還者　白山丸乗船者名簿」外務省『ソ連地区邦人引揚関
　　係一件引揚実施関係　第八巻』外務省外交史料館所蔵［分類番号 K'7-1-2-1-3］。

第6章

25年の停滞と自己意思残留論の登場

サハリン冷戦期帰国は1959年の集団帰国の打ち切り以降、年間帰国者数は激減し、1965年に大量個別帰国が起きるもののその後は再び停滞し、1977年以降はゼロとなり途絶する。これは中国残留日本人の場合は見られない現象であった。また、前章で論じたように冷戦期集団帰国によって日本に定着した朝鮮人たちは日本人の支援者も得ながら残留朝鮮人問題をめぐる市民運動を展開させていったが、サハリン残留日本人については同様の現象は起きていない。本章では、なぜこのようになってのかについて、冷戦期帰国における朝鮮人入国問題、日本国内の残留者・冷戦期帰国者に対する反応、そして自己意思残留論の登場という三つ角度から論じる。

第1節　冷戦期集団帰国における朝鮮人入国問題

1　不法入国容疑朝鮮人問題の発生

冷戦期帰国にあたっては、夫や子どもなど朝鮮人家族の同伴帰国も許容されたが、この点は検証を要する。大陸からの第2次後期引揚げ（1954年3月）においては、ソ連人と結婚していた民間人が離婚後に送還されていることから考えると、この同伴帰国は必ずしも当然の措置とは言えないからである[1]。

同伴帰国朝鮮人家族に対して日本政府は、ソ連当局発行の結婚証明書を持っていても〈内縁関係〉扱い[2]とし、「朝鮮人として入国を許可する方針」を採り、在日朝鮮人同様の在留資格[3]を与える措置をとったことはすでに玄武岩によっても言及されている[4]が、本節では朝鮮人入国問題と不法入国容疑朝鮮人問題の詳細について論じることで、残留日本人の冷戦期帰国にあたって朝鮮人の日本入国問題が日本政府にとって懸念事項になっていたことを示す。

残留日本人に同伴する朝鮮人の日本入国の法的根拠が薄弱であることが国会で幾度か問題視された。たとえば、1957年11月の社会労働委員会[5]において、中

山福蔵議員が同伴帰国朝鮮人の入国根拠について質問し、安易な特例措置への懸念を表明している。これに対して、堀木鎌三厚生大臣は「日本側がソ連側に対し日本人の帰国を促進しておりまする立場から、一応この結婚を現地で引き離して、日本人だけ受け取るというのは、非常に人道上の見地から好ましくない」と答弁し、未帰還者問題を人道的問題とする立場から朝鮮人の入国根拠を認めている。

　このように、同伴朝鮮人家族の入国さえ問題視されたのであるが、現場ではさらに重大な問題が発生していた。それが不法入国容疑朝鮮人問題であった。外務省の内部資料では、第13次1名、第15次1名、第16次2名について具体事例が挙げられている。不法入国容疑者は、自称内地籍朝鮮人と偽装結婚朝鮮人の二つに分けられる。自称内地籍朝鮮人とは、第4章ですでに見たように、1946年のソ連国内身分証発行の際に、民族籍欄が〈日本〉と記入されたために、ソ連政府が日本人と把握し、帰国のための出国許可を与えてしまった者である。冷戦期集団帰国の場合、具体的には、幼いころより日本人世帯の養子となっており日本人としてのアイデンティティを持っていた者や、日本人と認識された方が有利であろうと考え、国内身分証発行のための調査時に民族籍を〈日本〉と回答した者などであった。偽装結婚朝鮮人とは、ソ連からの出国を望む朝鮮人男性が独身の残留日本人女性に金品を与えるなどして、ソ連当局へ婚姻を届け出て婚姻証明書を得た者であった。

　帰国船の外務省派遣員は、「偽装結婚問題は、かねがね予想されていたことであり、今まで問題が起こらなかつたのは、従来の入国審査官の調べに粗漏があつたか、または、問題にしても無駄だと考え、あえて事を荒立てなかつたのであろう〔中略〕もともと、樺太在住の鮮人〔ママ〕（彼等の多くは今なお日本臣民と思つており、韓国の独立を親身には感じていないらしい）にたいしては、わが国が道義的責任を負うべき筋合であることは別としても、××（引用者註：不法入国容疑朝鮮人の実名であるため伏字）の場合ですらが、わが同胞の一女性の不信義が不幸の直接の原因となつているのであり、その立場には若干同情を禁じ得ないものがある」と述べた上で、「これ以上こじらせ、残りの乗船に、もしもの事でも起こつたり、または今後の引揚げに悪影響を及ぼすようなことがあつてはと憂慮し、自分が正式代表としての責任において引取る旨を同審査官に言明し」[6]、これら不法入国容疑朝鮮人を帰国船に乗せた。実際、不法入国容疑朝鮮人をめぐっては、ソ連側担当者と現場で平行線をたどらざるを得ない交渉を重ね

て神経をすり減らしており、人道的立場からソ連政府へ残留日本人の帰国を要請
している以上、〈日本人〉やその家族として帰国を希望している人間に乗船を認
めないという非人道的行為を断行することは難しかったと言える。

多少さかのぼるが、冷戦期帰国が開始される段においてすでに外務省では、
「今回は人数が多く、且つ、実態のつかめぬ点、特に問題の存するところである
が〔中略〕集団的引揚が今回限りと予想されることと、一部でも受入れを拒んだ
場合の日本人引揚げに及ぼす影響を考慮し、今回はかかる要求（引用者注：帰国
者から朝鮮人を予め排除すること）、乃至申入れは行わないこととする」[7]とし
て、この帰国事業をデリケートに扱い、ソ連政府に強硬な態度をとることを慎ん
でいたことが読み取れる。また同時に、ソ連側が帰国事業をどれだけの規模で行
うのかも、日本政府には知らされておらず、手さぐりの中での帰国事業となって
いたことも理解できる。第12次集団引揚げの後も、外務省本庁は駐ソ大使館か
らの朝鮮人の帰国請願への対応についての問い合せに対して、「特例」は第12次
集団帰国に含まれた146名の朝鮮人に限ったものであると念を押して回答してい
る[8]。

従って、個々の官僚の意識がどうであれ、同伴朝鮮人入国容認を日本政府側の
人道的配慮と単純に評価することはできない。日本政府にとっては、残留日本人
の帰還が至上命題であり、同伴朝鮮人の入国を拒否して、帰国希望者が減った
り、あるいはソ連政府から非人道的であると非難され、事業が停止することを怖
れた結果、同伴朝鮮人の入国も容認されたと解釈するべきである。1950年代末
の冷戦期帰国開始当初から同伴帰国朝鮮人家族入国問題は日本政府にとっては懸
念事項であり、これは協定上朝鮮人[9]の入域が想定されていなかった戦後期の引
揚げではその性質上ほとんど問題視されなかったことであった。

2　不法入国容疑朝鮮人の具体事例

以下、入国が問題視された事例について詳しく見てみたい。

第13次集団帰国者の中には、朝鮮人ではなく戦後にサハリンへ季節労働者と
して渡った北朝鮮人が1名含まれていた。この北朝鮮人は、日本人と結婚してお
り日本政府は下船などの処置はとらなかった。また北朝鮮人ではなく、不法入国
容疑をかけられた朝鮮人が1名乗船していた。この朝鮮人は、1939年に朝鮮か
ら大阪へ渡り、朝鮮人の「親方」に雇われ1943年に共に樺太へ渡った。すでに
内縁の日本人妻がいたものの、1945年8月の緊急疎開で妻子は先に日本へと渡っ

てしまった。1946 年のソ連政府による国内身分証発行時には、「親方」が朝鮮人であるにも関わらず今後の便宜を考えて民族籍を〈日本〉と申請したため自分もそれにならった。その後、本当は朝鮮人であることを密告され、当局より改訂するよう求められたものの、そのまま放置しており、親方が日本人妻と今回帰国することになったので、その家族として帰国許可がおり乗船したのであった[10]。

　前述の通り、第 13 次集団帰国後に、国会ではこれら不法入国容疑の北朝鮮人・朝鮮人に限らず、朝鮮人の入国そのものが問題視された。中山福蔵議員[11]が堀木鎌三厚生大臣に対して朝鮮人の入国許可の根拠を問いただしたのである[12]。これに対して、堀木大臣は「これら朝鮮人は日本人の家族であるという前提のもとに、日本側がソ連側に対し日本人の帰国を促進しておりまする立場から、一応この結婚を現地で引き離して、日本人だけ受け取るというのは、非常に人道上の見地から好ましくない」として、樺太在住者であったことと、日本人の家族を持つという 2 点を確認した上で入国を許可していると回答した。しかし、婚姻関係の確認が不十分なまま入国を認めていることも中山福蔵議員から再度指摘され、法務省入国管理局入国審査課長が代わって弁明を行った。中山福蔵議員の懸念は、婚姻関係さえ宣言すれば、「第三国人」である「朝鮮人」が容易に入国できるという点と、ソ連との国際関係を意識するあまり安易に特例を作っているということにあった。前章でも言及したように第 14 次集団帰国に際して藤山愛一郎外務大臣が門脇大使に日本人と家族関係にない朝鮮人を受け入れないことをソ連政府に念を押すように指示した背景には、この国会質疑があると思われる。

　第 14 次集団帰国においては、舞鶴にて行われた出迎え議員に対する派遣員による報告会の席で前出の中山福蔵議員が朝鮮人および北朝鮮人の不法入国の危険性の有無について第 14 次集団帰国の入国審査官に対して問い質して追い詰めたため、第 15 次集団帰国の入国審査官が「万全を期して防止する。が、それでも潜入する者があれば、法規によつて断固処置する」と明言してその場を乗り切ったものの、実際に第 15 次集団帰国において、中山福蔵議員が懸念していた偽装結婚が発覚した[13]。ある日本人女性に対して朝鮮人男性が結婚を強要していたことがわかり、入国審査官はこの朝鮮人に乗船資格がないことを論し、この朝鮮人も下船に同意したのである。入国審査官は、外務省の派遣員を通じて現場のソ連側担当官にこの朝鮮人の引き渡しを試みたが、ソ連側は乗船時に回収した両者の国内身分証を示して、ソ連国内において合法的に結婚登録がなされており、偽装結婚を理由に下船は認められないとして、引き取りを拒否した。外務省の派遣員

は、不法入国朝鮮人問題が、日本の国会でも問題視されており、この朝鮮人が日本に入国した場合は、即拘禁されるはずであるから、人道的見地から見ても下船させるべきであると伝えたところ、ソ連側も一度出国した者を再度サハリンへ上陸させるならば不法入国となるとして頑として応じなかった。外務省派遣員は厚生省派遣員の意見を求めたが、管轄外だとして関わろうとせず、法務省の入国審査官も独自にソ連側担当者と折衝したものの、状況は打開されなかった。外務省派遣員が、一度両者を下船させて、離婚手続きを済ませた上で再度日本人女性のみを乗船させることを提案するも、今度は厚生省派遣員が置き去りにすることはできないと言い、この案も流れた。結局、今後の帰国事業に悪影響が出ることを憂慮し、この朝鮮人の乗船を日本側が認めることとなった。

　外務省派遣員は前述の通り、偽装結婚問題について「かねがね予想されていたことであり、今まで問題が起こらなかつたのは、従来の入国審査官の調べに粗漏があったか、または、問題にしても無駄だと考え、あえて事を荒立てなかつたのであろう」と記しつつも、偽装結婚とみなされた他のケースについても、日本人女性が朝鮮人男性の帰国願望に同情している面も強く、一概に悪質なものであるとは言えないとして、同情的な意見を私見として記している。

　第 15 次集団帰国後の国会では、中山マサ議員[14]が偽装結婚問題について法務省入国管理局長の伊關佑二郎に質疑を行い、伊關佑二郎局長は、偽装結婚で入国し入国後にその日本人女性と別れ別れになった朝鮮人については、すでに 10 名ほど見つかっており、これらに対しては不法入国者として扱い今後本国送還する方針であると答弁している[15]。中山マサ議員はこれを受けて個々のケースを精査して温情的措置をとるように要求しており、日本政府内でも朝鮮人入国問題については、様々な態度があったことが分かる。とりわけ外務省においては、この帰国事業を円滑に進めるため問題が起きても穏便に済ませようとする姿勢が見られる。

　なお、外務省は帰国者中に対日諜報工作員が混入していることを当初警戒していたが、外務省派遣員は、朝鮮人がおおむね識字能力が低く、地図の読み方を知らない者がいるなどのことから、その諜報能力を警戒することはなく、むしろ帰国以前にソ連の国家機関で働いていたり、戦前からソ連に入国していた日本人を警戒していた[16]。

　第 16 次集団帰国者の中にもまた不法入国容疑者が見られた[17]。この朝鮮人は、幼少時から日本人夫妻に養育され、日本人の家に婚入りし、1935 年に樺太へ渡っ

た人物であった。なお、妻子は緊急疎開によりすでに日本へ渡っていた。帰国者
引き取りに際して、婿入りの証明書がない限り日本国内法では「朝鮮人」と扱わ
ざるを得ず、下船させる可能性があるとソ連側に伝えたところ、第15次の場合
と同様に乗船に際し回収した国内身分証明証を示し、ソ連国内で本人の申告によ
り日本人と認め出国を許可した以上、再入国は認められないと主張した。また、
本人も「自分は戦前戦後を通じて日本人たることを確信しており、老齢の今日、
内地へ渡つて妻子を探す以外に余生の目的はない」と頑強に主張したため、「人
道的見地」から下船させずに日本へ連れ帰った。

3　不法入国容疑朝鮮人発生の背景

　これら不法入国問題は、第4章で述べたように日ソ間の住民管理制度の相違に
も起因している。日本側は日本人と朝鮮人の線引きを、日本帝国期の内地籍と朝
鮮籍の線引きに重ねていたのに対して、ソ連側は個々人の民族籍について自己申
告という形をとっていたからである。また、日本では内地籍が日本国籍に直結し
ているのに対して、ソ連においては民族籍と国籍とは一義的関係にはなかった。
サハリン残留日本人および朝鮮人は、ソ連施政下においてまず〈無国籍者〉と扱
われ、自己申告に基づく民族籍のみが与えられており、ソ連側にとっては、〈無
国籍〉かつ民族籍〈日本〉の者が帰国許可対象者であったのである。

　豊原事件から偽装結婚まで、そこに見られるのは日本への帰国を希望する残留
朝鮮人の姿である。しかし、そもそもなぜこれらの残留朝鮮人は日本への帰国を
希望していたのであろうか。外務省派遣員たちは、サハリンの朝鮮人について
「生活には困窮していないが、無国籍のままでソ連籍、朝鮮籍（北鮮）を取得し
ないもの、特に日本婦人を妻としているものは、いずれ内地か南鮮移住を希望し
ている模様で、戦前には内地に居住した経緯もあり、引続いて日本との関係が最
も深いと確信しているもののようである」、「彼等の多くは今なお日本臣民と思つ
ており、韓国の独立を親身には感じていないらしい」などとさえ記述してい
る[18]。これらの記述は安易に一般化することはできないにしても、残留朝鮮人L・
Gらのように、朝鮮人には日本が住みにくい全くの外国とは映ってはいなかった
ことや、日本経由で韓国へと到れることを期待している朝鮮人が帰国者中に少な
からずいたと考えられる。また、前章でも指摘した通り、移住朝鮮人を中心にあ
る程度の数の朝鮮人は日本人との世帯関係の有無にかかわらず、日本国内に在住
する頼るべき親族や知人がいたと考えられる。

以上の如く、不法入国朝鮮人への懸念を抱えながらも集団帰国においては条件を満たす朝鮮人の入国を認め続けた。日ソ間の住民管理制度の齟齬によって生じた不法入国容疑朝鮮人については、多くの場合、「人道的見地」から入国を認めたほか、偽装結婚についても同情的な態度がしばしば見られた。

この背景には、単なる人道主義というよりも、入国制限を厳格にした場合、冷戦期帰国自体が日本側が要求したものであるにも関わらず、家族離散を恐れて冷戦期帰国を断念する者が頻出して充分な人数が集まらなくなることと、引き取りに際して頻繁にソ連当局と平行線をたどる折衝を重ねて、帰国事業全体に悪影響がでることを恐れていたことが考えられるのである。それではこうした日本政府の態度は、1959年の集団帰国打切り以降も一貫していたのであろうか。この点は本章第3節で検証する。その前に第2節では日本政府以外の戦後日本社会の残留者や冷戦期帰国者に対する反応を見る。

第2節　残留者・冷戦期帰国者に対する日本国内の反応

1　帰国嘆願書と本国家族

外交史料館には1950・60年代に書かれたサハリン残留者の帰国嘆願書関係書類が残されており、残留者90名の名前が見いだせる。このうち6名分が、両親ともに朝鮮籍者と思われる残留朝鮮人のものである。以下、まずは残留朝鮮人、次に残留日本人の順に、表明された帰国意思に対する日本政府や家族の対応を見る。

残留朝鮮人の帰国嘆願書

残留朝鮮人K・Kbは1957年4月15日に駐ソ連日本国大使館に嘆願書を送付しており、この嘆願書[19]によれば、残留朝鮮人K・Kbは日本帝国期に日本人との間に六子をもうけたが、戦災を逃れるために大阪から樺太へ夫婦と下の3名の子どもと樺太へ疎開したものの、1946年には夫が死去してしまう。大阪に残した子どもたちのもとへ戻ることを望んでいたが、1947年に周囲の日本人の引揚げが始まっても残留朝鮮人K・Kbらは引揚げ対象とはならなかった。1951年には大阪の次女から、こちらに住む次男あてに手紙が届き、ラジオからは抑留者送還の報に接していた。残留朝鮮人K・Kbの嘆願書送付後には、大阪に暮らす残留朝鮮人K・Kbの息子からも残留朝鮮人K・Kbたちのために嘆願書が外務省

へ送付されているが、外務省では日本に在住している息子を「朝鮮人」とした上で、法務省に判断を仰いでいる[20]。

残留朝鮮人S・Tbは1944年に「強制疎開」で東京から樺太へ渡り、1947年には日本人と世帯を形成し、1956年の「十二月日ソ講和条約となり近い内に、南樺太の日本人は引揚げるとのこと」という話を耳にし、日本人妻との帰国を考えているので、東京に住んでいるはずの兄と叔父と連絡をとりたいと外務省に問い合わせを1957年4月25日に行なっている。外務省の調べでは、兄とは一文字違いの人物が確認できたものの東京ではなく神戸に暮らし、叔父についても一文字違いの人物だけが確認できたにすぎなかった[21]。

残留朝鮮人K・E父子については、1940年代に引揚げ大阪に在住する妻と次男が1957年7月30日に外務大臣に帰国請願書を送付し、「今般貴国政府はソヴィエトとの国交も開かれ」たゆえに残留朝鮮人の帰国実現に期待しているとしつつも、祖国に帰国するとしても「現在誰一人として知人もなく到底生きて行くこと不可能で」あり、「日本へ引揚げられます様」にと請願している[22]。この請願書類には外務省職員が記入したと思われる書き込みがあり、「日本人の家族に非ざる以上日本入国の許可は、現状では困難なるべし」「駄目」と記されており、この案件への外務省の消極的姿勢がうかがい知れる[23]。朝鮮人であるため、残留朝鮮人K・Kbの場合同様に、外務省は法務省に判断を仰いでいる[24]。

冷戦期個別帰国が最後のピークを迎える1965年には残留朝鮮人C・Jに対する帰国請願が日本赤十字社へ送られ、それが1965年8月9日に外務省へ転送されていた。嘆願書の送り主である残留朝鮮人C・Jの息子によれば、1943年6月頃に三重県で古物商を営み始めたので残留朝鮮人C・Jを朝鮮から呼び寄せようとしたところ、残留朝鮮人C・Jは1944年4月頃に「徴用」で樺太へと渡ってしまい、戦後は「捕虜として樺太に収容せられ帰還することもあたわず」にいたが、残留朝鮮人C・Jから帰国の嘆願をしてほしいという連絡が来たために請願書を書いたという[25]。

残留朝鮮人K・Kb残留朝鮮人K・E父子の事例からわかるのは、1956年の日ソ国交正常化やその後の抑留者送還から、本人や日本の家族が帰国実現に期待を抱き請願書を提出したということである。また、それに対して外務省は、朝鮮人の入国問題は法務省の管轄域であるとして、自らの判断は避け、法務省に判断を委ねるという態度をとっている。

第6章　25年の停滞と自己意思残留論の登場　213

残留日本人の帰国嘆願書

　外交史料館に残っている残留日本人の帰国請願関係書類は 1957 年と 1958 年に
集中している。これら請願関係書類がどのような経緯を持つのかを明らかにする
にあたって、ある残留日本人の 2 通の手紙を、長くなるが引用する。1 通目は、
残留日本人 H・M が 1957 年 7 月 15 日付で北海道の父親へ送った手紙である[26]。

　　　お父さん、お母さん、××〔引用者註：残留日本人 H・M の姉妹の名前〕
　　さん、皆其の後も尚一層元気に農業にお励みの事と存じます。私達皆元気
　　です。安心下さいませ。
　　　暖さに向ひ、毎日のお仕事にはさぞやお骨折の事でせうね。月日の立の
　　は早いものね。もう今日は七月三日、空は青空、良いお天気です。当地も
　　良いお天気の事でせう、もう畠の草取は治まつて居られる事でせうね。毎
　　日忙しいでせう？私も早く行つたらお手伝もして上げたいが行く事は出来
　　ません。行きたい気持わ山程、山々なれども行かしてくれないのよ。情け
　　ないわ。思ばかなしくなり林しくなるばかり此の樺太内幌の土地もいいか
　　げんにあきがきたわ、でもね、お父さんや、お母さんが早く呼出状をくれ
　　なければ、私達の立場は行く事が出来ないのさ、早く呼出状下さいね。家
　　内の名前を書いてね、早く来いてね、それに役場の印と外務省の印をおし
　　て下さいね。早く、早く、私は毎日其の呼出状の来るのばかり待つて居る
　　のよ。でも仲々出来ないのか知ら。又手続きしていないのか知か心配だ
　　わ。大至急頼むね。大至急ね。急いでね。私達の名前も書いて子供達の全
　　部とね一人でも名前がおちていたらだめなのよ。子供の名前は××〔引用
　　者註：家族の実名のため伏字にした。以下、同〕、××、××、××とな
　　つて居りますからね。私達の自分の娘　林××〔残留日本人 H・M〕其の
　　夫　林××と全部年「私、一九二五年「夫一九二二年「××一九四六年
　　「××、一九四九年「××一九五二年「××一九五四年、このように書い
　　て早く北海道にもどつて来いと、一日も早く帰国して来いと言つて書いて
　　下さい。ロシヤの外務省に一枚送つて上げるように私の方に一枚送るよう
　　にいづれも同じようなもの、すなはち印のおしたもの、役場の印と外務省
　　の印とを忘れないで下さいね。ロシヤの外務省にわ東京の外務省へ頼んで
　　送つてもらうように、私にはお母さんが送つてくださいね。なるべく早く
　　頼んで下さいね。忙しい事や金の高い事は、私達は百も知つてるは、でも

しかた有りませんものね、どしどし頼んで下さいね。「かれらは」一寸か
はつてるからね　なんだかわからないものね。あきれたは、此の頃わ私も
少し変つて来たらしくね、外の人が見たらなんだか前と違つて、へんだと
言うのよ。私も自分自心がそう思うわ。昨日　林の知つている人同じ林と
言う所のおばさんの所に芋の草取に行つて来たの。そしたら其のおばさん
が私の心配事をきいて居たわ。私が話をすると、それわかわいそうだが
ね、どうした良いかと心配して居ますよ。

　其の人達も早や三年以上もつき合つて居るわ　大変やさしい人です。ば
あさんは、まるで私達を自分の子供達のように思つて下さる人ですよ。年
わ母さんと同じ位よ。いくらやさしくても自分の親、兄妹が一番よいで
す。まして十年もはなれてこうして暮して居たら毎日思わない日は有りま
せん。夜眠ても目にあらわれて話をして居るように目をあけて見るとばか
くさいのよ。早く優しい親、兄妹に合いたい一心です。どうぞ早く私の胸
が晴れるやうに呼出状に印をおして下さいね。忘れないでね。手紙頂いた
四月からどんなに淋しく毎日の日々暮して居るが皆さんわ良く知つてくれ
る事と思うわ。樺太と北海道が陸地であつたら？海一つはなれ毎日かなし
く暮らす私、ああばからしく人の笑い者、一体それも皆自分の運命、自分
の一歩の足のふみ場が私の不幸の元だつた。考えればあの二十の年が今で
もにくらしく思う　あの時がんばつたらこんなにならなかつた。又皆に心
配もかけなかつた。ばからしくばからしく二度と帰つて来ない二十の若い
年、自分の運命が其の時だめになつてしまつた。だれもわるくない私が自
分が悪い　今更あの時がにくらしくても、二度と又此のようになつた此の
私の身を誰れが知るか若い人生わ二度と来ぬ、一生の生活も思われるかな
しみもつらさも苦楽わどんなにも働いても水のあわ、なんにも思わない
わ、今思うのわ二十の時のあの場合又家に居た時の私、子供一人つれてど
んなに暮して居たかあの時がはつと思つて？なかつたらそれは一時のたん
き、たんきを持つたあの時、あの朝も昼も夜ねてから思い出す父や母わや
さしく××もまだ小さく××も小さく何も知らなかつただろう。姉さんわ
良く人の顔つきわかる。

　母さん早く呼出状下さいね。M〔引用者註：残留日本人Ｈ・Ｍの名〕
は毎日待つて居りますよ。

　一生に一度のお願いね　早く　早く　下さいね。

外務省の印と役場の印とを忘れないで下さいね。毎日、毎日くれるのを
待つてるわ　後便にて　さようなら　M〔引用者註：残留日本人H・M
の名〕
一九五七年七月十五日
南樺太本斗郡内幌町内幌炭山
H・M〔引用者註：原文では実名〕より
H・T〔引用者註：残留日本人H・Mの父の実名〕様

　この手紙は、残留日本人H・Mが日本の家族に「呼出状」を送るように頼む
ためのものであり、役場と外務省の印を押すようにと念を押している。次に挙げ
るのは詳しい日付は不明であるものの、1958年に残留日本人H・Mが厚生省に
送ったと思われる書簡の写し[27]である。

　　厚生省の皆様
　昨年中は色々と厚いお心ざしを有がたうございました、今年も引続き宜
敷くお願ひ致します。
　新年を向ひましても、新年状も致さず誠に申し訳ございません。私のオ
ロカ者をお許し下さいませ。
　厚生省におつとめの局長様おお始め皆様にはお変もなく国の為め、国民
の為めにおつとめの御事と存じ居ります、寒さの折からお伺ひ申し上げま
す。
　東京　言われましても大変寒い事と思ひます、樺太内幌の町は山々にか
こわれて居ます、今では其の山々も真白な白雪に深まつて其の高い山の一
線から吹き下ろす、嵐れ来る白雪の立巻は物スゴキ嵐のウナリ声にサアッ
ト吹き嵐れて居ります。
　私は小さい時から寒い此の雪国に生れ育ちました、今では十一年前父
母、兄妹は、日本国北海道に引揚ました、私は其の時親、兄妹の反対を聞
ず朝鮮人の青年と結婚致し、今では引揚度に帰国も出来ず今だに樺太内幌
に残留者の一人として皆様方に色々の御心配をお掛け致して居ります残留
者の一人です、私の名は、残留日本人H・M（現在名、×××××〔引用
者註：本人の朝鮮姓名実名なので伏せ字にした〕）です、私は日本国帰国
希望者の一人です、所が私達夫婦は一九五四年ソ連の国籍に加入致したの

です、

　それが為めに今だに帰国を希望致して早や一年と成りましたが、手続き
を終わらなければ帰国が出来ません、私は去年七月十日父母の呼び出し状
を頂き手続きを終わりました、それから六ヶ月帰国が出来ると許可が来ま
した、それからは今一ツいつ帰れるか、期間の証明書の来るのを手続きを
済ませて待つて居ります、けれども私達はいつでも帰れるそうですが、自
分のお金で帰るのだそうです、私達は小人のお金で帰るにしても働き高の
少い私達の家庭では仲々務めながらお金ではためたり出来ません、夫は
一ヶ月働らいても家内で食べるのがやつとの位いです、それで帰るにつけ
てましても船中心配が多いと思います。切角帰国を希望致してやつと、許
可が出ました、それに自分のお金にして帰る途中何かの間違つた場合には
と、色々の事を思いますと、安乗に、船に乗ることも出来ない心配です。

　それで、どうぞ厚生省の皆様誠に御迷惑とは、存じますが、もう一度、
帰国船がお都合が出来ましたら、なるべく帰国船でお願い致したいと思い
ます御無理の願い帰国船で帰れる事でしたら、家内中、安心を、して、日
本の国に帰れると思います。

　もし帰国船がお都合出来ました時は、私達を、お忘れなく、帰国者で、
希望を持つて居る人を乗せて下さいます事をくれぐれもお願い致したいと
思います。

　それでは厚生省、おつとめの、局長お始め皆々様時節柄お体にお気を付
て、皆様のため、お国のために、おつとめ下さいますことを蔭乍ら、お祈
をして、これで、筆を置かせて頂きます。

　判らない点が沢山ございますからお考えにないまして読んで頂きとうご
ざいます。

　厚生省おつとめの皆様お元気に

かしこ

　皆様へ

　Ｈ・Ｍ〔引用者註：原文では実名〕

　一通目の手紙では、文中に７月３日という記述がありながら、署名部分では７
月15日と記すなどずれがある。２通目の手紙に出てくるサハリンで帰国手続き

第6章　25年の停滞と自己意思残留論の登場　217

をしたという7月10日という日付は、残留日本人H・Mの日本の家族が駐ソ日本大使館に宛てた書簡の中に出てくる帰国手続き日と一致している[28]。7月15日という日付には疑問が残るものの、内容から見て1通目の手紙は「呼出状」の催促であり、それ以前にすでにサハリンと日本の間で連絡をとっていたことがうかがえる。また、2通目の手紙からは、1通目の「後悔」とは戦後に家族の反対を受けながら朝鮮人と世帯を形成し引揚げを断念したことを指していることが理解できる。

　残留日本人I・Rも朝鮮人と世帯形成したために引揚げを断念した残留日本人であり、さらには「もう退州[29]はなきものと諦め、何も知らずに」1954年12月にはソ連国籍を取得してしまっていたが、冷戦期集団帰国の可否を担当の役所であるオビールに問い合わせたところ、日本の家族からの「呼出状」に家族の居住地の市長などの証明印が押されたもの、外務省からの省印のある「呼出状」、駐ソ日本大使館発行の「未帰還日本人証明書」の3点が必要であることが分かり、父母に書類の準備と送付を依頼する手紙を送ったところ、「父母弟妹皆さんが達が、私達家族全員揃つて元気で帰国するやうに」という返事と必要書類を受けとっている[30]。

　樺太からの冷戦期集団帰国の通告がソ連政府から日本政府へなされたのは、1957年3月21日であった。残留日本人O・Sは、1957年3月に「ソ連地域内残留日本人」の帰国が通知され朝鮮人家族の帰国も可能と聞き帰国手続きを始めたと厚生省に書き送っている[31]。

　上記事例に限らず、具体的な経路は不明であるものの、日本への帰国の希望を持つ残留日本人のうち冷戦期集団帰国実施予定の報を受けた人々は、ソ連側の担当機関であるオビールや駐ソ日本大使館へ問い合わせて手続きに必要な書類を確認し、戸籍謄本や「呼出状」などの送付を日本の家族や省庁、市町村役場に依頼している。手続きは円滑に進んだわけではなく、前出の残留日本人I・Rは「豊原の引揚係本部（引用者注：オビールのこと）に三度も出頭して問い合わせ」た結果、ようやく日本の家族からの「呼出状」が必要であることを知らされた上に、大使館が発行した「未帰還日本人証明書」を提出したところ、ソ連国籍なのでさらに必要な書類があるとソ連当局から言われている[32]し、残留日本人K・Sbも実父とのやりとりの中で、手続きが三度目に及んでいると記している[33]。

　外交史料館に保存されている帰国請願関係書類とは、日本在住家族、自治体、厚生省引揚援護局未帰還調査部、外務省欧亜局第三課、駐ソ日本国大使館、残留

日本人の順で転送されていく過程で外務省に集積された、本人からの省庁や大使館、家族への書簡、家族から外務省へ翻訳と転送を依頼する書類、自治体首長による証明書、家族の「呼出状」などからなっている。「嘆願書」には、残留日本人当人から大使館や外務省などの公的機関に帰国意思を表明しその可否方法を問うものと、日本の「留守家族」が残留日本人の帰国を日本政府やソ連政府に要請する「呼出状」の二種類が存在し、前者については、改めて未帰還邦人調査票を駐ソ日本大使館に提出させることで日本政府は残留者中の帰国希望者の把握を行ない、後者については、公印を押すことでソ連政府への帰国手続き書類のひとつである帰国嘆願書として提示された。

　それではこうした書類手続きが帰国を希望するすべての残留日本人に要されたのかと言えば、そうではなかった。また、第13次集団帰国までの冷戦期集団帰国者のうち駐ソ日本国大使館に帰国嘆願書を提出していた者は28人であり、事前に帰国嘆願書を日本政府に提出せずとも帰国できた者が多数いた。これは、(1)「無国籍扱いのもの」は帰国手続きに特段の書類は不要、(2)「無国籍扱いであるが朝鮮人としての居住証明書」を持つ者は大使館発給の証明書で「支障なく」書き換え可能、(3) ソ連国籍取得者は、「現地官憲は親族の呼寄書嘆願書と戸籍関係書類の提示を求めている趣である」というように、ソ連国籍取得者以外は必ずしも日本からの書類の取り寄せは必要ではなかった。その一方で、第13次集団帰国の冷戦期集団帰国が終わった段階で、ソ連国籍取得者のうち帰国できたのは1名だけであった[34]。なお、この唯一の実例である残留日本人N・Yは、「居住生活には心配ありませんから一家揃つて下れとの手紙を再三受け取りました」と日本政府に書き送っている[35]。

　帰国希望者の帰国を困難にさせたのは、煩雑な手続き以外の問題が潜んでいたと考えられる。残留日本人I・Rや残留日本人N・Yのように、すべての帰国希望者の日本の家族がその帰国に積極的であったとは言えないからである。

　たとえば、残留日本人T・Hは1945年5月に渡樺太し、戦後に朝鮮人と世帯を形成し引揚げを断念、1957年5月に夫との同伴帰国を希望しソ連当局に帰国申請を行なったものの、1954年に夫婦でソ連国籍を取得していたために却下されてしまった。そこで今度は駐ソ日本国大使館に帰国申請をしたが、その後連絡が途絶えてしまった。しかし、周囲からの情報によるとソ連国籍取得者も「日本の本籍地に居住する家族からの證明書さえ［日本の市役所の市長又は町長が證明し印を押した］送つて貰へたら帰国出来る」そうであり、実際に帰国許可が出て

いる人々もいたという。そこで、必要書類をそろえるため、日本の家族や本籍地の役場に手紙を出したが返事がなく、外務省に相談の手紙を書くに至っている[36]。

また、残留日本人S・Tは、1956年から手紙を出しているのに全く返事をくれない日本に暮らす姉に対して、「私は朝鮮人の妻になつたのでお姉さん達は怒つている事でせうね。私は樺太に残りたくて残つたのでは有りません。事情はおわかりの事と思います。」[37]と書き送り、日本の家族の音信不通の原因が、自身の朝鮮人との世帯形成にあるのではないかと疑っている。残留日本人S・Tについては後に実父から帰国嘆願書が提出されているし、そのほかの書類も外務省へと転送されていることが確認できるものの[38]、朝鮮人との世帯形成が日本の家族の拒否反応を引き起こし、残留日本人を帰国の実現から遠ざけた可能性が存在したことは否定できない。こうした状況は個別帰国に移行後も変わっていなかったと見られ、1965年5月12日に行われた外務省、厚生省、法務省の関係部署による三省協議の中で、法務省入国管理局の担当者は、帰国希望残留日本人の朝鮮人世帯員のための渡航証明書発行について、「審査が長びく場合があるが、これは留守宅が自分の娘の帰国には賛成であるが、夫である朝鮮人の来日は引受け兼ねるというようなケースもあるからである」と回答している[39]。

留意すべきは、こうして外交史料館に帰国請願関係書類が残っている人々とは、あくまである程度、関係書類のやり取りが行なわれたからであり、それ以前の段階で帰国を断念してしまった人々の関係書類は残ることさえなかったと考えられるということである。たとえば、残留日本人S・Sは、自分が小学生であった1950年代のこととして、自宅に帰ると母親が泣いており、テーブルの上には手紙が置かれていたが、自分は日本語が読めないので、その手紙が誰からのもので、なぜ母親が泣いているのかは理解できず、成人してから母親になぜあの時に泣いていたのかと問うと、あの手紙は母親の兄から来たもので、〈お前は朝鮮人と結婚したのだから、日本に帰って来るな〉と書いてあったのだと教えられたという話を語っている[40]。もちろん、これは伝聞であるため慎重な判断を要するが、残留日本人H・Mや残留日本人S・Tの事例から考えれば、まったくあり得ない話ではないことが理解できる。すなわち、ようやく日本の家族と連絡がとれたにもかかわらず、日本の家族から帰国を拒否されたり、あるいはそれを見越して予め帰国自体を断念したという事態が少なからず発生していたことが推測される。

サハリン残留者ではないものの、同時期には大陸部の元抑留者からも帰国請願

が提出されており、同様の現象が起きていたことがうかがえる。残留日本人T・Uは関東軍の満洲第十国境守備隊第一中隊に所属していたが、1944年12月に脱走しソ連領内へ逃亡、ソ連からはスパイ容疑で10年の刑を申し渡され、1954年に刑期満了で出所し帰国のためにハバロフスクまで移送されたものの、収容所では日本人戦犯に対する逆スパイの役をしていたため他の日本人抑留者から恨みを買っており、ついには同地で自殺未遂に及び回復後は「残留嘆願書」をソ連当局に提出してカラカンダ市の炭鉱で生活を送っていたところ、帰国した抑留者仲間経由で自分の父母の手紙が届いたことから、翻意して1956年3月26日付の手紙で帰国意思を父母に伝え、1957年には駐ソ日本大使館に帰国意思を表明した[41]。もちろん、これは元抑留者という特殊な事例であるものの、日本の家族や社会の目を気にして帰国を躊躇したり断念したりすることが起き得ることをよく示している。

　以上の、帰国嘆願関係書類から読み取れるのは、日ソ国交正常化、その後の抑留者送還、サハリン冷戦期帰国開始の発表や実際に近所の他の残留者の帰国などを契機に、残留者たちが日本の家族や駐ソ日本大使館、外務省などの日本国内官庁、自治体などに郵便を通じて連絡を取り始めたということ、外務省は朝鮮人の帰国には消極的にしか対応していないこと、一方、残留日本人については「未帰還邦人調査票」を提出させ把握するとともに、ソ連国内での帰国手続きのために必要な戸籍謄本や日本の家族からの帰国嘆願書の転送などを積極的に行なっていることである。ただし、残留日本人の手紙の中の記述や聞き取り調査からは、一部の日本の家族の中には、朝鮮人夫を同伴しての帰国に難色を示す者がいたこと、また残留日本人自体がそれを危惧していたが示唆される。

　なお、これら請願者のその後については、残留日本人N・Yと残留日本人O・Sは第13次集団帰国で、残留日本人H・Mは第16次集団帰国で帰国を、残留日本人I・Rと残留日本人T・Hは1965年に、残留日本人K・Sbは1966年に、個別帰国を果たしているものの[42]、残留日本人S・Tは2010年に現地在住者として死去している。

2　全国樺太連盟と冷戦期帰国者

　第3章でも述べた通り、樺太引揚者らは当初、様々な引揚げ者団体を立ち上げたが、次第に1948年4月に結成された全国樺太連盟（以下、「樺連」）へと統合されていった。樺連は、引揚げ促進、引揚者援護を目標に掲げた団体であった

が、樺太時代の官民の〈要人の再結集〉という側面を強く帯びていた。このこと
は、第2代会長が抑留から帰還した最後の樺太庁長官の大津敏男が務めていたこ
とにも表われている。さらに、樺連を後ろ盾として、1955年3月には南樺太返
還期成同盟（以下、「樺同」）が大津を総本部長として設立された。樺同は、文字
通り樺太の領土返還を求める団体であった。樺連が公益団体という性質上、政治
運動ができないために新たに設置されたのである。

　樺連は冷戦期帰国者に対して無関心であったわけではなく、表6-1の通り、回
次ごとに、機関紙『樺連情報』一面で報道をし、帰国者の住居、就職の世話を呼
びかける記事も見られた[43]。ただし、帰国者中の朝鮮人の多さに対する嫌悪感や
日本人のみの世帯こそ〈真の引揚者（帰国者）〉であるという意識が垣間見られ
るのも事実である。たとえば、第13次集団帰国については、「僅か二一九名の乗
船を許された。しかも内邦人は、八五名他は鮮人という異例な扱となつてしまっ
た」[44]と朝鮮人の多さを強調し、第14・15次集団帰国については、「帰還者は一
月十四日も二十七日も「朝鮮ダモイ〔引用者注：ロシア語で「帰国」の意〕」と
あつて出迎えは少ない。一ところの感激と涙の帰還風景は影をひそめみじな服装
と子どもの無表情は関係者を驚かした」[45]と朝鮮人帰国者を冷淡に受け止めてい
る。この「一ところの感激と涙の帰還」とは、おそらく第11次後期引揚げまで
の抑留者の帰還と比較しているものと思われる。さらに、第17次集団帰国につ
いては、「今回の引揚者は日本人世帯だけは七家族十四人、他は鮮人〔ママ〕を
主人とする日本婦人とその子供たちであり、帰国者は一人平均数万円の現金を持
ち帰つていたので、樺太生活は比較的豊からしく思われた[46]」とも記し、回次を
追うごとに朝鮮人帰国者、そしてその日本人家族さえ突き放すような表現が散見
されるようになる。戦後期の引揚げが日本人限定であった以上、樺連としては朝
鮮人は〈他者〉でしかなかったとも言えよう。

　また、こうした反応は樺連特有のものではなく、大手新聞も「不満ぶちまける
引揚者　まるで"朝鮮ダモイ"　日本人は片すみに」と見出しを打ち[47]、同伴帰国
した朝鮮人に対して温かいまなざしを向けていたとは言い難い。

　以上は当時の樺連団体紙に見る冷戦期帰国者への意識であったが、次に、その
後に編纂された樺連団体史における記述を見てみたい。『樺太終戦史』（1973年）
では、サハリン冷戦期集団帰国に関する記述はあるものの数字を挙げるにとどま
り、同時期の出来事としては、むしろ日ソ共同宣言後も「最終的に南樺太は全千
島とともに、われの手に還るべきを確信する」という声明を発表するなどした領

表6-1　サハリン冷戦期集団帰国に関する『樺連情報』記事

回次	通告日	出港日	『樺連情報』記事
12	1957 年 3 月 21 日	1957 年 7 月 29 日	「かけ引きの具に　問題の二百十九名の帰還」1957 年 8 月号
13	1957 年 9 月 20 日	1957 年 10 月 16 日	「歓迎　第 13 次帰還」1957 年 10 月号
14	1957 年 12 月 19 日	1958 年 1 月 9 日	「帰還者約千名白山丸を派遣」1958 年 1 月号 「帰還歓迎　新春の朗報　皆さん，御苦労さま」1958 年 1 月号
15		1958 年 1 月 23 日	「樺太から同胞帰る　帰国者の表情」1958 年 2 月号
16	1958 年 8 月 14 日	1958 年 9 月 3 日	「樺太帰還者を歓迎する」1958 年 9 月号 「白山丸東京出航見送り」1958 年 9 月号 「秋雨の舞鶴港へ　樺太から四百七十二名」1958 年 9 月号
17	1959 年 1 月 12 日	1959 年 2 月 3 日	「まだ五百余名残留か 第六次樺太引揚げ終る」1959 年 3 月号
18	1959 年 9 月 10 日	1959 年 9 月 25 日	「歓迎ようこそ お帰りなさい」1959 年 10 月号

出典：『樺連情報』各号、『ソ連地区邦人引揚関係一件引揚実施関係 第四巻』、『同　第八巻』、『同　九巻』（外務省外交史料館所蔵〔分類番号 K'7-1-2-1-3〕）より筆者作成。

土返還運動が強調されている[48]。さらに、『樺太連盟四十年史』（1988 年）では、「日ソ共同宣言によって残留全員の帰国が達成されました。この帰還梯団はソ連本国からでは第 11 次に当たり、〔中略〕未帰還抑留者の「奪還」として盛り上がった世紀の国民運動は、こうして終りを告げました」[49]と記述するなど、第 12 次集団以降の冷戦期帰国者の存在についてはふれられていない。

引揚げ終了（1949 年 7 月）後、樺連にとってソ連領内未帰還者問題とは抑留者問題として認識されていたと言えよう。しかも、その抑留者も兵士などのことを指すのではなく、樺太時代の官民の要人たちを主に指していたのである。そして、シベリア抑留者帰還促進運動と同調し、樺太〈要人抑留者〉送還の完了が、樺太〈未帰還者〉問題の〈終焉〉と等視されたのである。さらに、1955 年以降、活動の中心は未帰還者問題から領土返還問題へと移行した。樺同結成以前の1954 年 6 月 20 日の樺連北海道大会の決議全 3 事項のひとつが未帰還者問題であっ

たのに対して、結成後の 1955 年 4 月 24 日返還同盟大会の決議全 3 事項に未帰還者問題が含まれなかったことにもこのことが現われており、この傾向は日ソ共同宣言後もなお継続した[50]。

1961 年のミコヤンソ連副首相来日時に、樺連と樺同は両会長の連名で「要望書」を提出した[51]。要望書ではミコヤンが戦後直後にサハリン視察経験があることに触れつつ、「世界平和、人類共存、日ソ友好」を掲げて、樺太領土返還、日ソ合弁企業でのサハリン資源開発、「南樺太等に残存する日本人との音信、旅行の自由」、サハリン・クリルに「日本人合同慰霊等」を建立・遺骨処理、の 4 項目の要望を提示している[52]。3 番目の項目は残留日本人に関する要望であるが、要望しているのは永住帰国ではなく一時帰国の自由に限られている点は若干の注意を要する。1964 年に日本国外務省に提示した要望[53]の中には、残留日本人の帰国に関する記述があり、残留者を 500 〜 2,000 人と推定した上で、ソ連国籍を取得者などを除いた「今尚熱心に日本帰還を望む者約二〇〇〜三〇〇名位」の残留日本人の帰国の促進についてふれている。ただし、この要望書自体が樺太の「領土帰属はしばらくお預け」とした上で墓参等についても要望を提示していることは注意を要する。

返還運動は帰還運動との間に論理的矛盾を生じさせる。領土の返還を要求しておきながら、現在そこに暮らす日本人の帰還を要請するのは、明らかに両立しない主張だからである。もちろん、領土返還が成就すれば、残留日本人問題も一挙に解決すると考えられようが、それが容易ではないことは樺同自体が自覚していたことは、前出の「領土帰属はしばらくお預け」という表現からもうかがい知れる。すでに述べた通り、要人抑留者の帰還完了によって、未帰還者問題は重視されず、その上、〈引揚者〉団体としての、朝鮮人帰国者への忌避感まで合わさり、引揚者団体である樺連はサハリン残留日本人への関心を失っていったと言える。

樺連がサハリン残留日本人の存在に無関心であったとは言えないものの、たとえば第 5 章で言及した樺太帰還在日韓国人会のようにその活動の第一に帰国支援を掲げるほどの熱量を持ち合わせておらず、残留日本人の帰国促進を引揚者運動として発展させる契機を逸したと言える。また、市民運動としてのサハリン残留朝鮮人問題に集った支援者にとっての大きな関心は日本の植民地・戦争・戦後責任への追及である傾向が強く、加害者＝日本と被害者＝アジアという構図が優先され、被害者としての日本人という像がなじみづらく、残留日本人に対する認知度も低く、市民運動という観点からもその解決に向けた組織的な取り組みが現れ

ることはなかったと考えられる。

第3節　自己意思残留論の登場

1　帰国者減少のソ連要因

　このような状況で、冷戦期帰国が継続される中、前章でも述べた通り、1959年9月14日、ソ連当局が駐ソ日本大使館へ第18次集団帰国で集団帰国方式を打切ると通告を行った[54]。これ受けて、9月17日、駐ソ日本大使館が集団帰国方式続行を求めるがソ連政府は拒絶し、以後はソ連領内未帰還日本人の帰還は、個別帰国へと転換し、帰国者数は激減する。

　1962年4月11日には、衆議院社会労働委員会において、松山千恵子議員が帰国希望者がいながら帰国が停滞する理由を質問し、厚生省援護局長が朝鮮人家族の不同意や国籍（ソ連、北朝鮮）取得済みのためソ連国内の出国申請手続きのために遅延しているという認識を示した[55]。

　ソ連政府は国際的人口移動に規制を設けており、たとえば1964年段階で約200名が帰国希望を表明していたにも関わらず、1965年6月までに出国許可を得られたのは、70名に過ぎなかった[56]。1965年5月6日、モスクワではソ連当局が把握するサハリン残留日本人200名のうち71名はソ連出国の意志がないことが駐ソ大使館へ通知された[57]。前章でも述べた通り、翌1966年、ソ連政府は日本政府に対して、帰国希望者がいれば必要な措置をとるとしつつも、「後の者は日本へ帰る意志がないようである」[58]と通達するなど消極的な態度を取るようになった。ソ連政府としても、未帰還者問題の終結を企図していたと推測される。この段階ではサハリン残留日本人についてソ連政府は、所謂〈人質〉として外交カードで利用するよりも、非人道的問題への批判が続くことを回避しようとしたとも考えられる。

　また、日ソ外交史という観点から見れば、1960年代から70年代前半が北方領土問題交渉が進展しなかった一方で経済協力に向けた交渉が行なわれ実現し始めた時代であるものの、1970年代後半はソ連関係の悪化の余波やベレンコ中尉亡命事件（ミグ25事件）などで日ソ関係が緊張した時代である[59]。しかし、この帰国の減少や停滞をソ連側の要因のみから説明することには限界がある。そこで1965年以降の日本政府の動向についても確認しておく。

2 自己意思残留論

第5章でも詳述したように、1965年5月、厚生省援護局、法務省入国管理局、外務省各課によって、サハリン残留日本人問題に関する三省協議が行われた。その中で、外務省は同伴帰国朝鮮人について今後は法律第126号に基づく在留資格（特別永住権）さえ与えないこと、集団帰国の同伴帰国朝鮮人の入国を失敗とみなし、「集団引揚げを繰返さないように努力する」こと[60]、そして子どもの世代の文化面での非日本化などを懸念し「一定のところで打切ることが必要」であることを表明している[61]。1965年は、第5章でも示したように日本政府の積極的関与により大量個別帰国が発生した年であり、外務省含めた日本政府の帰国事業「打ち切り」への意思が読み取れる。

1976年まで樺太・千島地域からは135名が個別帰国を果たしたが、1977年以降はポスト冷戦期帰国開始まで、帰国者はゼロの状態が続いた。帰国を希望しない残留日本人の存在は、必ずしも政府側の虚構ではないと考えられる。この段階では、帰国希望者のうち帰国条件（家族の同意、国籍問題）を備えた者の大半が帰国済みであったと考えられ、〈表面上は〉帰国を希望しない者が相対的に増大したと言える。ただし、ここで言う〈帰国〉が一時帰国を意味せず、一度出国すれば二度とソ連に入国できないという前提であったことは留意すべきであろう。また、1976年には当時北朝鮮国籍を取得していた残留日本人が日本への帰国を表明したところ、ソ連当局によって北朝鮮へと連行されるという梅村秀子事件も発生しており、こうした社会情勢も帰国者が見られなくなった背景といえるであろう[62]。ただし、1970年代において、日本政府はサハリン残留日本人の多くは帰国を希望していると公けでは表明していた[63]。

個別帰国者が絶えてさらに約10年後には「自己意思残留論」が国会において現われることとなる。1988年12月14日の衆議院沖縄及び北方問題に関する特別委員会[64]において、五十嵐広三議員への質問に対し、厚生省援護局課長はサハリン残留日本人について、「未帰還者」140名と「自己意思残留者」151名とに分け、前者を「終戦後ある時点におきまして生存の資料、情報がございまして、そういうものに基づきまして留守家族が厚生省に届け出をしておるもの」、後者を「当初未帰還者として把握しておったわけですけれども、その後調査が進みまして、現地に自分の意思で残留するということを確認」した者であると回答している。この二分法に従えば、消息が判明した者は即「自己意思残留者」組み入れられる事になってしまうのである。

かくして、帰国希望者の相対的減少や引揚者団体や残留者家族からの関心の低下、そして残留日本人問題を終結させたい日ソ政府間の思惑の一致を原因として、冷戦期帰国事業は、1970年代後半以降、完全に途絶することとなったのである。

第4節　小括

　冷戦期集団帰国では不法入国容疑朝鮮人が発生しており、国会でも問題視される事態が起きていた。その背景のひとつには、日ソ間での住民管理制度の違いがあった。日本政府は「人道的見地」からこれら不法入国容疑朝鮮人の日本入国を容認する措置をとったが、その背景には両国の制度上の違いである以上この問題でソ連側と現場で交渉しても解決可能性は低く、むしろ交渉の難航により帰国事業全体への影響が出ることを懸念していたことがった。

　帰国嘆願関係書類からは、日ソ国交正常化、その後の抑留者送還、サハリン冷戦期帰国開始の発表や実際に近所の他の残留者の帰国などを契機に、残留者たちが日本の家族や駐ソ日本大使館、外務省などの日本国内官庁、自治体などに郵便を通じて連絡を取り始めたということ、外務省は朝鮮人の帰国には消極的にしか対応していないこと、一方、残留日本人については「未帰還邦人調査票」を提出させ把握するとともに、ソ連当局に対する帰国手続きに必要な戸籍謄本や日本の家族からの帰国嘆願書の転送などを積極的に行なっていることである。ただし、残留日本人の手紙の中の記述や聞き取り調査からは、一部の日本の家族の中には、朝鮮人夫を同伴しての帰国に難色を示す者がいたこと、また残留日本人自体がそれを危惧していたことを読み取ることができた。

　引揚げ者団体は、日ソ国交正常化前後から未帰還者問題よりも領土返還運動に関心を移し、また冷戦期集団帰国では同伴朝鮮人も多かったことから、残留日本人問題への関心を失っていったために、引揚者団体による積極的な帰還促進運動は展開されなかった。

　1965年の大量個別帰国以後は、残留日本人側でも朝鮮人家族や日本の家族の同意、帰国後の生活不安の解消、旅費の工面など帰国条件を満たしていた者が減少したことと、梅村秀子事件などにより帰国意思を表明する者は皆無に近くなった。同時期には日本政府内でも、同伴朝鮮人家族の入国による在日朝鮮人の増加や、ソ連化した世代の社会適応コストを懸念し、残留日本人の帰国に消極的な態

度が見られるようになった。また、ソ連政府もかねてより残留日本人問題が人道的問題として国際的に注目されることを嫌っており、残留日本人の帰国には消極的であった。ここに三者の事情が重なり合い、1977年以降の帰国者が絶無となる。そして1988年には残留日本人に対する「自己意思残留論」が国会の政府答弁に現われることとなる。

　前章と本省から理解できるのは、跨境化過程の一部分である冷戦期だけ見ても、その境界の透過性は変化しているということである。

注

1　厚生省援護局編『引揚げと援護三十年の歩み』厚生省、1977年、105頁。

2　「樺太引揚（真岡港）出張報告（1957年8月5日）」『ソ連地区邦人引揚関係一件引揚実施関係　第四巻』外務省外交史料館所蔵［分類番号 K'7-1-2-1-3］。

3　「ポツダム宣言の受諾に伴い発する命令に関する件に基く外務省関係諸命令の措置に関する法律」昭和27年4月28日法律第126号。

4　玄武岩『コリアン・ネットワーク：メディア・移動の歴史と空間』北海道大学出版会、2013年、134頁。

5　国会会議録「第27回国会参議院 社会労働委員会（6号）（1957年11月12日）」。

6　「第15次引揚報告書（昭和33年1月30日）」外務省『ソ連地区邦人引揚関係一件引揚実施関係　第八巻』外務省外交史料館所蔵［分類番号 K'7-1-2-1-3］。

7　「ソ連よりの引揚者名簿中に含まれる朝鮮人一四六名の取扱いについて（1957年3月27日　アジア一課）」外務省『太平洋戦争終結による旧日本国籍人の保護引揚関係雑件　朝鮮人関係』外務省外交史料館所蔵［分類番号 K'7-2-0-1-1］。

8　「在ソ朝鮮人の渡日請願に関する件（藤山大臣発　在ソヴィエト連邦門脇大使宛1957年9月6日）」『太平洋戦争終結による旧日本国籍人の保護引揚関係雑件　朝鮮人関係』外交史料館［分類番号 K'7-2-0-1-2］

9　正確には、〈世帯主たる朝鮮人男性〉を指し、前章で述べたように日本人を夫に持つ朝鮮人女性の日本入域は不問に付されていたと推定される。

10「樺太からの帰国邦人およびその鮮人家族引取報告書（昭和32年10月23日）」『ソ連地区邦人引揚関係一件引揚実施関係　第六巻』外務省外交史料館所蔵［分類番号 K'7-1-2-1-3］。

11　当時は自由民主党所属の参議院議員。

12　「第27回国会参議院　社会労働委員会（6号）（1957年11月12日）」。

13　以下、偽装結婚問題については「第15次引揚報告書（1958年1月30日）」。

14　当時は自由民主党所属衆議院議員。

15　「第28回国会衆議院　海外同胞引揚及び遺家族援護に関する調査特別委員会（3号）（1958年2月19日）」。

16　「帰還情報（第15次ソ連引揚）（昭和33年2月5日）」『ソ連地区邦人引揚関係一件引揚実施関係　第八巻』外務省外交史料館所蔵［分類番号 K'7-1-2-1-3］。

17　「第16次（樺太再開第5次）ソ連地域引揚状況（東欧課　1958年9月8日）」『ソ連地区邦人引揚関係一件引揚実施関係　第九巻』外務省外交史料館所蔵［分類番号 K'7-1-2-1-3］。

18　「第16次（樺太再開第5次）ソ連地域引揚状況（東欧課　1958年9月8日）」『第九巻』、「第十五次引揚報告書（昭和33年1月30日）」『ソ連地区邦人引揚関係一件引揚実施関係　第八巻』外務省外交史料館所蔵［分類番号 K'7-1-2-1-3］。

19　「嘆願書（K・Kb　発　在モスクワ日本国大使館　宛　1957年4月15日」外務省『引揚促進請願関係（ソ連、中共地区を含む）歎願書関係　第四巻』外交史料館［分類番号 K'-7-1-0-14-2］。原資料では「K・Kb」に実名が記されている。

20　「樺太在住朝鮮人の本邦入国方陳情に関する件（法務事務次官　昭和32年11月14日）」『太平洋戦争終結による旧日本国籍人の保護引揚関係雑件　朝鮮人関係』外交史料館［分類番号 K'7-2-0-1-2］。なお、玄武岩の研究によれば、この残留朝鮮人K・Kb は1976年に日本への入国を果たしている（玄武岩『コリアン・ネットワーク：メディア・移動の歴史と空間』北海道大学出版会、2013年、152頁）。

21　「在ソ韓国人の渡日請願に関する件（平山××　発　1957年4月27日）」『太平洋戦争終結による旧日本国籍人の保護引揚関係雑件　朝鮮人関係』外交史料館［分類番号 K'7-2-0-1-2］。原資料では「××」には実名が記されている。

22　「樺太在住朝鮮人の本邦入国方陳情に関する件（法務事務次官　1957年11月14日）」『太平洋戦争終結による旧日本国籍人の保護引揚関係雑件　朝鮮人関係』外交史料館［分類番号 K'7-2-0-1-2］。

23　「請願書（鄭××、姜××発　外務大臣藤山愛一郎宛　1957年7月30日）」『太平洋戦争終結による旧日本国籍人の保護引揚関係雑件　朝鮮人関係』外交史料館［分類番号 K'7-2-0-1-2］。原資料では「××」には実名が記されている。

24　「樺太在住朝鮮人の本邦入国方陳情に関する件（法務事務次官　1957年11月14日）」『太平洋戦争終結による旧日本国籍人の保護引揚関係雑件　朝鮮人関係』外交史料館［分類番号 K'7-2-0-1-2］。

25　「樺太在住韓国人の帰国に関する件（日本赤十字社外事部長発　外務省欧亜課長・

北原秀雄宛　1965年8月9日）」『太平洋戦争終結による旧日本国籍人の保護引揚関係雑件　朝鮮人関係』外交史料館［分類番号 K'7-2-0-1-2］。

26　原文にあったソ連内の住所は省略してある。また、外交史料館に保存されているのは原本ではなく、北海道庁による写しである。「書簡（H・M発　H・T宛　1957年7月15日）」『引揚促進請願関係（ソ連、中共地区を含む）歎願書関係　第四巻』外交史料館［分類番号 K'-7-1-0-14-2］。原資料では「H・M」「H・M」には実名が記されている。

27　「書簡（残留日本人H・M発　厚生省宛）」『引揚促進請願関係（ソ連、中共地区を含む）歎願書関係　第四巻』外交史料館［分類番号 K'-7-1-0-14-2］。

28　「書簡（H・T　発　在ソヴィエト連邦日本国大使館　宛）」『引揚促進請願関係（ソ連、中共地区を含む）歎願書関係　第四巻』外交史料館［分類番号 K'-7-1-0-14-2］。原資料では「H・T」には実名が記されている。

29　ここでは〈帰国〉の意。

30　「書簡（残留日本人I・R　発　引揚援護局　宛　1957年6月23日）」『引揚促進請願関係（ソ連、中共地区を含む）歎願書関係　第四巻』外交史料館［分類番号 K'-7-1-0-14-2］。原資料では「I・R」には実名が記されている。

31　「書簡（残留日本人O・S　発　日本厚生省海外邦人引揚局　宛　1957年8月8日）」『引揚促進請願関係（ソ連、中共地区を含む）歎願書関係　第四巻』外交史料館［分類番号 K'-7-1-0-14-2］。原資料では「O・S」には実名が記されている。

32　「書簡（I・R　発　引揚援護局　宛　1957年6月23日）」『引揚促進請願関係（ソ連、中共地区を含む）歎願書関係　第四巻』外交史料館［分類番号 K'-7-1-0-14-2］。原資料では「I・R」には実名が記されている。

33　「書簡（K・Sb　発　××××、××　宛　1958年3月15日）」『引揚促進請願関係（ソ連、中共地区を含む）歎願書関係　第四巻』外交史料館［分類番号 K'-7-1-0-14-2］。原資料では「K・Sb」「××××」には実名が記されている。

34　「在ソ邦人引揚関係歎願書類送付の件（藤山外務大臣　発　門脇大使　宛　1957年10月29日）」『引揚促進請願関係（ソ連、中共地区を含む）歎願書関係　第四巻』外交史料館［分類番号 K'-7-1-0-14-2］。

35　「書簡（N・Y　発　未帰還事務局　宛）」『引揚促進請願関係（ソ連、中共地区を含む）歎願書関係　第四巻』外交史料館［分類番号 K'-7-1-0-14-2］。原資料では「N・Y」には実名が記されている。

36　「書簡（T・H　発　日本国外務省　宛　1957年8月1日）」『引揚促進請願関係（ソ連、中共地区を含む）歎願書関係　第四巻』外交史料館［分類番号 K'-7-1-0-14-2］。原資料では「T・H」には実名が記されている。

37 「書簡（M・T　発　1956年12月5日記　1958年3月2日着信）」『引揚促進請願関係（ソ連、中共地区を含む）歎願書関係　第四巻』外交史料館［分類番号K'-7-1-0-14-2］。原資料では「M・T」には実名が記されている。

38 「歎願書（S・S　発　1958年5月16日）」、「ソ連地域（南樺太）未帰還者S・Tに関する帰国嘆願書について（厚生省引揚援護局未帰還調査部　発　外務省欧亜局東欧課長　宛　1958年7月21日　未収第263号）」『引揚促進請願関係（ソ連、中共地区を含む）歎願書関係　第四巻』外交史料館［分類番号K'-7-1-0-14-2］。原資料では「S・S」「S・T」には実名が記されている。

39 「在ソ未帰還邦人の引揚げと在ソ朝鮮人の帰国嘆願書について（1965年5月12日東欧課）」『ソ連地区邦人引揚関係樺太残留者引揚関係』外務省外交史料館所蔵［分類番号K'7-1-2-1-7］。

40 筆者による残留日本人S・Sインタビュー（ロシア連邦サハリン州、2016年10月）。

41 「書簡（T・U　発　駐ソ日本大使　宛　1957年5月8日）」、「陳情書（T・U）（大分県留守家族会会長武内義樹　発　外務大臣藤山愛一郎　宛　1958年3月25日）」『引揚促進請願関係（ソ連、中共地区を含む）歎願書関係　第四巻』外交史料館［分類番号K'-7-1-0-14-2］。原資料では「T・U」には実名が記されている。

42 「樺太及び旧ソ連本土からの永住帰国者名簿の送付について（国民年金に係る特例措置関連）（社援一調第164号　1996年3月26日　厚生省社会・援護局業務第一課長　発　各都道府県民生主管部（局）長宛）』日本サハリン協会所蔵。

43 「引揚者に職と住居を　連盟から関係当局に懇請」『樺連情報』第97号（1957年8月）。

44 「かけ引きの具に　問題の二百十九名の帰還」『樺連情報』第97号（1957年8月）。

45 「樺太から同胞帰る　帰国者の表情」『樺連情報』第102号（1958年2月）。

46 「まだ五百余名残留か　第六次樺太引揚げ終る」『樺連情報』第114号（1959年3月）。

47 「不満ぶちまける引揚者　まるで"朝鮮ダモイ"日本人は片すみに」『朝日新聞』1957年8月1日（夕刊）など。なお、「ダモイ」とはロシア語で〈帰国〉の意味である。

48 樺太終戦史刊行会編『樺太終戦史』全国樺太連盟、1973年、586、641頁。

49 全国樺太連盟『樺太連盟四十年史』全国樺太連盟、1988年、25-26頁。

50 樺太終戦史刊行会編『樺太終戦史』全国樺太連盟、1973年、634-639頁。

51 「御挨拶旁々御願い（全国樺太連盟会長柳川久雄　発　外務事務次官　武内龍次　宛　1962年7月16日）」『ソ連および北方領土における本邦人墓地遺骨関係（慰霊を含む）墓参関係　年度別実施関係　第二巻』外交史料館［分類番号G'-3-2-0-3-1-1］。

第 6 章　25 年の停滞と自己意思残留論の登場　231

52 「要望書（全国樺太連盟会長柳川久雄、南樺太返還期成同盟総本部長佐々木時造
　　発　ミコヤンソ連邦副首相　宛　武内龍次　宛　1961 年 8 月 8 日）」『ソ連および
　　北方領土における本邦人墓地遺骨関係（慰霊を含む）墓参関係　年度別実施関係　第
　　二巻』外交史料館［分類番号 G'-3-2-0-3-1-1］。

53 「樺太未引揚・遺骨・墓参等関係について重ねて乞教（全国樺太連盟　発　1964 年
　　12 月 20 日）」『ソ連および北方領土における本邦人墓地遺骨関係（慰霊を含む）墓参
　　関係　年度別実施関係　第四巻』外交史料館［分類番号 G'-3-2-0-3-1-1］、1964 年

54 「在ソ邦人の引揚げに関する件（門脇大使発　岸大臣臨時代理宛　1958 年 9 月 14
　　日）」外務省『ソ連地区邦人引揚関係一件引揚実施関係　第九巻』外務省外交史料館
　　所蔵［分類番号 K'7-1-2-1-3］。

55 国会会議録「第 40 回国会衆議院 社会労働委員会（27 号）（1962 年 4 月 11 日）」。

56 「ソ連からの抑留邦人の引揚げについて（外務省情報文化局　1965 年 12 月 24 日）」
　　『ソ連地区邦人引揚関係樺太残留者引揚関係』外務省外交史料館所蔵［分類番号
　　K'7-1-2-1-7］。

57 「樺太在住者の帰国について（下田大使発 外務大臣宛 1965 年 5 月 6 日）」『ソ連地区
　　邦人引揚関係樺太残留者引揚関係』外務省外交史料館所蔵［分類番号 K'7-1-2-1-7］。

58 「樺太からの邦人引揚げについて（中川大使発　外務大臣宛　1966 年 3 月 23 日）」
　　『ソ連地区邦人引揚関係樺太残留者引揚関係』外務省外交史料館所蔵［分類番号
　　K'7-1-2-1-7］。

59 小澤治子「日ソ関係と「政経不可分」原則（一九六〇 - 八五年）」、クジミンコフ
　　V．V．、パヴリャテンコ　V．N.「冷戦下ソ日関係のジグザグ（一九六〇 - 八五年）」
　　五百旗頭真、下斗米伸夫、トルクノフ　A.V.、ストレリツォフ　D.V.編『日ロ関係史：
　　パラレル・ヒストリーの挑戦』東京大学出版会、2015 年。

60 これは単に不法入国容疑者や北朝鮮人の混入の危惧だけではなく、朝鮮人の入国そ
　　のものを失敗とみなしていたのであった。樺太帰還在日韓国人会による賠償請求訴訟
　　や、それに先立つ日本政府への責任追及を根拠にした朝鮮人帰還運動、玄武岩（『コリ
　　アン・ネットワーク：メディア・移動の歴史と空間』北海道大学出版会、2013年）の
　　指摘する韓国政府との交渉において"例外"のはずの帰国朝鮮人が"前例"とされてし
　　まったことなども、その背景と考えられるが、より深い検証が要される。

61 「在ソ未帰還邦人の引揚げと在ソ朝鮮人の帰国嘆願書について（1965 年 5 月 12 日）」
　　『ソ連地区邦人引揚関係樺太残留者引揚関係』外務省外交史料館所蔵［分類番号
　　K'7-1-2-1-7］。

62 「不明のサハリン残留邦人女性　北朝鮮へ移住させられた」『読売新聞』1991 年 1 月

5 日。なお、翌年には複数の残留朝鮮人家族も同様の背景から北朝鮮へと移送されている（李炳律『サハリンに生きた朝鮮人』北海道新聞社、2008 年、296-302 頁）。

63　厚生省援護局編『引揚げと援護三十年の歩み』厚生省、1977 年、119 頁。

64　国会会議録「第 113 回国会衆議院 沖縄及び北方問題に関する特別委員会（3 号）（1988 年 12 月 14 日）」。

（第7章）

冷戦期を生きる残留日本人

　1988 年に日本の国会ではサハリン残留日本人の自己意思残留論が現われるにいたる経緯を前章では明らかにした。本章では、サハリン残留日本人個人の視点から見た境界の脱境界化過程、再境界化過程、跨境化過程について確認することで、残留の発生と継続を住民という視点から明らかにすることを課題とする。第1節では、サハリン残留日本人および朝鮮人の個々人の戦後期の経験から〈なぜ引揚げの機会を逸したのか〉について論じ、第2節では〈なぜ冷戦期帰国の機会を逸したのか〉について論じる。そして、第3節では冷戦期におけるサハリン現地での残留日本人と本国日本人の接触の場となった墓参が残留日本人同士の関係性に変化をもたらす要因のひとつとなったことを明らかにする。

第1節　戦後期における残留の発生

　第4章で見たように、サハリン残留日本人の7割近くが女性であり、同じく残留背景の7割近くが朝日世帯の世帯員であった。サハリン残留日本人の中で、男性は少数派であり、引き留め、拘留もまだ残留背景としては少数派であった。ここでは、まず当時成人であった男性の主な残留理由であったと考えられる引き留めと拘留について見たあとで、朝日世帯に属する人々などについて見ていくこととする。

1　引き留めと拘留

　残留日本人 F・K [1] は 1920 年に東京で出生、その後関東大震災があったため、家族で福井県へ転居し、その後さらに父の出身地である富山県へと移り、そこで日本人男性と結婚する。戦時中に土建業者であった夫と樺太の知取へと渡る。ソ連樺太侵攻時には徒歩で落合まで避難し、戦後は夫が運転手として飛行場の建設

工事に携わるようになり、引揚げを逸してそのままサハリンに残留することとなった。ソ連人のほうが給料は高かったが、日本人に対する差別を感じたことはなかったという。ただし、この給料格差とはソ連人移住者に対する僻地手当によって生じたものであると理解できる。

残留日本人S・M[2]は幼少時に養子に出され、その養父が電話線技術者であったため、職場からの引揚げ許可が出ぬまま残留にいたることとなる。

冷戦期に日本在住のある家族が外務省に送った帰国嘆願書の中には、ドリンスク（落合）の王子製紙の工場に勤務していた残留日本人S・Kaが家族の引揚げの3ヶ月後に引揚げさせるというソ連当局との約束であったが、そのまま1958年頃になっても同地に残留を強いられているという引き留めの事例が見られる[3]。

直接の聞き取り調査ができていないものの、第4章で引き留めを残留背景としていた者のうち具体事例が判明している者として、残留日本人I・H夫妻、残留日本人F・T一家、残留日本人I・Mがいる。残留日本人I・Hは樺太庁中央試験所の技師として引き留められたと言われているが、1944年の樺太庁の職員録[4]に同名の人物は見当たらず、また外務省が各官庁職員の引揚げ状況を確認するために作成したと思われる職員録[5]にもその名は見えないし、それ以前の中央試験所の技師の中にもその名前は確認できない[6]。ただし、1938年の職員録には名好郡塔路町の職員としてその名が見える[7]。したがって、何らかの理由で樺太庁中央試験所の引き継ぎ業務にかかわりそのまま引き留めにあったことが考えられるが、中央試験所と技師として勤務していた形跡は少なくとも現存する資料からは確認できない。

中央試験所の技師の中では、シベリア抑留になった菅原道太郎を含めてもソ連施政域に留められた者は現在のところ認められておらず、中華民国や中華人民共和国が行なったような高度人材の「留用」が積極的かつ計画的に実施されていたと言える実態は見られない。残留日本人F・T、残留日本人I・Mもそれぞれ、灯台守と通訳として引き留められたとされている。最終的には引揚げたものの、安別炭鉱に事務員として勤務しソ連施政下でも帳簿や現金の管理をしていた引揚者O・Saは、上司からソ連人は信用できないからという理由で職場に引き留められ続けていたが、婚約者が日本で待っているという嘘を言い、ようやく引揚げを許してもらえたと語っている[8]ように、熟練労働者や現場で信頼されていた者が、現場の判断で引揚げ許可を下されず、残留を強いられたのが実態と言えそう

である。

拘留の事例としては、残留日本人Ａ・Ｔが挙げられる[9]。残留日本人Ａ・Ｔは1930年に樺太の本斗（ネベリスク）で生れ、ソ連施政下では鉄工所で労働に従事していた。しかし、突然、身に覚えのない軍法会議にかけられ、大陸へと連行され外国人捕虜受刑者が収容されている収容所へ周囲にまったく日本人がいない状況で収監されてしまう。後に知ることとなった罪状は刑法第58条反ソ罪であった。その後、釈放されたのは1954年であり、当然ながらサハリンからの引揚げはすでに終了している上に、そもそもサハリンまで送還されることもなく、ただ収容所から外に出されただけで、食堂の残飯を盗み食いすることで露命を繋ぐ生活を強いられることになる。

また、後に妻になる残留日本人Ｔ・Ｒによれば残留日本人Ｅ・Ａも拘留によって引揚げの機会を逸した人物であった[10]。ソ連樺太侵攻時に残留日本人Ｅ・Ａは代用教員を務めていたが、戦後に父親がかつて警察署長であったことをソ連官憲に密告され、残留日本人Ｅ・Ａ自身が8年の刑を宣告され収監されてしまい、引揚げの機会を逸したのである。

そのほかに拘留によって引揚げの機会を逸した者としては、11名が把握されているが、このうち1名は自身が勤務する牧場の養狐を死なせたために国有財産破壊の罪に問われ、3名は仕事上のミスを問われ、1名は日本人に暴行を働くソ連人を殺害した罪に問われ、また1名は密航時に拿捕されたため収監されて引揚げの機会を逸したとされている[11]。

2　日本帝国期に形成された朝日世帯

残留背景としてその7割近くを占めたのが朝日世帯であった。第4章での数量的把握からも、この朝日世帯の形成が戦後期特有の現象ではなく、日本帝国期にもすでに起きていたことが明らかになっていた。具体的に言えば、朝日世帯の形成にあたっては、日本人と朝鮮人の内縁を含めた夫婦関係の構築、朝鮮人世帯への日本人の養子入りが基本的な形になるが、これらが複合的に組み合わさった場合も見られる。たとえば、日本人夫妻の間に生れても、死別や離縁により親の夫婦関係が解消した後に監護親が朝鮮人と内縁を含む夫婦関係を構築した場合や、朝日世帯に養子入りする場合などである。これらの場合、朝日世帯に属しながら、血縁関係で言えば、朝鮮人親とは無関係となる。以下、具体的事例から朝日世帯が形成される過程と、引揚げの機会を逸していく過程を見てみたい。

残留日本人Ａ・Sa[12]は２歳の時に、樺太で成功していたという叔父を頼った母に連れられて父を北海道に残して樺太の樫保へと渡り、母は現地で養狐業や和裁洋裁の仕事に従事していた。しかし、５歳の時に母が病死し、造材業に従事していた子どものいない朝鮮人夫妻に引き取られる。残留日本人Ａ・Saが聞いた話では、養父はかつて抗日闘争にかかわっており、朝鮮から満洲へわたり、その際には同行者であった弟が豆満江で溺死するという不運に遭っている。ロシア帝国領内へ入り沿海州で開運関係の仕事に従事していたが、日本軍のシベリア撤兵に伴い、樺太西海岸の恵須取（ウグレゴルスク）へと移動する。これが軍夫のような形である程度自由意志で随行したのか、強制的に連行されたのかは定かではないものの、その時に中国人が頼んでも日本軍に同行できなかったと養父が語っていたことを残留日本人Ａ・Saは記憶している。残留日本人Ａ・Saは豊原高等女学校へ進み卒業後は郵便局に短期間務めた後に泊岸（レルモントフカ）の日鉄炭坑の事務員として働くようになる。残留日本人Ａ・Saの記憶では、当時の日鉄炭鉱には朝鮮人寮が４棟あり、ほとんどの朝鮮人労働者は日本語が理解できないため、日本語のわかる朝鮮人が監督役を務めていた。この頃、養父母も泊岸近辺で造材業に従事していたが、やがて農業をするため留多加へ移住してしまう。

　ソ連樺太侵攻後の８月20日、緊急疎開のために集団で無蓋車に乗り大泊（コルサコフ）へと一度たどり着くがそのまま落合へと戻され、そこで下車させられ、避難所となっていた女学校へと収容される。翌21日になると、将校から乗船予定であった船が撃沈させられたのでしばらく落合で待機するという指示があり、残留日本人Ａ・Saたち女子青年団は銭湯へ向かった。しかし、先に来ていた恵須取からの集団で混雑していたために、入浴をあきらめ女学校へ行き返す途中で、内淵（ブイコフ）方面で爆撃を行なっていたソ連軍機が落合でも爆撃を開始し、恵須取からの避難民が収容されていた劇場や銭湯の方面が標的になり、さらに機銃掃射も始まったため、残留日本人Ａ・Saたちは山の中へと逃げ込みそのまま夜を過ごすことになる。朝になると兵隊が山から下りるように指示を出したので、それに従い街中へと戻る。翌日にはソ連軍の戦車部隊が落合を通過したので、日本軍の将校が女子青年団を倉庫へ匿い、10日ほどをそこで過ごすこととなる。そして元の居住地への帰還指示が出たため泊岸まで列車で戻ることとなる。途中停車した停車場では、どこからか手に入れた日本軍の食料をソ連軍兵士が残留日本人Ａ・Saたちの一団に分けてくれることもあった。泊岸の炭鉱は山中にあるため泊岸の停車場からは徒歩で戻った。戻ってみると、ほかの地域から

の避難民が暮していたが、元の居住者が戻ってきたということで、それらの人々は去っていった。上司から書類を焼くように指示が出たので、それが復帰後最初の仕事となった。その後も元通りの仕事を続け、時には職場で演芸会をするようなこともあった。一ヶ月ほどしてソ連軍が来たが、10名ほどで交渉のためだけに来たらしかった。

その後、養父が迎えに来たので養父と留多加（アニワ）へと向かった。留多加では女性はソ連人相手に洗濯などの仕事をして物々交換で暮らしを立てていたが、残留日本人A・Saはミシンを手に入れてそれで、ソ連人相手にドレスを縫うなどして生計を立てた。やがて、日本人の引揚げが始まるという報せとともに朝鮮人は引揚げできないという報せも入り、養父は残留日本人A・Saだけでも日本へ引揚げるようにと勧めたが、残留日本人A・Saは養父を残していくことが心配であったため引揚げを断念することにした。残留日本人A・Saは、留多加は農村地域であったため、充分に情報が伝わらずに引揚げの機会を逸した人もいたのではないかと語ったが、具体的な個人名を挙げたわけではなかった。残留日本人A・Sa父子も役場経由でソ連人移住者世帯に住居の2階を貸し出したことがあるという。また、残留日本人A・Saは除隊したソ連軍人の中にはそのままサハリンで警察官になった者が多かったと記憶している[13]。

1947年の春前に残留日本人A・Saは朝鮮北部出身で早稲田大学の附属高校出身の朝鮮人と結婚し、留多加から上小原へと移住する。これは同地の日本人住民の引揚げが決定したため、ソ連当局から農業生産体制を引き継ぐように依頼された留多加の朝鮮人たちが集団で移住したため、残留日本人A・Saらもこれに加わったからであった。同地の日本人たちの引揚げ前に朝鮮人たちは下見に訪れ相談の上で各世帯の入居地を決め、土地や家屋だけではなく、農具や馬、種なども引き継いだ。移住後は個別経営を開始し、余剰分をソ連人に売るなどした。やがて、豊原（ユジノサハリンスク）に朝鮮語教員養成所ができたので夫が通うようになり、修了後は深雪（スタロルススコエ）に教員として赴任する夫について残留日本人A・Saも深雪へと移住する。深雪にはコルホーズ（集団農場）が建設されており、朝鮮人や移住してきたソ連人たちがすでに農業労働に従事しており、残留日本人A・Sa夫婦以外にも上小原の朝鮮人の一部が深雪へと移り、同地では養父もすでに働いていた。残留日本人A・Saによればソ連人移住者たちはソ連内の貧困地域から来た者たちで、靴をはいていない者もいるほどであった。深雪のコルホーズで幹部を務めたのはタシケントから来た高麗人たちであっ

た。

　このように、残留日本人 A・Sa は日本人の両親を持ちながらも、養父の朝鮮人との残留を決断し、さらに朝鮮人との結婚を通して戦後期の後半にはすっかり戦後サハリンの朝鮮人社会の中でソ連施政下での生活を朝鮮人の夫とともに模索していたのである。

　同じく日本帝国期に朝鮮人養父のもとに養子に入った残留日本人として残留日本人 S・Y がいる [14]。ただし、残留日本人 S・Y の場合、養母が母方の親戚であり、養父母が朝日夫婦であった。残留日本人 S・Y は 1935 年に塔路（シャフチョルスク）で日本人世帯に生まれ経済的理由からこの養父母の朝日世帯へと養子に入り、その時点でまだ幼かったため自分自身が養子であること自体を自覚せずに育った。養父は幼いころから日本で育ったようで日本語を苦をなく用いていたという。ソ連樺太侵攻時には 16 日に塔路から知取（マカロフ）へと移動しそこで南下避難用の列車に乗る際に、女性と子どもだけが乗せられたため、養父とはそこで一度行動を別にすることとなった。落合経由で大泊までいたるはずであったが途中で豊原爆撃が起きたため、大谷で下車し避難所生活をする。やがて、元の居住地へ戻るようにというソ連軍の指示が出たため、列車と徒歩で内路経由で塔路へと戻る。養父は別経路で大泊まで行っていたが、同様に引き返し塔路で再会し、ソ連施政下での日常を取り戻す。

　塔路では 1946 年の春に朝鮮人学校が開かれ、中学校を卒業した朝鮮人が教鞭を執ったが当人はハングルの読み書きはできなかった。復学した際に、養父が朝鮮名に戻したのに伴い残留日本人 S・Y も朝鮮名を名乗り、身分証の民族籍も〈朝鮮〉として登録されることとなる。養父が朝鮮人であると残留日本人 S・Y が初めて知ったのはこのときであった。なお、養子であることはソ連樺太侵攻の直前にあるきっかけから知らされていたのだが、養父が朝鮮人だということよりも、養父であるということのほうが精神的ショックが大きかったと残留日本人 S・Y は語る。学校にはやがて高麗人たちが校長や副校長として赴任し、授業はソ連の教科書をその場で朝鮮語に翻訳して行なわれた。日本人の引揚げが始まり徐々に日本人同級生が減っていった。残留日本人 S・Y の周囲では日本人の引揚げが終われば、次は朝鮮人が〈日本〉へ送られるという期待があったという。日本人の引揚げ終了についての正式な発表を残留日本人 S・Y は記憶しておらず、引揚者を送り出す列車が通らなくなったことでそれを認識したという。

　残留日本人 S・Y の場合、まだ就学年齢であったため、朝鮮人養父に従属する

形で引揚げの機会を逸し、戦後は朝鮮人として生きて行くこととなる。

残留日本人K・F[15]の場合、函館で出生するもひとり身であった母親が樺太の大平へ渡り、そこで飯場経営者であった朝鮮人と知り合い世帯を形成することとなる。このため残留日本人K・Fの義父は朝鮮人となった。ただし、この朝鮮人男性は日本語が堪能であったほか、ロシア語も理解したために戦後は通訳としても働いていたという。

残留日本人K・Ya[16]は北海道出身の日本人女性と朝鮮人男性の間に1934年に樺太北名好で出生した。残留日本人K・Yaは父親は「徴用」で樺太へ渡り炭鉱で働いていたと語るが、その出生年から考えても、制度としての「徴用」ではなく、単に朝鮮人が樺太へ働きに来たという意味でこの語が使われ記憶されているものと思われる。残留日本人K・Yaの母は最初、白主へ昆布取のため樺太へ渡り、父は「盃兄弟」の誘いで樺太へ渡ったという。残留日本人K・Yaによれば、父親は7年間ウラジオストクなどソ連極東で生活経験があり、極東経由の移住朝鮮人であると判断できる。父母は樺太で出会い世帯を形成しており、記憶の限りでは樺太に両者の親戚等はいなかったという。1944年頃に名好に移住し農業を営むようになる。

ソ連樺太侵攻時の動向は詳らかではないが、父親がロシア語を話せたため父親は一時期通訳として働いていた。引揚げをめぐる家族内での相談のようなものを残留日本人K・Yaは記憶していないが、父親が自分の経験からソ連社会はおそれるものではないと家族に説得していたのを記憶している。ただし、詳しい時期は不明だが戦後期に一家の飼養していた牛馬がソ連海軍に没収されてしまうことがあった。残留日本人K・Yaの通っていた学校は1948年に日本人教員の引揚げにより解散してしまった。また、父親は引揚げる日本人から家畜や農機具を譲り受けるなどしていた。残留日本人K・Ya一家の特殊な点は、父親が戦後も朝鮮姓に復せず、残留日本人K・Ya自身も父親の日本姓を使い続けていることである。ただし、国内身分証の民族籍は父と残留日本人K・Yaは〈朝鮮〉で、母親は〈日本〉であった。また、家庭内では日本語が主に使用されていた。

残留日本人H・K[17]は、北海道出身の日本人女性と江原道出身の朝鮮人男性の間に樺太の西柵丹で出生した。ただし、父母が世帯を形成したのは北海道の炭鉱であり、兄2名は北海道で出生した。引揚げをめぐっては、兄たちがもし引揚げるならば朝鮮へ引揚げるべきだという意見を持っていたため、引揚げの機会を見送った。残留日本人H・Kは日本の学校には1年程度しか通えておらず、戦後は

1946 年から朝鮮人学校へと通うようになったため、日本語の会話は充分にできるものの、日本語の文字の読み書きはできない。

残留日本人 K・H[18] は北海道出身の日本人女性と慶尚南道出身の朝鮮人男性との間に 1939 年に樺太泊居（トマリ）で出生した。なお、父親と母親は法定婚をしているため母親の本籍地は朝鮮へと転籍されている。父親は「徴用」で渡樺し炭鉱で働いていたと残留日本人 K・H は語るが、残留日本人 K・Ya の場合と同様に、その出生年から考えて、樺太へ働きに来たという意味でこの語がつかわれ記憶されているものと思われる。1948 年に引揚げの機会があったものの、列車に乗り込もうとした際に父が朝鮮人であることを密告され乗車することができなかった。母方の祖母はすでに日本帝国期に死去し、祖父もすでに 1946 年に引揚げており、残留日本人 K・H の母自体も自身の世帯外の身寄りを失っていた。上記の通り密告されていることからも、当初は父親の国内身分証の民族籍は〈日本〉であったのではないかと推測されるが、残留日本人 K・H が記憶している時点では、父親と自分の民族籍は〈朝鮮〉で、母親は〈日本〉であったという。

朝日世帯ではないものの、残留日本人 W・G[19] は大工であった日本人男性とアイヌ女性の間に 1935 年に白浜で出生する。ソ連樺太侵攻時には緊急疎開の指示を受けたものの、動かずに白浜にとどまり、1948 年に同地で引揚げがあった際にも応じずその後も居住を継続した。なお、父方の祖父母は 1948 年に引揚げ樺太を去っている。

ソ連樺太侵攻時の動向を詳しく記憶し聞き取りもできた残留日本人 A・Sa と残留日本人 S・Y の事例から言えるのは、朝鮮人養父とは別々の避難行動をとり緊急疎開港であった大泊へ向かうも、疎開船には乗れず元の居住地へ戻っていることである。もしも、疎開船に乗れていれば、朝鮮人養父との離散を経験していた可能性がある。そして、第 6 章で見た不法入国容疑朝鮮人の一部は、日本人妻や子どもが疎開船に乗船できてしまったために生まれた離散家族だったことが改めて理解できる。筆者が聞き取りをできた人々は、残留日本人 A・Sa を除けば、ソ連樺太侵攻時にまだ初等教育就学年齢かそれ以下の人ばかりであり、その行動は両親に従属的にならざるを得なかった。ただし、残留日本人 A・Sa でさえ、労働に従事していたものの年齢としては未成年であり、生活経験も身寄りも無い宗谷海峡の向こう側へただ一人渡ることは極めて難しい選択肢であったと言わざるを得ない。その意味で言えば、日本帝国期に形成された朝日世帯の残留日本人の残留とは、〈孤児〉とは異なる形での充分な意思決定権を持たない〈子ども〉

の残留であったとも言える。また、これらの人々の母親に目を向ければ、それは家族離散を防ぐためのやむを得ない残留であった。

3 戦後期に形成された朝日世帯

残留日本人U・K[20] は 1923 年に樺太の名寄で日本人世帯に出生し、その後一家は留多加へ移住する。残留日本人U・K は 1940 年代に一度大阪で暮したが、樺太へ戻り、ソ連樺太侵攻時には緊急疎開のために母と弟妹と大泊まで移動したものの疎開船には乗ることができず、そのまま一週間ほど大泊で過ごし、ソ連軍から元の居住地への帰還命令が出たために留多加へ戻る。父親は沿海州滞在経験があったため、多少ロシア語を理解できていたという。ソ連樺太侵攻の翌月である 1945 年 9 月に、姉夫婦たちと漁村で暮していた他の家族は機を見て自分たちの漁船で密航し北海道へと渡ってしまい家族離散を経験する。1946 年頃、残留日本人U・K は商店の掃除婦の仕事に従事するようになる。ただし、給料は小遣い程度のものであった。1948 年に素人演劇が縁で知り合った沿海州出身で知取商業学校を卒業し戦後は通訳や役場の書記をしていた移住朝鮮人と結婚する。

残留日本人T・R[21] は 1923 年に真岡で日本人世帯に出生しすぐに父の仕事の関係で豊原へ移住した。女学校卒業後は、東京で就職したが、1944 年に父親が死去したのと空襲を避けるために豊原へと戻る。ソ連樺太侵攻時には隣組からの連絡で緊急疎開のために大泊まで移動したものの、すでに大勢の避難民が滞留していた。夜になって脱出の話を持ちかけてきた男に連れられて、船を所有する人物の家へと行き、そこでしばらく見知らぬ人々と共同生活をしていたが、10 月頃には元の住居へと戻った。しかし、間もなくして自宅をソ連軍将校に引き渡すことになった。そしてこの時に通訳として随行していた沿海州出身で樺太育ちの 16 歳年上の移住朝鮮人と世帯を形成することになる。残留日本人T・R は当時の心理状況は尋常ではなかったと回想しており、本人にとって必ずしも納得のいくものではなかったとして語られる。1946 年に母と妹は引揚げたが、この時残留日本人T・R は一人目の子どもを出産して 2 ヶ月後であり、この時点ではいつか自分も引揚げたいと考えていたという。

残留日本人N・M[22] は福島県出身の日本人世帯のもと北海道で 1926 年に出生し、出生 3 ヶ月で留多加へ移住し、その後さらに両親は上恵須取の山奥で林業労働に従事するようになったため、両親の知人に預けられ小学校に通っていた。小学校 5 年生からは両親と上恵須取で暮すようになり、卒業後は「拓殖試験所」での勤

務を経て、その後郵便局に勤務するようになる。ソ連樺太侵攻時には、郵便局の同僚と局長の指揮のもとトラックで南下避難する。大泊で郵便船に乗る予定であったが、豊原爆撃により足止めを受け、さらには郵便船が沈没したという報を受け、豊原に滞在することとなる。やがて父親が迎えに来て、母のいた大谷へと向かった。日本の役場経由で労働命令が来たので、それを忌避し1945年の秋に小能登呂（コストロムスコフ）へと移住し、父母が土地を借りて農業を始める。父親は1948年に引揚げ、母親はソ連人の林務に携わる男性と残留することとなり、その頃、役場に勤務していた残留日本人N・M自身も残留する。

　残留日本人N・H[23] は1931年に日本人を両親として出生し、下並川で青森県出身の祖父母と母と暮らし、小学校5年生からは豊原の学校に通うようになる。1946年11月に釜山出身で川上炭山に「募集」で来ていたという朝鮮人男性と世帯を形成する。1947年に祖父母と母は引揚げたが、残留日本人N・Hは夫との残留を選択することとなる。

　残留日本人K・T[24] は樺太で結婚した日本人世帯に1931年に出生するが、間もなく父が死去し叔父のもとに預けられて育つことになる。母は別の男性と再婚し、その後1990年代になるまで音信不通となった。落合の高等女学校に大谷の自宅から通うようになり、ソ連樺太侵攻後の17日には落合、内淵での爆撃が起き、残留日本人K・Tもこれを落合で経験している。22日に緊急疎開命令が出たため、近所の人と移動を始めるが、同日中に再び大谷へと戻っている。ソ連施政下では周辺の教育機関が落合に集中させられたため、残留日本人K・Tは弟と落合の市中に下宿し再び学校に通うようになる。しかし、1年ほどで学校が閉鎖されたため、造材現場で仕事をするようになり、1948年5月にカルタ大会で知り合った樺太生まれで朝鮮語も知らない移住朝鮮人と朝鮮式の結婚式を挙げる。この朝鮮人男性は戦後は民政局の役人や造材の経理部などいろいろな職場で働いていた。その後同年10月に叔父や弟たちは引揚げたが、残留日本人K・Tは夫ともに残留することとなった。

　残留日本人M・S[25] は1933年に樺太の内幌で内縁関係の日本人世帯に出生する。父親は建築業の請負師で、母親は残留日本人M・Sの出生2年後に死去してしまう。その後、父が入営した関係もあり、残留日本人M・Sが学校に入学できたのはようやく12歳になったときであった。1944年頃に父はある日本人女性と世帯を形成し、残留日本人M・Sもともに暮らす。ソ連樺太侵攻時には馬群潭におり、昼のソ連軍機の射撃や夜間の戦車部隊の通過などを記憶している。そうした中、

父親は栄養不良状態を解消すべくソ連軍が置き去りにしていった馬を殺して食べたところ、後からやってきたソ連軍に軍馬を盗み出したと思われ、父親と兄がソ連軍によって連行されてしまった。父親が釈放されると、父と共に父の知人を頼って落合へと移り、そこで当時まだ14歳であったにもかかわらず、父の朝鮮人の知人の弟の嫁にさせられてしまう。1946年1月、兄の裁判のために知取に向かう車中で父は死去してしまい、残留日本人M・Sは兄と連絡をとる術まで失う。夫との生活に耐えかねた残留日本人M・Sは子供が2歳の時に逃げ出し、野田（チェーホフ）で知り合った朝鮮人男性と世帯を築く。残留日本人M・Sによれば当時引揚げに関する情報はほとんどなかったという。

　残留日本人T・A[26]は1944年に塔路で日本人世帯に出生した。父親は炭鉱夫であり、配置転換で九州の炭鉱へとすでに移っており、母親は残留日本人T・Aを夫にみせるために九州へと渡った。しかし、夫の家族との窮屈な生活に耐えきれなくなった母親が樺太へ戻ることを提案しても同意してもらえなかったため、北海道の実家に帰るという口実で母親は残留日本人T・Aを連れて家を出た。小樽から札幌の実家に持っていたお金をほぼすべて送金し樺太へと戻った。ソ連樺太侵攻時には、母の兄が母を自分の妻だと偽り便宜を図ってくれ、母子ふたりで真岡へと向かった。しかし、途中の珍内あたりで残留日本人T・Aが高熱を発してしまい、残留日本人T・Aが母乳を飲んだためか母親にもそれが感染してしまう。付近に避難に際して住民が処分した牛馬の死骸が腐敗しており、そこで繁殖した雑菌などが虫などを介して感染したのではないかと残留日本人T・Aは母親からの話もふまえて推測している。ソ連軍の元の居住地へ戻るようにという指示に従い、塔路まで戻り母親は入院し、1946年4月に退院する。一度は残留日本人T・Aとの心中を考えたものの、周囲にいた朝鮮人からの励ましもあり、思いとどまったという。その後、食堂での仕事に残留日本人T・Aの母親は就き、その仕事を通じて知り合った朝鮮人男性に求婚をされた。この朝鮮人男性自身は日本語を解さなかったが、代筆してもらった恋文を残留日本人T・Aの母親に送ったのである。残留日本人T・A自身もこの朝鮮人男性になついたのでその求めに応じることにした。この朝鮮人養父は、樺太で炭鉱労働に従事していたが送金の術がなくかなりのたくわえを持っており、塔路の家で三人で暮すようになる。1947年5月に弟が生まれるが、この朝鮮人男性との生活に満足しておらずいずれ逃げ出そうと思っていた母親は弟に母乳を与えず育児放棄に陥っていたが、子どもを産めない体になっていた近所の「慰安婦」だった朝鮮人女性から叱

られたという。この弟の出生を契機に、残留日本人Ｔ・Ａの母親と残留日本人Ｔ・Ａは身分証上の名前を日本氏名から朝鮮姓名に変更した。その後も立て続けに子どもが生まれ、残留日本人Ｔ・Ａたちは残留することとなる。なお、残留日本人Ｔ・Ａは養父の来歴については「申し訳なくて」尋ねることが最後までできなかったと語っている。

　上記の戦後に形成された朝日世帯については次のようなことが指摘できよう。第一に夫となる朝鮮人男性の社会経済的状況について、比較的良好と思えるものが多いということである。残留日本人Ｕ・Ｋや残留日本人Ｔ・Ｒ、残留日本人Ｋ・Ｔの夫の場合は通訳や役場勤めなど末端であれソ連行政にかかわる立場にあり、一般労働者であった残留日本人Ｔ・Ａの母親の夫の場合も、経済的に豊かであったと語られている。この点だけ見れば、厚生省の1977年時点での残留日本人に対する前出の認識は誤ったものではないと言い得るかもしれないが、第二、第三の点もふまえて、その判断は慎重になされるべきであろう。その第二の点とは、朝鮮人男性との世帯形成にいたる過程への語りの持つ二面性である。残留日本人Ｍ・Ｓのような未成年者への世帯形成の強要は別にして、残留日本人Ｕ・Ｋや残留日本人Ｔ・Ｒ、残留日本人Ｋ・Ｔ、残留日本人Ｔ・Ａの母については事の経緯だけを見れば、自由恋愛の範疇に入っているともとれるからである。その一方で、本人たちは不本意性をも語るのである。残留日本人Ｔ・Ａの場合は、朝鮮人男性側については微笑ましい〈純愛〉のように語られる一方で、日本人女性側については経済的問題などからの妥協としての〈結婚〉が描かれ、育児放棄のような〈抵抗〉さえも語られる。

　相対的に恵まれた環境にある朝鮮人男性と恵まれていない境遇にある日本人女性との世帯形成をめぐってはふたつの解釈の可能性がある。ひとつは、厚生省のような、極端に言えば〈民族の裏切り者〉という像である。実際に、残留日本人Ｕ・Ｋと同郷である引揚者男性への聞き取りの中で、その引揚者は残留日本人Ｕ・Ｋのことをそのように評したのである[27]。もうひとつの解釈は、それとは反対に、優位にたつ朝鮮人男性が劣位にある日本人女性を半強制的にわがものとしたという〈民族の被害者〉であり、これも実際にある引揚者男性が一般論として語ることを何度も筆者は耳にしたことがある。このような解釈があることを前提とした上で、サハリン残留日本人女性が〈日本人〉を前にして自らのライフヒストリーを〈日本語〉で語るならば、後者として語ることが合理的であることは言うまでもないことであろう。そして逆に、もし韓国人が韓国語で聞き取り調査を行

なうならば、もしかしたら戦後の日朝世帯の形成は〈救済〉の物語として語られるのかもしれない。

世帯形成時の主観的評価は、日記などが残っていない限り、本人でさえも〈記憶〉に依って語らざるを得ない。そして、〈記憶〉の想起それ自体に現段階での自分自身の認識が反映し、なおかつ他者に語るにあたってその状況が少なからず影響するのであれば、それは語られるその時の評価であると理解すべきである。また、筆者が聞き取りを始めたのは、ポスト冷戦期帰国運動が始まって20年近く経ってからであったし、筆者による聞き取り調査が初めての聞き取り調査であったという前提は非現実的であり、会報や会合、報道を通して相互参照の機会もあったことは充分に想定される。したがって、モデルストーリーとしての〈戦後に不本意ながら朝鮮人男性として世帯を形成して残留を強いられた〉という像がある程度共有されていたと想定し得る。

参照事例として興味深いのは、第6章で引用した冷戦期の残留日本人H・Mが家族へあてた手紙である。その手紙の中で残留日本人H・Mは戦後における自身の朝鮮人男性との世帯形成を「後悔」と表現している[28]。この表現は、ここまで見てきた語りとはいささか異質のものである。なぜならば、朝鮮人男性との世帯形成を「後悔」と言うならば、そこにはいくばくかの主体性なり能動性なりの自覚とその表明が垣間見えるからである。それではこのような表現は冷戦期特有のものであるのだろうか。同時期に日本に在住する家族へあてた残留日本人S・Tの手紙の中には、「私は朝鮮人の妻になつたのでお姉さん達は怒つている事でせうね。私は樺太に残りたくて残つたのでは有りません。事情はおわかりの事と思います。」[29]という表現が見られる。前半は自身の主体性を認めるような表現であるものの、後半では自身の主体性を否定し弁明しようとするような表現が見られる。ここには戦後期における朝鮮人男性との世帯形成によって残留したことに対する主体性の自覚とその否定のゆらぎが認められる。

重要なことは、いつから残留日本人女性が朝鮮人男性との世帯形成に対する主体性を否定する〈戦略〉をとるようになったのかということではなく、これら残留日本人女性たちが朝鮮人男性との世帯形成が自身の残留の要因になったと認識しているということ、残留の結果自体を全面的に肯定的には評価していないこと、そして、それをめぐる主体性への自己評価がいかようにも表現される得る可能性を持つということである。これは〈真偽〉の問題ではなく、人間の主観や評価というものがそうした性質を持つものなのだという問題なのである。

なお、語りにおける自己解釈という点で注意を払いたいのは、朝鮮人の夫やその家族に沿海州経由渡樺者が目立つことである。移住朝鮮人自体が動員朝鮮人の半数程度しかおらず、沿海州経由渡樺者はその中のさらに少数派のはずであり、ここまで沿海州経由渡樺者が目立つのは不自然である。もちろん、沿海州経由渡樺者はロシア語を解した比率が高いと考えられ、それゆえに戦後サハリン社会で優位にあったためとも考えられるが、それと同時に、いわゆる〈ダーダー通訳〉[30]を含め、ロシア語がわかるということから、周囲が沿海州出身だと思い込んでいる可能性も否定できない。しかし、ダーダー通訳であれっても通訳の役割を得ていれば、比較的に社会経済的に優位にあったと想定することは可能である。

　第三に、客観的事実としての戦後期における結婚適齢期日本人内の独身男女比の問題がある。応召等によって日本人の若年層男性が大量に島外へと出ていたため、戦後期には結婚適齢期の日本独身男性が同様の女性に比して著しく少なく、それが戦後期における日本人女性と朝鮮人男性の世帯形成の背景になったというのはしばしば言われることである。残念ながら戦後期における内地人の年齢構成を反映した人口統計は見当たらず直接この点を実証的に示すことは難しい。ただし、朝鮮人の動員自体が兵役などによって欠けた日本人労働力を補うためのものであるという前提に立てば、理論的には真となる。実際に、戦争末期の落合の針葉油製造工場で働いていたある引揚者の手記によれば、「職場には年輩者ばかりで、若いのは私と金という朝鮮人の青年だけ」でありそのほかには「勤労動員された落合高女の生徒」[31]だけという状況であり、数年後には結婚適齢期にいたるこれら女学生が自身の結婚相手として朝鮮人を選ぶ可能性は極めて高くなってしまうのである。実際に当時同校に在籍していた残留日本人K・Tは先述の通り戦後に朝鮮人と結婚したのである[32]。

　そもそも朝鮮人との婚姻を忌避するのはあくまで日本人社会一般の規範であり差別意識に過ぎず、先行きの見えない状況の中で日本人独身女性たちが貧窮と暴力への不安を解消する手立てとしての世帯形成のためにその相手を選ぶ際に最初に基準になるのは相手への人間的信頼性や経済的社会的能力であり、朝鮮人であるか否かが第一の基準になっていたわけではないはずである。日本人独身女性たちにしてみれば、本来あるべき、あえてこの表現を用いるが、〈結婚市場〉が戦争によって理不尽にも奪われていたのである。また、樺太への朝鮮人の動員自体が、同じ日本帝国臣民でありながら、朝鮮人には兵役義務を課さないという制度

差に由来するものだということも看過すべきではないであろう。

第2節　冷戦期における残留の継続

サハリン残留日本人の残留を問う際に最も着目されてきたのは、やはりなぜ1949年までの引揚げに乗ることができなかったのかという点であり、なぜ冷戦期帰国の機会を逸したのかということへ目が向けられることはほとんどない。しかし、引揚げでは明確に朝鮮人の移動が不可能であり朝日世帯の移動を阻んだのに対して、冷戦期帰国ではその軛は解消され、実際に、残留日本人の6割が日本への帰国を果たしているのである。なぜ冷戦期を通じて残留の継続が発生していたのか。本節ではこの点を個々人の立場から再度検証してみたい。

1　引き留めと拘留

父親が電線技師であったため引き留めにより引揚げの機会を逸した残留日本人S・M一家[33]は、1950年にそれまでの居住地の内砂が軍の用地になったため強制退去させられ、アニワ（留多加）へ移りそこの苗圃で働き、1952年からトマリの苗圃で働くようになる。この頃、父親のもとへ他の残留日本人が訪れてくることがしばしばあったと残留日本人S・Mは記憶している。残留日本人S・Mは1956年に卒業すると1年間林務所に勤務して、1957年にソ連国籍を取得する。この段階で家族の中で日本への帰国願望が表明されることはなく、両親も帰国を断念していたものと残留日本人S・Mは認識している。ソ連国籍を取得したため残留日本人S・Mには兵役義務が課され、2年間兵役に服する。この兵役は帰国から残留日本人S・M一家をさらに遠ざけるものであった。なぜならば、兵役に就いたり軍需産業に従事した者は一定年限の間、出国許可が下りないからである。冷戦期帰国の機会があったこと自体は知っていたが、こうした事情もあり申請することはなかったという。除隊後は林務署に勤務し、1979年にユジノサハリンスク（豊原）へと移住する。

1954年に収容所から釈放されたものの、単に一般居住区に放り出されただけであったためむしろ生活上の困難に見舞われた残留日本人A・T[34]は、セメント工場で職を得て、1956年の駐ソ連日本大使館の再設は残留日本人A・Tの耳にも入り、帰国の請願の手紙を送付した。また同年には現地のドイツ系女性と結婚し、この際にソ連国取得の手続きもして、順調に取得している。その後、大使館

から帰国打診の手紙が来たものの、子どももいたために永住帰国を断念してしまう。

引き留めや拘留に該当するわけではないが、第5章で挙げた千島残留者である残留日本人A・Sbの弟のひとりの残留日本人A・I[35]は、父らが暮らしていたペンゼンスコエ（名寄）から姉のいるホルムスク（真岡）へと1957年に移り姉の世話になっていた。姉の夫は母が日本人で父親が朝鮮人であった。しかし、姉夫婦が冷戦期帰国で帰国してしまったので、姉の夫の姉に預けられることになる。1961年に大陸のノボシビルスクにある電気工業大学に進学し、卒業後もそのままノボシビルスクで暮らし始める。軍隊には入らなかったものの、軍事産業に勤務していたため出国できない立場にあり続けた。ノボシビルスクでは父がポーランド系、母がウクライナ系である女性と結婚し家庭を築いた。日本人との接触は、1968年頃にソ連人と結婚した元抑留者という人物と、1975年頃に何かの展覧会で出会った本国日本人に限られていた。

2　日本帝国期に形成された朝日世帯

朝鮮人夫とスタロルススコエ（深雪）のコルホーズで生活していた残留日本人A・Sa[36]は、1951年のコルホーズのソフホーズ化にともないとユジノサハリンスクへと移住し洋裁工場に勤務するようになる。この時、夫はシネゴルスク（川上炭鉱）の朝鮮人学校の教員をしており、ユジノサハリンスクでは養父と暮らしていた。1955年にはトロイツコエ（並川）へと移住し、養父はその数年後に死去する。並川移住後に夫婦でソ連国籍を取得する。夫も北朝鮮や韓国への帰国願望もなく、残留日本人A・Sa自身も冷戦期には日本への帰国願望は持たずに過ごしていた。夫が北朝鮮への関心を失った背景には、一度ある親戚にサハリンから小包を送ったところ、親戚中から自分たちにも送ってくれという手紙が殺到したので、それ以来連絡をとらなくなったことがあった。こうした経験が徐々にサハリンの朝鮮人の間で北朝鮮への失望や警戒を形成していったものと思われる。

残留日本人S・Y[37]は1950年に学校を卒業すると家事手伝いやバザールでの販売などをして過ごすようになる。1952年に養父母が決めた電線工事員の朝鮮人と結婚をする。この朝鮮人は京城（ソウル）で勉強した経歴があり日本語を話すことができたが、詳しい来歴は不明であり、サハリンに親戚がいない様子から残留日本人S・Yは動員朝鮮人だったのではないかと推測している。婚姻時に夫は残留日本人S・Yの実父母が日本人であることは知らされていなかったため、そ

れを知って以降、夫は残留日本人S・Yに冷たくなったという。1956年にユジノサハリンスクに移住し、駐ソ大使館再設後には冷戦帰国の機会があることを突然訪れた面識のない元軍人だという残留日本人から知らされ、北海道に実の親がいることから帰国を考えるようになり、夫に相談すると夫が自分は行かないと主張したため、単独での帰国を決意し手続きを進め出国許可も得たのだが、子どもが大病を患ったため断念することとなった。1950年代には職場で日本人と思しき人もいたが日本人かと声をかけることは憚られた。残留日本人S・Yがそうであるように、朝日世帯の人々は朝鮮姓名を名乗る場合が少なくなく、また朝鮮人でも日本語を生活言語として不自由なく用いる人々も多かったため、姓名や言語は有力な判断基準にはならなかったのである。

　1960年に夫が死去し、その後1960年代のうちに養父母も死去する。1972年頃に残留日本人M・Kに声をかけられユジノサハリンスクの日本人の会合に顔を出すようになり、そこで初めてこんなにも多くの日本人がサハリンにいるのだと知ったという。翌年にはその集まりで知り合った残留日本人K・Maと再婚する。残留日本人K・Maは鉄道技術者であったため引き留めにあっていたが、やがてソ連人の同業者が増えたため他業種へ転職していた人物である。残留日本人S・Yは1970年代にソ連が日本への帰国を受け付けていたこと、しかしそれは実現せず、むしろ申請者が秘密裏に連行されてしまったことを記憶しており、これは梅村秀子事件を指しているものと思われる。

　残留日本人K・Ya[38]は1950年にネベリスク（本斗）に一家で移住するが父母が病床についたため、兄が山仕事と漁業に、自身が水産加工業に就いて家計を支えた。1953年に仕事の都合で兄や姉とともにソ連国籍を取得した。この際には職場の高麗人が協力してくれたという。なお、残留日本人K・Yaは居住地が「田舎」だったために、このときまで国内身分証を持っていなかったと語っているが、未成年であったため単に個人用の国内身分証を持っていないだけで、1946年時点で親と共に登録されていた可能性はある。兵役にも就きシベリアの部隊に入営するものの負傷して半年間の入院治療後にネベリスクへと戻り以後旋盤工として働き続ける。妻は樺太で朝鮮人世帯に生れた女性であるが、残留日本人K・Yaの一家同様に戦後も日本姓を用い続けていたという。

　残留日本人H・K[39]の一家も1950年頃に母も含めてソ連国籍を取得したと記憶している。二人の兄は大陸の技術学校へ進学しその後ユジノサハリンスクへ戻り技術者として働いたが、残留日本人H・Kはウグレゴルスク（恵須取）で裁断

士の仕事を続けていた。1958年頃に冷戦期帰国の話があったことは記憶しているが、残留日本人H・K一家として何か行動を起こしたことは記憶にないという。1960年に恵須取の製紙工場の労働者であった日本の小田原生まれの朝鮮人と結婚する。夫がソ連国籍を取得したのは1959年であった。

　以上、日本帝国期に形成された朝日世帯の残留日本人の事例のうち冷戦期帰国に強い関心を抱いていたのは、残留日本人S・Yだけであった。上記では省略したものの、残留日本人K・Fや残留日本人K・H、残留日本人W・Gの聞き取りにおいても冷戦期帰国は話題に上らなかった。残留日本人K・Yaや残留日本人H・Kらの母親が冷戦帰国に対してどのような認識を持っていたのかは、両者からの聞き取りだけでは残念ながら明らかではない。

3　戦後期に形成された朝日世帯

　残留日本人U・K夫婦[40]は1954年に夫が役場を退職し、スタロルススコエで農業に従事した。夫の父親が一家でソ連国籍を取得しようと提案したが、ソ連国籍になってしまうと日本への帰国の機会を失うのではないかと危惧した残留日本人U・Kは反対した。1958年頃に冷戦期帰国のための手続きを行なったところ、本人の知らないうちに身分証の民族籍を〈朝鮮〉に変更されてしまっていることが発覚し、出国許可が出なかったと残留日本人U・Kは語っている。その後、1960年頃にはサハリンの朝鮮人住民に北朝鮮への帰国や国籍取得を促すキャンペーンが展開され、北朝鮮経由で日本へ帰国できるのではないかと期待し、ひとりで北朝鮮の国籍を取得した。しかし、1961年頃にはソ連当局より帰国を希望するなら「嘆願書」を書くようにと言われたので提出したものの、国籍が北朝鮮になっていたために再び出国許可が下りなかった。このため残留日本人U・Kは北朝鮮国籍を放棄し、再び無国籍に戻す。夫との間には2男3女をもうけたが、日本への帰国が実現するとは思えず日本語は一切教えなかったという。1977年にはソ連国籍を取得している。なお、この国籍取得の前に無国籍者として日本の兄の所へと個人的に一時帰国を果たしている。

　残留日本人T・R[41]は、1956年に朝鮮人の夫と死別し、その後日本人の知り合いに誘われて日本人の集まりの場に顔を出すようになり、そこで残留日本人E・Aと知り合う。1957年にはラジオで聴いていたNHKの尋ね人番組を通じて日本にいる母と文通ができるようになった。1958年にはソ連当局から冷戦期帰国に関する通知が来たが、3人の子どもはソ連育ちである上に父親が朝鮮人である

ことから日本国内で差別を受けるかもしれないし、日本在住の母や妹にも迷惑がかかるのではないかと危惧し、帰国を断念する。日本社会における朝鮮人差別については、残留日本人T・Rは当局が宣伝していたと記憶している。1960年頃に、娘の進学のために残留日本人T・Rもソ連国籍を取得している。後述するように1965年の日本からの戦後初の樺太墓参団と接触している。

1968年頃に残留日本人E・Aと休暇でハバロフスクへ旅行したところ、現地の放送局で働いていた日本人に翻訳などの仕事をしないかと声をかけられ、1970年にハバロフスクへ移住し、残留日本人E・Aはモスクワから届く対日放送の原稿の翻訳を行ない、残留日本人T・Rは極東ホテルに勤め、日本からの墓参団や旅行者の案内などを務めたほか、ハバロフスク経由の樺太墓参団に随行したこともあった。なお、この時期に現地へ取材に来た司馬遼太郎や黒澤明に出会っている。1978年には知遇を得た商社社員の協力で母の招待状によって初めて日本へ一時帰国を果たし、1985年には妹の招待状で日本へと一時帰国をしている。

残留日本人K・T[42]によれば、1952年の3月にソ連政府からソ連か北朝鮮の国籍の取得を促す通知が届いた。これは翌年1953年にソ連での選挙が控えていたためではないかと残留日本人K・Tは解釈している。また、通知が来るだけではなく、ソ連と北朝鮮の双方から国籍取得の宣伝を受け、ソ連当局もソ連国籍をとれば日本へ帰国できると宣伝していたことを残留日本人K・Tは記憶している。そして、1953年に一家でソ連国籍を取得し、真縫で暮らした後に、1962年頃からマカロフ（知取）の病院に勤めた。マカロフでは、3名の残留日本人と付き合いがあり、他にも日本人と聞いている者が3名いたが会話をする機会はなく、北海道人会の発足後に交流を持つようになった。1969年に夫が死去したことを契機にノヴォアレクサンドロフスク（小沼）で洋裁の仕事に就く。なお、残留日本人K・Tはその後に「募集」で渡樺したという日本語の読み書きのできる朝鮮人と再婚している。ユジノサハリンスク近辺では日本人の集まりがあることを前年にユジノサハリンスクへ移住していた残留日本人K・N[43]から知らされてはいたが、仕事が忙しく顔を出す機会がなく、初めて顔を出したのは1975年前後に一度だけであり、サハリン北海道人会ができるまで残留日本人の定期的な会合に参加することはなかった。残留日本人K・Tも残留日本人T・R同様に、NHKの尋ね人番組を通じて日本の叔父と連絡が取れるようになった。なお、残留日本人K・Tは朝日世帯に属しながら一貫して日本氏名で身分証登録をしていた珍しい事例である。これは弟しか一家のの氏を継ぐ者がいなかったので、なるべく長く

残すようにという思いからであったという。

　残留日本人T・Aの[44]母は1953年頃に帰国の手続きをしていたという。ただし、1953年前後は集団帰国が始まる前で、例外的な個別帰国が数件見られるのみであるから、1956年の駐ソ大使館再設以降のことである可能性が高い。残留日本人T・Aの母は、日本へ帰国できるのは自分と残留日本人T・Aのふたりだけになるが、どうするかと残留日本人T・Aに尋ねたところ、残留日本人T・Aが弟や妹との離別を嫌い反対したため、結局母も冷戦期帰国を断念したという。制度上も実態上も、夫やその間に生まれた朝鮮人世帯員の同伴帰国は可能であったので、残留日本人T・Aの母のこの発言は、充分な情報が当事者まで届いていなかったか、あるいは残留日本人T・Aがこの時期に帰国できなかったことについて自分なりに再解釈した結果のもののどちらかであると考えられる。ただし、手続きをしたのが実際に1953年頃であったならば、朝鮮人世帯員の同伴帰国は認められていなかったので、何らかの方法で日本外務省と連絡をとるなどしていた可能性は残るものの、それを判断できる材料は充分にはない。いずれにしろ1950年代に残留日本人T・Aの母が帰国願望を持っていたと理解することはできよう。なお、この時に残留日本人T・Aの母は、日本には財産があるから良い暮らしがあると言ったと残留日本人T・Aは記憶しているが、これは前記の小樽から札幌の実家へ送金したことと対応しているものと思われる。残留日本人T・Aは1959年に北朝鮮国籍を取得すれば韓国へも行けるという宣伝を信じ、北朝鮮国籍を取得した。しかし、残留日本人T・Aも北朝鮮へ移住した知人とそまま連絡がとれなくなることを経験している。母親はその後も帰国願望や日本への思慕の念を失っておらず、残留日本人T・Aに、樺太は日本の土地だから必ず日本人が戻って来る、と言い続け、死の床でも残留日本人T・Aに、いつか必ず日本へ行くようにと訴え、1985年に死去する。

　残留日本人S・S[45]の母のもとには、1958年頃に日本の兄からの手紙が届いたが、後述するようにそれは朝鮮人と世帯を形成した残留日本人S・Sの母に向かって帰国を拒む内容であったとされている。それでも残留日本人S・Sの母は1960年代にも帰国のための願望を持っており、残留日本人S・Sにも帰国の可否を訪ねたりしていた。しかし、当時、残留日本人S・Sは共産党青年団に入っていたため、日本に対する印象がよくなかったため、帰国に同意しなかった。

　一方、残留日本人K・Sa[46]の母親の場合、父母と弟妹が1967年に冷戦期個別帰国で日本へと渡っている。この時に離別した家族と再会するまでには19年が

要された。

　戦後期に形成された朝日世帯にあっては、上記の通り冷戦期帰国への強い願望があったことが見て取れる。事例数が少ないため、このふたつのグループにおける帰国希望者の多寡を論じてもあまり意味はなく、重要なことは、第一に、冷戦期帰国の情報を得て実際に帰国手続きを進めていたかあるいは家族に相談していたと思われる者が少なくないこと、第二に、そうであっても朝鮮人夫や子どもの反対に遭ったり、家庭の状況から断念した場合が見られること、第三に、冷戦期帰国が本格的に実現した 1950 年代末から 1960 年代中盤にかけては、ソ連樺太侵攻時に結婚適齢期であった日本人女性たちが 30 代中盤から 40 代中盤にさしかかる時期であり、仕事や家庭の状況から帰国の決断するのが難しいと考えられること、第四に、同時期は 1940 年代に生まれた世代が 10 代後半から 20 代前半にさしかかる時期であり帰国に対して自己意思を表明したり独り立ちを始める年齢であり、帰国をすれば再度の家族離散が発生するおそれがあることから帰国を決断するのが難しいと思われることである。もちろん、第 5 章で述べたように同様の世代の人々も大勢が冷戦期帰国を実施しているので、これらが一般的に帰国の決定的阻害要因としてはたらいたと考えることはできないものの、これら要因が冷戦期帰国にあたって阻害要因とはたらき得たと言うことはできるはずである。また重要なことは、本人自身は一時・永住帰国を希望しつつも、こうしたミクロな阻害要因に阻まれ、その声が日本政府に届くことさえなかった人々が存在したはずだということである。

　ここまで見たように、冷戦期におけるサハリン残留日本人と日本本国との主な接点は、単方向的なものとしてラジオ放送、双方向的なものとして郵便、またホテル勤務などごく一部の者の職業柄の接触である。ただし、本節でも少しばかり触れたようにその他にも墓参と言う接点があった。次節では冷戦期の墓参からサハリン残留日本人と本国日本人との接触、そして墓参を通じたサハリン残留日本人間の関係性の変化について見てみたい。なぜならばそこで築かれた関係性とその後のポスト冷戦期の帰国運動とは決して無関係ではないからである。

4　サハリン残留朝鮮人とソ連、北朝鮮

　すでに何度も述べているようにサハリン残留日本人の多くは冷戦期を朝日世帯の中で過ごしている。そして多くの場合、朝日世帯はサハリンの朝鮮人社会の中に組み込まれている。次章で墓参について論じる前に、本節ではサハリンの残留

朝鮮人にとってソ連社会や北朝鮮がどのように映っていたのかを見ることで、冷戦期のサハリン残留日本人の境遇を知るための一助としたい。

（1）ソ連

ソ連樺太侵攻と領有化は形式的には反帝国主義国家であるソ連による日本帝国主義からの被抑圧者・朝鮮民族の解放を意味したが、実際には樺太朝鮮人は日本人以上の困難に直面した。なぜならば、日本人のほぼすべてが本国へ帰還したのに対して、樺太朝鮮人は言語も社会システムもまったく異なるソ連社会へと残留を強いられた上に、かつての生活圏である旧日本帝国圏とも分断されたからである。

天野尚樹は、ソ連のマイノリティ政策をロシア帝国以来の伝統的政策であるとして、その姿勢を「社会的弱者の利益を保護しながら個別的に民衆を統治していく」特徴に基づいた和田春樹による「愛民主義」という呼称と、その「政策の個別性を強調した」宇山智彦による「個別主義」という規定から「個別的愛民主義」と呼び、1937 〜 38 年の大粛清を契機にソ連全体としてはこの個別的愛民主義がロシア中心主義と入れ換わってしまったにも関わらず、戦後のサハリンでは国際関係からこの個別的愛民主義が再度導入されたとする。しかし、それも朝鮮半島での緊張が高まった 1949 年後半までで、それ以降愛民的性格は薄れ日本帝国期を生きた経験を持つ移住朝鮮人と動員朝鮮人は警戒され、さらにサハリンの朝鮮人のカテゴリーごとの個別性が強調されていく結果となったと天野は論じている [47]。また、一方的にソ連の制度的問題にその全要因を帰することができないにしても、サハリン朝鮮人の多くが長らくソ連社会で無国籍状態にあり、それ故に絶対的、相対的に様々な不利益を被っており [48]、日本帝国に存在しなかったソ連の少数民族政策がサハリン朝鮮人の「二級市民」のような状態を容易に解決できたわけではなかったことを示している。

以下では、具体的に残留朝鮮人がどのようにソ連社会の経験を回想しているのかを見てみたい。まず、残留朝鮮人 K・Sc は、戦後に父親が以下のように語ったことを記憶している [49]。

　　　　戦後にね、ロシア人たちが日本から私たちを解放しましたよと。解放したって意味がわからないって、お父さんはわからないって言いました。何から誰を解放したのかって、日本時代はそれでも、朝鮮人は自由に歩いた

んですよ。どこでも行きたいところに。ところが、ロシア人が来てから
ね、何もみんなどこに行くにでも、自由に歩けなかった。自由を失った人
たちがね、誰が誰から、誰に解放したのかって。わかりません、て。

　また、残留朝鮮人の李炳律は、日本とソ連を比較して次のように評している[50]。

　　　あらためて言えるのは、日本軍国主義圧制から解放されたというサハリ
　　ン朝鮮人は、なぜ今度は故国へ帰る自由を奪われてしまったのかである。
　　悪辣な日本軍国主義時代の戦時中でもせめて、故国との文通などの面では
　　自由があったではないか。
　　　このような矛盾は、ソ連では到底解決されるものではなかった。ソ連軍
　　は、われわれサハリン朝鮮人を日本軍国主義者の手から奪い取っただけだ
　　といった方が、真実に適合した表現と言えそうだ。

　移住朝鮮人たちにとってソ連の樺太侵攻が〈解放〉と映らなかったことをこれ
らの言葉は示している。また、動員朝鮮人たちにとっても故郷に帰れない状況に
変わりわなく、同じ〈解放〉と言い得ない状況にあったことは、第5章第3節の
事例からも理解できる。
　また、樺太生まれの移住朝鮮人の第二世代が自身のエスニシティを自覚した
り、言語的、社会的障壁を痛感するようになるのはソ連社会の中なのである。言
語的障壁は、ロシア語主流のソ連社会にサハリンが組み入れられることで生じ
た。まず、学齢期にある朝鮮人は朝鮮人学校へと入れられ朝鮮語の学習をするこ
ととなった。当時は朝鮮人でも学齢期にある世代の場合は、日本語が母語で朝鮮
語をほとんど知らない者が多かった。さらに、より上級の学校へ進学するために
は、一般的な学校へ進む必要があり、ロシア語能力が要求されたのである。ま
た、社会的障壁は、「朝鮮民族」であるということよりも、「無国籍」に由来する
ものが多かった。
　無国籍に由来する不利益としては、移動・就学・就業が制限されていたことな
どが挙げられる。また、朝鮮人は元々サハリン島居住者であったため、僻地手当
が支給されないので朝鮮人の給料が移住してきたソ連人の実質半分程度であった
こともしばしば語られる。

父親が朝鮮人、母親が日本人である残留日本人 H・K[51] も、戦後は朝鮮人学校を終えると「ロシア学校」（上級の学校）へと進み、ソ連社会で働いた人物である。戦後は「やっぱり日本人だからね、言って聞かせたもんね、なんていったらいいか、いつでも自分がしっかりしてなきゃだめだよって」という心構えで生き、ロシア人との職場生活については「人の国に暮らすもんだから、よっぽど自分でしっかりしなきゃだめだって、気持もったから（ママ）、怖じ気づきはしないけどね、一生懸命しました」と語り、「ソ連時代も、別にロシア人とは付き合いもなかったし。職場とか学校とかくらい。別にあの人たちには情は行かないですよ。60 年っていったら大きいけど、別に情は。戦争まで何年もなんないでしょ（ママ）、でもその何年の間に、日本人の人に（ママ）すごく情がいってね、すごく正しいね、その気持ちが残っているけど、ロシアの人は 60 年たっても、そういう温かいものはね、ないですよ」とソ連社会に生きつつも、そこで受けた疎外感を吐露している。

　その一方で、日本帝国期同様に能力さえあれば社会的に認められたという認識も見られる。残留朝鮮人 L・S[52] は戦後は鉄工所へ入り、日本語の技術書などから独学し設計技師として働き、「仕事は人よりも三倍も四倍も」こなし、その報奨としてソ連国籍が取得できた上に待遇が向上したと語っている。国籍取得にあたっては、「共産党の偉い人が三人くらいで、願書を書いてくれ」たと言うものの、「共産党員は仕事をするふりをして、党に関係するものは死に物狂いでするけど、ところが、僕らの［本来の］仕事はあんまりやらない」と毛嫌いしていたようであるが、この「共産党員」とソ連人とは重ねられている。残留朝鮮人 L・Kb[53] もハバロフスクの高等専門学校の建築科を卒業後にサハリンの建築会社に勤務し、昇進のために共産党員になり部長時代には 100 人の部下を持つようになり、「僕たち［朝鮮人管理職］は、部下はロシア人でも、僕たちが "お前たちは" って言えるんですから」「ロシア人の前でも大きな声を出せましたよ」と語る。残留朝鮮人 K・Sb[54] は学校を卒業後に運転手をしていたが、学歴が低いにも関わらず信用され、サハリンで最も大きい養鶏会社の責任者となったと語る。

　彼らに共通するのは、上述のような制度的不利を被りながらも、学習や国籍取得、精勤等の個人的努力によってそれを乗り越えたというという語りであり、とりわけそこではソ連人と同等の、あるいはそれ以上の社会的地位を朝鮮人である自分も獲得したということが暗に示されている。

　また興味深いのは、しばしばソ連人の怠惰さが朝鮮人の勤勉性と対比され強調

されることである。これは日本人への言及ではまったく見られないことである。ダーチャ[55]の事例は、ソ連人の怠惰さと朝鮮人の勤勉さを対比させるためによく用いられるが、「私たちはね、大きな畑でよくみんなで自分で自給自足のようにしてみろと、言ってみたら、草ぼうぼうになっていて、どうしたんだ、って言ったら、いちいちそんなことすることはないよ、秋になって刈ればいいんだって。それでお前たちロシア人そっくりだなって。仕方ないですね。孫や息子は私たちから見ると、もうロシア人で、韓国語もわからないでしょ。」という残留朝鮮人K・Sd[56]の発言には、二つの意味がある。ひとつは、若い世代の朝鮮人はもはやダーチャを管理する勤勉性がないということであり、もうひとつは、この勤勉性の欠如が若い世代の「ロシア化」と結び付けられているということである。もちろん、市場経済が発達せず物資の不足がちであった冷戦期やポスト冷戦期の初期に比べれば、現在におけるダーチャでの農産物生産の経済的意義が著しく低いことも事実であるが、なおも朝鮮人の勤勉性とソ連（ロシア）人の怠惰さの対比をダーチャに求めていることは興味深い。

　彼らはサハリン朝鮮人全体から見れば〈成功者〉に類するかと思われるが、彼らが自分の社会的成功を、あくまで個人的努力やサハリン朝鮮人の勤勉性の結果に帰し、実際には冷戦期にサハリン朝鮮人による民族としての待遇改善を求める声があった[57]にも関わらず、ポスト冷戦期の永住帰国を除いては、サハリン朝鮮人としての集団的協働の意義には一切言及していないことは、彼らにとっての下からの共生を考える上で重要である。

　ソ連社会でのよりよき生を求めた朝鮮人は、外面的にはロシア語習得、国籍取得や共産党入党などの手段を経ながら、内面的には朝鮮人としての勤勉性をソ連人の怠惰さと対比させることで、個人的努力を積み重ね状況を改善していったと考えられる。

　もうひとつ目を向けておきたいのは、筆者が聞き取り調査を行なった中でも、モスクワ大学を卒業した残留朝鮮人K・Scを始め、計4名がソ連大陸部の大学や高等専門学校を卒業していることである。戦後のサハリンにおいて無国籍状態にあった残留朝鮮人たちにとってサハリンが自らが縛り付けられた空間であったことは周知のイメージであろうが、1950年代以降ソ連国籍を取得することで、当時の世界の二大国のひとつであるソ連の高等教育をサハリンの外で受ける道が開かれたのである。

　残留朝鮮人と話していると、戦後すぐに朝鮮半島へ帰還できなくてむしろよ

かったという話が出ることがある。ひとつは朝鮮戦争に巻き込まれずに済んだという話で、もうひとつはこの教育・文化問題である。これは単に社会主義であったため医療保障が厚かったのと同様に、教育機会も保障され経済水準にかかわらず高等教育を受けることが可能であったという話だけではない。残留朝鮮人K・Scは、もし自分たち家族が戦後すぐに朝鮮半島へ帰還し韓国で暮らしていても困窮し大学へ進学できるような状況にはなかっただろうし、そもそも韓国にはモスクワ大学に比肩するような世界水準の大学が存在していないと語ったことがある。また、残留朝鮮人K・Scに限らず、残留朝鮮人の中には、ソ連の文化や技術水準の高さを暗に韓国と比較しながら語ることがある。

残留朝鮮人の中には、そのすべてにあてはまるとは言えないものの、ソ連という新たな帝国に取り込まれたことの〈恩恵〉の側面に自覚的な人々がいるのである。

(2) 北朝鮮

朝鮮民族の国民国家である北朝鮮に対しては、朝鮮人はどのような態度をとったのであろうか。北朝鮮に対しては、筆者がインタビューした朝鮮人が冷戦期に北朝鮮へ移住しなかった人々であることもあり、おしなべて当時から否定的印象しかもっていなかったようである。北朝鮮へ移住した人々の契機は、北朝鮮から来ていた派遣労働者たちとの交流ではなく、ナホトカ領事館の工作員などによる宣伝であった。

残留朝鮮人L・S[58]の二人の妹は1961年に、母親は1965年に北朝鮮へと移住しているが、この背景には当然ながら、ソ連社会への移行による朝鮮人の閉塞感がある。北朝鮮への移住や工作員との接触は、形式上は危機に際しての個人的ネットワークの活用による解決に見えるのだが、実際には移住者を呼び込みたい北朝鮮政府の思惑に取り込まれたという形であった。

冷戦期の朝鮮人には、無国籍を通したり、ソ連国籍を取得するほか、北朝鮮国籍を取得するという選択肢も存在していた。上述の残留朝鮮人L・Sは当初から北朝鮮に関わること自体を警戒していたが、残留朝鮮人K・Sd[59]や残留朝鮮人K・Sb[60]のように移住は考えていないものの、仕事上の必要性から北朝鮮国籍を取得した朝鮮人もいた。これは上述のように無国籍状態では活動に様々な制限が課せられるので、自身の国民国家である北朝鮮国籍を選択したのであった。なお、両者ともに後に北朝鮮国籍を放棄し、ソ連国籍を取得している。また、残留朝鮮

人 L・Ka[61] は実際に 1960 年代にソ連国籍者として北朝鮮の居住経験を有するなど、残留朝鮮人にとって北朝鮮は必ずしも遠い存在ではなかった。

サハリン残留朝鮮人にとっては国民国家・北朝鮮は、〈与えられた祖国〉あるいは〈偽りの祖国〉であり、ソ連社会での共生に何かしらの貢献をしてくれたというよりも、むしろ残留朝鮮人 L・S の事例や、北朝鮮へ帰国するも零落した尹兄弟のエピソード[62] にも見られるように、さらなる離散と悲劇を生み出したものとして語られるのが常である。

ソ連大陸部やソ連友好国としての北朝鮮が新しい世界として立ち現れたことは、実は残留朝鮮人に特有のこととは必ずしも言えず、朝日世帯出身であるものの、残留日本人 H・K の二人の兄も大陸の大学を卒業しており、千島残留者であるものの、残留日本人 A・I も大陸の大学を卒業しそのまま大陸で就職し居住を続けていた。また後に放棄するとは言え、北朝鮮国籍を取得した残留日本人がいたことも先述の通りである。

残留日本人についてこうした側面があまり認識されてこなかった理由として、ひとつはその比率の大きさからも女性の経験が重視されてきたこと、もうひとつは戦後日本を生きた聞き手が、これは自戒もこめて書くのだが、そもそもソ連や北朝鮮および冷戦期のサハリンに充分な知識を持たず、それらに対して否定的な印象を持ってしまっていることが指摘できるのではないかと思われる。

背景にサハリンでの閉塞感があるにしても、冷戦期の残留日本人や残留朝鮮人にとって、モスクワや平壌が新たな〈中心〉として目され得たという想像力持つことは、冷戦期の残留日本人や残留朝鮮人の状況を理解する上では要されよう。

第 3 節 　樺太墓参団と残留日本人

1 　樺太墓参団の実施経緯と過程

冷戦期のサハリンと日本本国との数少ない接点の一つに 1965 年に実現しその後も継続した樺太墓参がある。樺太墓参についてはこれまで整理して論じられることがなかった。本節では、外交文書からその概要を整理すると同時に、回想記や残留日本人への聞き取りからその影響を明らかにする。

樺太墓参の日本国外務省への許可申請の早い事例として、1958 年に北方同胞援護会会長・川村三郎によるものがある[63]。川村は樺太生まれで父母、兄、娘を

1944 年までに多蘭泊（カリニノ）に埋葬していたが、緊急疎開で北海道へと退去したため墓地を整理する余裕がなかったので、第 16 次の冷戦期帰国船に便乗し帰国船が着港する真岡からも近い多蘭泊へ行き「祖父代々の墓地の整理と墓参」をすることを願い出たのである。なお、北方同胞援護会会員の中には、このほか登富津（クラスノヤルスカヤ）、智来、落帆（レスノエ）、白浜、新問（ノヴォエ）、来知志の 6 ヶ所に墓地を持つ者がおり、川村の墓参は別地域への墓参の実現のための実例づくりという意味もあったと考えられる。川村は樺太千島交換条約後に北海道へ移住した樺太アイヌの家系であり [64]、1895 年と 1903 年に日露両政府の承諾を得て自身の祖先が墓参を行なったことも引き合いに出して墓参の正当性を訴えている。この申請に対して外務省は、帰国船の具体的配船計画がないこと、船員手帳を有する乗船員以外の上陸をソ連当局が認めていないことから「時期尚早かつ事実上実現不可能」と回答した [65]。

　ソ連領内の公式墓参が戦後初めて行なわれたのは 1961 年で、8 月 15 〜 21 日にかけてハバロフスクとチタへの墓参団が組まれた。翌年以降も外務省とソ連当局の交渉の上で墓参が継続された（表 7-1）。「北方領土」での初墓参がなされたのは 1964 年、戦後初の樺太墓参は 1965 年であった。ソ連大陸部での墓参が主に抑留犠牲者が対象であったのに対して、クリルとサハリンでの墓参は旧住民の墓地が対象である点で異なっている。

　1963 年には日ソ協会が「ソ連墓参計画」を立て、ハバロフスクやイルクーツクへの抑留者墓参の同意をソ連側のインツーリスト社から得たので、この計画を同年 3 月 20 日に来日予定のネステロフ商業会議所会頭に諮りたい旨、日本国厚生省に告げその意向を尋ねた。この件は、厚生省から外務省へも照会され、両省とも資金面で実現不可能であると予測し、「異議はない」が援助もしないと日ソ協会に回答しており [66]、日本政府が民間のソ連領内墓参に消極的であることが見て取れる。同年には日本からの墓参団が組織されなかったが、8 月 15 日には在モスクワ大使と大使館員がモスクワにある「日本人墓地」と「共同墓地」の墓参を行なっている [67]。

　全国樺太連盟（以下、「樺連」）は、ソ連領内の官製墓参が実現する前年である 1960 年 1 月に柳川久雄会長の名で、日ソ戦犠牲者も含めて、「樺太に在残せる右墓地への参拝又は改葬引取りと、山野に埋没している遺骨遺霊〔ママ〕の処理方を御計画相成り度」と陳情し [68]、また翌 1961 年 6 月にはチタとハバロフスクの墓参についての情報を得て同じく柳川会長名義で「南樺太在住の官公軍関係外一

般邦人にしてシベリアに被抑留中死去いたした者少くない」として樺太関係者も墓参団に加わることが可能かと照会と陳情を行ない[69]、翌 1962 年 5 月にもソ連大陸部の墓参について同様の陳情を行なっている[70]。前章でもふれた 1964 年に

表 7-1　ソ連領内および実効支配地域内の冷戦期官製日本人墓参

年度	期間	地域	場所
1961	8 月 15～21 日	ソ連大陸部	ハバロフスク、チタ
1962	8 月 21～28 日	ソ連大陸部	ナホトカ、ハバロフスク
	8 月 21～28 日	ソ連大陸部	リュブリノ、クラスノゴルスク、タシケント
1963	8 月 15 日	ソ連大陸部	モスクワ（大使館員による）
1964	9 月 8 日	クリル	水晶島（茂尻消）
	9 月 9～10 日	クリル	色丹島（稲茂尻、斜古丹）
1965	7 月 25～29 日	ソ連大陸部	イルクーツク
	7 月 25～29 日	ソ連大陸部	アルマ・アタ
	7 月 27～31 日	サハリン	ホルムスク(真岡)、ユジノサハリンスク(豊原)、ネベリスク（本斗）
	8 月 16 日	クリル	水晶島（茂尻消）
	8 月 16～19 日	クリル	色丹島（稲茂尻、斜古丹）
1966	8 月 23～27 日	クリル	水晶等（茂尻消）、色丹島（稲茂尻、斜古丹）国後島（古釜布）
	8 月 22～30 日	ソ連大陸部	エラブカ、(以下は、モンゴル墓参団による)ハバロフスク、イルクーツク
	9 月 12 日～16 日	サハリン	ホルムスク(真岡)、ウグレゴルスク(恵須取)
1967	9 月 4 日～8 日	クリル	水晶等（茂尻消）、色丹島（稲茂尻、斜古丹）国後島（古釜布）
1969	8 月 27 日～28 日	クリル	志発島（西浦泊）、国後島（泊）
1970	9 月 23 日～25 日	クリル	多楽島（古別）、勇留島（トコマ）、国後島（古釜布）

　　出典：「ソ連地域日本人墓地訪問に関する報告　自昭和 36 年　至昭和 41 年（東欧課
　　　　　1966 年）」『ソ連および北方領土における本邦人墓地遺骨関係（慰霊を含む）
　　　　　墓参関係』外交史料館［分類番号 G'-3-2-0-3-1］および「年度別墓参実施地域」
　　　　　『ソ連および北方領土における本邦人墓地遺骨関係（慰霊を含む）墓参関係　年
　　　　　度別実施関係　第九巻』外交史料館［分類番号 G'-3-2-0-3-1-1］、より筆者作成。

樺連が金子利信常務理事名義で外務省に提出した要望書では、「領土返還はここでは別とし」と断った上で、抑留死亡者が対象のシベリアの場合や、戦場になっておらず各地の墓地を 2 ヶ所に統合後に東京へ移した台湾の場合とは、墓参の形態が異なるものになるとし、樺太に設置された墓地、寺院等に預けられた「白木箱」、戦争犠牲者の遺骨をユジノサハリンスク（豊原）やホルムスク（真岡）などの 2 ヶ所に改葬して慰霊等を建立し、さらにそれらを分骨して東京か札幌に「一大納骨塔」を建立して慰霊すべきだと提案している[71]。なお、同文書では、共同墓地は公営 20 ヶ所計 4,000 基、各寺院境内の自由墓地は 150 ヶ所計 15,000 基、各寺院仮保管の白木箱は 150 ヶ所 15,000 箱を推計し、各世帯平均 3 人分を納骨していると仮定して 72,000 体分の遺骨があると推計している。日ソ戦時の犠牲者数も各地の数値を挙げた上で合計して 1,988 〜 3,000 人と推計しているが、これは前記遺骨数には含まれていない。

　樺太墓参と千島墓参については、日本政府も「人道的見地から解決すべきもの」であり「日ソ国交増進のために資すること」として申し入れを繰り返すもソ連側は外国人立入禁止区域であることを理由に拒否し続けていた[72]。しかし、1965 年 5 月 15 日ソ連政府はモスクワの日本大使館に同年度の墓参受入地を通知し、その中にユジノサハリンスク、ホルムスク、ネベリスク（本斗）が含まれていた[73]。

　1965 年の樺太墓参団は遺族代表が 30 名、厚生省職員 2 名、外務省 1 名、北海道庁職員 1 名、長谷川峻議員（未帰還問題協議会理事長）とその秘書、ほか報道関係者 10 名の計 47 名で使用船は運輸省練習船の銀河丸であった[74]。出港地である稚内は旧樺太住民も多数居住していることから、墓参団の送迎も盛大であったが、サハリン側でもホルムスク着港時には、ホルムスク市市長やサハリン州執行委員会書記、インツーリスト職員や報道関係者のほか市民約 200 名が出迎えるなど歓迎の意を表していた。同夜には病気のため帰国が遅れていた日本人抑留漁夫 1 名の引き取りも行なった。翌 28 日より墓参が始まり、28 日はホルムスクで、29 日はユジノサハリンスクの大沢[75]で、30 日はネベリスクで墓参が実施された。ただし、墓参と言ってもすでに日本人の建立した墳墓等は消失していたが、ユジノサハリンスクでは残留日本人 E・A が墓参団に合わせて当局の指示で慰霊碑を建立していた[76]。なお、残留日本人 E・A の妻である残留日本人 T・R は豊原で墓参団一行が宿泊していたホテルで応対を担当していた。ネベリスクではかつての墓地とは全く関係のない場所に案内され墓参を行なうことになった。

第7章　冷戦期を生きる残留日本人　263

　日本政府関係者にとって墓参は入域困難なサハリンの現地事情を把握するのに
重要な機会であり、外務省の報告書にも物価や生活水準についての細かい記述が
残っている。一方、ソ連側にとっても樺太墓参は体制宣伝の有効な機会ととらえ
られていたようである。このことをよく示すのが、ユジノサハリンスクでのサナ
トリュウム見学である。サナトリュウム見学は当初の予定に入っていなかったが
現地で当局から突然見学の希望者が募られ2名のみが見学を希望したところ、担
当者はソ連では賛成者がひとりでもいた場合に反対意見が出ななかった場合は全
員賛成を意味すると言って全員参加を申し渡し、日本側から反発が出ると「サナ
トリューム見学を行なわず、われわれが折角準備したことが無駄になるようで
は、今後のスケジュールに責任は負えぬ」と言い見学を強行した。そのサナト
リュウムでは北海道の夕張炭鉱の労働者6名が療養中であり、ソ連当局にとって
は労働者福祉の宣伝の意図があったと考えられる。また、報告書ではソ連側が常
に墓参団に対して「ツーリスト」という表現しか用いていなかったと記してお
り、現地紙でも「日本の最初のツーリスト一行」と報じられており、現地住民に
対しても墓参団ではなく日本人交流団と説明していた可能性がある。各地で行な
われた歓迎会等でも日ソ友好等が強調されていた。このことは、墓参団に同行し
ていた北海道現地紙記者による記事[77]が「樺太は泣いていた」と見出しを打ち、
本文でも日ソ戦の被害などにふれていることとは対照的である。

　日本政府は訪問地に居住し日本への帰国が許可されている残留日本人との面会
を要望しており、この墓参団は残留日本人との接触も行なっていた。ユジノサハ
リンスク墓参時には、墓参団来訪を知った残留日本人M・K、残留日本人E・A、
残留日本人T・K、残留日本人Y・M、残留日本人K・Aaなどが旧墓地に駆け
つけ、「追悼式」に参加した[78]。また、ホルムスクでは、残留日本人A・Sc、残
留日本人O・M、残留日本人K・Ab、残留日本人I・Kと長谷川議員、厚生省お
よび外務省の職員が面会した。資料の限り面会地は不明であるが、このほかに墓
参団が出会った残留日本人として函館水産学校出身の鈴木という人物とソフホー
ズの修理工であるという残留日本人F・Nの名前が記されている。一部の者につ
いては、「かなりの生活をしている」ようであり、ソ連国籍を取得して帰国も希
望していないが、多くは「一般に程度が低く、あまりよい生活をしているとは思
われず、日本語もたどたどしいものが多いようであつた」と記している。また、
一部の残留日本人は日本の野球放送を聞いているなど、ラジオで日本の情報を得
ていることも記されている。ただし、外務省の記録を見る限り外務省は未確認の

残留日本人の所在や消息を確認することに積極的であるとは見受けられず、あくまで「すでにソ側より日本への帰国を許可されることになつている未帰還邦人との面会」を要望するのみで帰国者の事前確認程度の関心しか抱いていないようである。この墓参にあたって、当初厚生省は外務省に「戦没者の慰霊祭」を行なえるようソ連政府に申し入れることを依頼していた[79]が、実現しなかったものと見られる。

　1966年の墓参[80]の際はおしょろ丸で9月12日にホルムスクに着港した。事前に申し入れた日程と現地当局が示した日程が異なっていたものの後者の日程のほうが日本側にも都合がよいということでそのままソ連側提示の日程に従うこととなった。今回の墓参では日本側は「残留日本人との面会」を事前に要望していたものの、ソ連側の回答は「氏名が判つていれば探してみよう」というもので消極的であり、結局面会は実現しなかった。13日のホルムスク墓参では昨年と同じ場所に案内されたが昨年建てた墓標はすでになくなっていた。ホルムスクからウグレゴルスク（恵須取）へは海路で移動、15日に上陸し日本人墓地跡で慰霊祭を行なった。同地には数基の日本人の墳墓が残っており、墓参団が付近にソ連の許可のもと墓標を立てた。慰霊祭の最中に日本氏を名乗る朝鮮人が一行に近寄り、残留日本人がいる世帯が4〜5世帯あり誘ったもののここには来なかったと告げたという。前述の通り、今回の墓参ではソ連側は残留日本人との面会を設定しなかったが、墓参団はウグレゴルスクの市中で偶然、残留日本人S・Kbと遭遇する。残留日本人S・Kbと直接話したという墓参団員の話によれば、残留日本人S・Kbは「夫が北鮮国籍を有する朝鮮人なので日本には帰れない」と話していたという[81]。また、墓参団は残留日本人K・Mbという残留日本人とも遭遇した。残留日本人K・Mbと直接話した墓参団員によれば、残留日本人K・Mbの夫は第二次世界大戦中に徴兵されたまま消息不明であり、息子はソ連海軍に務め日本への帰国意思がないことから自身も帰国は考えていないと語ったとされる。

　気をつけるべきは、両者とも当時の境界の透過性を前提にこの回答をしているということである。もし自由に宗谷海峡を往来できるなら、残留日本人S・Kbは夫と日本へ永住帰国したかもしれないし、残留日本人K・Mbは一時帰国をして離散家族と再会したかもしれない。あくまで現状の透過性を前提に帰国意思が無いと表明しているに過ぎない。日本政府もソ連政府も、そうした前提を抜きに残留日本人「帰国意思」なるものを二者択一的に解釈して、あるいは帰国をめぐ

第7章　冷戦期を生きる残留日本人　265

る個々人の思いが、本人から現場の職員を通して政治機構の上部にいたるまでの過程において縮約されてしまっていると言える。

なお、今回の墓参団受け入れに際してもソ連当局は体制宣伝に努めており、日本語字幕付きの「パルチザンの闘士の物語など」映画3編を墓参団が希望する市中見学の時間を割いてまで特に望んだわけでもない墓参団に見せたりしていた。

1966年の樺太墓参後には、樺連は次年度以降も樺太墓参を続けるよう要望を外務省に提出した[82]。外務省も樺太墓参時のソ連当局の応対が好意的であると評価していたものの、1960年代には再度の樺太墓参は実現せず、1970年に再開された樺太墓参は、ソ連政府の意向により日本国外務省ではなく、日本社会党が交渉・実施主体となり、ユジノサハリンスク、ホルムスク、ネベリスク、チェーホフ（野田）、ヤブロチュナヤ（蘭泊）での墓参が実施された[83]。1971年度は、樺太引揚者が最も多く居住する北海道庁が外務省に樺太墓参を願い出て[84]、遺族15名、道庁職員2名、外務省職員1名の計18名がホルムスク、ユジノサハリンスク、ネベリスクでの墓参を実施した[85]。以後、「サハリン友好親善墓参団」が1981年まで計12回実施され、1985年からは「サハリン平和の船」により、ソ連が崩壊した1991年からは「北海道平和の船」による日本人旧住民らのサハリン訪問が実施されるようになった[86]。

1971年度樺太墓参に同行した外務省職員は報告書[87]の中で、ユジノサハリンスクで4名の残留日本人女性と1名の男性、ホルムスクとネベリスクで各1名ずつのサハリン残留日本人と遭遇して聞いた話として、ユジノサハリンスクには約50名の残留日本人女性がいること、大部分は望郷の念はあるものの「成長した子供と共にソ連籍をとっており、現地の生活に慣れているので、今さら日本に帰って永住したい気持ちはないよう」であること、しかし「一時帰国したい気持は切なるものがあるよう」であり、一部にはソ連当局から一時帰国の許可を受けている者もいるが旅費の捻出が困難であること、そして残留日本人の総数を知る者は誰もいなかったことを記している。旅費工面の困難さは、1965年の墓参団と面会した帰国予定者の残留日本人A・Scも自分は旅費を工面できたが、帰国を希望しようにも家族の多い場合は経済的に困難なのではないかと懸念している[88]。このように冷戦期個別帰国では集団帰国と異なり旅費が自己負担になったことが帰国の可否に与えた影響が見て取れる。

1960年代の墓参団随行外務省職員の報告書に現われる残留日本人たちは永住帰国を希望しない人々として描かれている。外務省職員のこうした現地情報が、

前章で論じた残留自由意思論のひとつの要因になっていたとも考えられる。ただし、考慮すべきは墓参団の行動には通訳という名目でソ連当局者が随行しているため、残留日本人たちの発言もそれを配慮したものである可能性は否めない。さらには、前述のとおり、残留日本人たちは、現状の透過性を前提にして、〈現状においては、帰国しない〉あるいはサハリン側家族の意向や状況から〈現状においては、帰国できない〉と言っているはずなのに、その前半部分を切り落とされ、〈帰国しない〉と日本政府側から最終的に認定されていることである。なお、ここまで名前の出てきた残留日本人のうち、残留日本人Ｙ・Ｍ、残留日本人Ｏ・Ｍ、残留日本人Ａ・Ｓc、残留日本人Ｉ・Ｋは1965年に、残留日本人Ｋ・Abは1967年に個別帰国を果たしている[89]。残留日本人Ｍ・Ｋについては外務省の記録では異なる名前で記されているものの、2005年に日本へ永住帰国した残留日本人Ｔ・Ｒによれば、残留日本人Ｍ・Ｋは当時の残留日本人の中のリーダー的存在であったと記憶しており[90]、後述のその他の残留日本人の話と合わせてみるとポスト冷戦期には〈残留日本人Ｍ・Ｋ〉と呼ばれた人物であると判断できる。残留日本人Ｔ・Ｋは1975年に、残留日本人Ｋ・Aaは1989年に現地で死去し[91]、残留日本人Ｅ・Ａは1993年に移住先のハバロフスクで死去している[92]。残留日本人Ｆ・Ｎ、残留日本人Ｓ・Kb、残留日本人Ｋ・Mbについては別の資料の中には該当者が見当たらず、消息は不明である。

　注意すべきは、樺連や道庁といった民間から日本政府への要望においても、外務省からソ連政府への申し入れにおいても、この時期のサハリン訪問は墓参を目的としており、残留日本人とその本国家族、つまりは離散家族の再会というものは要望事項にはまったく挙げられていないということである。もちろん、引揚者総数に対して残留者の人数はその日本側の家族を含めてさえ圧倒的に少なく、墓参が優先事項であることは自然であるかもしれないが、それも合わせてやはり残留日本人の存在感が戦後日本社会の中で、それも旧住民や日本政府の中で薄らぎつつあったと言えよう。

　以上は墓参団から見た冷戦期の残留日本人の姿であったが、以下ではポスト冷戦期帰国運動で重要な役割を担うことになる8名を中心に、残留日本人にとっての墓参団の意味を考えてみたい。

2　墓参団と州都グループ

　墓参の影響を考える前にまず理解しておくべきは、冷戦期においては、自身が

日本人であるからといって、「日本人」と称する、あるいは「日本人」と思われる人物に出会ったときに円滑に関係性が築かれるわけではなかったということである。たとえば、1950 年に刑務所を出所し地方都市での生活を始めた残留日本人 K・Ka は、すでに知り合いであった残留日本人からバザール[93]にも残留日本人がいるから声をかけてみてはどうかと言われたので、バザールに出向き声をかけてみたところ、当の残留日本人から、自分は日本人ではない、と否定された。約 40 年後に、残留日本人 K・Ka がこの残留日本人と、日本人としてつきあうようになった際に当時のことを尋ねると、当時は突然「日本人か」と声をかけられても日本人だとは即答できなかったと言われたという[94]。残留日本人 K・Ka と同じ地方都市に暮らしていた残留日本人 K・T も、1960 年代に人づてには日本人と聞いている人物が近所に数名いたが、当時は日本人としてつきあうことはなく、日本人として話をするようになったのは、北海道人会の発足を契機に再会してからだったと語っている[95]。残留日本人 S・Y も 1950 年代に職場で日本人と思しき人物に出会っていたが、その時は最後まで「日本人か」とは声をかけることができなかったと述べている[96]。このように、冷戦期のサハリンにおいては、日本人同士が日本人としてつきあうには、単なる遭遇率の低さだけではなく、心理的な障壁も存在していた。

「残留者」となることによって、残留日本人はかつての祖国・日本政府の関心の外になってしまった。一方、新たな祖国たるべきソ連はサハリンにおける日本人を少数民族政策の対象としては認めなかったし、またそれほどの集団性も、人数的僅少と地理的分散によって失われていた。何よりも、ソ連はサハリン残留日本人を〈無国籍者〉として扱っていた。残留日本人 S・Y は、「あそこ（サハリン）で何十年もずっと生きていたけど、いま（永住帰国後）思うと、なんであんなところで生きていられたんだろうと思う」と語った[97]。樺太引揚者は〈故郷〉を追われたことを声高に叫ぶが、この残留日本人の声のように、残留した者とて〈故郷〉を失ったといえるのである。〈樺太〉と〈サハリン〉は同じものではない。

では、サハリン残留日本人は家庭に安住の地をみつけることができたのであろうか。残留日本人女性の多くは朝鮮人と結婚しており、これを通じて国籍をとる形で北朝鮮という見知らぬ〈祖国〉へ取り込まれる者、またソ連国内の民族籍を朝鮮人とされたり、朝鮮名を使用する者も現れたりと、朝鮮人社会に女性という従属的立場で加わることで、なお疎外されていた。いな、それよりもまず、残留日本人女性が戦後サハリンにおける朝鮮人との結婚について触れるときに、あのと

きは生活のために……、とよく漏らすように[98]、当時の朝鮮人との婚姻は、必ずしも完全な〈自由恋愛〉と呼びうるものに基づいていたわけではなかった、あるいは平時における〈自由恋愛〉〈婚姻〉とは異質な関係構築と考えなければならない。また当時は多くの独身の動員朝鮮人がサハリンに残されていたことも加味しなければならない[99]。

こうした状況の中で、墓参団の来訪は大きな意義を有した。残留日本人U・Kは1970年代には州都近郊のスタロルススコエ（深雪）に暮らしており、そこに州都在住の残留日本人T・Sが仕事の関係で滞在するようになった。残留日本人U・Kが夫の一周忌で仕事を休んだところ、残留日本人T・Sは線香を残留日本人U・Kに渡しに来て、この時残留日本人U・Kと残留日本人T・Sは初めて話す機会をもった。残留日本人T・Sがこの時に残留日本人U・Kに渡した線香は、本国墓参団からもらったものであったという。残留日本人U・Kが次に墓参団に来たときには知らせてほしいと残留日本人T・Sにお願いしたところ、次の墓参団来島時に残留日本人K・Nが連絡役として残留日本人U・Kのもとへと訪れ、残留日本人K・Nと残留日本人U・Kとが知り合いとなった[100]。

すでに述べたように、日本社会党北海道本部は1970年に第1次サハリン友好親善墓参団を組んでサハリンを訪問し、その後毎年のようにこの墓参団がサハリンを訪問しており[101]、上記の墓参団とはこれを指している。

基本的にソ連当局は、この墓参団と残留日本人との接触を禁止していたが、旧墓地での接触については容認しており、残留日本人らはそこで墓参団と接触し、肉親への手紙を託すなどした。当時サハリンは外国人入域禁止地域であったので、この墓参団は本国の日本人が来島する数少ない機会であったからである[102]。

同時期に州都グループに接触した人物として残留日本人S・Yがいる。残留日本人S・Yはすでに州都に居住しており、同じく州都在住の残留日本人M・Kに誘われたのであった。当時の会合は、新年の祝いや誕生日祝いなどをおこなっていたという。この残留日本人M・Kは、ホテルに勤務し墓参団の来島情報にアクセスできる貴重な情報源となる人物であり、残留日本人S・Yによれば州都グループの中心的人物であった[103]。残留日本人S・Yと残留日本人U・Kが知り合ったのは、墓参団を州都の旧日本人墓地で迎えた時であった。この時には、後に北海道人会の中心的人物となる残留日本人K・Ybも他の残留日本人と共に旧墓地へ来ていた[104]。

残留日本人K・Tの場合は1969年秋に州都近郊へ移住していたころ、当時残

第7章　冷戦期を生きる残留日本人　269

留日本人残留日本人K・Nの息子が偶然残留日本人K・Tの隣に居住しており、まず残留日本人K・Tの息子と残留日本人K・Nの息子の間に交流が生まれ、それをきっかけに残留日本人K・Nの息子が当時州都に居住していた残留日本人K・Nに残留日本人K・Tが日本人であることを知らせ、残留日本人K・Nが残留日本人K・Tを訪問し知り合いとなる[105]。この際に、残留日本人K・Tは残留日本人K・Nから州都では日本人の交流の場があると知らされる。残留日本人K・Tはそれまで日本人として交流したことがある人物は移住前の居住地で知り合ったひとりのみであったものの、当時はまだ仕事が忙しく、州都での会合に顔を出す余裕がなかった。75年頃に初めて会合に顔を出したところ、そこには40名ほどの日本人が集まっておりサハリンにそれだけの日本人がいるということを初めて知ったのであった。残留日本人K・Tによれば、この会合は比較的広い家が選ばれていたそうであるが、必ずしも同じ家でいつも開かれていたわけではなかった[106]。

　残留日本人U・K、残留日本人K・N、残留日本人S・Y、残留日本人K・Ybの事例から考えると、残留日本人T・S、残留日本人M・K、残留日本人K・Ybは1970年代以前にすでに交流をもっていたことがうかがえる。残留日本人T・Rによれば1950年代末には州都には日本人による私的な集まりがたびたび行なわれていた[107]。

　残留日本人U・K、残留日本人K・N、残留日本人S・Y、残留日本人K・Ybの事例から残留日本人は人づてに他の残留日本人の存在を知り、接触を行い、関係を構築していったと考えられる。本章でいう〈州都グループ〉とはこうした関係性の蓄積であり、何かしらの明示的な団体などを指しているわけではない。〈州都グループ〉という語が指しているのは、何かしらの理由をつけておこなわれる定期的な会合を介して結ばれる関係性である。会合の定期性については、残留日本人K・Tは年に2・3回、残留日本人S・Yは月に1回以上と述べており[108]、その頻度は定かではないものの、1970年代にはある程度頻度をもっておこなわれていたこと、そして会合があれば、朝鮮人、ロシア人配偶者も含めて数十人規模の人が集まったことは確かである。

　残留日本人S・Yによれば人びとがこの集まりへ参加した動機は、第一に、日本への帰国願望あるいは思慕の念の共有、第二に、日本の情報（ラジオなど）の交換・共有、第三に、サハリン訪問日本人（社会党墓参団）の情報の共有、であったという[109]。墓参団の来島は外部から起こされるイベントであり、州都グ

ループの意義を深めることとなった。また、例外的に残留日本人と本国日本人との接触が黙認されていた州都の旧日本人墓地もまたひとつの交流の場となっていた。この時の旧日本人墓地は、単純に本国日本人に出会う場であるだけではなく、境遇を同じくする他の残留日本人と出会う場でもあった。残留日本人U・Kが、初めて旧日本人墓地でそれまで出会ったことのなかった他の残留日本人たちと対面した時のことを「こんなに日本人がいるのかと安心できて嬉しかったし、皆さんのご苦労も偲ばれました」[110] と述べているように、単に「日本人である」ということよりも、同様の境遇での辛苦を共感しあえる仲間に出会えることが、大きな意味をもっていたといえる。

　ただし、この段階ではまだ願望はあっても帰国へ向けた運動のような動きは現れてはいなかった。この背景には、永住帰国をできる条件[111] を整えていた人びととはすでに1950年代末を中心におこなわれた冷戦期帰国事業で帰国してしまっていたこと、ラジオなどから断片的に得られる情報に基づけば本国がすでにサハリン残留日本人に関心を失っていること、そしてまた当時のサハリン社会では帰国願望を公にすること自体がある種の反社会的行為として受け取られていたことなどが考えられる。実際に70年代には、日本への帰国を当局へ嘆願した残留日本人の梅村秀子や、自身の故郷のある韓国への帰国をデモで訴えた残留朝鮮人の都万相らが、相次いで北朝鮮へ強制移住させられていた[112]。州都グループは、集団としての目標はもっていなかったし、共通の目標が掲げられていないからこそ、集団として確立されていない状態にあった。

　州都グループ以外の地方都市でもこのような交流が生まれていたことは、否定できない。しかしながら、本章がとくに州都グループに重きを置くのは、以上で例示した残留日本人たち[113] がいずれも後の永住帰国運動の中で中核的役割を担っていく人びとであることが示しているように、州都グループの存在がその後の永住帰国運動に直結しているからである。

　そのような状況で、州都グループは、一時的に自身の日本人という自己認識を回復したり、離散した日本人家族への思いなどを吐露できる場となっていたし、またソ連当局から厳しい監視を受ける日本人墓参団との交流という勇気のいる行動を共にする仲間を得る場となっていた。いうなれば、家庭と社会の双方からの疎外から一時的に逃避し、かつ日本の家族への思慕を共有できる場であったといえよう。

　しかしながら、このグループの成員は日本人という自己認識で結ばれているも

のの、あくまでプライベートな集団でしかなく、正式な名ももたず、また政府に対する交渉の主体となることもなかったし、政府からそのように目されることもなかった。また、他の地域の残留日本人の多くはその存在さえ知らなかったし、彼らに対して公然と存在がアピールされることもなかった。さらに、その存在を知っていても参加しない者もいた。この背景には、無関心であったというよりも、朝鮮人社会にとりこまれながら、一時的であれ日本人という日本人という自己認識を取り戻したりすることへの抵抗感があったり、あるいは直接的に朝鮮人家族構成員に阻まれたという場合もあった[114]。

州都グループ自体は開かれつつ閉じられていた。友人関係を基礎としつつも、日本人という表明があれば参加することが歓迎された。また、朝鮮人配偶者も同伴の形で参加することもあった[115]。しかしながら、それ以外の朝鮮人には閉じられていたし、朝鮮人もあえて興味はもたなかった。戦前に朝鮮人の養子として育ち、戦時動員で樺太へ渡った朝鮮人と戦後に結婚した残留日本人S・Yが、結婚後に実父母が日本人であると夫に知られてから冷たい仕打ちを受けたということ[116]が示すように、日本人という自己認識に基づく確執は家庭の中にまでもち込まれていた。さらに、その日本人という自己認識が国民意識へ転換することも警戒されていた。もしも残留日本人女性たちが自身の国民意識を表明し、日本への帰国を求めれば、朝鮮人夫は共に日本へ渡るか、あるいは家族離散かの二者択一を迫られてしまうからである。実際に、冷戦期帰国が起きた時期にはそうした事態が多くの家庭で生じていたのである。国民意識の表明は閉じられた家庭への裏切り行為であるとさえ映りえたのである。

州都グループは残留日本人の関係性の集積した場であった。経済的政治的側面を併せもたない州都グループは、古典的な定義ではコミュニティ（共同体）とは言い得ないが、単なる近隣住民の友人関係の集積でもない。ソ連下において「日本人」であるがゆえに各レベルでの社会的抑圧経験と喪失感、そしてまたその回復への希望を共有する人びととの日常的で親密な関係性に基づき、地理的かつコミュニケーション・ツール的限界をもちながらもまだみぬ同様な境遇の人びとへ開かれ生成された場なのであった。

第4節　小括

調査によって収集できた引き留めの事例からは、中国大陸で行なわれていたよ

うな高度人材の計画的な「留用」というよりも、現場単位で必要な熟練労働者の引揚げ延長を続けるうちに引揚げ自体が終了してしまったというのがサハリンにおける引き留めによる残留の実態であると考えられる。拘留で引揚げの機会を逸した人々にとって拘留は偶発的事件によるものであったが、その多くは新しい移住者であるソ連人とのトラブルやソ連社会に慣れていないために起きた事案であると考えられ、その意味では充分な準備の無いまま発生した境界変動による再跨境化過程の中で起こるべくして起きた問題であったし、たとえ、一般的な犯罪による収監であったとしても釈放後に帰国の機会が奪われることは妥当ではない。

　朝日世帯を残留背景とする人々もその多くがソ連樺太侵攻時には避難行動を行なっており、それが未完に終わっている。脱境界化過程における移動の阻害は残留の前提のひとつであった。これは当然のように思われるかもしれないが、日本帝国期から形成された朝日世帯を考えれば、個々の事例で、離散は起きるとしても、残留は回避できた重要な機会であった。聞き取り調査を行えた日本帝国期から形成された朝日世帯ではその多くが本人は当時まだ幼年期であったため、親に従属した〈子ども〉の残留であった。また、親の世代にしてみても、透過性が極めて限定的であった再境界化過程においては、家族離散を防ぐための選択肢が残留であった。

　戦後期に形成された朝日世帯をめぐっては、1990 年代以降のジャーナリズムに見られた、性暴力の回避策や脅迫に寄る結婚の強要といった被害者像と 1977 年の厚生省の記述に代表される戦後優位になった朝鮮人にすり寄ったという〈民族の裏切り者〉という像が両極として戦後日本社会には存在していた。しかし、戦後の朝日世帯の形成過程の語りについては、本人の中にさえ、自由恋愛と不本意な結婚という二面性があり、そのためにその語りや解釈には、ある程度の幅が存在し得ること、またそのために、ただでさえ不安定な再境界化過程にあって、〈正常な〉結婚市場を奪われた若年の女性たちにとって、人格的にも社会経済的にもより優位な男性と世帯を形成することは合理的な行動であり、それに該当する男性の本籍地（民族）を問うことは、被害者像であれ〈民族の裏切り者〉像であれ、聞き手自身の〈物語〉の中に当事者の〈生〉を配置する行為である可能性があることには注意をしなければならないことを指摘した。

　冷戦期における残留の継続過程に目を向けると、残留日本人の中の男性特有の問題が見えてくる。それは、兵役による出国資格の喪失である[117]。

　あくまで聞き取りの範囲ではあるものの、日本帝国期に形成された朝日世帯の

第7章　冷戦期を生きる残留日本人　273

残留日本人たちの間では、冷戦期における日本への帰国願望には個人間の差があることが認められた。それに比して、戦後に形成された朝日世帯の残留日本人のほうが帰国願望が強かったように見受けられる。同様に戦後に形成された朝日世帯の多くが冷戦期帰国を実現していることを考えれば、その帰国意思は、日ソ間の国境の低位な透過性よりも、帰国後の生活不安や朝鮮人夫や自身の子どもや日本側の家族によっても阻まれたと言えるのである。つまり、帰国意思がもともと無いのではなく、こうした阻害要因や現前の境界の低位の透過性によって、帰国意思を失ったとも言える。朝鮮人との世帯形成同様に、ここにも二面性が現われ、聞き手の解釈に幅が生じる状況が生まれている。この幅は、ポスト冷戦期においては帰国への意思があるという方向へ解釈されたが、冷戦期においてはむしろ帰国意思が無いとして解釈され、それが自己意思残留論にさえつながったと考えられる。

　1965年以降始まった元住民による樺太墓参は、残留日本人にとってふたつの意味があった。ひとつは、本国日本人と接触する機会が生まれたということである。そして本国日本人との接触は、冷戦期の例外的な一時帰国の実現と、次章で論じるポスト冷戦期の帰国運動へとつながった。また、もうひとつは、残留日本人同士の交流が深まる機会を生んだということである。これもまたポスト冷戦期の帰国運動へとつながった。また、サハリンに自分が知る以外の残留日本人がいたことを知り孤立感の緩和をもたらしたとも言える。1960年代後半以降、とりわけ1977年以降は、数値上はサハリン残留日本人の帰国は途絶していたと言わざるを得ないが、現地ではポスト冷戦期の帰国運動を実現するため素地が形成される過程であったとも言える。

注

1　筆者による残留日本人F・Kへの聞き取り調査（2010年、ロシア連邦サハリン州）による。

2　筆者による残留日本人S・Mへの聞き取り調査（2010年、2012年、ロシア連邦サハリン州）による。

3　残留日本人S・Kaについては、妻子と別れ離れになり再会の目途も立たなかったためか精神に異常をきたしたという報せが、帰国者から日本在住の家族へと伝えられている。「書簡（S・T発　外務省宛　1958年頃）」「書簡（S・K　発　1958年2月15日）」『引揚促進請願関係（ソ連、中共地区を含む）歎願書関係　第四巻』外交史料館〔分

類番号 K'-7-1-0-14-2]。原資料では「S・T」「S・K」には実名が記されている。

4　樺太庁『職員録（昭和18年度）』樺太庁、1944年。

5　外務省『樺太庁職員録』外務省、作成年未詳、稚内市立図書館所蔵。

6　中山大将「植民地樺太の農林資源開発と樺太の農学：樺太庁中央試験所の技術と思想」野田公夫編『日本帝国圏の農林資源開発：「資源化」と総力戦体制の東アジア』京都大学学術出版会、2013年3月15日、314-315頁。

7　樺太庁長官官房秘書課『職員録』樺太庁、1938年、369頁。

8　筆者による引揚者O・Saへの聞き取り調査（2005年、北海道）による。

9　筆者による残留日本人A・Tへの聞き取り調査（2014年6月、北海道）による。

10　筆者による残留日本人T・Rと残留日本人K・Tへの聞き取り調査（2017年1月、東京都）による。

11　日本サハリン同胞交流協会調べ。

12　筆者による残留日本人A・Saへの聞き取り調査（2011年1、4月、北海道）による。

13　除隊後のソ連兵のサハリン定着については残留朝鮮人の回想の中にも見られる（李炳律『サハリンに生きた朝鮮人』北海道新聞社、2008年、109頁）。

14　筆者による残留日本人S・Yへの聞き取り調査（2011年12月、北海道）による。

15　筆者による残留日本人K・Faへの聞き取り調査（2016年10月、ロシア連邦サハリン州）による。

16　筆者による残留日本人K・Yaへの聞き取り調査（2010年9月、2012年9月、ロシア連邦サハリン州）による。

17　筆者による残留日本人H・Kへの聞き取り調査（2009年9月、韓国安山市）による。

18　筆者による残留日本人K・Hへの聞き取り調査（2010年9月、ロシア連邦サハリン州）による。

19　筆者による残留日本人W・Gへの聞き取り調査（2010年9月、ロシア連邦サハリン州）による。

20　筆者による残留日本人U・Kへの聞き取り調査（2009年9月、ロシア連邦サハリン州）による。ただし、残留日本人U・Kの姉夫婦たちの行動については、残留日本人U・Kの姪（前記姉の娘）夫妻からの聞取り（2009年7月、2009年8月21日）による。姉自体は、樺太に関する聞き取り調査に応じなかったからである。姪夫婦は、父母からこれらの話を伝え聞いている。また、この姪も、樺太生まれで母と共に密航した。しかし、まだ幼く、記憶はきわめて曖昧である。姉は直接の聞き取り調査には応じなかったが、娘に電話し、自分の引揚体験について口述筆記させたA4一枚程度のメモを筆者に託している。

21 筆者による残留日本人T・Rと残留日本人K・Tへの聞き取り調査（2017年1月、東京都）による。

22 筆者による残留日本人N・Mへの聞き取り調査（2010年9月、ロシア連邦サハリン州）による。

23 筆者による残留日本人N・Hへの聞き取り調査（2010年9月、ロシア連邦サハリン州）による。

24 筆者による残留日本人K・Tへの聞き取り調査（2010年9月、ロシア連邦サハリン州、2012年、東京都）による。

25 筆者による残留日本人M・Sへの聞き取り調査（2010年9月、ロシア連邦サハリン州）による。

26 筆者による残留日本人T・Aへの聞き取り調査（2014年12月、北海道）による。

27 筆者によるO・Sbへの聞き取り調査による（2009年11月、北海道）。

28 「書簡（H・M発　H・T宛　1957年7月15日）」『引揚促進請願関係（ソ連、中共地区を含む）歎願書関係　第四巻』外交史料館［分類番号 K'-7-1-0-14-2］。原資料では「H・M」「H・M」には実名が記されている。

29 「（書簡）（M・T　発　1956年12月5日記　1958年3月2日着信）」『引揚促進請願関係（ソ連、中共地区を含む）歎願書関係　第四巻』外交史料館［分類番号 K'-7-1-0-14-2］。原資料では「M・T」には実名が記されている。

30 〈ダー〉とはロシア語で「はい」の意味であり、充分にロシア語知識がないにもかかわらずソ連側に通訳として採用された日本人や朝鮮人が、意味もわからず〈ダー〉と繰り返している様子を揶揄した表現である。

31 松田静偲『サハリン残留七百九十八日』文芸社、2007年、120-121頁。

32 なお、残留日本人K・Tによれば、当時の勤労動員としては軍馬の飼葉用の草刈りしか記憶しておらず、そうした針葉油生産のための枝葉の採集については覚えていないという。

33 筆者による残留日本人S・Mへの聞き取り調査（2010年9月、2012年9月、ロシア連邦サハリン州）による。

34 筆者による残留日本人A・Tへの聞き取り調査（2014年6月、北海道）による。

35 筆者による残留日本人A・Iへの聞き取り調査（2013年6月、千葉県）による。

36 筆者による残留日本人A・Saへの聞き取り調査（2011年1、4月、北海道）による。

37 筆者による残留日本人S・Yへの聞き取り調査（2011年12月、北海道）による。

38 筆者による残留日本人K・Yaへの聞き取り調査（2010年9月、12年9月、ロシア連邦サハリン州）による。

39　筆者による残留日本人 H・K への聞き取り調査（2009 年 9 月、大韓民国安山市）による。

40　筆者による残留日本人 U・K への聞き取り調査（2009 年 9 月、ロシア連邦サハリン州）による。

41　筆者による残留日本人 T・R と残留日本人 K・T への聞き取り調査による（2017 年 1 月、東京都）。

42　残留日本人 K・T への筆者による聞き取り調査（2012 年 1 月、東京）による。

43　残留日本人 K・T によれば残留日本人 K・N は三度の結婚をしており、博打の借金に子どもをほかの朝鮮人に売り渡されてしまうなど、夫には恵まれなかった。なお、この子どもについては、北海道人会発足後に探し当てて再会している。

44　筆者による残留日本人 T・A への聞き取り調査（2014 年 12 月、北海道）による。

45　筆者による残留日本人 S・S への聞き取り調査（2016 年 10 月、ロシア連邦サハリン州）による。

46　筆者による残留日本人 K・Sa への聞き取り調査（2016 年 10 月、ロシア連邦サハリン州）による。

47　天野尚樹「個別的愛民主義の帝国」今西一編著『北東アジアのコリアン・ディアスポラ：サハリン・樺太を中心に』小樽商科大学出版会、2012 年、122-147 頁。

48　ユリア・ディン（天野尚樹訳）「アイデンティティを求めて：サハリン朝鮮人の戦後、1945 ～ 1989 年」今西一編著『北東アジアのコリアン・ディアスポラ：サハリン・樺太を中心に』小樽商科大学出版会、2012 年、148-165 頁。

49　筆者による残留朝鮮人 K・Sc への聞き取り調査（2009 年 9 月、大韓民国安山市）による。

50　李炳律『サハリンに生きた朝鮮人』北海道新聞社、2008 年、111-112 頁。

51　筆者による残留日本人 H・K への聞き取り調査（2009 年 9 月、大韓民国安山市）による。

52　筆者による残留朝鮮人 L・S への聞き取り調査（2009 年 9 月、大韓民国安山市）による。

53　筆者による残留朝鮮人 L・Kb への聞き取り調査（2009 年 9 月、大韓民国安山市）による。

54　筆者による残留朝鮮人 K・Sb への聞き取り調査（2009 年 9 月、大韓民国安山市）による。

55　郊外にある家庭菜園つきの別荘のこと。

56　筆者による残留朝鮮人 K・Ra への聞き取り調査（2009 年 9 月、大韓民国安山市）

による。

57 半谷史郎「サハリン朝鮮人のソ連社会統合：モスクワ共産党文書が語る 1950 年代半ばの一断面」原編『ロシアの中のアジア／アジアの中のロシア（II）』北海道大学スラブ研究センター、69-83 頁。

58 筆者による残留朝鮮人 L・S への聞き取り調査（2009 年 9 月、大韓民国安山市）による。

59 筆者による残留朝鮮人 K・Sd への聞き取り調査（2009 年 9 月、大韓民国安山市）による。

60 筆者による残留朝鮮人 K・Sb への聞き取り調査（2009 年 9 月、大韓民国安山市）による。

61 筆者による残留朝鮮人 L・Ka への聞き取り調査による（2015 年、韓国安山市）。

62 李炳律『サハリンに生きた朝鮮人』北海道新聞社、2008 年、196-198 頁。

63 「渡航許可申請（北方同胞援護会会長川村三郎　発　外務大臣藤山愛一郎　宛　1958 年 3 月 18 日）」『ソ連および北方領土における本邦人墓地遺骨関係（慰霊を含む）墓参関係』外交史料館［分類番号 G'-3-2-0-3-1］。同申請書には、川村の祖先が樺太千島交換条約後にもサハリンにあった墓地を日露両政府の許可のもと墓参したという記述がある。同申請書中では「昭和八年に千島と樺太とが交換」とあるが、これは「明治八年」の間違いであると考えられる。

64 川村は 1930 年代には多蘭泊青年団副団長を務めるほか樺太アイヌ就籍運動を起こすなど、指導的立場にある人物であった（田村将人「温存された首長の役割：樺太庁が任命した樺太アイヌの「土人部落総代」について」『北海道・東北史研究』第 4 号、2007 年、52 頁）。前記地名も樺太アイヌの居住地であり、川村は戦後も日本国内の樺太アイヌの指導的立場にいた可能性を示唆している。

65 「墓地整理のため樺太真岡郡渡航の件（旅券課長　発　川村三郎　宛　1958 年 4 月 25 日）」『ソ連および北方領土における本邦人墓地遺骨関係（慰霊を含む）墓参関係』外交史料館［分類番号 G'-3-2-0-3-1］。

66 「日ソ協会のソ連墓参計画の件（東欧課　発　1963 年 3 月 13 日）」、「日ソ協会のソ連墓参計画の件（東欧課　発　1963 年 3 月 19 日）」『ソ連および北方領土における本邦人墓地遺骨関係（慰霊を含む）墓参関係』外交史料館［分類番号 G'-3-2-0-3-1］。

67 「在モスクワ日本人墓地への参拝に関する件（在ソ連重光臨時代理大使　発　外務大臣　宛　1963 年 8 月 27 日　第九八一号）」『ソ連および北方領土における本邦人墓地遺骨関係（慰霊を含む）墓参関係』外交史料館［分類番号 G'-3-2-0-3-1］。

68 「樺太関係の墓参、遺骨、遺霊の扱いについて陳情（全国樺太連盟会長柳川久雄

発　外務大臣　宛　1960年1月27日）」『ソ連および北方領土における本邦人墓地遺骨関係（慰霊を含む）墓参関係　年度別実施関係　第一巻』外交史料館［分類番号G'-3-2-0-3-1-1］。

69　「シベリア墓参についての照会と陳情（全国樺太連盟会長柳川久雄　発　東欧課長　宛　1961年6月13日）」『ソ連および北方領土における本邦人墓地遺骨関係（慰霊を含む）墓参関係　年度別実施関係　第一巻』外交史料館［分類番号G'-3-2-0-3-1-1］。

70　「シベリア墓参について陳情（全国樺太連盟会長柳川久雄　発　外務省欧亜局長宛　1962年5月17日）」『ソ連および北方領土における本邦人墓地遺骨関係（慰霊を含む）墓参関係　年度別実施関係　第二巻』外交史料館［分類番号G'-3-2-0-3-1-1］。

71　「樺太未引揚・遺骨・墓参等関係について重ねて乞教（全国樺太連盟　発　1964年12月20日）」『ソ連および北方領土における本邦人墓地遺骨関係（慰霊を含む）墓参関係　年度別実施関係　第四巻』外交史料館［分類番号G'-3-2-0-3-1-1］。

72　「樺太、千島、択捉、国後、歯舞群島及び色丹島への墓参に関する対ソ申入の件（大平大臣発　ソ連山田大使　宛　1962年8月30日）」『ソ連および北方領土における本邦人墓地遺骨関係（慰霊を含む）墓参関係　年度別実施関係　第三巻』外交史料館［分類番号G'-3-2-0-3-1-1］、および「樺太、千島、択捉、国後、色丹歯舞諸島への墓参に関する件（ソ連山田大使　発　大平大臣　宛　1963年9月28日発）」『ソ連および北方領土における本邦人墓地遺骨関係（慰霊を含む）墓参関係　年度別実施関係　第三巻』外交史料館［分類番号G'-3-2-0-3-1-1］。

73　「ソ連各地の墓参問題（正式回答）（下田大使　発　外務大臣　宛　1965年5月15日）」『ソ連および北方領土における本邦人墓地遺骨関係（慰霊を含む）墓参関係　年度別実施関係　第四巻』外交史料館［分類番号G'-3-2-0-3-1-1］。

74　以下、1965年の樺太墓参については特に断らない限り、「ソ連地域日本人墓地訪問に関する報告　自昭和36年　至昭和41年（東欧課　1966年）」『ソ連および北方領土における本邦人墓地遺骨関係（慰霊を含む）墓参関係』外交史料館［分類番号G'-3-2-0-3-1］を参照。

75　なお、日本側は当初、豊原の墓参地としては追分墓地を希望していた。

76　墓参に同行した北海道現地紙記者の帰国後の記事では、残留日本人E・Aは一年間前から準備をし、墓参団到着の二週間前に完成したと報じられている（「墓参団　"樺太は泣いていた"　妹の自殺したへやへ　九人の乙女の一人の兄可香谷さん　昔しのび飛び込む」『北海タイムス』1965年8月1日）。

77　「墓参団　"樺太は泣いていた"　妹の自殺したへやへ　九人の乙女の一人の兄可香

谷さん　昔しのび飛び込む」『北海タイムス』1965 年 8 月 1 日。

78　「墓参団 〝樺太は泣いていた〟 妹の自殺したへやへ　九人の乙女の一人の兄可香
谷さん　昔しのび飛び込む」『北海タイムス』1965 年 8 月 1 日）によれば、墓参団の
到着をラジオで知ったと記されているものの、ソ連の放送か日本の放送かは不明であ
る。

79　「ソ連各地の墓参について（依頼）（厚生省援護局庶務課長　発　外務省欧亜局東欧
課長　宛　1965 年 6 月 12 日　庶務第 328 号）」『ソ連および北方領土における本邦人
墓地遺骨関係（慰霊を含む）墓参関係　年度別実施関係　第四巻』外交史料館［分類
番号 G'-3-2-0-3-1-1]。

80　以下、1966 年の樺太墓参については特に断らない限り、「ソ連地域日本人墓地訪
問に関する報告　自昭和 36 年　至昭和 41 年（東欧課　1966 年）」『ソ連および北方
領土における本邦人墓地遺骨関係（慰霊を含む）墓参関係』外交史料館［分類番号
G'-3-2-0-3-1] を参照。

81　この「帰れない」の理由が、夫の意思なのか、手続き上の問題なのかは不明であ
る。また、報告書には残留日本人 S・Kb の姉が北海道内に所在していると記載され
ている。なお、名前の似ている人物が他の世帯と共に 1964 年 4 月 2 日に朝鮮人夫と
子ども 1 名を同伴してソ連の貨物船で伏木港に上陸し個別帰国を果たしている（「昭
和 39 年度引揚希望者の帰国状況（1964 年 4 月 2 日）」『ソ連地区邦人引揚関係（中共
地区を含む）引揚実施関係　個別』外交史料館［分類番号 K'7-1-2-1-3-1]）。

82　「昭和四十二年度南樺太地区墓参実施計画要綱」『ソ連および北方領土における本邦
人墓地遺骨関係（慰霊を含む）墓参関係　年度別実施関係　第六巻』外交史料館［分
類番号 G'-3-2-0-3-1-1]。

83　「社会党が実施した樺太墓参の結果について（欧東一　1970 年 11 月 21 日）」『ソ連
および北方領土における本邦人墓地遺骨関係（慰霊を含む）墓参関係　年度別実施関
係　第九巻』外交史料館［分類番号 G'-3-2-0-3-1-1]。

84　「樺太墓参について（北海道知事町村金五　発　外務大臣愛知揆一　宛　1971 年 4
月 2 日　社会第 878 号）」『ソ連および北方領土における本邦人墓地遺骨関係（慰霊を
含む）墓参関係　年度別実施関係　第九巻』外交史料館［分類番号 G'-3-2-0-3-1-1]。

85　「樺太墓参団随行記（情内　高橋事務官　1971 年 9 月 13 日）」『ソ連および北方領土
における本邦人墓地遺骨関係（慰霊を含む）墓参関係　年度別実施関係　第九巻』外
交史料館［分類番号 G'-3-2-0-3-1-1]。

86　北海道ロシア協会創立三十周年記念事業実行委員会『創立三十周年記念誌』北海道
ロシア協会、2002 年、9-16 頁。

87 「樺太墓参団随行記（情内　高橋事務官　1971 年 9 月 13 日）」『ソ連および北方領土における本邦人墓地遺骨関係（慰霊を含む）墓参関係　年度別実施関係　第九巻』外交史料館［分類番号 G'-3-2-0-3-1-1］。

88 「ソ連地域日本人墓地訪問に関する報告　自昭和 36 年　至昭和 41 年（東欧課1966 年）」『ソ連および北方領土における本邦人墓地遺骨関係（慰霊を含む）墓参関係』外交史料館［分類番号 G'-3-2-0-3-1］、93 頁。

89 『樺太及び旧ソ連本土からの永住帰国者名簿の送付について（国民年金に係る特例措置関連）（社援一調第 164 号　1996 年 3 月 26 日　厚生省社会・援護局業務第一課長発　各都道府県民生主管部（局）長宛）』日本サハリン協会所蔵。

90 筆者による残留日本人 T・R と残留日本人 K・T への聞き取り調査による（2017 年1 月、東京都）。

91 日本サハリン同胞交流協会編『物故者名簿』日本サハリン同胞交流協会所蔵、1991年。

92 「サハリンでも大陸でも、死亡者相次ぐ」『ふるさとサハリン』通号 20 号、1993 年、8 頁。

93 日本語でいうところの「青空市場」のようなもの。当時の州都では、食料品を中心に、重要な物資供給の場であった。90 年代以降、バザールは多くの日本人旅行者とそこで働く残留朝鮮人・日本人とが出会う場ともなっており、残留者の存在が認識される場のひとつとなっていた。

94 小川岷一『樺太・シベリアに生きる：戦後 60 年の証言』社会評論社、2005 年、43-44、91-92 頁。

95 残留日本人 K・T への筆者の聞き取り調査による（2012 年 1 月、東京都）。

96 残留日本人 S・Y への筆者の聞き取り調査による（2011 年 11 月、東京都）。

97 残留日本人 S・Y への筆者の聞き取り調査による（2011 年 11 月、東京都）。

98 残留日本人 U・K 氏（2009 年 9 月、ロシア連邦サハリン州）、残留日本人 K・T（2012年 2 月、東京都）、残留日本人 S・Y（2011 年 11 月）への筆者の聞き取り調査による。

99 残留日本人と朝鮮人やロシア人男性との不遇な結婚生活や、動員朝鮮人らの眼差しの緊張感については、吉武輝子『置き去り：サハリン残留日本女性たちの六十年』（海竜社、2005 年）やパイチャゼ・スヴェトラナ、玄武岩『サハリン残留：日韓ロ百年にわたる家族の物語』（高文研、2016 年）でも事例が挙げられている。

100 小川岷一『樺太・シベリアに生きる：戦後 60 年の証言』社会評論社、2005 年、89-90 頁。

101 北海道サハリン友好交流協会『北海道サハリン友好交流協会のあゆみ』北海道サ

ハリン友好交流協会、1997年。

102　墓参団との接触については、日本サハリン同胞交流協会での聞き取り（2011年1月）による。

103　残留日本人Ｓ・Ｙへの筆者の聞き取りによる（2011年11月、北海道）。

104　小川岆一『樺太・シベリアに生きる：戦後60年の証言』社会評論社、2005年、91頁。

105　小川岆一『樺太・シベリアに生きる：戦後60年の証言』（社会評論社、2005年、77-78頁）による。ここでの残留日本人についての情報は、小川（2005）掲載の座談会におけるものである。

106　残留日本人Ｋ・Ｔへの筆者聞き取りによる（2012年1月、東京都）。

107　筆者による残留日本人Ｔ・Ｒと残留日本人Ｋ・Ｔへの聞き取り調査による（2017年1月、東京都）。

108　残留日本人Ｋ・Ｔ（2012年1月、東京都）、残留日本人Ｓ・Ｙ（2011年11月、北海道）への筆者聞き取りによる。

109　残留日本人Ｓ・Ｙへの筆者の聞き取りによる（2011年11月、北海道）。

110　小川岆一『樺太・シベリアに生きる：戦後60年の証言』社会評論社、2005年、91頁。

111　すでに述べたように、具体的には、日本での生活の意志があり、ソ連当局が出国を認めるという2つの条件である。前者については多くの障壁があった。日本に渡って生活ができるのかという経済的問題や、ソ連帰りということで差別されないかという社会的問題、そして他の家族構成員、とりわけ朝鮮人の夫が同意してくれるのかという家庭的問題である。また、後者については、兵役に就いた場合や軍関連産業に従事した場合は、除隊や退職後規定年限の間は出国が許可されないという障壁があった。したがって、残留日本人の誰しもが帰国を願望していたとはいえないと同時に、帰国意思をもっているからといって即帰国が実現したわけでもなかった。また、一度帰国してしまえば2度とソ連へは入国できないであろうという一方向性も帰国を躊躇させる背景となっていたと考えられる。日本政府にとって冷戦期帰国事業は遅れた引揚げという位置づけのため一時帰国は想定されていなかった。ただし、1970年代後半以降は例外的な一時帰国の事例もみられる。残留日本人が日ソどちらでの生活を「選択」したのかということよりも、かつては船賃を払ったり自前の漁船があれば自由に行き来できた宗谷海峡が、自由に行き来できなくなったという事実をまずは重視しなければならない。

112　梅村秀子については中山大将「サハリン残留日本人」（蘭信三編著『帝国以後の人の移動』勉誠出版、2013年、757頁）都万相については李炳律『サハリンに生きた朝鮮人』（北海道新聞社、2008年、296-299頁）を参照。なお、残留日本人Ｓ・Ｙも筆

者の聞き取り調査の中で、70 年代にはソ連政府が残留日本人の帰国申請を受け付けた時期があったものの、帰国は実現せず、申請者は秘密裏に連行されてしまったと語っている。この事件の真否は今後の検証に譲るとして、こうした情報が残留日本人間で共有され、緊張感も共有されることになっていたと考えることができる。

113　いずれも 1920 年代後半から 1930 年代生まれである。

114　残留日本人 K・T（2012 年 2 月）、残留日本人 S・Y（2011 年 11 月、北海道）への筆者の聞き取り調査による。なお、朝鮮人家族も常にこの集まりへ自身の家族が参加することに消極的であったわけではなく、日本人妻が朝鮮人夫を同伴して参加する姿もみられたということは重ねて述べておきたい。

115　残留日本人 K・T（2012 年 2 月、東京都）、残留日本人 S・Y（2011 年 11 月、北海道）への筆者の聞き取り調査による。

116　残留日本人 S・Y（2011.11）への聞き取り調査による。

117　もちろん、イスラエルのように女性にも兵役義務がある国家は存在するので、あくまでソ連という文脈での議論である。

第8章

ポスト冷戦期帰国

　本章ではポスト冷戦期における残留日本人の経験を確認した上で、ポスト冷戦期の日本への帰国運動の動向について明らかにし、引揚者団体ではなく別の新たな団体がポスト冷戦期の帰国運動を担った理由を明らかにする。

第1節　サハリン残留朝鮮人とポスト冷戦

1　韓国への永住帰国

　1986年のペレストロイカから1991年のソ連崩壊への過程は、サハリン朝鮮人社会にも大きな変化を与えた。1988年時点でサハリン在住の朝鮮人民族籍者約35,000人のうち9割を越える約32,000人がすでにソ連国籍を有していた[1]。表面上はサハリン朝鮮人のソ連化が進行していたかのように見えるが、同年のソウル・オリンピックを契機に状況は一変する。サハリンのハングル・メディアは、ソウルへ記者を派遣してオリンピック特集を報道し、サハリン朝鮮人たちは記事や掲載写真を通して、見事に経済的発展を遂げた「祖国」韓国の姿を目にしたのである[2]。これを契機に、サハリン朝鮮人社会は急速に祖国・韓国へと急接近する。1990年9月30日には韓ソ国交が樹立され、『レーニンの道』は党から分離し、韓国の官民の支援を受けて経営を開始し、翌1991年には『新高麗新聞』へと改称する[3]。1990年に朝鮮人は民族団体「サハリン州高麗人会」を設立し、1993年にはこれを「サハリン州韓人会」へと改称する。特定の国民国家を意識させない「高麗」という呼称を捨て、韓国を表象する「韓」アイデンティティを表明したのである。

　ソ連の崩壊は、残留朝鮮人・日本人にとって二度目の帝国崩壊経験[4]であった。ソ連共産党員であった残留朝鮮人の残留朝鮮人L・Kbは、当初ソ連崩壊に関しては「党員だったしね、分かれたらだめじゃないかって。やっぱし、一緒でなかったら駄目でないかって」と、国民帝国のエスニック・マイノリティの立場か

ら〈バベルの塔〉の崩壊を危惧したが、「後で考えてみると、自分たちの国を探して、独立する気のある国は、独立しないとだめでないのかって」と肯定的になったという[5]。帝国の崩壊は、国民帝国下で潜在化していた民族意識を顕在化させた。それは朝鮮人も例外ではなかった。今次の帝国の崩壊も国境を揺るがせたが、それは閉じる方向ではなく開く方向へと向かわせ、人々にナショナリティを選択させ、それに沿った人口移動へ向かわせる流れを作った。

　〈祖国〉韓国への接近は、ついには人口移動をもたらすこととなった。1986年にソ連邦出入国管理規則が改正緩和され、サハリン残留朝鮮人とその韓国の離散家族が日本で再会する事例が増え始めていたほか、1988年9月には日本経由での韓国への一時帰国も実現し、その1ヶ月前の1988年8月には永住帰国者第1号が実現、1989年からは永住帰国が常態化し始めた[6]。同年には日韓の赤十字が帰国支援のための「在サハリン韓国人支援共同事業体」を設立した。1995年に日本政府は永住帰国者用の団地建設資金の拠出を決定し、1999年には韓国仁川市に療養院である「サハリン同胞福祉会館」を建設し、次いで同年内に韓国安山市にも900人を収容できる永住帰国施設「故郷の村」が完成、翌2000年から入居が開始される。その他地域の施設も含め2011年7月までに約3,500名が「帰国」を果たした[7]。こうした動きの底流には、冷戦期から続いていたサハリン残留朝鮮人の帰国促進運動があった。1975年から始まった「樺太裁判」は、こうした一時・永住帰国の実現を受け、1989年6月に一審判決もないまま取り下げと言う形で幕を閉じた。

　サハリン残留日本人には、親の一方が朝鮮人であるというケースが含まれている。したがって、サハリン残留日本人でありながら、同時にサハリン残留朝鮮人でもある人々は存在する。実際、冷戦期帰国者を除く残留日本人のうち38名が韓国へと永住帰国しているのである。これらの人々の中には、残留日本人H・Kのように妹は韓国へ、兄は日本へというケースも見られる。残留日本人H・Kが韓国へ永住帰国したのは2000年であった。後述するように、日本ではなく韓国を選んだ主な理由は、安山の故郷の村には永住帰国者が集住していることであった。日本への永住帰国の場合、公営住宅などを斡旋されることが多いとは言え、安山の故郷の村のように永住帰国者だけが集住している場所はない。子どもはモスクワにいるのでサハリンへ戻ったことは一度もないという。ただし、その背景には夫が病気で視力を失っており介護が必要だという事情もあると考えられる。

2　サハリン残留朝鮮人と韓国

　韓国へ永住帰国したサハリン残留朝鮮人にとって韓国社会はどのように映っているのか。上述のように筆者が聞き取り調査した朝鮮人は、2000年以降に韓国安山市の故郷の村に移住した人々である。これらの永住帰国朝鮮人は、ソ連／ロシア社会に続き韓国での共生も模索しなければならない立場になったのである。なぜならば、彼らは明らかに本国韓国人とは異なる社会的存在だからである。たとえば、ある永住帰国朝鮮人[8]は、知っている歌は戦前の日本の歌だけで韓国の歌は一切知らないと語り、日本の軍歌（正確には戦時歌謡に類する歌）を披露してくれたが、このことが意味するのは、戦後半世紀以上の時間をこれら朝鮮人はソ連／ロシアで過ごしており、韓国本国の状況を朝鮮戦争も含めて経験していないという〈韓国人〉としての集団的記憶の欠落があるということである。

　故郷の村は、「村」という名がついているが、農村集落であるわけではなく、首都ソウルの郊外都市のある1区画に8棟の集合住宅が立ち並ぶ団地であり、入居者はすべて永住帰国朝鮮人である。残留日本人H・Kは周辺の本国韓国人との交流について、「しないしない、必要もないから。することもないし、話言ってみても〔ママ〕、気持が違うのね、なんだかわかんない。付き合うこともないし、付き合いたくもないし、ここの人でたくさん。いまここ来ているでしょ、80〔歳〕くらいの人たちはみんな日本語を使っているよ」と述べている。

　わざわざ「日本語を使っているよ」と言及するのは、別のくだりでの「韓国のひとたちもね、日本語を使ったらやな思いの人もいるよ」という発言と結びついている。朝鮮人たちはソ連社会での生活において、日本語を捨てたわけではなく、公的な場面では使用できないものの、家庭や友人などの間では会話のために使い続けていた。こうした言語環境が本国韓国人から見れば、〈韓国人〉としては異常なことと見られているという認識がこの発言に表われている。

　また、韓国へ永住帰国した理由を尋ねた際には、周囲の朝鮮人が永住帰国するので寂しくなるので自分も永住帰国を決めたと答え、「ここはサハリンから来た人ばかりだから、言葉も合うし、生活も合うから、韓国の人のそばに暮らすっていったら辛いと思います。やっぱり、もう何十年も〔我々はソ連／ロシアで暮らしているので〕、あの人たちが見るには、見下げてみるでしょ、ロシアの人だからって、と思います。口では言わないけど。したけど〔筆者註：樺太方言で「けれども」の意〕、わしらサハリンから来た人が1,000人来たから〔ママ〕、韓国の人〔との交流は〕いらないですよ」と今の生活について述べている。

永住帰国朝鮮人は、生活費が支給され基本的には労働する必要もなく、医療施設も併設されているため、買い物を除けば外部と接触する必要性はほとんどない。また、故郷の村に入居している永住帰国朝鮮人は家族を連れての居住が出来ないため、次世代のために団地外部と交流を持つ必要も生じず、共生への積極的な動機は生じないのである。

第2節　サハリン残留日本人とポスト冷戦

1　サハリン北海道人会（サハリン日本人会）

東西間の国際移動の制限されていた冷戦期においては、先述の通り来島できる本国日本人は、墓参団などきわめて限られていた。しかし、ペレストロイカ以降、この入域規制も緩和されて、来島日本人が増加するようになった。社会党墓参団だけでなく、ジャーナリスト、自治体関係者、そして旧住民などが来島するようになった。そして、これら来島日本人は残留日本人とも接触するようになる。また、日本国内に親戚など身元保証人がいる者の中にはテレビ番組の企画などで一時帰国を実現する者も現れ始めた[9]。

こうした中で、1988年に残留日本人M・Kが州都グループを集めて日本人墓地の掃除を呼びかけた。この時のことを残留日本人K・Nは、「日本から来る日本人に会おう。そのためには日本人墓地を綺麗にしておこうといってね。戦後何十年にして日本人を見るのだから（笑）、興奮していました」[10]と回想している。正式にサハリンの外国人入域禁止地域指定が解除されるのは翌年の1989年であるが、残留日本人たちは墓参団以外の本国日本人たちが来島するという大きな変化に盛り上がりをみせたのである。

後述するように後に促進の会の事務局長となる小川峡一が墓参団の後継事業である「北海道平和の船」で初の再来島（元住民なので）したのがちょうどこの1988年であった。小川はそれまでまったく残留日本人には無関心であったが、来島して本人たちと会うことにより、運動への動機が生まれた。翌1989年も「平和の船」の一員として来島し、残留日本人K・Tほか数名の残留日本人と面会した[11]。なお、この時期に残留日本人が接触をもったのはこの小川峡一だけではなかった。残留日本人S・Yはこの時期に多くの本国日本人が来島したので、面会を求め自分たちの帰国願望を訴えたが結局最後まで責任を以て行動を共にしてくれたのが小川峡一たちであったと述べている[12]。帰国した小川峡一は早速

1989 年 12 月に、「樺太（サハリン）同胞一時帰国促進の会」（事務局長・小川峡一、1992 年 12 月「日本サハリン同胞交流協会」に改組）を他の賛同者らと協力して設立する。これに対応して、州都グループも動き出し、中心的人物でもあり家庭電話もあった残留日本人 K・Yb の自宅をサハリン側の連絡事務所とし、関連会合は残留日本人 K・N の自宅でおこなうという体制が整えられた。この時点では、この帰国運動に関わっていた残留日本人は 60 名程度であったという[13]。

　1990 年の 5 月には帰国事業が実現（第 1 次集団一時帰国団）する。この一時帰国団には残留日本人 K・N、残留日本人 K・T も参加していた。この一時帰国の意義はきわめて大きかった。当初は、促進の会は州都グループを中心に残留日本人とコミュニケーションをとっていたし、州都グループ側もグループ内の仲間の一時帰国のために協力していた。しかし、一時帰国を果たした者たちは、半世紀ぶりに接した日本社会の姿に感動し、ぜひ残留日本人〈全員〉にこの日本をみせたいという感情がわきあがったのである[14]。ここでいう「残留日本人」にはもちろんのこと、これまで州都日本人グループに参加していなかった人びと、つまりは顔も合わせたことのないサハリン中の残留日本人が含まれている。共通する日本人という自己認識をもつとはいえ、プライベートな繋がりが前提であった州都グループに変化が現れる。つまり、日本人という自己認識を共通する人びととのネットワークを運動体として積極的に築こうと動き始めるのである。その結果、同年中に州都グループはサハリン残留日本人団体である「サハリン北海道人会」（以下、北海道人会）を結成するにいたるのである[15]。なお、名称が〈日本人会〉ではなく「北海道人会」であったのは、事務室を借りる際に、北海道庁が在外道民団体として支援してくれたためである[16]。

　1993 年に日本サハリン同胞交流協会は一時休会し、サハリン内の残留日本人の捜索活動に専念することとなった。州都グループを基にした北海道人会は、捜索・問い合わせによりそのメンバーを拡大し、やがて州都に本部を、地域ごとに支部を設置するようになる。かくしてサハリンにエスニック団体である「残留日本人団体」が確立されたのである。この際にも支部長は多くの場合、家庭電話をもっている者が選ばれた。北海道人会は、日本側の支援団体である日本サハリン同胞交流協会と連携をとり、一時・永住帰国運動を展開するようになった。なお、残留日本人たちの当初の要望は、一時帰国であり離散家族再会あるいは〈祖国〉をいま一度この眼で見たいというものであったが、やがて永住帰国への要望が高まり、両会はその実現へ向けて動き出すようになる[17]。

両会は毎年、年次総会を開催していたほか、促進の会は会報誌を定期的に発行するなどの活動をおこなうなど、州都グループの頃とは交流の形が大きく変化している。また、正式に事務所も構えると今度はそこが交流の拠点となった。「日本人の会の事務所ができたことが大きいね。町の中に仲間が立ち寄る場所が出来るなんて、ちょっと前までは考えられなかったことだからね」[18] という残留日本人 K・Ka の言葉が表しているように、私的性格の強かった交流の場に公的性格が加わっていった。

2　ポスト冷戦期における残留と帰国

　トロイツコエ（並川）に居住していた残留日本人 A・Sa[19] はある日近所で日本語が聞こえてきたので外に出てみると日本人の一団が来ていた。話しかけてみると、故郷を再訪した元並川住民たちであった。その後もこの並川会の人々との交流は続き、1993 年に小学校の奉安殿跡地への慰霊碑の建立に協力した[20]。当初、日本への永住帰国に関心を持っていなかったが、夫の死後に日本への永住帰国を真剣に考えるようになり、2001 年に北海道へ永住帰国する。この際には独身の息子が同伴帰国を希望しともに帰国した。

　残留日本人 S・Y[21] は、1989 年に夫の知り合いの協力でテレビ番組の取材対象という形で日本へ最初の一時帰国を果たしている。同時期に小川峡一がサハリンに来た際にも面会している。前記の通り、残留日本人 S・Y によればこのころより日本人のサハリン訪問が増え、それ以前の墓参団でも残留日本人に会えば帰国のために協力すると言う人はたくさんいたが、実際に動いてくれたのは小川峡一たちだけであったという。1996 年に日本へと永住帰国する。本来は夫とともに永住帰国するはずであったが、直前に死去してしまった。まだこのころは入国直後に中国帰国者定着促進センターに入所するシステムは確立していなかった。1998 年から 2 年間、残留日本人 S・Y は中国帰国者定着促進センターで生活指導員と通訳として勤め帰国者援護に貢献する。永住帰国の動機は、先駆けて北海道の研修を受けていた娘に永住帰国を促されたことであった。永住帰国に際しては公的支援を受けることができるのは一世帯だけだったため、それを本人が選ぶのは「残酷」なことであったと語った。

　残留日本人 K・H[22] は日本への永住帰国を希望していたが、母親が日本帝国期に朝鮮人の夫と法定婚をし、本籍地が内地から朝鮮へ転籍されていたため、残留日本人 K・H 自身の本籍地も内地ではなく朝鮮になっており、サンフランシスコ

講和条約の影響で日本政府としては残留日本人Ｋ・Ｈを「日本人」とみなすことができず、永住帰国の対象外とされてしまった。このことは本人にとってはたいへんな精神的ショックを与え、聞き取りの後で他の残留日本人が、あの人は昔はもっと明るくて元気な人だったんだよと嘆息していた。

残留日本人Ｕ・Ｋ[23]は北海道人会に貢献し続けた人物であり一時帰国も重ねていたが、筆者が聞き取りをした2009年の時点では、日本に在住する姉とも相談し永住帰国はあきらめ今後も可能な限り一時帰国を定期的に続けて行く考えを持っていた。しかし、その翌年には日本へ永住帰国を果たした。

残留日本人Ｔ・Ａ[24]はポスト冷戦期帰国が始まってからも、当初はかつて朝鮮人の引揚げが認められなかったことから帰国には抵抗感を覚えていた。ただし、残留日本人Ｔ・Ａは朝鮮人の引揚げを認めなかったのが日本政府であったと認識しており、その認識とこの抵抗感が直結している点は注意すべきである。1996年の一時帰国団で戦後初めて来日した。トイレの清潔さや商店に物があふれ、しかも直に手に取って見れることなどに驚嘆し続けた。サハリンに戻ってからは、日本に行かなければ帰国の念も起きなかったのにとしばらく「うつ病」[25]になったと語っている。一時帰国前は日本の親族はまだ見つかっていなかったが、日本サハリン同胞交流協会（以下、同胞協会）の尽力で日本滞在中に母の兄から連絡がきた。2000年に夫と永住帰国をした。この際に札幌を避けたのは、親戚がいるので遠慮したからだと語っている。実際に、親族が判明したにもかかわらず、サハリン残留日本人との連絡を拒む事例も起きていた。

残留日本人Ｔ・Ｒ[26]はポスト冷戦期もハバロフスクで暮らしていたが、1998年頃に残留日本人Ｈ・Ｋの兄弟経由で小川峡一たちの活動を知る。2000年に娘と一時帰国事業を利用して来日した。2003年に同居していた夫の連れ子である娘が死去したことをきっかけに老後について考えるようになる中で、一時帰国の経験などもふまえ、日本社会への懐旧の念が深まっていった。また、残留日本人Ｔ・Ｒによれば、ソ連末期からの10年以上におよぶ急激な社会変動は高齢者にはたいへんな精神的ストレスであり、残留日本人Ｔ・Ｒはソ連を平穏な社会であったと回想している。なお、永住帰国後は一度もロシアには渡っていない。残留日本人Ｔ・Ｒは永住帰国して初めて日本社会の中の対ロ感情の悪さを知ったという。また、右翼の街宣車なども怖かったと語っていた。

カザフスタンの残留日本人Ａ・Ｔ[27]が初めて同胞協会を通じて一時帰国をしたのは1994年であった。この時点でも長らく日本語を使っていなかったため、聞

けばわかるものの、自分から話すことには困難があったという。同胞協会との接触を通じて、他にもカザフスタンに日本人がいると知り会うようになる。なお、残留日本人Ａ・Ｔと同胞協会をつなげてくれたのは、カザフスタンに残留していた元抑留者たちであった。日本で暮らしたいという気持ちがあったから、子どもたちの反対を受けながらも永住帰国を決断し2011年に北海道へ妻とともに永住帰国した。日本の生活にはすぐになれたものの、中国帰国者定着促進センターで一回、札幌で二回倒れたことから健康に不安を感じ、気候にもなれず、カザフスタンへ再帰国した。

残留日本人Ａ・Ｉ[28]はポスト冷戦期にもノボシビルスクで暮らしていた。しかし、ペレストロイカ以降勤務先の工場が閉鎖し、建築関係の労働に従事するようになった。妻が日本に縁の無い人間であったため、個人的には帰国願望があったものの、行動に移すということはしなかった。ただし、妻が存命中の1992年と2006年に一時帰国をしている。1992年については冷戦期に個別帰国していた兄の残留日本人Ａ・Ｓｂの個人的な招待で来日し、2006年は同胞協会の活動に協力していた兄からこうした機会があること知らされたからであった。ただし、最初は遠慮していたという。2009年に妻が死去した翌年の一時帰国の際に永住帰国を決意した。残留日本人Ａ・Ｉは17歳までは日本語に囲まれた環境で育ち、日本に関する情報にも接していた。ノボシビルスクでも日本語放送を聞き、前記の現地の日本人から当用漢字の辞典をもらい、子守の空き時間にそれで漢字の勉強をしていた。1980年代には和露辞典を購入し、日本語の勉強を続けた。1992年の一時帰国の際にも新聞の切り抜きやニュースの録音を集めてノボシビルスクに持ち帰り勉強を続けた。残留日本人Ａ・Ｉは、ソ連のことを「住みやすい外国」と認識しており、ソ連人としての意識は希薄であったと語る。常に日本のことを見続け、日本のほうが暮らしやすいと語っていた。身分証の民族籍欄も〈日本〉のままであったが、ノボシビルスクでは外見からアルタイ人やタタール人と思われており、日本人ということを外在的に意識させられる契機は乏しかった。

冷戦構造を背景とした国家レベルの要因だけでなく、〈家族〉という生活の場も個々人の帰国の可否を決する上では重要な要素であった。筆者が聞き取り調査をした朝鮮人夫を持つ残留日本人4名が、夫の死後に日本への永住帰国を実現したのは単なる偶然ではない。永住帰国者世帯の半数は女性が世帯主となっており、これら残留日本人女性は単身か、あるいは死別などで夫を除く子供等の家族を引き連れて永住帰国をしているのである。北海道中国帰国者支援・交流セン

ター[29] によると、「樺太帰国者」道内在住調査対象者 56 名のうち配偶者を伴っていない永住帰国者は 29 名（51.8％）である。また、配偶者を伴った永住帰国者の配偶者 27 名の国籍内訳は、ロシア 15 名、日本 9 名、韓国・朝鮮、ウクライナ、カザフスタンがそれぞれ 1 名である。なお、このロシア国籍およびウクライナ、カザフスタン国籍の中には旧ソ連国籍・ロシア国籍を取得した残留朝鮮人・日本人も含まれていると考えられる。

　すでに残留日本人女性の〈朝鮮化〉を国内身分証から確認したが、残留日本人の子供や孫の世代になると、〈朝鮮化〉を通り越して〈ロシア化〉が起きている。1947 年以降に生まれた残留日本人の家族のうち国内身分証の名前が判明している者は 37 名おり、このうち朝鮮姓名を一切持たない者が 28 名である一方で、ロシア姓あるいはロシア名を持つ者は 14 名である。国籍で言えば、2000 年以降についてはほぼ全員がロシア国籍であり、すでに朝鮮人民族学校閉鎖後に初等教育を受けた者も多く、その場合は初等教育からロシア語で受けていることになる。つまり、日本語も朝鮮語も知らない世代も現れ始めており、親の世代にとっては日本が〈祖国〉であっても、それらの世代にとってはもはや日本を〈祖国〉とは受け止められない状況が生まれている[30]。

　家族のナショナル・アイデンティティの問題はもとより、すでに高齢に達した残留日本人が日本へ永住帰国するとなると、家族にとっては高齢の親を単身で〈外国〉へ送り出すのは心配であり、家族をあげて永住帰国に反対したり、あるいは誰が随伴するかで揉めたりという事態も永住帰国者たちは経験している。なお、戦後期に離散した家族と暮らしている例は皆無である。

　こうした軋轢を経てもなお、残留日本人たちが永住帰国を希望し実現する背景には、ソ連崩壊以後の経済の混乱や医療体制の崩壊などで高齢者という弱者が追い込まれたという経済的要因も考えられるが、一方で心理的要因も強く働いていると考えられる。残留日本人は容易には戦後サハリン社会には統合され難かったのである。なお、上記の残留日本人 A・T 以外にも永住帰国後に再帰国した事例が数例ある[31]。

第3節　ポスト冷戦期帰国運動

1　元住民による帰国促進運動

ポスト冷戦期帰国運動・事業を担った団体としてよく知られているのは「日本サハリン同胞交流協会」であるが、その土台を作ったのは後述するようにその前身である「樺太（サハリン）同胞一時帰国促進の会」（以下、「促進の会」）である。

発足の背景は、ソ連のペレストロイカとその後のソ連崩壊である。1986年、ソ連出入国管理規則が緩和、1989年3月にはサハリン州の外国人立入禁止区域指定が解除され、5月には日本人観光団第1号がサハリンへと訪れている。こうした流れの中で、元・島民やジャーナリストらが次々にサハリンへ渡り、残留日本人と接触を持っていく。

大泊（コルサコフ）出身でソ連樺太侵攻以前に退島していた小川峡一は、1988年に第4回サハリン平和の船で戦後初のサハリン訪問を行ない、コルサコフ、ユジノサハリンスク（豊原）、ホルムスク（真岡）を回った。この訪島で小川峡一は残留日本人N・Sや残留日本人F・A、残留日本人T・T、残留日本人I・M、残留日本人Y・H、残留日本人K・Kbらと出会い、サハリン残留日本人問題に向き合うようになり、すでにこの段階で民間支援として一時帰国に携わっていた人物のことを知り連絡も取るようになる。そして、残留日本人の一時帰国実現とその支援には金銭面でたいへん大きな負担があるため、前年に発足したサハリン残留韓国・朝鮮人問題議員懇談会の原文兵衛宛に懇談会の関心を残留日本人にも向けるように要望している[32]。小川峡一は翌年の第5回サハリン平和の船にも参加し、4名の残留日本人と面会した。この際には、警察に面会の許可を求め、残留日本人たちもホテルに入る際にはフロントに身分証を預けるなどしなければならなかった[33]。

1989年には「樺太（サハリン）同胞一時帰国促進の会」が、遠山美知を代表、前記の小川峡一を事務局長として発足した。代表委員は計17名おり、両者のほかに内淵（ヴイコフ）の樺太人造石油職員であった上田秋男、蘭泊（ヤブロチュナヤ）出身の笹原茂、恵須取（ウグレゴルスク）出身の金成良克、木下一見、相浜（ソヴェツコエ）出身の畠山ミサ子、川上炭山（シネゴルスク）出身の宮本亀麿、大泊出身の小笠原弘、落合（ドリンスク）出身の笠原福雄、中井昭、小田洲

第 8 章　ポスト冷戦期帰国　293

（パルスノエ）出身の吉田末春、内路（ガステロ）出身の綿貫泰弘、大泊出身の
栗山玄司、佐藤郁子、海馬島（モネロン島）出身の山上登が樺太出身者ないしは
関係者であった。なお、会の名前に「日本人」と入れず「同胞」としたは朝日世
帯の者など、「民族の谷間にあってどう主張してよいのかわからなくて苦労して
いる人もいることを考え」てのことであり、「帰国」に「一時」と冠したのは、
当時サハリンから一時帰国した残留朝鮮人や中国から一時帰国した残留日本人が
ソ連や中国に戻らずに日本に滞留している事案が発生していたため、「当局との
折衝が難航した例もあ」ったことから「一時帰国」であることを強調するためで
あったが、永住帰国に対する支援を否定するわけではないとも説明されてい
る[34]。ただし、後年に小川峡一は、残留日本人はサハリンでの生活が長いためサ
ハリンでの生活を継続したほうがよいと自分自身は考え、永住帰国への支援には
消極的な意見を持っており、第 1 号の永住帰国の事例の場合も、日本に在住する
親族が極めて積極的で能動的であったから協力したと語っている[35]。このポスト
冷戦期永住帰国第 1 号となる残留日本人は、1958 年には北海道に住む父親と連
絡をとっており、厚生省経由で定着先自治体やそこでの職場の受入れ証明書など
も外務省まで届いていたものの冷戦期の帰国はかなわなかった人物であった[36]。

　促進の会の発足時には、主な活動内容として、(1) サハリンに関する情報交
換、帰国者の世話、(2)「在留同胞」の名簿作成、(3) 日本の親族による招待の
手伝い、(4) 国会への請願、(5) 関係官庁への交渉・要請、(6) サハリン関連番
組の宣伝、(7) 全国樺太連盟への一時帰国促進への協力要請、(8) 運動のための
募金、(9) 代表委員会議の開催、(10) 樺太写真展の開催、(11) 国民一般の残留
日本人問題への認識を深めてもらう、ことが挙げられていた[37]。

　1990 年にはユジノサハリンスクで形成されていた友人関係の集積である「州
都グループ」と密接な連携関係を築き、現地団体「サハリン北海道人会」が結成
されたことは前節で述べた通りである。

　促進の会の活動を同胞協会および後継の日本サハリン協会に保管されていた日
本政府各機関宛の要望書等から以下、整理する。なお、これら要望書等への回答
は残されていない。これはそもそも回答自体がなされたなかったためだという[38]。

　1990 年 3 月 6 日付で衆議院議長と参議院議長あてに作成された「サハリン（旧
樺太）に在留する同胞の早急な一時帰国実現に関する請願」[39] では、(1) 帰国手
続きの簡略化、(2) 帰国費用の国庫支給、(3) 稚内港経由の自由往来、(4) 国籍
を問わない帰国の実現を要望している。興味深いのは、ベルリンの壁が引き合い

に出されていることである。つまり、サハリン残留日本人問題に関しては〈ポスト冷戦〉がまだ訪れていないと批判しているのである。

1990年3月15日付で外務大臣、外務省欧亜局長、厚生大臣、厚生省援護局長宛に作成された「要請書」[40]は促進の会が実施する第1次集団一時帰国団に関するものである。「人道的見地」から中国残留孤児問題やサハリン残留朝鮮人問題などが社会的関心を呼ぶ中、サハリン残留日本人問題についてはほとんど顧みられていないとした上で、サハリンからの一時帰国が進展しない理由として、(1)帰国手続き複雑さ、(2)高齢化や死去により親族による身元引受が困難、(3)経済的負担が大きい、(4)北朝鮮国籍者に原則的に入国許可が出ない、(5)稚内港をソ連国籍の残留日本人が利用できないこと、(6)郵便事情や電話事情が劣悪であることを挙げ、これら問題の解消のための対応を求めている。このうち北朝鮮国籍者の問題は日本側の入国許可以前にソ連側の出国許可が出ないという問題もあった。財政的援助についても、すでに創設されていた在サハリン韓国人支援等特別基金拠出金と同様の予算措置をとれないかと提案している。つまり、先行していたサハリン残留朝鮮人問題への運動や施策が参照項となっているのである。実際、促進の会の有志は発足以前より国会議員の五十嵐広三らに協力を仰いだり、高木健一弁護士事務所のスタッフを事務局次長に招くなど、サハリン残留朝鮮人問題の経験を活かそうとしていた[41]。このスタッフはすでにサハリン残留朝鮮人問題でサハリン残留朝鮮人社会に人脈を持ち信頼関係も築いていたため、促進の会の最初のサハリン訪問同行した際には残留朝鮮人たちから歓待を受けることとなった[42]。

この要請書でもうひとつ興味深いのは、差出人が、促進の会だけではなく、全国樺太連盟(以下、「樺連」)との連名であり、なおかつ樺連が筆頭になっていることである。この段階では両者が協働関係にあったことがわかる。

こうした要請の結果、同年5月2日には厚生省が「今次帰国者には、親族再会地までの旅費を国費補助する」という通知を出し、一時帰国の国庫負担の道が開かれた。また、第1次集団一時帰国団はユジノサハリンスク−ハバロフスク−新潟の空路で実施された[43]

第1次集団一時帰国団終了後には外務大臣あてに1990年5月に実現した第1次集団一時帰国団への協力に対する感謝と次回への協力を要請する文書が外務大臣あてに作成されている[44]。そこでは上記と同様の要望がなされているほか、財政支援に対しては「経済大国」という表現が用いられていることはこの時代にお

ける日本の「人道的責任」を考える上では興味深い。

1990年6月26日には外務省と厚生省による日本政府の調査団がサハリン現地調査を実施した。各都市で会場に残留日本人に集まってもらい、聞き取り調査を行なうという方式をとった。促進の会と州都グループこの時には協力を行なっており、さらにはコルサコフでは残留朝鮮人L・Kc、ポロナイスク（敷香）では残留朝鮮人K・Rb、ウグレゴルスクでは残留朝鮮人K・Se、ホルムスクでは残留朝鮮人H・Sらが会場を確保し、残留日本人への呼びかけなども行なってくれるなど、残留朝鮮人からの協力も得られた[45]。

同年9月に行なわれた第2次集団一時帰国では稚内港の使用が認められホルムスク－稚内間を「第10宗谷丸」がつないだ[46]。促進の会が稚内港の利用を提案したのは、距離的合理性と、船のほうが一度に大量に帰国者を運送できるからであった。1991年5月の第3次集団一時帰国からは帰国者滞在費の国費支給も適用されるようになり、航路もコルサコフ－稚内間が利用された。これは日本帝国期に存在していた稚泊航路の戦後初の復活であった。同年8月にはソ連国内でクーデターが起きたものの、9月の第4次集団一時帰国は実施された。さらに、同年12月にはソ連が崩壊、しかし、1992年4月から5月にかけて第5次集団一時帰国が実施された[47]。

この際に、促進の会はある誓約書を外務大臣に提出している。それは、稚内と千歳空港での行動に関するものである[48]。つまり、稚内の防衛施設や海岸線に接近しないことや稚内公園の開基百年記念塔には上らないこと、空港で撮影や高所に上ることをしないことなどを誓約したのである。これらのことはいまだポスト冷戦を迎えていないことを示すことでもある。

また、それとは別に第5次集団一時帰国をめぐっては、促進の会と厚生省援護局の間で対立が起きていた。帰国2週間ほど前になって厚生省側から帰国予定者の内10名については国費支給ができないという連絡が来たため、促進の会が説明を求め、その結果、促進の会は「結局何の根拠もない妨害行為である」と判断し、1990年11月に結成されていた「サハリン友好議員連盟」の事務局長の五十嵐広三に協力を求めた。厚生省側の言い分は、この一時帰国事業の対象が親族再会と墓参である以上、日本国内の親族の所在が不明な者については支援対象外であるというものであった。問題が生じたのは、現状としては日本国内の親族の所在が不明であるけれども親族探しのために来日する者の入国についてであった。従来は、支援目的が「親族との再会・墓参等」であったため、こうした目的の入

国は「等」に該当するものとして解釈されてきたが、厚生省側がその解釈を変更したのであった[49]。

1991年の冬には、日本政府とはかかわりなく促進の会と北海道人会は独自に残留日本人の全体像を把握するための調査を実施した。北海道人会が各支部長に依頼し残留日本人を集めてもらいすでに把握されている人についてはその情報の確認、まだ把握されていなかった人についてはその情報を聞き出すという作業を行なった。この際に、残留朝鮮人たちの協力も得られた。前出の残留朝鮮人Ｓ・Ta は『新高麗新聞』に北海道人会ができて日本の親族が探せるようになったという記事を書き、残留朝鮮人Ｋ・Sf もサハリンの朝鮮語放送で呼びかけを行なった[50]。

1992年9月に第6次集団一時帰国が終了すると促進の会は、厚生大臣、社会・援護局長、援護担当審議官宛に書簡を送り以下のような今後に向けた要望事項を提出している[51]。(1) 一度一時帰国に国家支援を受けた者については次回の支援は10年後になっているのでこの間隔の短縮、(2) 残留日本人の訪日調査、(3) 公的な親族調査や資料公開、(4) 現地調査の再実施、(5) 永住帰国希望への対応、(6) 親族のサハリン、大陸への訪問への公的支援、(7) 北朝鮮在住者との親族再会実現、(8) 帰国援護の旅費の現金支給や額と対象範囲の増大、(9) 現地への物資支援、(10) 首長が身元引受人になるなど地方自治体の主体性促進、(11) 子ども世代（二世、三世）への語学、技術研修や日本での就労支援、(12) 帰国手続きの簡略化、(13) 促進の会の活動への費用援助、(14) 刑事犯として死没した者への追跡調査と名誉回復、(15) 自由往来の実現や補償金、慰労金等の支給、(16) 関係省庁を横断した実務機関の設置。これらの項目から理解できることは、実際の活動を通してより具体的に必要な支援体制が明らかなったということである。

特筆すべきは、このうちの少なくない項目が先行する類似した案件を参照して述べ立てられているということである。(2) については、すでに実施されていた中国残留孤児の訪日調査について言及され、(9)(11)(16) については、サハリンの残留朝鮮人に対しては日韓赤十字共同事業体が物資援助をしていることや韓国政府の旅費援助で身寄りのない76名の高齢者が韓国へ永住帰国していること、離散家族再会事業にかかわるボランティアには金銭的支援があること、サハリン残留韓国人問題議員懇談会の実務者小委員会などを挙げている。

また、同書簡では「戦後の混乱期の生活苦を救うために"結婚"という形をと

り、親族を生かし引揚げさせて後も、自分は残らざるを得なかったという例が多い」とし、そうした経験をしているために、充分な往来が保障されていない状況では再度の離散を危惧して永住帰国に踏み切れない人々が多く、実際に永住帰国を行なった例が独居の男性2名に限られているのはそのためであると指摘している。

　1992年12月4日の衆議院外務委員会では五十嵐広三議員の質問に対して、法務省は「国籍問題については当時の社会情勢、残留邦人の生活状況等を総合して判断する。強制によるロシア国籍の取得は、自己の志望に基づくものとは認められないので、なお日本国籍を失っていないということになる。二世、三世の帰国の場合、日本国籍を取得する方法としては一般的に帰化の方法がある」と答弁し、厚生省も「永住帰国の場合、日本の落ち着き先までの旅費、自立支援金を支給する。具体的に帰国した場合、生活保護等もあるし、既存のいろいろな施策を事情に応じて組み合わせてやっていくことになる」と答弁[52]するなど国会方面でも促進の会は実績を挙げていた。

　1992年10月に促進の会の会報『帰国促進会ニュース』は最終号15号を刊行し、次号以降は『ふるさとサハリン』に解題される。また、12月には一度促進の会を解散し、新たに「日本サハリン同胞交流協会」(以下、「同胞協会」)を発足させる。これはもともと促進の会が2年だけの期間限定で一時帰国の実現だけが目的であったからである。会長には引き続き元代表の遠山美知が就任した。残留日本人たちの要望から、活動期間を延長し、同胞協会側が現地の北海道人会に対して圧倒的イニシアティブを持ちながら、永住帰国も実現させて行くようになる。2013年には役員たちの高齢化から当時の小川峡一会長らが引退すると同時に同胞協会は日本サハリン協会へと改称し、新たな役員が就任して世代交代を図り業務を引き継いでいる。

　上述の通り、同胞協会の活動開始時にはすでに日本政府は自己意思残留論を掲げており、帰国運動に対しては消極的な態度を採っていた。たとえば、外務省は一時・永住帰国に対する「敵性国人入国要領」を適用し、厚生省は「サハリンには日本人はない」、いたとしても「自己意思残留者」であると返答していた。しかし、1984年7月に厚生省が作製したソ連地区未帰還者の名簿『未帰還者名簿』を同胞協会が入手し、サハリン残留日本人111名が一時帰国を含め帰国意思があることを厚生省が関知していた事実を突き付けると、両省の態度は緩和し、帰国事業が円滑に進み始めたのであった[53]。

ソ連／ロシア当局との交渉は順調とは言えなかったものの、目的を達成できたのには、1990年に起きた大やけどを負ったサハリンの幼児を日本へ緊急搬送しその生命が救われた「コンスタンチン君事件」により日本とサハリンの間に友好ムードあったことも大きいと関係者は回想している[54]。また、同事件以降、日本の外務省も協力的になったと言われている[55]。

1990年に始まった一時帰国事業により、2011年5月までに255名のサハリン残留日本人が一時帰国を果たし、それに随伴する形で1,011名の家族も日本の土を踏んでいる[56]。永住帰国者第一号は1991年に永住帰国を実現し、以降2011年5月までに56名のサハリン残留日本人とその家族が日本国内へ永住帰国を果たしている[57]。ただし、永住帰国後に再度ロシアへと戻っている事例も存在する。この計230名の永住帰国者とその家族の7割強にあたる170名が北海道内に在住し、中でも104名が札幌圏（札幌市・江別市・石狩市）に集中している。次に多いのが首都圏で、全体の約1.5割にあたる34名が在住しており、居住地には大きな偏りがある[58]。

2 引揚者団体と残留日本人

一方、引揚者団体である樺連は当時、どのような対応をとっていたのか。『樺連情報』関連記事に目を向けると、一時帰国、永住帰国に関する記事が多数見られる（図8-1）。1993年の落ち込みは、同胞協会が帰国事業を一時停止し、サハリンでの実態調査実施期間のためであり、記事数から見れば関心がなかったとは言えないのである。この背景として、樺連第一世代、特に要人層の引退や死去により、領土返還運動が衰退し、活動意義が、実質的には〈親睦〉の側面が強くはなっていたものの、〈返還〉よりも〈歴史〉と〈援護〉へと意識されていたことがあったと言える。

団体史『樺太連盟史』（2011年）においては、「樺太残留邦人への援助等」[59]という項を設け、促進の会関係者が先行してすでに活動していたものの、「連盟も、これに賛同し、連携協力を行ってきた」としている。1988年3月の定例理事会で「一時帰国者援助の方針」を決定し、帰国者の送迎・歓送迎会出席、帰国援助金支給、残留邦人子弟の日本語研修の滞在援助費、サハリン北海道人会への支援などを実施し、1991年以降は日本政府から帰国者への往復旅費が支給されるようになり、1996年以降は厚生省が樺連に帰国援助に関する業務を委託、同胞協会と連携して帰国事業にあたり、1999年以降は「同省の意向により」同胞

図 8-1 「樺太等帰国者」の年度別一時・永住帰国者数と『樺連情報』関連記事

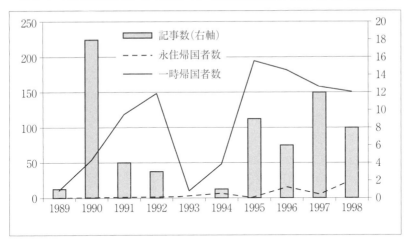

出典：『樺連情報』各号（1989 年 6 月〜 1998 年 11 月）、厚生省「樺太等帰国者の年度別帰国状況（平成元年度以降）平成 26 年 3 月 31 日」（http://www.sien-center.or.jp/about/ministry/karafuto.html）［最終確認：2014 年 6 月 4 日］より筆者作成。

協会へ委託業務を「継承」したが、その後も樺連は援護継続したとされている。

当時、樺連の常任理事で上記の項の執筆者川端良平によれば[60]、上記の「継承」とは、「委託業務」が同胞協会へ継承されたというわけではなく、帰国事業の実務全般を同胞協会が行うようになったという意味であり、川端良平自身はその後に委託業務自体が終了したと考えていた。

ここで、樺連と同胞協会の関係を双方の関係者の弁から整理したい。樺連に先行し、サハリン残留日本人の一時帰国に関わったのが促進の会関係者であった点は、上記川端良平も認めている[61]。川端良平によれば、樺連第二世代（終戦時に未成年か 20 代前半程度）は積極的に促進の会や同胞協会に協力をしようとしたが、樺連第一世代（第二世代の親の世代で樺太での有力者層を含む）から反対の声があがり、第一世代の中には、促進の会の事を「一部の野心家の行っている活動」と批判する勢力さえ存在するなど樺連内でも残留日本人問題への対応や、促進の会との連携をめぐって対立が起きていた[62]。こうした事態は促進の会の側の資料からも確認できる。小川岻一によれば、1990 年 6 月 25 日に開かれた樺連の総会の席で会長が、一時帰国促進の問題について、「あの運動はヘンだなと思っ

ている。北海道の一会員が金を出してくれと募金したということだ。フに落ちない点がたくさんあり、役所にも聞いている。個人的なような、団体のような、よくわからないものだ。あんなものは売名的なものだと思う。 きのうの支部長会議でも×××〔引用者註：実名のため伏字〕君が言っていたが、新潟では席をはずせと言われた。樺太にいるのは皆内地には帰りたくない、帰ると重荷になるという考え方なのに、あんなことをやっている」と「事実無根の中傷発言」をしたのである[63]。第一世代は相対的に減少していたものの、当時なおサハリン訪問自体を白眼視するような反ソ的〈領土返還〉派が影響力を持ち続けるなど、団体内の世代交代は充分に行われていなかった。

　それでも、樺連の会長と連名で厚生大臣らへの陳情も1990年3月に行なったり[64]、樺連の持ちビル内のスペースを促進の会の事務室用に提供するなどの連携関係は存在していた。当時、促進の会および同胞協会は単なる任意団体であったため、厚生省からの業務委託費を受け取る事が出来ず、公益法人である樺連を経由しなければならなかったという背景からも、促進の会および同胞協会は樺連との連携を必要としており、樺連の下部組織として活動する案も出したが拒絶されるなど、樺連は充分な連携体制を提供できずにいた。1999年からは、樺連経由であった委託業務を直接同胞協会へ委託できるように厚生省が協会にNPO法人格を取得するように指導し、委託業務を同胞協会が引き受けるようになり、事務所も樺連のビルから他所へ移し、活動を継続したのである。

　樺連は団体内世代間対立で充分に〈援護〉へ舵を切ることのできず、先行して帰国運動を展開していた促進の会との連携も部分的に留まり、最終的には同胞協会が別個に帰国事業を単独で担うようになり、樺連は帰国事業の前線から後退するに至ったのであった。ただし、樺連会員の個々人が促進の会などに無関心であったり冷淡であったわけではなく、促進の会に積極的に協力していた人々がいたことが、促進の会の活動を円滑化したことも事実である。

第4節　小括

　1989年以降、日本とサハリンの間の境界の透過性が高まり、元住民の来島が増加し、サハリン残留日本人との接触も増えた。その結果、元住民の中から残留日本人の帰国促進ための団体である促進の会が結成され、帰国のための諸手続きの支援や、残留日本人の捜索、政府への支援要請、必要経費の募金活動などを実

施していく。促進の会の活動の特徴は、先行していたサハリン残留朝鮮人問題への市民運動を手法的にも参照したほか、人脈的にも活用したということである。その結果、国内にあっては国会議員などの協力を、現地にあっては残留朝鮮人の協力を存分に引き出すことができた。冷戦期帰国者の中にポスト冷戦期帰国運動を直接支援する者がいただけではなく、冷戦期の残留朝鮮人帰国促進運動も、ポスト冷戦期の残留日本人帰国促進運動も、ともに残留者全体を包括した運動ではなかったが、市民運動の系譜として冷戦期帰国とポスト冷戦期帰国は連関していたのである。

　引揚者団体である樺連の内部にも帰国促進運動に積極的にかかわろうという層が存在していたし実際に支援策も実施していたものの、領土返還運動にかかわっていた上部層の意向により、促進の会に比べれば消極的で限定的であったと言わざるを得ず、帰国促進運動の実際の実施者は促進の会とその後継団体であった。樺連はソ連樺太侵攻の被害者の団体という性格も持っていたし、その点は強調されていた。しかし、1990 年代以降に日本や東アジアで展開した戦後処理や戦後責任問題の解決といった潮流に充分に同調することはできなかった、あるいはしなかったことの帰結とも言える。

　残留日本人たちの一時帰国の実現は離散家族再会であったが、永住帰国は離散家族の家族再構築を意味しなかった。残留日本人が永住帰国を希望し実現する背景には、ソ連崩壊以後の経済の混乱や医療体制の崩壊などで高齢者という弱者が追い込まれたという経済的要因もあるが、一方で、戦後サハリン社会には統合され切れなかったために生じた心理的要因も強く働いていると考えられる。

注

1　残りの内訳は北朝鮮国籍者が 456 人、無国籍者が 2、621 人である。クージン　アナトーリー・チモフェーヴィチ、岡奈津子・田中水絵訳『沿海州・サハリン　近い昔の話──翻弄された朝鮮人の歴史』凱風社、1998 年、289 頁（=Кузин А, *Дальневосточные корейцы: Жизнь и Трагедия Судьбы*, Южно-Сахалинск: Литературно-издательское объединение "ЛИК", 1993）。

2　かつて『レーニンの道』紙のスタッフであり、ソウル・オリンピック報道にも関わった残留朝鮮人 S・Ta からの聞き取り（2009 年：サハリン）による。

3　サハリンにおけるハングル新聞については、新高麗新聞社のペ・ビクトリア氏からの聞き取り（2009 年 9 月、ロシア連邦サハリン州）による。

4　ソ連は社会主義共和国連邦であり「帝国」を自称したことはなく、さらに反帝国主義を立脚点のひとつにしていたことは周知の事実である。しかしながら、ソ連を帝国と定義する研究者も少なくなく、たとえばスティーヴン・ハウ（見市雅俊訳『帝国』岩波書店、2003年、44頁）の簡潔な「帝国」の定義に従えばソ連は帝国と呼ぶことができる。

5　筆者による残留朝鮮人 L・Kb への聞き取り調査（2009年9月、大韓民国安山市）による。

6　高木健一『サハリンと日本の戦後責任』凱風社、1990年、176-177、211-212、219頁。

7　安山市故郷の村永住帰国者老人会提供の資料による。

8　正規のインタビュー外で話した時の情報であるためインフォーマントの名前は伏す（2011年8月、韓国安山市）。

9　これらの事例については、小川岬一『樺太・シベリアに生きる：戦後60年の証言』（社会評論社、2005年）、吉武輝子『置き去り：サハリン残留日本女性たちの六十年』（海竜社、2005年）を参照。

10　小川岬一『樺太・シベリアに生きる：戦後60年の証言』社会評論社、2005年、94頁。

11　日本サハリン同胞交流協会での筆者の聞き取り調査による（2012年1月）。

12　残留日本人 S・Y（2011年11月、北海道）への聞き取り調査による。

13　日本サハリン同胞交流協会での筆者の聞き取り調査による（2012年1月）。

14　日本サハリン同胞交流協会での筆者の聞き取り調査による（2012年2月）。

15　サハリン日本人会という呼称も用いられるが、ロシア語名が《Сахалин-Хоккайдо》であることから、本章ではこちらを用いる。なお、現在サハリンには他に、「サハリン日本人会（Японский клуб на Сахалине Сахалин-Хоккайдо、直訳：在サハリン日本人クラブ）」という日本人の団体がある。こちらは、ペレストロイカ以降に主にビジネスで来島した日本人のための団体であり、両者に特別な接点はない。

16　日本サハリン同胞交流協会での筆者の聞き取り調査による（2012年1月）。

17　日本サハリン同胞交流協会での筆者の聞き取り調査による（2012年2月）。なお、一時帰国と永住帰国とは、制度的にみても意味合いが大きく異なる。一時帰国では無国籍者あるいは外国籍者として日本へ出入国をする一方で、永住帰国は日本国籍の再承認が前提とされるからである。

18　小川岬一『樺太・シベリアに生きる：戦後60年の証言』社会評論社、2005年、95頁。

19　筆者による残留日本人 A・Sa への聞き取り調査（2011年1、4月、北海道）による。

20　日本語の碑銘は「慰霊碑」であるが、ロシア語の碑銘は「ЗНАК ДРУЖБЫ РОССИЙСКОГО И ЯПОНСКОГО НАРОДОВ П ТРОИЦКОЕ 1993г」（ロ日国民友好の

碑 トロイツコエ 1993 年）である。

21 筆者による残留日本人 S・Y への聞き取り調査（2011 年 12 月、北海道）による。

22 筆者による残留日本人 K・H への聞き取り調査（2010 年 9 月、ロシア連邦サハリン州）による。

23 筆者による残留日本人 U・K への聞き取り調査（2009 年 9 月、ロシア連邦サハリン州）による。

24 筆者による残留日本人 T・A への聞き取り調査（2014 年 12 月、北海道）による。

25 医師の診断を受けたのか、あるいは比喩的表現かは不明。

26 筆者による残留日本人 T・R と残留日本人 K・T への聞き取り調査による（2017 年 1 月 24 日、東京都）。

27 筆者による残留日本人 A・T への聞き取り調査（2014 年、北海道）による。

28 筆者による残留日本人 A・I への聞き取り調査（2013 年 6 月、千葉県）による。

29 北海道中国帰国者支援・交流センター編『中国帰国者等生活ニーズ調査報告書』北海道中国帰国者支援・交流センター、2011 年。

30 パイチャゼ スヴェトラナ「サハリン帰国者の若い世代の自己アイデンティティと言語使用・学習に関する考察」『移民研究年報』第 24 号、2018 年。

31 日本サハリン協会での小川峡一、笹原茂への聞き取り調査（2017 年 3 月）による。

32 『サハリン残留日本人の故国訪問実現についてのお願い（原文兵衛宛　昭和 63 年 10 月 18 日）』日本サハリン同胞交流協会所蔵、1988 年。

33 小川峡一への聞き取り調査による（2012 年 1 月、東京）。

34 『帰国促進会ニュース』第 1 号（1989 年 12 月 16 日）、2-4 頁。

35 小川峡一への聞き取り調査による（2017 年 3 月、東京）。

36 「書簡（M・T　発　×××× ほか　宛　1958 年 4 月 3 日）」『引揚促進請願関係（ソ連、中共地区を含む）歎願書関係　第四巻』外交史料館（分類番号：K'-7-1-0-14-2）、「嘆願書（M・R　発　引揚援護局　未帰還調査部第一調査室長　宛　1958 年 5 月 12 日）」『引揚促進請願関係（ソ連、中共地区を含む）歎願書関係　第四巻』外交史料館［分類番号 K'-7-1-0-14-2]、「ソ連地域（南樺太）未帰還者 M・T に関する帰国嘆願書について（厚生省引揚援護局未帰還調査部　発　外務省欧亜局第三課長　宛　1958 年 5 月 21 日　未収第 182 号）」『引揚促進請願関係（ソ連、中共地区を含む）歎願書関係　第四巻』外交史料館［分類番号 K'-7-1-0-14-2]、いずれも原資料では「M・T」「××××」は実名である。

37 『帰国促進会ニュース』第 2 号（1989 年 12 月 23 日）、2-3 頁。

38 日本サハリン協会での小川峡一への聞き取り調査（2014 年 6 月、東京）による。

39 『サハリン（旧樺太）に在留する同胞の早急な一時帰国実現に関する請願（参議院議長　土屋義彦宛　1990年3月6日）』日本サハリン同胞交流協会所蔵、1990年。

40 「要請書（全国樺太連盟会長佐佐木清、樺太（サハリン）同胞一時帰国促進の会発　厚生大臣津島雄二宛　1990年3月15日）」日本サハリン協会所蔵、1990年。なお、同日付の他機関宛の要請書も同内容なので資料名は割愛する。

41 『帰国促進会ニュース』第2号（1989年12月23日）、6頁。

42 日本サハリン協会での小川峡一、笹原茂への聞き取り調査（2017年3月）による。

43 『樺太（サハリン）同胞一時帰国促進の会・日本サハリン同胞交流協会　10年の歩み』日本サハリン同胞交流協会所蔵、2000年、2-3頁。

44 『お礼とお願い（樺太（サハリン）同胞一時帰国促進の会　第一次集団帰国団発　外務大臣中山太郎宛　1990年5月29日）』日本サハリン同胞交流協会所蔵、1990年。

45 日本サハリン協会での聞き取り調査（2013年10月）による。

46 『樺太（サハリン）同胞一時帰国促進の会・日本サハリン同胞交流協会　10年の歩み』日本サハリン同胞交流協会所蔵、2000年、3頁。

47 『樺太（サハリン）同胞一時帰国促進の会・日本サハリン同胞交流協会　10年の歩み』日本サハリン同胞交流協会所蔵、2000年、3-5頁。

48 『誓約書（樺太（サハリン）同胞一時帰国促進の会発　外務大臣・渡辺美智雄宛　1992年3月30日）』日本サハリン同胞交流協会所蔵、1992年。

49 『厚生省援護局の不当な言い分に関する緊急のお願い（五十嵐広三宛　1992年4月15日）』日本サハリン同胞交流協会所蔵、1992年。

50 日本サハリン同胞交流協会での聞き取り調査（2012年3月）による。

51 『書簡（厚生大臣　社会・援護局長　援護担当審議官宛　平成4年10月22日）』日本サハリン同胞交流協会所蔵、1992年。

52 国会会議録「第125回国会　外務委員会（第2号）（1992年12月4日）」。

53 日本サハリン同胞交流協会総会（2013年3月2日）での小川会長の演説および小川峡一『樺太・シベリアに生きる：戦後60年の証言』（社会評論社、2005年、119-131頁）。

54 日本サハリン協会での小川峡一、笹原茂への聞き取り調査（2017年3月、東京）による。

55 日本サハリン協会での小川峡一、笹原茂への聞き取り調査（2011年1月、東京）による。

56 『一時帰国者一覧』日本サハリン同胞交流協会、2011年。

57 ただし、名簿Fのデータも加味するとこの数は230名となる。ここでは、居住地の割合を出すために、居住地データが含まれていない名簿Fは含めずに計算している。

58 『永住帰国者一覧』日本サハリン同胞交流協会、2011年。

59 全国樺太連盟編『樺太連盟史』全国樺太連盟、2011年、62頁。

60 川端良平への報告者のインタビュー（2014年6月、東京都）による。

61 川端良平への報告者のインタビュー（2014年6月、東京都）による。

62 川端良平への報告者のインタビュー（2014年6月、東京都）による。

63 「"一時帰国の運動は売名行為"と中傷」『帰国促進会ニュース』第7号（1990年6月30日）、4頁。

64 「要請書（厚生大臣津島雄二宛　1990年3月15日）」「要請書（厚生省援護局長末次彬宛　1990年3月15日）」「要請書（外務大臣中山太郎宛　1990年3月15日）」「要請書（外務省欧亜局長都甲岳洋宛　1990年3月15日）」日本サハリン協会所蔵。なお、当時の樺連会長は佐佐木清、促進の会の代表は遠山美知であった。

終　章

　本章では、第3章以降の各章が掲げた課題に対してどのような結論が得られた
のかを確認した上で、第2章で提起した残留現象の普遍性について検討を加え、
最後に総括を述べる。

第1節　各章課題に対する結論

　第3章の課題は、ソ連樺太侵攻以後のサハリン島をめぐる人口の移動と市民運
動の中に残留と帰国を位置付けることであった。

　1945年8月11日に本格化したソ連樺太侵攻を起点とする脱境界化過程は緊急
疎開や脱出といった島外退去を引き起こした。再境界化過程の始点はソ連軍が主
都豊原に進駐し緊急疎開が停止する1945年8月23日に、その終点は引揚げが終
わる1949年7月23日に求めることができる。この4年間弱の時間で進んだのは、
軍人や警察官、官民要人の抑留、引揚げという公式な形での日本人住民の島外退
去と密航という非公式な形での島外退去、および高麗人を含むソ連人の移住で
あった。正式に日本政府が樺太領有権を放棄するのはその後のサンフランシスコ
講和条約であるが、ソ連政府はすでに1946年に領有化宣言を行なっている。こ
の引揚げが終了した時点で、かつての樺太移民社会のマジョリティであった日本
人住民はその大部分が島外へと退去し、それに代わるようにソ連人が移住し新た
なソ連社会を構築していた。この段階までに島外退去の機会を逸した人々が残留
日本人となる。

　以降、跨境化過程が始まるが、初期の日本－サハリン間の境界の透過性は極め
て低位であった。しかし、日ソ国交正常化後の1950年代末に透過性が一時的に
高まり、冷戦期集団帰国が現実し、1965年には大量個別帰国が実現する。冷戦
期帰国が残留日本人の帰国促進運動を引き起こすことは無かったが、冷戦期帰国
日本人女性に同伴帰国した朝鮮人たちにより日本国内で残留朝鮮人の帰還促進運
動が起き、国交もなく直接の移動や通信が不可能であった韓国とサハリンをつな
ぐ中継地点として日本が機能することになる。1980年代末になると境界の透過

性が著しく上昇し、元住民の再訪が増大しサハリン残留日本人と本国日本人との接触が増大することで、ポスト冷戦期帰国促進運動が発生し、ポスト冷戦期帰国が実現する。1990年9月の第2次集団一時帰国団がかつての稚泊航路をたどったことは、宗谷海峡両岸が、境界研究で言うところの「砦」から「共存」へと変化しつつあったことを象徴している。なお、それに少し先だって残留朝鮮人の韓国へのポスト冷戦期帰国も実現していた。

第4章の課題は、サハリン残留日本人を定義した上で、関連名簿等を整理し、サハリン残留日本人の総数、性別や残留背景などの内訳、経年変化などを明らかにすることであった。研究上の定義として、第一に、1949年7月23日の時点でサハリン州に居住していたか、その期間内にサハリン州からソ連内の別地域へ移動した、第二に、日本帝国期に親のいずれか一方が内地あるいは樺太に本籍地があったか、そのように考えられる、という条件を満たす者をサハリン残留日本人として、出生年については45年基準（ソ連樺太侵攻時）、46年基準（国民年金支給基準）、49年基準（引揚げ終了時）のみっつの基準を設定した。氏名と出生年が把握できる者については、サハリン残留日本人の総数は、1949年基準をとった場合、1,482名となった。女性比については、冷戦期帰国者、ポスト冷戦期帰国者、現地死没者、現地在住者で大きな相違はなく、概ね7割であった。サハリン残留日本人の7割が朝鮮人と日本人からなる世帯を、残りの3割が拘留や引き留めを主たる残留背景としていたと推計できた。また、サハリン残留日本人の6割以上は冷戦期帰国で帰国しており、冷戦期帰国者が残留日本人の多数派を占めていた。

したがって、サハリン残留日本人の大多数が戦後に朝鮮人と世帯形成した女性だということは言い得ない。また、ポスト冷戦期の永住帰国者はポスト冷戦期帰国開始後も残留を選択した／させられた人々の半数程度であり、むしろ少数派であった。しかもポスト冷戦期帰国者のうち4割近くは韓国へと永住帰国している。

第5章の課題は、これまで厚生省の刊行物以上の詳しい記述の見られなかった冷戦期帰国の実態と帰国者の帰国後の動向を外交史料館文書、市民運動資料、冷戦期帰国者の聞き取りから明らかにすることであった。

1957年から開始されたサハリン冷戦期集団帰国は、日ソ国交正常化を受けて行なわれたシベリア抑留者の「総ざらえ送還」の延長として実施された。当初は一回で残留日本人の帰還が完了するという想定であったため、国内法上問題のある朝鮮人世帯員の同伴帰国も容認した。1965年の大量個別帰国の背景は、駐ソ

日本国大使館や日ソ双方の赤十字社などに届いた大量の帰国嘆願書の存在があった。ソ連の1950年代末の集団帰国から個別帰国への切り換えと1965年の大量帰国における集団帰国方式の拒否には、実務上の問題だけではなくサハリン残留日本人の帰国問題が国際的に人道的問題と注目されることを懸念したためであった。

冷戦期集団帰国で堀江和子と同伴帰国した朴魯学は有志と1958年に「樺太抑留帰還韓国人会（樺太帰還在日韓国人会）」を結成し、残留朝鮮人の帰国促進運動を起こし、日本経由でのサハリン－韓国間の離散家族のための郵便転送なども実施した。朴魯学らの運動は時間はかかったものの、日本側の支持者も得て「樺太裁判」や「サハリン残留韓国・朝鮮人問題議員懇談会」などにつながっていった。ただし、日本側支持者の中には、「樺太裁判」などの運動方針に疑問を呈し離脱していく者も現われ現在にいたるまで論壇上での批判言説も見られる。

第6章の課題は、1965年の大量個別帰国以後にサハリン残留日本人の永住帰国が停滞し、1977年以降には途絶してしまう背景を明らかにすることである。1950年代末の冷戦期集団帰国では不法入国容疑朝鮮人問題が起きていた。この原因としては、日ソ間で住民登録方法が異なっていたこと、戦前に形成された朝日世帯の離散家族化が脱境界化過程において発生していたこと、また朝鮮人の中にも日本経由の韓国帰国や日本在住の親族を頼りにした移住を希望していた者がいたことが挙げられる。しかし、日本政府としては国会で追及もあったことから、1960年代には同伴帰国は「失敗」と見なされるようになっていた。

冷戦期に残留日本人から寄せられた帰国嘆願書からは、日本側親族が残留日本人女性の朝鮮人との世帯形成を快く思っておらず帰国手続きの阻害要因となっていたことが明らかとなり、その他の資料からは上記のような状況を配慮して自ら帰国を断念する事例が存在したことが示唆された。また、引揚者団体もサンフランシスコ講和条約前後から抑留者・残留問題よりも領土返還運動に傾注するようになったことと集団帰国時の朝鮮人の占める割合への驚きと忌避から、残留日本人の帰国促進運動が大規模に実施されることもなかった。

帰国者数の停滞の要因としては、日本、サハリン双方の家族の同意の不成立や帰国後の生活不安、ソ連からの出国資格などの帰国条件を備えた人々の減少という残留日本人側の要因が考えられる一方で、途絶の要因としては、梅村秀子事件や都万相事件など日本や韓国への帰国意思の表明自体がソ連社会では危険な行為なのだという認識が生まれたことが考えられる。すでに見たようにソ連政府もサハリン残留日本人の存在が国際的に人道問題として注目されることを嫌っていた

ほか、日ソ関係一般として 1970 年代後半からは日ソ関係が緊張する時期にあたっていた。また、1965 年時点で日本政府内では、在日朝鮮人の増加やソ連育ち世代の適応コストを懸念して残留日本人の帰国をある段階で打ち切るべきという意見が出ていた。こうした三者の状況と意図が重なり帰国者の途絶が招かれ、1988 年には国会で「自己意思残留論」が出るにいたるのである。

第 7 章の課題は、残留の発生と継続の過程をサハリン残留日本人個々人の経験から明らかにすることと、1965 年以降に始まった樺太墓参の過程と残留日本人に与えた影響を明らかにすることであった。

残留の発生の要因として、脱境界化過程における移動の失敗、再境界過程における世帯離散よりも世帯形成・維持の優先、熟練労働者に対する現場レベルの判断での引き留め、再境界化過程における不安定な状況での拘留が挙げられる。また、残留の継続の要因として、帰国後の生活不安や、子どもも含めたサハリンと日本の双方の家族の帰国への不同意が、境界の透過性同様に重要であったことが明らかになった。

1965 年以降始まった元住民による樺太墓参は、第一に、本国日本人と残留日本人の接触を生み、冷戦期の例外的な一時帰国の実現と、ポスト冷戦期の帰国運動へとつながり、第二に、残留日本人同士の交流が深まる機会を生み、これがポスト冷戦期の帰国運動の下地作りになった。冷戦期帰国の停滞と途絶が起きていた一方で、現地ではポスト冷戦期の帰国運動を実現するための素地が樺太墓参を通して徐々に形成されていた。

第 8 章の課題は、ポスト冷戦期帰国が実現する過程を明らかにすることであった。1989 年以降、日本とサハリンの間の境界の透過性が高まり、元住民の来島が増加し、サハリン残留日本人との接触も増えた結果、元住民の中から残留日本人の帰国促進のための市民運動が組織された。特筆すべきは、先行していたサハリン残留朝鮮人問題への市民運動を手法的、人脈的にも活用したということである。引揚者団体が帰国運動の主体にならなかった理由としては、領土返還運動にかかわっていた上部層の意向により、残留日本人への支援が消極的で限定的であったことが挙げられる。

残留日本人本人たちにとって、一時帰国は確かに離散家族再会という意味を持ったが、永住帰国は離散家族の再結合を意味せず、ポスト冷戦期初期のサハリンの社会経済的混乱状況を背景にして老後をどこで暮らすのかという選択を意味した。

第2節　残留現象の普遍性の検討

　本書では第2章で〈残留〉について、〈境界変動によって、国民国家主義の基準から自身が属するべき国家の主権が存しない領域から主権の存する領域への移動が制限され、その領域内での居住を継続すること〉という定義を提起し、残留現象の普遍性として以下の点を提起した。

　(1) 脱境界化過程の混乱が生む家族離散は残留現象発生の要因になる。

　(2) 再境界化過程における法的身分の再編は、人口の再編のための移動（引揚げ）の対象者の選別に関係し、残留現象の発生の要因となる。

　(3) 再境界化過程における境界の再編とその透過性の急激な低下と跨境化過程における透過性低位状態の持続が残留現象を発生・継続させる。

　(4) 残留者の主な残留理由として、以下が挙げられる。

　　(a) 生活・経済基盤の維持、

　　(b) 再境界化過程における人口移動（引揚げ）の非対象者との世帯形成、

　　(c) 拘束・収監などの公権力による束縛、

　　(d) 帰還後の生活不安、

　　(e) 情報不足

　まず、(1) については、不法入国容疑朝鮮人の事例に、(2) は朝日世帯全般にあてはまる。(3) も残留日本人および残留朝鮮人全般にあてはまる。(4) もそれぞれあてはまる事例がある。

　本書の分析からは、残留の継続の要因として、以下の事を挙げることができるであろう。

　(i) 世帯内の意見の不一致

　(ii) 離散家族側の受入れへの消極的あるいは否定的態度

　(iii) 受入国側の受入れへの消極的あるいは否定的態度

　上記の点のうち、重要なのは (ii) であろう。離散家族側がそうした態度をとる理由としては、経済的理由なども考えられようが、本書の事例で目立ったのは、朝鮮人に対する差別意識である。サハリン残留日本人の一部の事例から見て取れるのは、他民族への差別が肉親への不利益さえも生み出すという矛盾である。そしてこれらは、朝鮮人ではなく中国人に対するものであるものの、中国残留日本人の場合[1]にも見られた現象であった。帰国を阻害するものはマクロな国

際関係だけではないのである。

第3節　総括

　本書冒頭で、本書の最大の目的を、「サハリン残留日本人の事例を通して、境界地域に生きる人々に境界変動がいかなる影響を与えたのかを明らかにすること」と述べていた。また、本書の書題は「サハリン残留日本人と戦後日本」である。以下では、これらの観点に応えることで、本書の最終的総括としたい。

　その前に言及しておきたいのは、本書で挙げた個々人の事例、特に聞き取り調査による事例から気付かされる事例の多様性と語りの多様性、そしてその解釈の多様性である。事例の多様性とは、サハリン残留日本人という集団の中でも残留の背景や性別、年齢などの多様性を指し、語りの多様性とは、帰国への意思のありようや朝鮮人との世帯形成の背景や動機について個々人間、あるいは個人内での語り方の多様性を指し、解釈の多様性とは残留日本人の発言などが行政職員、ルポライター、研究者などによりそれぞれの関心に基づいて解釈されてしまうことを指す。たとえば、1990年代以降のジャーナリズムや引揚者の一部に共有されていた朝鮮人との〈性暴力回避や脅迫による世帯形成〉という〈典型例〉は聞き取りからも外交史料館文書からも見いだせなかった。もちろん、これに対して、筆者が調査者からの充分な信頼を得ていないからそうした深さの聞き取りができていないという解釈も可能かもしれないし、被調査者の言い淀みにはこうしたことが潜んでいたのかもしれない。しかし、だからと言って、サハリン残留日本人のすべての事例を〈性暴力回避や脅迫による世帯形成〉に当てはめることは限界がある。そもそも3割近くの人びとの残留理由は引き留めや拘留によると考えられるし、戦前に形成された朝日世帯も存在しているからである。ジャーナリズムも運動も、そしてまた行政も一定のわかりやすい像を生み出すことは重要な仕事である。同様に、本書のごとき研究においては、むしろ丁寧に多様性を記述していくことが重要な仕事であり、それは〈生〉の多様性を示していくこととなる。サハリン残留日本人という集団の中に〈生〉の多様性があるというよりも、多様な〈生〉の群れの中のある共通部分だけを見てサハリン残留日本人と呼んでいるに過ぎない。

　さて、「サハリン残留日本人と戦後日本」という観点から本書を振り返ってみたい。サハリン残留日本人にとって戦後日本とは多面的存在であり、当然ながら

個々人にとってその見え方は異なる。駐ソ日本国大使館再設後に帰国嘆願者を書いても全く返事がなかったという人物もいる。こういう人物からジャーナリストが話を聞けば、日本政府の不作為性への追及に目が向くであろう。しかし、外交史料館文書が語るように、帰国嘆願書などを契機とした駐ソ日本国大使館と残留日本人との連絡は存在していたのである。本書が定義するサハリン残留日本人の6割以上は冷戦期帰国で日本へ帰還していることは重要な事実である。1990年代以降にジャーナリズムや研究者が出会ったサハリン残留日本人とはその機会を逸した人びとであり、そうした経験に基づく語りなのである。それらは重要であるが、サハリン残留日本人全体に一般化することはできない。

　冷戦期帰国者にとって駐ソ日本国大使館はよくその職務を果たしたと認識されようし、冷戦期帰国を希望しつつもその機会を逸した人びとにとって、あるいはその機会さえ充分に知らなかった人々にとって、駐ソ日本国大使館の責任は重く認識されよう。これは日本にいる離散家族に対しても同様である。外交史料館文書の中には、自らの家族の帰国を嘆願する墨書された手紙も散見される。その一方で、朝鮮人との世帯形成などを理由に帰国をよしとしない離散家族も存在したことは確かである。そうした多面性とは別に、冷戦期において引揚者団体も含めて日本社会全体がサハリン残留日本人の存在に強い関心を抱いていなかったことも事実であろう。

　1960年代以降の日本でサハリン残留者の存在とその早期帰国を声高に叫び続けたのは、日本に帰国した残留朝鮮人たちであった。これら残留朝鮮人たちの活動が間接的に残した手法と人脈がポスト冷戦期の帰国運動において活用されたことは本書でも言及した通りであるし、ポスト冷戦期の帰国運動が1990年代に盛んになった戦後賠償・責任論などを追い風にしていたこともまた事実であり、そしてそうした戦後賠償・責任論を長く訴え続けていたのもまたサハリン残留朝鮮人たちの活動やその産物である「樺太裁判」であった。

　サハリン残留朝鮮人の帰国促進運動もポスト冷戦期の残留日本人の帰国運動も、対象を特定のナショナリティに限っており、そこだけ見れば残留者全般を包括的に対象化していない民族主義的運動だという見方も可能かもしれないが、そうした見方はおそらくほとんど生産的ではない。市民運動は限られた資源の中で営まれる活動である。その中で関心対象が限定されることは、資源の配分や集団的動機の維持のための運動の合理性であり、なおかつサハリン残留者をめぐる運動の場合、相互に対立したり排除し合ったりしていたわけではまったくなく、む

しろ上述のように手法や人脈の活用が見られるなど、相乗効果が認められるし、それが実現したのは市民運動に携わった人々の戦後責任への真摯さであろう。

ポスト冷戦期の帰国運動の前史としての冷戦期における墓参による元住民と残留日本人の断片的な交流と、それを契機のひとつとした残留日本人同士および元住民同士の交流の拡大は、見落とすことはできない。しかし、戦後日本が本格的にサハリン残留日本人の存在と向き合うようになったのは、やはり 1990 年代の戦後賠償・責任論の興隆という時代背景によると言えよう。もちろん、日本国内の盛り上がりだけで終わることなく実行性を持てたのは、1980 年代後半以降のソ連の衰退と崩壊にとって日本とサハリン間の境界の透過性が向上したからである。多くの混乱と軋轢があったとは言え、ポスト冷戦期のサハリン残留日本人の帰国運動は時機を得た〈市民による戦後処理〉であったと言えよう。

サハリン残留日本人を通して、境界変動が住民に与えた影響を考えるにあたっては参照項として樺太引揚者を挙げるべきである。なぜならば、引揚げも残留同様に回復不可能な影響を当事者に与えたからである。樺太引揚者との比較によってある問いが生まれる。〈祖国〉への帰還を切望するサハリン残留日本人が大勢いたのならば、〈故郷〉への帰還を切望する樺太引揚者が大勢いたのだろうか、という問いである。しかし、樺太引揚者たちが集団的なサハリンへの帰還運動を行なうことはなかった。樺太引揚者たちが戦後日本で訴えたのは、〈一時帰郷〉たる墓参であり、また領土返還であった。つまり、樺太引揚者たちが求めたのは日本の主権下の樺太であり、ソ連施政下のサハリンではなかった。これは残留日本人も同様であり、ソ連施政下の〈故郷〉ではなく、日本主権下の、また家族のいる〈祖国〉を求めたのである。抽象的な表現になるかもしれないが、引揚者は故郷から追放され、残留者は故郷に追放されたとも言える。残留者がたとえ境界変動の前後で空間としては同じ場所に暮らしていても社会自体は大きく変わってしまっているからである。また残留を残留たらしめているのは、境界の位置の移動だけではなく、その透過性の如何であることをサハリン残留日本人の事例はよく示している。

サハリン残留日本人と同じく残留者の立場にあったサハリン残留朝鮮人との比較からは何が得られるだろうか。まず、サハリン残留日本人は〈女性の物語〉として、サハリン残留朝鮮人は〈男性の物語〉として、理解され発信される傾向が強かったが、これらの一般像が、前者においては引き留めや拘留を残留背景とした男性たちを、後者においては移住朝鮮人男性の妻や子どもたちを置き去りにす

る〈物語〉であることは本書が示した通りである。また、サハリン残留日本人の場合、日本人の大部分が引揚げてしまったため旧来の人的ネットワークが分断されてしまい、人的ネットワークが再構築されるには、冷戦期には近隣や職場での偶発的出会いや、本国からの墓参団の来島というイベントを要し、全島的ネットワークが構築されるためには、ポスト冷戦期の本国日本人たちの支援による帰国運動を待たなければならなかった。つまり、冷戦期においてサハリン残留日本人は文化的に孤立した状況に置かれ、生存に必要な人的ネットワークの大部分を朝鮮人やソ連人のそれに接続することで対処せざるを得なかった。これに対して、サハリン残留朝鮮人の場合、移住朝鮮人も動員朝鮮人もほとんど島外への移動が生じなかったため、人的ネットワークは維持され、それが冷戦期のソ連でも、また冷戦期帰国後の日本や、ポスト冷戦期帰国後の韓国でも有効に機能し続けた。同じ残留者であっても、再境界化過程における人口移動によって跨境化過程における状況はまったく異なる。

　もちろん、戦後期、冷戦期においてソ日・ソ韓間の境界の透過性が低位状態にあったことで、日本や朝鮮半島に居住する家族知人との交流は断絶し、分断が起きていた点では、共通している。また、日ソ間での戦後の日本人・朝鮮人住民の法的身分をめぐる明確な取り決めは一切行われなかったため、両者とも「無国籍者扱い」によるいくつもの不利益を受けなければならなかった。ただし、朝鮮人については国内のエスニック・マイノリティとして民族教育の保障などが一時期的に見られた一方で、日本人についてはそうした施策は皆無であり、朝日世帯の形成ともあいまって文化面での継承もまた皆無に近い状態に陥った。朝鮮姓名の使用も考慮すれば、戦後サハリンにおいて残留日本人は集団として不可視化されたマイノリティであったと言える。

　境界変動とその透過性の低位状態が生み出す諸現象は、戦後サハリンに特有のことではなく、戦後の満洲においてもいくばくかの相違はあるものの確認できる。また、境界変動以前の権利や財産の剥奪を含む社会体制の変化が残留者を困窮させることは、ポーツマス条約後の樺太の残留露国人の中にも認められる現象である。

〈残留〉は歴史の中にのみ認められる〈過去〉ではなく、〈国境と国民の時代〉が続く限り起こり得る現象であり〈未来〉である。日本国外務省とロシア連邦外務省による『日露間領土問題の歴史に関する共同作成資料集』では、北方領土の返還後の在来住民の処遇について、ロシア政府は「これらの島々の住民の利益に

配慮していく」とし、日本政府は「現在これらの島々に居住しているロシア国民の人権、利益及び希望を十分に尊重していく意向」[2]であるとしている。北方領土の返還が、千島旧住民の引揚げと残留の〈報復〉や〈再発〉にならないためにも、「配慮」や「尊重」の具体的な内容を検討しておく必要があり、そのためにも人類がこれまで蓄積した〈残留〉経験は活かされるべきである。

　社会主義多民族国家ソ連の崩壊は、同じく社会主義多民族国家である中華人民共和国にとっては脅威となる前例であり、台湾の正式な併合・独立、東トルキスタンやチベットの分離・独立といった境界変動が必ずしも非現実的なものではないことは、これらの問題に対する中国共産党の態度を見れば明らかである。もちろん、境界変動とは常に予め長期的に予測されて起きるものではなく、むしろ突発的に発生するものであることを考えれば、残留を個々の悲劇としてではなく、〈国境と国民の時代〉において常に発生し得る問題として知見を積み重ねていくことは必要な営為であるはずである。

注

1　南誠「想像される「中国残留日本人」:「国民」をめぐる包摂と排除」蘭信三『中国残留日本人という経験』勉誠出版、2009 年。

2　日本国外務省、ロシア連邦外務省『日露間領土問題の歴史に関する共同作成資料集』日本国外務省、ロシア連邦外務省、1992 年、3 頁。日本国外務省 Web サイトより閲覧（https://www.mofa.go.jp/mofaj/area/hoppo/1992.pdf［最終閲覧日：2018 年 11 月 3 日]）。

あとがき

　オレだ。停車場で待っててけれ

　これは、あるサハリン残留日本人が半世紀ぶりに電話越しに話した兄に放った第一声である[1]。私にも兄がいる。だからかもしれないが、調査の過程で数多と聞き、読んできたサハリン残留日本人の言葉の中でも、私にとって記憶に最も深く心に刻まれた言葉のひとつとなっている。
　私自身が戦争に対する最大の嫌悪感を抱いたのは、高校生の頃にひとりで東京へ行き靖国神社の遊就館で見た〈桜花〉である。〈こんなもんで死んでたまるか〉、それが20年近く前の私の正直な気持ちであった。桜花は、母機から切り離された後はロケットエンジンの推進力とその惰性で滑空し目標に突撃する特攻に特化した有人兵器である。小説『永遠のゼロ』の中の「桜花」という章で作者の百田尚樹は元特攻隊員に「特攻は十死零生の作戦です。アメリカのB17爆撃機搭乗員たちも多くの戦死者を出しましたが、彼らには生きて帰れる可能性がありました。だからこそ勇敢に戦ったのです。必ず死ぬ作戦は作戦ではありません。」と語らせている[2]。これはまさに〈桜花〉を見た高校生の私の感想そのものである。
　本書は普遍性の重要性についてさんざん論じてきたが、人間は自身の所属する集団や有する属性などの特殊性を契機に共感をいだきやすいことは経験的に誰しも理解できることであろう。〈普遍的な人間〉などいない以上、個々人がその特殊性を拒否しても意味がない。しかしだからと言って、自身の特殊性を普遍性として他者に押し付けてはならない。普遍性とは何か、特殊性とは何か、それは単なる哲学的命題ではなく、あらゆる学問・研究分野で問われ続けていることである。
　〈戦争は嫌だ〉と思うことはたやすい。しかし、〈病気は嫌だ〉と思うことと、健康維持のために適切な努力を継続することの間に大きな隔たりがあるように、〈戦争は嫌だ〉と思うことと、戦争回避平和維持のために、より具体的な知識と経験と理論から努力を継続することには大きな隔たりがある。〈戦争は嫌だ〉と叫ぶことに意味が無いとは思わない。しかし、〈戦争は嫌だ〉と叫ぶだけで戦争

回避平和維持が成就するとは思うのであれば、それはあまりに楽観的である。風邪をひかないようにと寒風の中で断食しながら天に祈り続けるよりも、適度な湿度の暖かい部屋で栄養をとるほうがより現実的である。人文社会科学もそのための有効な手段のひとつのはずである。

　本書は平和学や安全保障研究の書でもなく、むしろ戦争と関連づけて論じられてきた〈残留〉を戦争から引き離し、境界変動の問題として学術的に捉え直すことを試みた書である。繰り返しになるが、日ソ戦における日本の敗北が必然的に残留者を発生させたわけではない。なぜならば、旧住民の完全な退去が実現していれば、あるいは日ソ戦後も宗谷海峡の透過性が極めて高い状態にあり続けていれば、残留者は発生しなかったはずだからである。

　本書は研究書である。ルポルタージュやドキュメンタリー、報道が〈悲劇〉と表現してきた〈残留〉に研究として向き合ってきたことによって生まれた書である。それは調査方法にも反映していた。筆者は聞き取り調査の中でも涙を流すことは極力避けてきた。涙によって聞こえなくなるもの、見えなくなるものがあると思ったからである。それは怒りという感情についても同様である。そしてまた、サハリン残留日本人という存在を美化し神聖視化することも避けてきた。私が出会ったサハリン残留日本人は私の祖父母同様に北海道弁のような言葉をしゃべるごく普通の人々である。

　筆者はルポルタージュや報道を蔑むわけでは決してないし、むしろ本書を書きながら、誰か映画を撮ってくれないかなどと思ったりしたほどである。また、本書だけでサハリン残留日本人のすべてを理解しつくせるとは思わない（私自身が理解しつくしていないのだから当たり前のことであるが）。筆者が本書に望むのは、サハリン残留日本人あるいは残留という現象に関心を持った人々が本書を参考にしながら、すでに数多く存在している報道記事やノンフィクション作品などに触れていくことである。

　サハリン残留朝鮮人も含めたサハリン残留者をめぐっては、研究者に限らず、ルポライター、報道記者、ドキュメンタリー作家、写真家など様々な人びとが様々な形で研究や記事、記録、作品を残してきた。そうした中で、おそらく筆者のみがもつ特徴とは、樺太史研究の積み上げの上にサハリン残留者研究を行なっているということであろう。

　ある残留朝鮮人の方に聞き取りを行なっているときに、戦後に泊岸で農業をしていたという話しが出た。このときに筆者は不思議に思った。泊岸は漁村であ

り、漁業をせずに農業だけするならそこから少し内陸に入った楠山集落のほうが適しているからである。それで、もしかして泊岸ではなく楠山ではないですか？と尋ねたところ、なんで楠山なんて知っているんだと驚かれた。こちらがあまり樺太には詳しくないだろと慮って楠山などという知られていない地名ではなく、より有名な泊岸という地名を出して語ってくれていたのである。しかし、そこから楠山の話をいろいろと聞くことができた。楠山は2014年の拙著でも論じた集落であり私もよく知っている。この残留朝鮮人の方が家族で住み着いた空き家には文学全集があり、本に書いてあったという所有者であろう日本人女性の氏名の氏は、同集落で戦前に最も裕福であった家のものと一致していた。また、この残留朝鮮人の方はその家にあった文学全集やクラシックレコードに耽溺することで、戦後にやってきたロシア人たちに文化的劣等感を感じることはひとつもなかった、その所有者に感謝しているとも語った。

　学部時代から、京都帝国大学演習林の毎年の林内作業労働量を帳簿から書き写し集計したり、統計書から樺太の全河川の一本一本の毎年の木材流送量を抜き出し計算したり、日本陸海軍の測量地図に掲載された樺太中の集落を Google Map と対照しながらその緯度経度を書き出したりという作業の蓄積が、こうしたことを可能にしたのだと思う。だからと言って、私が誰よりも残留者のことを理解できるなどと言う気は毛頭ない。対象となる記憶や語りが多様で多面性を持つ以上、様々な人々が様々な方法で取り組むのが最良の方法であろう。私なりの成果が本書にも表れていれば幸いである。

　あるとき引揚者の手記を刊行したいという編集者からある事項について質問を受けたことがあり、このときにこの編集者は筆者が不思議に思うほどその事項に関するある推測にこだわっていた。あとで気付いたことだが、筆者の頭の中ではおおまかな樺太の土壌分布図と先住民族の生活圏分布図を重ねることができるため、その推測自体が成り立たなかったのだが、そうでなければ、なるほどそうした推測も成り立つのである。おおまかであれ、樺太の土壌分布図と先住民族の生活圏分布図を頭の中で重ねることのできる人間など現代では数えるほどしかいないであろうから、研究者、専門家として社会的に役に立てたということであろう。それにしてみても、気になった言葉をわざわざ専門家を探して尋ね自分が納得できるまで見解を求めるこの編集者の仕事への真摯さには頭が下がる。こうした編集者が日本の出版文化や知的水準の維持のために大きな貢献をしてきてくださったのだと思った。

その一方で、マスコミからの取材協力などに応じる中で、マスコミに対する不信感は深まった。もちろん、尊敬に値するマスコミ関係者もいるが、「奥底の悲しみ事件」[3]は、学とマスコミの間の表現倫理をめぐる認識の乖離を露見させた良い例であると思う。学には学の、マスコミにはマスコミの理があり作法がある。どちらが一方が絶対唯一の正義の立場にあるのではない。だからこそ、対話の重要性がある。学は象牙の塔とも揶揄されるが、牢固不変なわけではない。倫理の問題などについて、学の外との対話を続けながら少しずつ自分たちの理や作法を変容させている。この問題に限らず、研究者として、また一視聴者としてマスコミ関係者に〈これこれこういう情報も表示すべき〉という意見を言うと、〈そんなことは言うのはあなただけだ〉〈視聴者はそんなことを求めていない〉という答えが返ってくることが多かった。マスコミとは何なのか。多数派や声の大きな者たちの声でメディアを埋め尽くし少数者の声をかき消すことがジャーナリズムの神髄なのか。

　しかし、学の世界とて人の集まりである以上多くの問題があることは認めざるを得ない。北海道大学から京都大学へ教員として戻り4年間過ごして思い知らされたのは、一部の研究者の倫理的堕落と知的退廃である。パワハラや剽窃について、若手の研究者から涙ながらに相談を受けたこともある。しかし、協力するから然るべき場所へ相談に行こうと言っても、報復を恐れて泣き寝入りするのが常であることは慚愧たる思いのほかない。さらにやり切れないのは、こうした堕落と退廃はこの半世紀近くの間、同じ思想的構造の中で再生産され続けているということである。〈良心的知識人〉を志向する者たちが、その志向の論理的背景ゆえに陥る堕落と退廃、そしてそれが若手研究者に及ぼす絶望的抑圧。〈死刑を廃止するために死刑存置論者を死刑にする〉かのごとき矛盾に何の躊躇も持たぬ者が〈正義〉を語る。そのような状況に自分自身も陥ってはいまいかと常に自省しなければならぬというのが、この4年間の真摯な教訓であり、高橋和巳があまりに早すぎる晩年に残した、「未来を担う階級は、やはり、現体制の維持者以上の道徳性をもっていなければならない」[4]という言葉の重さを日々思い知らされている。

　本書の執筆は、サハリン残留日本人、サハリン残留朝鮮人、樺太引揚者のみなさまのご協力なくして成しえなかったことは言うまでもない。おひとりおひとりにお礼を申し上げることは控えるが、この場を借りてお礼を申し上げたい。またこの分野ではなんの業績もなかったまだ20代の私に次々に資料と情報を提供し

て下さった日本サハリン同胞交流協会の故・小川峡一氏、笹原茂氏、近藤孝子氏そして北海道中国帰国者支援・交流センターの向後洋一郎氏には何度感謝してもし足りない。本書が小川氏の生前に届けることができなかったことは自身の研究者としての未熟さと非力さを恥じ入るばかりである。また後継団体の日本サハリン協会においても、斎藤弘美会長をはじめとしたスタッフのみなさんにいつも温かく迎え入れていただきたいへんありがたく思っている。特に、2016年に行なわれた日本国外務省の樺太日本人墓地等の受託調査に引き入れてくださったことは、南西は内幌（ゴルノザボーツク）から北東はオハまでサハリン島各地を回るという貴重な経験となった。また、共同調査に協力してくれた井澗裕氏（北海道大学）、テン・ヴェニアミン氏（京都大学）にもお礼を申し上げる。

　もともと私がサハリン残留日本人の研究を始める直接のきっかけは、蘭信三教授（上智大学）の科研において、竹野学教授（北海商科大学）と田村将人氏（東京国立博物館）との三人で〈樺太班〉として活動を始めたことであった。樺太史研究者としても樺太〈戦後〉史研究者としてもこのお二人には今でもお世話になり続けている。また、蘭教授とも気付けば10年近く科研などの共同研究でお世話になり続けている。若手研究者として苦境にあった時も蘭教授に幾度となく励ましていただいたことは忘れられない。

　北海道大学スラブ・ユーラシア研究センターの3年間も、京都大学地域研究統合情報センターおよび東南アジア地域研究研究所での4年間も、同僚研究者や職員さんに恵まれ自分の研究に邁進できた。スラブ・ユーラシア研究センターは北大を離れた後も境界研究共同研究員として籍を置かせていただき、研究室や図書館利用の便宜を図っていただき、北海道での研究のための拠点を得ることができた。日本学術振興会特別研究員として受け入れてくださって以来の岩下明裕先生およびスラブ・ユーラシア研究センターのみなさまのご厚意にはお礼を申し上げる。北大時代には、パイチャゼ・スヴェトラナ先生や玄武岩先生に幾度もシンポなどで報告する機会を与えていただき、そこでの成果は本書に大きく反映している。また本書の刊行のために本研究所の村上勇介教授、帯谷知可准教授、貴志俊彦教授には様々なご配慮をいただいた。2010年の南京派遣依頼の付き合いとなる福谷彬助教（京都大学人文科学研究所）は分野は違えどこの8年間以上にわたり南京で北京で京都でと様々なことを議論してきた大切な仲間である。ここに名前を記しきれなかった人々も含めて周囲の人々のおかげで研究者として恵まれた30代を過ごせたと実感している。

以下、本書の研究に関連する研究費を列記しておく。

「境界地域史への地域情報学活用：サハリン島ミクロ歴史情報データベースの構築と応用」学術研究助成基金助成金・挑戦的萌芽研究、中山大将（京都大学・助教）、2016 〜 18 年度。

「日本帝国崩壊後の樺太植民地社会の変容解体過程の研究」科学研究費補助金・研究活動スタート支援、中山大将（京都大学・研究員）、2010 〜 2011 年度。

「近現代東アジア境界地域の人の移動と農業拓殖の比較史：サハリン島と台湾島を中心に」京都大学若手研究者ステップアップ研究費、中山大将（京都大学・助教、2015 年度。

「20 世紀樺太・サハリンの移動・運動・交渉史研究のための資料・インフォーマント整備」京都大学若手研究者ステップアップ研究費、中山大将（京都大学・研究員）、2011 年度。

「戦後開拓の経験からの「農」の再考」トヨタ財団 2009 年度研究助成プログラム、中山大将（京都大学・博士後期課程）、2009 〜 2010 年度。

「東アジアのポストコロニアル経験を聞き取る：日韓台オーラルヒストリーの比較研究」科学研究費補助金・基盤研究（B）、蘭信三（上智大学・教授）、2018 〜 2021 年度。

「欧州・北東アジア境界変動地域での住民間葛藤と相互作用に関わる社会的力学の解明」科学研究費補助金・基盤研究（B）、山口博史（都留文科大学・准教授）、2018 〜 2021 年度。

「戦争と植民地をめぐる和解文化と記憶イメージ」科学研究費補助金・新学術領域研究 [研究領域提案型]、浅野豊美（早稲田大学・教授）、2017 〜 2021 年度。

「市民による歴史問題の和解をめぐる活動とその可能性についての研究」科学研究費補助金・新学術領域研究 [研究領域提案型]・外村大（東京大学・教授）、2017 年度。

「日ソ戦争および戦後の引揚・抑留に関する総合的研究」科学研究費補助金・基盤研究 (A)、白木沢旭児（北海道大学・教授）、2017 〜 2020 年度。

「二〇世紀東アジアをめぐる人の移動と社会統合に関する総合的研究」科学研究費補助金・基盤研究（A）、蘭信三（上智大学・教授）、2013 〜 2017 年度。

「国境の植民地サハリン（樺太）島の近代史：戦争・国家・地域」科学研究費補助金・基盤研究（B）、原暉之（北海道情報大学・教授）、2010 〜 2012 年度。

あとがき　323

「19 〜 20 世紀北東アジア史のなかのサハリン・樺太」科学研究費補助金・基盤
　研究（B）、今西一（小樽商科大学・教授）、2009 〜 2012 年度。
「日本帝国崩壊後の人口移動と社会統合に関する国際社会学的研究」科学研究費
　補助金・基盤研究（B）、蘭信三（上智大学・教授）、2008 〜 2011 年度。

　なお、本書の出版に際しては、京都大学の 2018 年度総長裁量経費若手研究者
に係る出版助成事業の助成を受けた。
　全国樺太連盟、日本国外務省については、種々の便宜を図っていただきなが
ら、本書ではいささか批判的筆致になってしまったかもしれないが、時代ごと現
場ごとに各自の誠意を尽くして活動していた人々がいたことは改めて書き添えて
おきたい。
　本書巻末要旨を含め外国語での発信にあたっては翻訳や校閲などの形で、ジョ
ナサン・ブル氏（北海道大学）、巫靚氏（京都大学）、テン・ヴェニアミン氏（京
都大学）、花井みわ氏（早稲田大学）、廖明飛氏、金龍喜氏にお世話になってき
た。この場を借りてお礼申し上げる。
　他の職種に比べればのんびりと人生の進む研究者としての人生をのんびりと見
守ってくれた父母を始めとした家族、親族にもお礼を述べておきたい。最後に、
そばにいても遠くにいても泣いて笑って人生をともにしてくれている配偶者に感
謝を述べて筆を置きたい。

2019 年 2 月 11 日　京都

中山大将

注

1　「会えた！生まれて初めてのお母さん」『ふるさとサハリン』第 15 号、1992 年、3 頁。
2　百田尚樹『永遠のゼロ』太田出版、2006 年、320 頁。
3　メディア側の問題を指摘した文書として、「山口放送「奥底の悲しみ」の演出とク
　レジット非表示問題」2017 年 11 月 7 日（http://okusokomondai.blogspot.com/2017/
　11/2013coegcoepdf-httpci.html ［最終閲覧日：2018 年 11 月 30 日］）があるほか、京
　都大学大学院文学研究科社会学専修が関連声明を発表している（「マスコミ報道等
　で研究成果を援用する際のクレジットの明示について」2017 年 12 月 21 日 https://
　www.socio.kyoto-u.ac.jp/event_cat/ マスコミ報道等で研究成果を援用する際のクレジ

／［最終閲覧日：2018 年 11 月 30 日］)。

4　高橋和巳「内ゲバの論理はこえられるか：新左翼のリンチ事件に関連して」『エコ
　　ノミスト』第 48 巻 47 号、1970 年、73 頁。

引用文献・資料

○ 日本語文献（漢姓名、朝鮮姓名は日本語音読み）

秋月俊幸『日露関係とサハリン島』筑摩書房、1994 年。

秋本義親（福富節男校注）『樺太残留露國人調査書』福富節男、2004［1910］年。

浅田喬二「戦前日本における植民政策研究の二大潮流について」『歴史評論』第 513 号、
　　1993 年。

天野尚樹「個別的愛民主義の帝国」」今西一編著『北東アジアのコリアン・ディアスポラ：
　　サハリン・樺太を中心に』小樽商科大学出版会、2012 年。

天野尚樹「書評　三木理史著『移住型植民地樺太の形成』」『史林』97 巻 1 号、2014 年

天野尚樹「樺太における「国内植民地」の形成：「国内化」と「植民地化」」今西一、飯塚
　　一幸編『帝国日本の移動と動員』大阪大学出版会、2018 年。

新井佐和子『サハリンの韓国人はなぜ帰れなかったのか』草思社、1998 年。

新井佐和子「樺太の朝鮮人と抑留帰還裁判のまやかし：なぜ「強制連行」が捏造されたの
　　か」『別冊正論 25　「樺太—カラフト」を知る』産経新聞社、2015 年。

蘭信三『「満州移民」の歴史社会学』行路社、1994 年。

蘭信三編著『日本帝国をめぐる人口移動の国際社会学』不二出版、2008 年。

蘭信三編著『中国残留日本人という経験：「満洲」と日本を問い続けて』勉誠出版、2009 年。

蘭信三編『アジア遊学　帝国崩壊とひとの再移動：引揚げ、送還、そして残留』勉誠出版、
　　2011 年。

蘭信三編著『帝国以後の人の移動：ポストコロニアリズムとグローバリズムの交錯点』勉
　　誠出版、2013 年。

粟野仁雄『サハリンに残されて』三一書房、1994 年。

粟野仁雄「ルポ　サハリン残留日本人たちの七三年。」『潮』第 709 号、2018 年。

飯倉江里衣「記憶」日本植民地研究会編『日本植民地研究の論点』岩波書店、2018 年。

飯野正子、浅香幸枝「移民研究の現状と展望」日本移民学会編『日本人と海外移住：移民
　　の歴史・現状・展望』明石書店、2018 年。

石郷岡建、黒岩幸子『北方領土問題の基礎知識』東洋書店新社、2016 年。

石村博子「サハリン・シベリアで生きぬいた日本人：一時帰国の道を拓いた小川峡一と仲
　　間たち」『世界』第 899 号、2017 年。

井澗裕「明治大正期の樺太・サハリンにおける公娼と半公娼」今西一、飯塚一幸編著『帝
　　国日本の動員と移動』大阪大学出版会、2018 年。

板橋政樹「退去か、それとも残留か：一九〇五年夏、サハリン島民の「選択」」原暉之編

『日露戦争とサハリン島』北海道大学出版会、2011年。

井戸まさえ「「娘が死んだとき、ワシは踊った」サハリンで生きる残留日本人の告白：8月15日に戦争が終わらなかった島」『現代ビジネス』2018年8月16日（https://gendai.ismedia.jp/articles/-/56854［最終閲覧：2018年10月29日]）。

伊藤孝司『日本人花嫁の戦後：韓国・慶州ナザレ園からの証言』LYU工房、1995年。

猪股祐介「満洲農業移民から中国残留日本人へ」蘭信三『中国残留日本人という経験』勉誠出版、2009年。

今西一「国内植民地論・序論」『商学討究』第60巻第1巻、2009年。

今西一編著『北東アジアのコリアン・ディアスポラ：サハリン・樺太を中心に』小樽商科大学出版会、2012年。

今西一「「満洲移民」研究の問題点」今西一、飯塚一幸編『帝国日本の動員と移動』大阪大学出版会、2018年。

岩下明裕『北方領土・竹島・尖閣、これが解決策だ』朝日新聞社、2013年。

岩下明裕「ボーダースタディーズからみた世界と秩序：混迷する社会の可視化を求めて」村上勇介、帯谷知可編『融解と再創造の世界秩序』青弓社、2016年。

岩下明裕『入門　国境学』中央公論新社、2016年。

尹海東著（藤井たけし訳）「植民地認識の『グレーゾーン』：日帝下の『公共性』と規律権力」『現代思想』第30巻6号、2002年。

ヴィソコフ　M.C. ほか（板橋政樹訳）『サハリンの歴史』北海道撮影社、2003年、123頁（＝Высоков, М.С. и др., История Сахалинской области, Южно-Сахалинск: Сахалинский центр документации новейшей истории, 1995)。

上坂冬子『慶州ナザレ園：忘れられた日本人妻たち』中央公論社、1982年。

上野千鶴子「「帝国の慰安婦」のポストコロニアリズム」浅野豊美、小倉紀蔵、西成彦編著『対話のために：「帝国の慰安婦」という問いをひらく』クレイン、2017年。

梅棹忠夫『文明の生態史観』中央公論新社、2002年。

遠藤正敬『近代日本の植民地統治における国籍と戸籍：満洲、朝鮮、台湾』明石書店、2010年。

遠藤正敬『戸籍と国籍の近現代史：民族・血統・日本人』明石書店、2013年。

小井土彰宏「移民」『現代社会学事典』弘文堂、2012年。

王中忱「間宮林蔵は北の大地で何を見たのか」姫田光義編『北・東北アジア地域交流史』有斐閣、2012年。

大久保真紀「中国帰国者と国家賠償請求集団訴訟」蘭信三『中国残留日本人という経験』勉誠出版、2009年。

大久保明男「「中国残留孤児」のイメージと表象」蘭信三『中国残留日本人という経験』勉

誠出版、2009 年。

大野俊「フィリピン残留日系・日本人」蘭信三編著『アジア遊学８５　中国残留孤児の叫び：終わらない戦後』勉誠出版、2006 年。

大橋一良『失われた樺太』大橋英子、1995 年。

大浜郁子「内国植民地」日本植民地研究会編『日本植民地研究の論点』岩波書店、2018 年。

尾形芳秀「旧市街の先住者「白系ロシア人」達の長い旅路：オーシップ家をめぐるポーランド人たちの物語」『鈴谷』第 24 号、2008 年。

小川正樹「樺太華僑史試論」谷垣真理子・塩出浩和・容應萸『変容する華南と華人ネットワークの現在』風響社、2014 年。

小川峽一『樺太・シベリアに生きる：戦後 60 年の証言』社会評論社、2005 年。

小澤治子「日ソ関係と「政経不可分」原則（一九六〇 - 八五年）」五百旗頭真、下斗米伸夫、A.V. トルクノフ、D.V. ストレリツォフ編『日ロ関係史：パラレル・ヒストリーの挑戦』東京大学出版会、2015 年。

外務省欧米局第一課『「ソヴィエト」連邦出入国及通関関係法令』外務省欧米局第一課、1932 年。

外務省欧亜局東欧課『昭和四十二年一月　ソ連邦及びロシア共和国主要法令集（第一分冊）』外務省、1967 年。

外務省『樺太庁職員録』外務省、作成年未詳、稚内市立図書館所蔵。

梶田孝道ほか『顔の見えない定住化：日系ブラジル人と国家・市場・移民ネットワーク』名古屋大学出版会、2005 年。

加藤聖文『「大日本帝国」崩壊』中央公論新社、2009 年。

神長英輔『「北洋」の誕生：場と人と物語』成文社、2014 年。

樺太庁『南部樺太殖民地選定調査書』樺太庁、1906 年。

樺太庁長官官房編纂『樺太法令類聚』樺太庁、1912 年。

樺太庁『南樺太居住外国人ノ現況』樺太庁（函館市立図書館所蔵）、1927 年。

樺太庁農林部『樺太農家の苦心談』樺太庁農林部、1929 年。

樺太庁『樺太庁施政三十年史』樺太庁、1936 年。

樺太庁長官官房秘書課『職員録』樺太庁、1938 年。

樺太庁『職員録（昭和 18 年度）』樺太庁、1944 年。

樺太終戦史刊行会編『樺太終戦史』全国樺太連盟、1973 年。

吉川元『国際平和とは何か：人間の安全を脅かす平和秩序の逆説』中央公論新社、2015 年。

木村健二「近代日本の移民・植民活動と中間層」『歴史学研究』第 613 号、1990 年。

木村健二「植民地移住史研究の新たな方向」『歴史地理学』第 212 号、2003 年。

木村由美「「脱出」という引揚げの一方法：樺太から北海道へ」『北海道・東北史研究』第

9 号、2014 年。

木村由美「戦後樺太からの引揚者と北海道：都市部と炭鉱都市を中心に」『北大史学』第
　54 号、2014 年。

木村由美「樺太深海村からの引揚げ：『引揚者在外事実調査票』による分析」『北方人文研
　究』第 11 号、2018 年。

許粋烈（庵逧由香訳）『植民地初期の朝鮮農業：植民地近代化論の農業開発論を検証する明
　石書店、2016 年。

金富子「ジェンダー・セクシュアリティ」日本植民地研究会編『日本植民地研究の論点』
　岩波書店、2018 年。

クージン　A.T.『沿海州・サハリン　近い昔の話：翻弄された朝鮮人の歴史』凱風社、1998 年（＝
　Кузин А., *Дальневосточные корейцы: жизнь и трагедия судьбы,* Южно-Сахалинск:
　Литературно-издательское объединение "ЛИК", 1993）。

クジミンコフ　V.V.、パヴリャテンコ V.N.「冷戦ドソ日関係のジグザグ（一九六〇 - 八五
　年）」五百旗頭真、下斗米伸夫、A.V. トルクノフ、D.V. ストレリツォフ編『日ロ関係史：
　パラレル・ヒストリーの挑戦』東京大学出版会、2015 年。

倉田有佳「日本軍の保障占領末期に北樺太から日本へ避難・亡命したロシア人（1924-1925
　年）」中村喜和、長縄光男、沢田和彦、ポダルコ・ピョートル編『異郷に生きる VI　来
　日ロシア人の足跡』成文社、2016 年。

玄武岩「サハリン残留韓国・朝鮮人の帰還をめぐる日韓の対応と認識：1950 〜 70 年代の
　交渉過程を中心に」『同時代史研究』第 3 号、2010 年。

玄武岩『コリアン・ネットワーク：メディア・移動の歴史と空間』北海道大学出版会、
　2013 年。

玄武岩『「反日」と「嫌韓」の同時代史：ナショナリズムの境界を越えて』勉誠出版、2016
　年。

玄武岩「在韓日本人の戦後：引揚げと帰国のはざま」今西一、飯塚一幸編『帝国日本の移
　動と動員』大阪大学出版会、2018 年。

呉豪人（藤井康子、北村嘉恵訳）「大いなる幻影に抗して：台湾の市民社会による転型正義
　への試み」『日本台湾学会報』第 20 号、2018 年。

呉万虹「中国残留日本人の中国定着」蘭信三『中国残留日本人という経験』勉誠出版、
　2009 年。

高誠晩『〈犠牲者〉のポリティクス：済州 4・3 ／沖縄／台湾 2・28 歴史清算をめぐる苦悩』
　京都大学学術出版会、2017 年。

厚生省引揚援護庁編『引揚援護の記録（正）』引揚援護庁、1950 年。

厚生省援護局編『引揚げと援護三十年の歩み』厚生省、1977 年。

兒玉州平「帝国主義研究の現在的意義」日本植民地研究会編『日本植民地研究の論点』岩波書店、2018 年。

小森陽一『ポストコロニアル』岩波書店、2001 年。

財団法人在外同胞援護会・財団法人樺太協会北海道支部『樺太資料第 2 号　残留同胞と南樺太』財団法人在外同胞援護会・財団法人樺太協会北海道支部、1946 年。

サヴェーリエヴァ　エレーナ（小山内道子翻訳、サハリン・樺太史研究会監修）『日本領樺太・千島からソ連領サハリン州へ：一九四五年‐一九四七年』成文社、2015 年（＝ Савельева Елена Ивановна, *От войны к миру: гражданское управление на Южном Сахалине и Курильских островах 1945-1947 гг.*, Сахалин: Министерство культуры Сахалинской области, 2012.）。

坂口満宏「移民史研究の射程」『日本史研究』第 500 号、2004 年。

坂田美奈子「アイヌ口承文学におけるウイマム概念」『歴史学研究』958 号、2017 年。

坂田美奈子『先住民アイヌはどんな歴史を歩んできたか』清水書院、2018 年。

佐々木史郎、加藤雄三編『東アジアの民族的世界：境界地域における多文化的状況と相互認識』有志舎、2011 年。

佐々木史郎、加藤雄三「東アジアの境界領域における民族的世界」佐々木史郎、加藤雄三編『東アジアの民族的世界：境界地域における多文化的状況と相互認識』有志舎、2011 年。

塩出浩之『越境者の政治史：アジア太平洋における日本人の移民と植民』名古屋大学出版会、2015 年。

篠田謙一『DNA で語る　日本人起源論』岩波書店、2015 年。

白水繁彦「ハワイ日系人の社会史：日本人移民が残したもの」日本移民学会編『日本人と海外移住：移民の歴史・現状・展望』明石書店、2018 年。

末澤昌二・茂田宏・川端一郎編著『日露（ソ連）基本文書・資料集（改訂版）』ラヂオプレス、2003 年。

須藤ツネ『留多加川の岸辺』須藤ツネ（北海道大学附属図書館北方資料室所蔵）、1988 年。

スミス　アントニー・D（巣山靖訳）『ネイションとエスニシティ』名古屋学出版会、1999 年（＝ Smith Antony D., *The Ethnic Origins of Nations*, Oxford: Basil Blackwell, 1986）。

全国樺太連盟『樺太連盟四十年史』全国樺太連盟、1988 年。

全国樺太連盟編『樺太連盟史』全国樺太連盟、2011 年。

曽士才「日本残留中国人：札幌華僑社会を築いた人たち」今泉裕美子・柳沢遊・木村健二編『日本帝国崩壊期「引揚げ」の比較研究：国際関係と地域の視点から』日本経済評論社、2016 年。

醍醐龍馬「榎本武揚と樺太千島交換条約（一）：大久保外交における「釣合フヘキ」条約の模索」『阪大法学』第 65 巻第 2 号、2015 年。

醍醐龍馬「榎本武揚と樺太千島交換条約（二・完）：大久保外交における「釣合フヘキ」条約の模索」『阪大法学』第 65 巻第 3 号、2015 年。

高木（北山）眞理子「まえがき」日本移民学会編『日本人と海外移住：移民の歴史・現状・展望』明石書店、2018 年。

高木健一『サハリンと日本の戦後責任』凱風社、1990 年。

高橋和巳「内ゲバの論理はこえられるか：新左翼のリンチ事件に関連して」『エコノミスト』第 48 巻 47 号、1970 年。

高橋哲哉『戦後責任論』講談社、2005 年。

竹内祐介「アジア経済史と植民地経済史」日本植民地研究会編『日本植民地研究の論点』岩波書店、2018 年。

竹野学「人口問題と植民地：1920・30 年代の樺太と中心に」『経済学研究』第 50 巻 3 号、2000 年。

竹野学「植民地開拓と「北海道の経験」：植民学における「北大学派」」『北大百二十五年史論文・資料編』、2003 年。

竹野学「樺太」日本植民地研究会編『日本植民地研究の現状と課題』アテネ社、2008 年。

竹野学「保障占領下北樺太における日本人の活動（1920 ～ 1925）」『経済学研究（北海道大学）』第 62 巻第 3 号、2013 年。

竹野学「樺太からの日本人引揚げ（1945 ～ 49 年）：人口統計にみる」今泉裕美子ほか編『日本帝国崩壊期「引揚げ」の比較研究』日本経済評論社、2016 年。

田中隆一『満洲国と日本の帝国支配』有志舎、2007 年。

田中隆一「在中国朝鮮人の帰還」蘭信三編著『帝国以後の人の移動』勉誠出版、2013 年。

田村将人「温存された首長の役割：樺太庁が任命した樺太アイヌの「土人部落総代」について」『北海道・東北史研究』第 4 号、2007 年。

田村将人「樺太アイヌの＜引揚＞」蘭信三編『日本帝国をめぐる人口移動の国際社会学』不二出版、2008 年。

田村将人「先住民の島・サハリン：樺太アイヌの日露戦争への対処」原暉之編『日露戦争とサハリン島』北海道大学出版会、2011 年。

趙景達『植民地期朝鮮の知識人と民衆』有志舎、2008 年。

趙彦民「中国残留孤児の生きられた歴史」蘭信三『中国残留日本人という経験』勉誠出版、2009 年。

張嵐「〈異国〉を〈祖国〉として：今も中国で生きる残留孤児」蘭信三編著『帝国以後の人の移動』勉誠出版、2013 年。

ディン　ユリア（天野尚樹訳）「アイデンティティを求めて：サハリン朝鮮人の戦後、1945 ～ 1989 年」今西一編著『北東アジアのコリアン・ディアスポラ：サハリン・樺太を中

心に』小樽商科大学出版会、2012 年。

富田武『シベリア抑留者たちの戦後：冷戦下の世論と運動 1945-56 年』人文書院、2013 年

富田武「シベリア抑留の論争問題と論点整理」下斗米伸夫編著『日ロ関係 歴史と現代』法
　　政大学出版局、2015 年。

奈賀悟『日本と日本人に深い関係があるババ・ターニャの物語』文藝春秋、2001 年。

奈賀悟「ルポ　サハリンの日本人：何が帰国を阻んだのか」『世界』第 891 号、2017 年。

長勢了治「訳者あとがき」ヴィクトル・カルポフ（長勢了治訳）『シベリア抑留　スターリ
　　ンの捕虜たち：ソ連機密資料が語る全容』北海道新聞社、2001 年。

長勢了治『シベリア抑留全史』原書房、2013 年。

中山大将「樺太移民社会の解体と変容：戦後サハリンをめぐる移動と運動から」『移民研究
　　年報』第 18 号、2012 年。

中山大将「植民地樺太の農林資源開発と樺太の農学：樺太庁中央試験所の技術と思想」野
　　田公夫編『日本帝国圏の農林資源開発：「資源化」と総力戦体制の東アジア』京都大学
　　学術出版会、2013 年。

中山大将「亜寒帯植民地樺太の移民社会形成：周縁的ナショナル・アイデンティティと植
　　民地イデオロギー」京都大学学術出版会、2014 年。

中山大将「サハリン樺太史研究会発足以後の樺太史研究の動向：三木理史『移住型植民地
　　樺太の形成』から中山大将『亜寒帯植民地樺太の移民社会形成』および〈戦後史〉へ」
　　（『近代東北アジア地域史研究会ニューズレター』第 26 号、2014 年。

中山大将「台湾と樺太における日本帝国外地農業試験研究機関の比較研究」『日本台湾学会
　　報』第 20 号、2018 年。

中山大将「樺太のエスニック・マイノリティと農林資源：日本領サハリン島南部多数エス
　　ニック社会の農業社会史研究」『北海道・東北史研究』第 11 号、2018 年。

並木真人「植民地期朝鮮における『公共性』の検討」三谷博編『東アジアの公論形成』東
　　京大学出版会、2004 年。

日本植民地研究会編『日本植民地研究の論点』岩波書店、2018 年。

野添憲治『樺太の出稼ぎ＜林業編＞』秋田書房、1977 年。

パイチャゼ　スヴェトラナ、杉山晋平、千葉美千子「非集住地域における外国人・帰国児
　　童生徒の教育問題：札幌市を事例として」『移民研究年報』第 18 号、2012 年。

パイチャゼ　スヴェトラナ、玄武岩『サハリン残留：日韓ロ百年にわたる家族の物語』高
　　文研、2016 年。

パイチャゼ　スヴェトラナ「サハリン帰国者の若い世代の自己アイデンティティと言語使
　　用・学習に関する考察」『移民研究年報』第 24 号、2018 年。

ハウ　スティーブン（見市雅俊訳）『帝国』岩波書店、2003 年（＝ Haw Stephen, *Empire,*

Oxford University Press, 2002）。

函館引揚援護局編『函館引揚援護局史』函館引揚援護局史、1950 年。

花井みわ「帝国崩壊後の中国東北をめぐる朝鮮人の移住と定住」蘭信三編著『帝国以後の人の移動』勉誠出版、2013 年。

林英一『残留日本兵：アジアに生きた一万人の戦後』中央公論新社、2012 年。

早瀬晋三「東南アジアへの移民：日本優位から対等な関係へ」日本移民学会編『日本人と海外移住：移民の歴史・現状・展望』明石書店、2018 年。

原暉之「書評　三木理史『移住型植民地樺太の形成』」（『アジア経済』第 55 巻第 1 号、2014 年。

半澤典子「コーヒー干害低利資金貸付問題と移民政策：1920-30 年代のブラジル・サンパウロ州を中心に」『移民研究年報』第 23 号、2017 年。

半谷史郎「サハリン朝鮮人のソ連社会統合：モスクワ共産党文書が語る 1950 年代半ばの一断面」原暉之編『ロシアの中のアジア / アジアの中のロシア（Ⅱ）』北海道大学スラブ研究センター、2004 年。

百田尚樹『永遠のゼロ』太田出版、2006 年。

平井廣一『日本植民地財政史研究』ミネルヴァ書房、1997 年。

巫靚「日本帝国崩壊後の人的移動：在日大陸籍者と台湾籍者の移動の諸相を中心に（1945〜50 年）」『社会システム研究』第 17 号、2014 年。

フェドルチューク　セルゲイ・P（板橋政樹）『樺太に生きたロシア人』ナウカ、2004 年（＝Федорчук Сергей, *Русские на Карафуто,* Южно-Сахалинск: Изд-во Южно-Сахалинского пединститута, 1996）。

福本拓「アメリカ占領期における「密航」朝鮮人の取締と植民地主義の継続」蘭信三編著『帝国以後の人の移動』勉誠出版、2013 年。

藤井尚治『樺太人物大観』敷香時報社、1931 年。

藤田勇『概説　ソビエト法』東京大学出版会、1986 年。

藤原辰史「稲も亦大和民族なり」池田浩士編『大東亜共栄圏の文化建設』人文書院、2007 年。

藤原辰史『稲の大東亜共栄圏：帝国日本の＜緑の革命＞』吉川弘文館、2012 年。

藤村建雄『知られざる本土決戦　南樺太終戦史：日本領南樺太十七日間の戦争』潮書房光人社、2017 年。

朴享柱『サハリンからのレポート』御茶の水書房、1990 年。

朴裕河『帝国の慰安婦：植民地支配と記憶の闘い』朝日新聞出版社、2014 年。

北海道サハリン友好交流協会『北海道サハリン友好交流協会のあゆみ』北海道サハリン友好交流協会、1997 年。

北海道中国帰国者支援・交流センター編『中国帰国者等生活ニーズ調査報告書』北海道中

国帰国者支援・交流センター、2011 年。

北海道ロシア協会創立三十周年記念事業実行委員会『創立三十周年記念誌』北海道ロシア協会、2002 年。

松田静偲『サハリン残留七百九十八日』文芸社、2007 年。

三尾裕子「台湾と旧南洋群島におけるポストコロニアルな歴史人類学の可能性：重層する外来政権のもとでの脱植民地化と歴史認識」三尾裕子、遠藤央、植野 弘子編著『帝国日本の記憶：台湾・旧南洋群島における外来政権の重層化と脱植民地化』慶應義塾大学出版会、2016 年。

三木理史「戦間期樺太における朝鮮人社会の形成 「在日」朝鮮人史研究の空間性をめぐって 」『社会経済史学』第 68 巻第 5 号、2003 年。

三木理史『移住型植民地樺太の形成』塙書房、2012 年。

水谷智「「間-帝国史 trans-imperial history」論」日本植民地研究会編『日本植民地研究の論点』岩波書店、2018 年。

三田千代子「ブラジルの移民政策と日本移民」日本移民学会編『日本人と海外移住：移民の歴史・現状・展望』明石書店、2018 年。

南誠「想像される「中国残留日本人」：「国民」をめぐる包摂と排除」蘭信三『中国残留日本人という経験』勉誠出版、2009 年。

モーリス＝スズキ　テッサ（小林英里訳）「植民地思想と移民：豊原の眺望から」『岩波講座　近代日本の文化史 6　拡大するモダニティ』岩波書店、2002 年。

森本豊富「日本における移民研究の動向と展望：『移住研究』と『移民研究年報』の分析を中心に」『移民研究年報』第 14 号、2008 年。

森本豊富、森茂岳雄「「移民」を研究すること、学ぶこと」日本移民学会編『日本人と海外移住：移民の歴史・現状・展望』明石書店、2018 年。

谷ヶ城秀吉「あとがき」日本植民地研究会編『日本植民地研究の論点』岩波書店、2018 年

安場淳「中国帰国児童生徒の就学状況と「外国につながる子供」支援者ネットワークの展開」移民研究年報』第 24 号、2018 年。

山田伸一「『樺太日日新聞』掲載在サハリン朝鮮民族関係記事：目録と紹介」『北海道開拓記念館』第 46 号、2007 年。

山室信一「国民帝国論の射程」山本有造編『帝国の研究』名古屋大学出版会、2003 年。

山本かほり「在韓日本人妻の戦後」蘭信三『中国残留日本人という経験』勉誠出版、2009 年。

楊海英『中国とモンゴルのはざまで：ウラーンフーの実らなかった民族自決の夢』岩波書店、2013 年。

楊子震「戦後初期台湾における脱植民地化の代行－国民政府の対在台沖縄人・朝鮮人政策を中心に」『国際政治』第 162 号、2011 年。

吉武輝子『置き去り：サハリン残留日本女性たちの六十年』海竜社、2005 年。

李淵植（李洪章訳）「朝鮮半島における日本人送還政策と実態：南北朝鮮の地域差を中心に」『帝国以後の人の移動』勉誠出版、2013 年。

李淵植（舘野哲訳）『朝鮮引揚げと日本人：加害と被害の記憶を超えて』明石書店、2015 年。

李海燕『戦後の「満州」と朝鮮人社会 ：越境・周縁・アイデンティティ』御茶の水書房、2009 年。

李海燕「中華人民共和国の建国と「中国朝鮮族」の創出」蘭信三編著『帝国以後の人の移動』勉誠出版、2013 年。

李炳律『サハリンに生きた朝鮮人』北海道新聞社、2008 年。

李里花『「国がない」ディアスポラの歴史：戦前のハワイにおけるコリア系移民のナショナリズムとアイデンティティ』かんよう出版、2015 年。

林淑美『清代台湾移住民社会の研究』汲古書院、2017 年。

レーニン　V（宇高基輔訳）『帝国主義』岩波書店、1956［1917］年。

若林正丈「「台湾島史」論から「諸帝国の断片」論へ」『思想』第 1119 号、2017 年。

○　ロシア語文献

Дин Ю.И., *Корейская диаспора Сахалина: проблема репатриации и интеграция в советское и российское Общество,* Южно-Сахалинск:Сахалинская областная типография, 2015

Дударец Г.И., *Исторические Чтения №2,* ГАСО, 1994.

Карпов Виктор, *Пленники Сталина: сибирское интернирование Японской армии, 1945-1956 гг.,* 1997（＝ヴィクトル・カルポフ（長勢了治訳）『シベリア抑留　スターリンの捕虜たち：ソ連機密資料が語る全容』北海道新聞社、2001 年）。

Кузнецов С.И., *Японцы в сибирском плену, 1945-1956,* ТОО Издательства журнала "Сибирь", 1997（＝セルゲイ・Ⅰ・クズネツォーフ（長勢了治訳）『完訳　シベリアの日本人捕虜たち』長勢了治、2000 年）

Подпечников В. Л., Репатриация, *Краеведческий Бюллетень,* янв., 1993.

○　ハングル文献

친일반민족 행위 진상 규명 위원회『종합보고서용결정이유서　박용환』친일반민족 행위 진상 규명 위원회，2009 년。

한혜인「사할린 한인 귀환을 둘러싼 배제와 포섭의 정치 : 해방 후 ～ 1970 년대 중반까지의 사할린 한인 귀환 움직임을 중심으로」『史學研究』第 102 號、2011 년。이연식，박일권，오일환『책임과 변명의 인질국 : 사할린한인 문제를 둘러싼 한・러・일 3 국의 외교협상』채륜 , 2018 년。

○　英語文献

Bull Jonathan, "Karafuto Repatriates and the Work of the Hakodate Regional Repatriation Centre, 1945-50," *Journal of Contemporary History*, No. 53, 2018

Diener Alexander C. and Hagen Joshua., *Borders*, Oxford: Oxford University Press, 2012（＝ディーナー　アレクサンダー・C.、ヘーガン　ジョシュア（川久保文紀訳）『境界から世界を見る：ボーダースタディーズ入門』岩波書店、2015 年）.

Lim Sungsook, *The politics of transnational welfare citizenship : kin, state, and personhood among older Sakhalin Koreans*（Dissertation submitted in partial fulfilment of the requirements for the degree of Doctoral of Philosophy in The Faulty of Graduate and Postdoctoral Studies, The University of British Columbia, 2016.

Nakayama Taisho, "Agriculture and Rural Community in a Social and Familial Crisis: The Case of Abandoned Rural Community and Invisible People in the Postwar Settlement in Shin-Nopporo, Japan," *Asian Rural Sociology*, IV-II, 2010.

Paichadze Svetlana and Seaton Philip A. ed., *Voices from the Shifting Russo-Japanese Border: Karafuto／Sakhalin*, Oxon: Routledge, 2015.

○　漢語文献

杜穎「关于日本遺孤与中国养父母的关系问题：兼对中国日本遺孤与俄萨哈林日本归国者作比较研究」『西伯利亚研究』第 37 卷第 6 期、2010 年。

賴福順編著『鳥瞰清代台灣的開拓』日創社文化事業有限公司、2007 年。

顏杏如「從常夏到四季–日治時期在臺俳人眼中的季節感與生活寫實（1895-1936）」『臺灣文學研究蘽刊』第 15 期、2014 年。

○　新聞記事

「残留の清韓人（上)」『樺太日日新聞』1911 年 9 月 8 日。

「不満ぶちまける引揚者　まるで"朝鮮ダモイ"日本人は片すみに」『朝日新聞』1957 年 8 月 1 日（夕刊)。

「墓参団　"樺太は泣いていた"妹の自殺したへやへ　九人の乙女の一人の兄可香谷さん昔しのび飛び込む」『北海タイムス』1965 年 8 月 1 日。

「不明のサハリン残留邦人女性　北朝鮮へ移住させられた」『読売新聞』1991 年 1 月 5 日。

○　Web 資料

「厚生労働省等資料　樺太等残留邦人関係統計一覧」（2010 年 1 月 28 日）中国帰国者・サハリン帰国者支援センター Web サイト（2018 年 11 月 29 日現在閲覧不可）

http://www.kikokusha-center.or.jp/kikokusha/kiko_jijo/chugoku/mhwdata/index_f.htm

「概要」海外移住資料館 Web サイト

https://www.jica.go.jp/jomm/outline/index.html ［最終閲覧日：2018 年 8 月 29 日］

「拠点形成の目的」グローバル COE プログラム「境界研究の拠点形成：スラブ・ユーラシアと世界」Web サイト

http://src-h.slav.hokudai.ac.jp/BorderStudies/program/mission/　［最終閲覧日：2018 年 11 月 29 日］

「山口放送「奥底の悲しみ」の演出とクレジット非表示問題」2017 年 11 月 7 日

http://okusokomondai.blogspot.com/2017/11/2013coegcoepdf-httpci.html　［最終閲覧日：2018 年 11 月 30 日］

「マスコミ報道等で研究成果を援用する際のクレジットの明示について」京都大学大学院文学研究科社会学専修、2017 年 12 月 21 日

https://www.socio.kyoto-u.ac.jp/event_cat/マスコミ報道等で研究成果を援用する際のクレジ/　［最終閲覧日：2018 年 11 月 30 日］）。

○　公文書館等所蔵資料

日本国外務省外交史料館所蔵

『ソ連および北方領土における本邦人墓地遺骨関係（慰霊を含む）墓参関係』［分類番号 G'-3-2-0-3-1］

「渡航許可申請（北方同胞援護会会長川村三郎　発　外務大臣藤山愛一郎　宛　1958 年 3 月 18 日）」

「墓地整理のため樺太真岡郡渡航の件（旅券課長　発　川村三郎　宛　1958 年 4 月 25 日）」

「日ソ協会のソ連墓参計画の件（東欧課　発　1963 年 3 月 13 日）」

「日ソ協会のソ連墓参計画の件（東欧課　発　1963 年 3 月 19 日）」

「在モスクワ日本人墓地への参拝に関する件（在ソ連重光臨時代理大使　発　外務大臣　宛　1963 年 8 月 27 日　第九八一号）」

「ソ連地域日本人墓地訪問に関する報告　自昭和 36 年　至昭和 41 年（東欧課　1966 年）」

『ソ連および北方領土における本邦人墓地遺骨関係（慰霊を含む）墓参関係　年度別実施関係　第一巻』［分類番号 G'-3-2-0-3-1-1］

「シベリア墓参についての照会と陳情（全国樺太連盟会長柳川久雄　発　東欧課長　宛

1961 年 6 月 13 日）」

「樺太関係の墓参、遺骨、遺霊の扱いについて陳情（全国樺太連盟会長柳川久雄　発　外務大臣　宛　1960 年 1 月 27 日）」

『ソ連および北方領土における本邦人墓地遺骨関係（慰霊を含む）墓参関係　年度別実施関係　第二巻』［分類番号 G'-3-2-0-3-1-1］

「御挨拶旁々御願い（全国樺太連盟会長柳川久雄　発　外務事務次官　武内龍次　宛 1962 年 7 月 16 日

「要望書（全国樺太連盟会長柳川久雄、南樺太返還期成同盟総本部長佐々木時造　発　ミコヤンソ連邦副首相　宛　　武内龍次　宛　1961 年 8 月 8 日）」」

「シベリア墓参について陳情（全国樺太連盟会長柳川久雄　発　外務省欧亜局長　宛 1962 年 5 月 17 日）」

『ソ連および北方領土における本邦人墓地遺骨関係（慰霊を含む）墓参関係　年度別実施関係　第三巻』［分類番号 G'-3-2-0-3-1-1］

「樺太、千島、択捉、国後、歯舞群島及び色丹島への墓参に関する対ソ申入の件（大平大臣発　ソ連山田大使　宛　1962 年 8 月 30 日）」

「樺太、千島、択捉、国後、色丹歯舞諸島への墓参に関する件（ソ連山田大使　発　大平大臣　宛　1963 年 9 月 28 日発）」

『ソ連および北方領土における本邦人墓地遺骨関係（慰霊を含む）墓参関係　年度別実施関係　第四巻』［分類番号 G'-3-2-0-3-1-1］

「樺太未引揚・遺骨・墓参等関係について重ねて乞教（全国樺太連盟　発　1964 年 12 月 20 日）」

「ソ連各地の墓参問題（正式回答）（下田大使　発　外務大臣　宛　1965 年 5 月 15 日）」

「ソ連各地の墓参について（依頼）（厚生省援護局庶務課長　発　外務省欧亜局東欧課長　宛　1965 年 6 月 12 日　庶務第 328 号）」

『ソ連および北方領土における本邦人墓地遺骨関係（慰霊を含む）墓参関係　年度別実施関係　第六巻』［分類番号 G'-3-2-0-3-1-1］

「昭和四十二年度南樺太地区墓参実施計画要綱」

『ソ連および北方領土における本邦人墓地遺骨関係（慰霊を含む）墓参関係　年度別実施関係　第九巻』［分類番号 G'-3-2-0-3-1-1］

「年度別墓参実施地域」

「社会党が実施した樺太墓参の結果について（欧東一　1970 年 11 月 21 日）」

「樺太墓参について（北海道知事町村金五　発　外務大臣愛知揆一　宛　1971 年 4 月 2 日　社会第 878 号）」

「樺太墓参団随行記（情内　高橋事務官　1971 年 9 月 13 日）」

『引揚促進請願関係（ソ連、中共地区を含む）歎願書関係　第四巻』〔分類番号 K'-7-1-0-14-2〕

「書簡（S・T 発　外務省宛　1958 年頃）」（原資料では「S・T」は実名）

「書簡（堀江和子発　外務省欧亜局第三課宛　1958 年）」

「歎願書（K・K　発　在モスクワ日本国大使館　宛　1957 年 4 月 15 日）」（原資料では「K・K」は実名）

「書簡（H・M 発　H・T 宛　1957 年 7 月 15 日）」（原資料では「H・M」「H・T」は実名）

「書簡（残留日本人 H・M 発　厚生省宛）」（原資料では「H・M」は実名）

「書簡（H・T　発　在ソヴィエト連邦日本国大使館　宛）」（原資料では「H・T」は実名）

「書簡（I・R　発　引揚援護局　宛　1957 年 6 月 23 日）」（原資料では「I・R」は実名）

「書簡（O・S　発　日本厚生省海外邦人引揚局　1957 年 8 月 8 日）」（原資料では「O・S」は実名）

「書簡（K・Sb　発　××××、××　宛　1958 年 3 月 15 日）」（原資料では「K・Sb」「××××、××」は実名）

「在ソ邦人引揚関係歎願書類送付の件（藤山外務大臣　発　門脇大使　宛　1957 年 10 月 29 日）」

「書簡（N・Y　発　未帰還事務局　宛）」（原資料では「N・Y」は実名）

「書簡（T・H　発　日本国外務省　宛　1957 年 8 月 1 日）」（原資料では「T・H」は実名）

「書簡（M・T　発　1956 年 12 月 5 日記　1958 年 3 月 2 日着信）」（原資料では「M・T」は実名）

「書簡（M・T　発　M・R ほか　宛　1958 年 4 月 3 日）」（原資料では「M・T」「M・R」は実名）

「歎願書（M・R　発　引揚援護局　未帰還調査部第一調査室長　宛　1958 年 5 月 12 日）」（原資料では「M・R」は実名）

「ソ連地域（南樺太）未帰還者 M・T に関する帰国歎願書について（厚生省引揚援護局未帰還調査部　発外務省欧亜局第三課長　宛　1958 年 5 月 21 日　未収第 182 号）」（「M・T」「M・R」は実名）

「歎願書（S・S　発　1958 年 5 月 16 日）」（原資料では「S・S」「S・T」は実名）

「ソ連地域（南樺太）未帰還者Ｓ・Ｔに関する帰国嘆願書について（厚生省引揚援護局未帰還調査部　発　外務省欧亜局東欧課長　宛　1958 年 7 月 21 日　未収第 263 号）」（原資料では「Ｓ・Ｓ」「Ｓ・Ｔ」は実名）

「（手紙）（Ｔ・Ｕ　発　駐ソ日本大使　宛　1957 年 5 月 8 日）」（原資料では「Ｔ・Ｕ」は実名）

「陳情書（Ｔ・Ｕ）（大分県留守家族会会長武内義樹　発　外務大臣藤山愛一郎　宛　1958 年 3 月 25 日）」（原資料では「Ｔ・Ｕ」は実名）

『個別引揚関係　南方地域関係　台湾の部』［分類番号 K'-7-1-0-19-1-4］

「松本××外二名の送還に関する件（在中華民国日本国大使館特命全権大使芳澤謙吉　発　外務大臣岡崎勝男　宛　1953 年 8 月 8 日）」（原資料では「××」は実名）

「台湾地域残留個別引揚希望者の船運賃国庫負担について（引揚援護庁援護局長　発　外務省アジア局長　宛　1953 年 8 月 26 日　援引第 690 号）」

「坂本××の帰国に関する件（在中華民国日本国大使館特命全権大使宮崎　発　外務大臣重光葵　宛　1955 年 1 月 18 日　台普第四四号）」（原資料では「××」は実名）

『ソ連地区邦人引揚関係一件引揚実施関係　第四巻』［分類番号 K'7-1-2-1-3］

「ソ連地区第十二次帰還者　興安丸乗船者名簿」

「樺太引揚（真岡港）出張報告（1957 年 8 月 5 日）」

「在ソ邦人の引揚について（外務省情報文化局発表　1957 年 7 月 13 日）」

「樺太よりの引揚げに関する件（金山欧亜局長宛　1957 年 7 月 29 日）」

「1957 年 7 月 28 日ソ連政府通告によるソ連地域第 12 次帰還者名簿（1957 年 7 月 29 日）」

「樺太引揚（真岡港）出張報告（1957 年 8 月 5 日）」

「ソ連地域第 12 次帰還者および残留状況等について（引揚援護局未帰還調査部　1957 年 8 月 10 日）」

『ソ連地区邦人引揚関係一件引揚実施関係　第六巻』［分類番号 K'7-1-2-1-3］

「ソ連地区第 13 次帰還者　白山丸乗船者名簿」

「ソ連地区第 14 次帰還者　白山丸乗船者名簿」

「樺太からの帰国邦人およびその鮮人家族引取報告書（1957 年 10 月 23 日）」

「在ソ邦人引揚げに関する件（門脇大使発　岸大臣臨時代理宛　1957 年 9 月 20 日）」

「在ソ邦人の引揚について（外務省情報文化局発表　1957 年 9 月 21 日）」

「在ソ邦人引揚げに関する件（門脇大使発　藤山大臣宛　1957 年 12 月 19 日）」

「在ソ邦人引揚に関する件（門脇大使発　藤山大臣宛　1957 年 12 月 24 日）」

「在ソ邦人引揚げに関する件（門脇大使発　藤山大臣宛　1957年12月25日）」
「在ソ邦人引揚の件（藤山大臣発　門脇大使宛　1957年12月26日）」
「在ソ邦人引揚の件（藤山大臣発　門脇大使宛　1958年1月11日）」
「樺太からの帰国邦人およびその鮮人家族引取報告書（1957年10月23日）」

『ソ連地区邦人引揚関係一件引揚実施関係　第八巻』［分類番号 K'7-1-2-1-3］
　「第15次引揚報告書（1958年1月30日）」
　「帰還情報（第15次ソ連引揚）（1958年2月5日）」
　「第15次引揚報告書（1958年1月30日）」
　「第15次引揚報告書（1958年1月30日）」
　「ソ連地区第15次帰還者　白山丸乗船者名簿」
　（「第15次引揚報告書（1958年1月30日）」
　「ソ連地区第15次帰還者　白山丸乗船者名簿」

『ソ連地区邦人引揚関係一件引揚実施関係　第九巻』［分類番号 K'7-1-2-1-3］
　「引揚者引取りに関する件（白山丸発　門脇大使宛　1958年2月4日）」
　「第16次（樺太再開第5次）ソ連地域引揚状況（東欧課　1958年9月8日）」
　「在ソ邦人の引揚げに関する件（門脇大使発　岸大臣臨時代理宛　1958年8月14日）」
　「在ソ邦人の引揚に関する件（門脇大使発　藤山大臣宛　1958年8月19日）」
　「在ソ邦人の引揚げに関する件（門脇大使発　岸大臣臨時代理宛　1958年9月14日）」
　「在ソ日本人の引渡しに関する件（門脇大使発　藤山大臣宛　1959年1月12日）」
　「昭和34年1月28日ソ政府通告による第17次帰還予定者について（外務省厚生省　1959年1月29日）」
　「樺太の邦人引揚げに関する件（法眼臨時代理大使発　岸大臣臨時代理宛　1959年9月10日）」
　「在ソ邦人の引揚げに関する件（1959年9月14日）」
　「ソ連地区第16次帰還者　白山丸乗船者名簿」
　「ソ連地域第17次帰還者及び南樺太地域の残留状況等について（厚生省引揚援護局未帰還調査部長　東亜課長宛　1959年2月18日）」

『ソ連地区邦人引揚関係（中共地区を含む）引揚実施関係　個別』［分類番号 K'7-1-2-1-3-1］
　「昭和39年度引揚希望者の帰国状況（1959年4月2日）」

『ソ連地区邦人引揚関係樺太残留者引揚関係』[分類番号 K'7-1-2-1-7]

「樺太残留邦人の引揚について（1965 年 2 月 4 日）」

「在ソ未帰還邦人の帰国問題について（椎名大臣　発　下田駐ソ大使　宛　1965 年 2 月 18 日）」

「未帰還邦人の帰国問題について（1965 年 3 月 15 日）」

「未帰還邦人の帰国問題（椎名大臣発　下田大使宛　昭和 40 年 3 月 19 日）」

「未帰還邦人の帰還問題ついて（下田大使発　外務大臣宛　1965 年 4 月 27 日）」

「樺太在住者の帰国について（下田大使発 外務大臣宛 1965 年 5 月 6 日）」

「在ソ未帰還邦人の引揚げと在ソ朝鮮人の帰国嘆願書について（昭和 1965 年 5 月 12 日 東欧課）」

「在ソ未帰還邦人の帰国について（外務大臣　発　下田大使　宛　1965 年 5 月 26 日）」

「ソ連籍未帰還者邦人斉×××以下 9 名及びその家族の査証に関する経伺（下田大使発 外務大臣宛　1965 年 6 月 13 日）」（原資料では「×××」は実名）

「ソ連籍未帰還者邦人 23 名およびその家族の査証について（須之部臨時代理大使発　外務大臣宛　1965 年 7 月 8 日）」

「在ソ未帰還邦人の帰国問題について（1965 年 7 月 21 日）」

「樺太地区からの引揚邦人の帰国旅費について（1965 年 7 月 18 日）」

「未帰還者の引揚げについて（1965 年 7 月 23 日）」

「ソ連籍未帰還者邦人四役××以下 4 名およびその家族の査証に関する経伺（須之部臨時代理大使発　外務大臣宛　1965 年 7 月 31 日）」（原資料では「××」は実名）

「ソ連籍未帰還邦人岡林×××以下 4 名およびその家族の査証について（須之部臨時代理大使発　外務大臣宛　1965 年 8 月 7 日）」（原資料では「×××」は実名）

「在ソ未帰還邦人の引揚げ問題（1965 年 8 月 7 日）」

「樺太残留者の引揚げについて（1965 年 8 月 9 日）」

「樺太残留者の引揚げについて（1965 年 8 月 13 日）」

「ソ連籍未帰還邦人福島×××および福島×××ならびにその家族の査証経伺（須之部臨時代理大使発　外務大臣宛　1965 年 8 月 21 日）」（原資料では「×××」は実名）

「在ソ未帰還邦人の引揚げ問題について（1965 年 8 月 30 日）」

「事務連絡（東欧課小林事務官発　在ソ大使館勝間田書記官宛　1965 年 9 月 3 日）」

「事務連絡（在ソ大使館勝間田書記官発　東欧課小林事務官宛　1965 年 9 月 11 日）」

「樺太残留者の引揚げについて（1965 年 9 月 16 日）」

「在ソ未帰還邦人の引揚げについて（1965 年 9 月 27 日）」

「樺太残留者の引揚げ状況について（1965 年 9 月 30 日）」

「樺太残留邦人の引揚げ状況（1965 年 10 月 6 日）」

「樺太残留邦人の引揚状況について（1965 年 10 月 30 日）」

「未帰還邦人の査証経伺（中川大使発　外務大臣宛　1965 年 11 月 1 日）」

「樺太残留邦人の帰国状況について（1965 年 11 月 18 日）」

「ソ連からの抑留邦人の引揚げについて（外務省情報文化局　1965 年 12 月 24 日）」

「樺太よりの引揚者の帰国について（1965 年 12 月 26 日）」

「椎名・グロムイコ会談（中川大使発　外務大臣宛　1966 年 1 月 19 日）」（原資料では、日付が「1965 年」になっているものの内容から見て 1966 年の誤記と本書では判断した）

「樺太からの邦人引揚げについて（中川大使発　外務大臣宛　1966 年 3 月 23 日）」

『太平洋戦争終結による旧日本国籍人の保護引揚関係雑件　朝鮮人関係』［分類番号 K'7-2-0-1-2］

「ソ連よりの引揚者名簿中に含まれる朝鮮人一四六名の取扱いについて（1957 年 3 月 27 日　アジア一課）」外務省

「在ソ韓国人の渡日請願に関する件（平山×× 発　1957 年 4 月 27 日）」（原資料では「××」は実名）

「請願書（鄭××、姜×× 発　外務大臣藤山愛一郎宛　1957 年 7 月 30 日）」（原資料では「××」は実名）

「在ソ朝鮮人の渡日請願に関する件（藤山大臣発　在ソヴィエト連邦門脇大使宛　1957 年 9 月 6 日）」

「樺太在住朝鮮人の本邦入国方陳情に関する件（法務事務次官　1957 年 11 月 14 日）」

「樺太在住韓国人の帰国に関する件（日本赤十字社外事部長発　外務省欧亜課長・北原秀雄宛　1965 年 8 月 9 日）」

「樺太抑留韓国人に関する陳情書（樺太抑留帰還韓国人会　日本赤十字社宛　1965 年 11 月 24 日）」

国文学研究資料館所蔵 『サハリン残留韓国人帰還運動関係資料』

「引揚者名簿（樺太帰還在日韓国人会、1978 年）」［06-0-0-0］。

「樺太裁判実行委員会ニュース　第 47 号」［37-2］。

「樺太抑留韓国人帰還請求訴訟裁判　趣意書（樺太抑留韓国人帰還請求訴訟裁判実行委員会）」［37-18］。

「カラフト抑留者留守家族支援の会（1982 年 6 月）」［37-27］。

「アジアにたいする戦後責任を考える会　趣意書」［37-28-2］。

在日韓人歴史資料館所蔵 『李義八氏寄贈資料』

「樺太抑留同胞帰還希望者名簿 A（樺太抑留帰還韓国人会、1967 年 6 月）」（閲覧『이희팔 기증기록물 CD-1』국가기록원, 2012 년）。

「樺太抑留同胞帰還希望者名簿 B（樺太抑留帰還韓国人会、1967 年 6 月）」（閲覧『이희팔 기증기록물 CD-1』국가기록원,2012 년）。

「役員会の事項（樺太帰還在日韓国人会、1988 年 5 月 21 日）」（閲覧『이희팔 기증기록물 CD-2』국가기록원, 2012 년）。

「サハリン再会支援会　発足の挨拶（1988 年 5 月）」（閲覧『이희팔 기증기록물 CD-2』국가기록원,2012 년）。

「サハリン再会支援会　解散のご挨拶（1989 年 2 月）」（閲覧『이희팔 기증기록물 CD-2』국가기록원, 2012 년）。

「書簡（李義八　発　新井佐和子　宛（1993 年）」（閲覧『이희팔 기증기록물 CD-3』국가기록원,2012 년）。

「経歴書（作成年不明）」『李義八氏寄贈資料』（閲覧『이희팔 기증기록물 CD-3』국가기록원,2012 년）。

旧サハリン公文書館（Государственный архив Сахалинской области, 現サハリン歴史文書館）所蔵資料

ГАСО. Ф. 3ис. Оп. 1. Д. 27.

ГАСО. Ф. 171. Оп. 1. Д. 7.

ГАСО. Ф. 171. Оп. 1. Д. 26. な お 原 文 は、Г.И. Дударец, *Исторические Чтения №2*（ГАСО、1994, с. 85-87）による。

ГАСО. Ф. 171. Оп. 3. Д. 6.

中華民國中央研究院近代史研究所檔案館所蔵資料

「蘇聯與偽蒙」『外交部檔案（119.2/90001）』中華民國中央研究院近代史研究所檔案館藏。

○　日本国政府 Web 公開資料

日本国国会会議録（国立国会図書館国会会議録検索システム　http://kokkai.ndl.go.jp/）

「第 24 回国会衆議院　海外同胞引揚及び遺家族援護に関する調査特別委員会（21 号）」1956 年 10 月 29 日。

「第 26 回国会衆議院　海外同胞引揚及び遺家族援護に関する調査特別委員会海外同胞引揚に関する小委員会（1 号）（1957 年 8 月 12 日）」

「第 27 回国会参議院 社会労働委員会（6 号）」1957 年 11 月 12 日。

「第 28 回国会衆議院　海外同胞引揚及び遺家族援護に関する調査特別委員会（3 号）」1958

年2月19日）。

「第40回国会衆議院 社会労働委員会（27号）」1962年4月11日。

「第113回国会衆議院 沖縄及び北方問題に関する特別委員会（3号）」1988年12月14日。

「第125回国会　外務委員会（第2号）」1992年12月4日。

各省庁 Web サイト公開資料

『日露間領土問題の歴史に関する共同作成資料集』（日本国外務省、ロシア連邦外務省、1992年）日本国外務省 Web サイト

　　https://www.mofa.go.jp/mofaj/area/hoppo/1992.pdf［最終閲覧日：2018年11月3日］。

『出入国管理：出入国管理業務をご理解いただくために　2017年度版』（日本国法務省入国管理局）日本国法務省 Web サイト

　　http://www.moj.go.jp/content/001234249.pdf［最終閲覧日：2018年8月29日］。

「中国残留邦人とは」日本国厚生労働省 Web サイト

　　https://www.mhlw.go.jp/stf/seisakunitsuite/bunya/hokabunya/senbotsusha/seido02/index.html［最終閲覧：2018年10月21日］。

「中国残留邦人等への支援」日本国厚生労働省 Web サイト

　　http://www.mhlw.go.jp/stf/seisakunitsuite/bunya/hokabunya/senbotsusha/seido02/［最終閲覧：2016年12月31日］。

「樺太等帰国者の年度別帰国状況（平成元年度以降）平成26年3月31日」厚生労働省 Web サイト

　　http://www.sien-center.or.jp/about/ministry/karafuto.html　［最終確認：2014年6月4日］。

「中国残留邦人等の円滑な帰国の促進並びに永住帰国した中国残留邦人等及び特定配偶者の自立の支援に関する法律」（平成6年法律第30号）日本国総務省 e-Gov

　　http://elaws.e-gov.go.jp/search/elawsSearch/elaws_search/lsg0500/detail?lawId=406AC1000000030　［最終閲覧：2018年10月21日］。

○　民間団体所蔵資料、団体紙

日本サハリン同胞交流協会、日本サハリン協会所蔵資料

『未帰還者名簿』日本国厚生省、1984年。

『サハリン残留日本人の故国訪問実現についてのお願い（原文兵衛宛　昭和63年10月18日）』日本サハリン同胞交流協会所蔵、1988年。

『サハリン（旧樺太）に在留する同胞の早急な一時帰国実現に関する請願（参議院議長　土屋義彦宛　1990年3月6日）』日本サハリン同胞交流協会所蔵、1990年。

『要請書（全国樺太連盟会長佐佐木清、樺太（サハリン）同胞一時帰国促進の会発　厚生大臣津島雄二宛　1990 年 3 月 15 日）』日本サハリン協会所蔵、1990 年。

『要請書（厚生大臣津島雄二宛　1990 年 3 月 15 日）』日本サハリン協会所蔵。

『要請書（厚生省援護局長末次彬宛　1990 年 3 月 15 日）』日本サハリン協会所蔵。

『要請書（外務大臣中山太郎宛　1990 年 3 月 15 日）』日本サハリン協会所蔵。

『要請書（外務省欧亜局長都甲岳洋宛　1990 年 3 月 15 日）』日本サハリン協会所蔵。

『北朝鮮に居る肉親』日本サハリン同胞交流協会、1990 年。

『お礼とお願い（樺太（サハリン）同胞一時帰国促進の会　第一次集団帰国団発　外務大臣中山太郎宛　1990 年 5 月 29 日）』日本サハリン同胞交流協会所蔵、1990 年。

『物故者名簿』日本サハリン同胞交流協会、1991 年。

『誓約書（樺太（サハリン）同胞一時帰国促進の会発　外務大臣・渡辺美智雄宛　1992 年 3 月 30 日）』日本サハリン同胞交流協会所蔵、1992 年。

『厚生省援護局の不当な言い分に関する緊急のお願い（五十嵐広三宛　1992 年 4 月 15 日）』日本サハリン同胞交流協会所蔵、1992 年。

『書簡（厚生大臣　社会・援護局長　援護担当審議官宛　1992 年 10 月 22 日）』日本サハリン同胞交流協会所蔵、1992 年。

『樺太及び旧ソ連本土からの永住帰国者名簿の送付について（国民年金に係る特例措置関連）（社援一調第 164 号　1996 年 3 月 26 日　厚生省社会・援護局業務第一課長発　各都道府県民生主管部（局）長宛）』日本サハリン協会所蔵、1996 年。

日本国厚生省編『樺太及び旧ソ連本土からの永住帰国者名簿』日本サハリン同胞交流協会所蔵、1996 年。

『北朝鮮関係』日本サハリン同胞交流協会、1998 年。

日本サハリン同胞交流協会編『樺太（サハリン）同胞一時帰国促進の会・日本サハリン同胞交流協会　10 年の歩み』日本サハリン同胞交流協会所蔵、2000 年。

『総会名簿』日本サハリン同胞交流協会、2000 年。

『物故者名簿』日本サハリン同胞交流協会、2011 年。

『総会名簿』日本サハリン同胞交流協会、2011 年。

『一時帰国者一覧』日本サハリン同胞交流協会、2011 年。

『永住帰国者一覧』日本サハリン同胞交流協会、2011 年。

『帰国促進会ニュース』（樺太（サハリン）同胞一時帰国促進の会）

『帰国促進会ニュース』第 1 号（1989 年 12 月 16 日）

『帰国促進会ニュース』第 2 号（1989 年 12 月 23 日）

「"一時帰国の運動は売名行為"と中傷」『帰国促進会ニュース』第 7 号（1990 年 6 月 30 日）

「結成から 1 年、ご協力によってサハリン問題は大きく展開」『促進会ニュース』第 10 号（1991 年 1 月 1 日）

『ふるさとサハリン』（日本サハリン同胞交流協会）

「サハリンでも大陸でも、死亡者相次ぐ」『ふるさとサハリン』通号 20 号、1993 年

『樺連情報』（全国樺太連盟）

「引揚者に職と住居を　連盟から関係当局に懇請」『樺連情報』第 97 号（1957 年 8 月）。

「かけ引きの具に　問題の二百十九名の帰還」『樺連情報』第 97 号（1957 年 8 月）。

「樺太から同胞帰る　帰国者の表情」『樺連情報』第 102 号（1958 年 2 月）。

「まだ五百余名残留か 第六次樺太引揚げ終る」『樺連情報』第 114 号（1959 年 3 月）。

附表　サハリン残留日本人関連年表

年	事項　（【】内は主たる関連地域・国家。サ…サハリン、樺…樺太、日…日本、露…ロシア帝国、ソ…ソ連、韓…韓国）
1855	【サ】日露通好条約（サハリン島の日露国境定めず）
1868	【日】王政復古の大号令
1875	【サ】樺太千島交換条約（サハリン島全島がロシア帝国領、千島全島が日本領に編入）
1905	【サ】日露戦争、ポーツマス条約（サハリン島北緯50度線以南が日本領編入＝樺太）
1907	【樺】樺太庁施政開始、日本人の移住者を招来
1910	【日】日韓併合（大韓帝国領が日本領に、大韓帝国民が日本帝国臣民に編入）
1917	【露】ロシア革命
1920	【サ】尼港事件、日本軍が北樺太保障占領を開始
1925	【サ】日ソ基本条約発効（北樺太保障占領終了、日本軍撤退、朝鮮人の樺太移住）
1939	【日】国家総動員法（動員朝鮮人の渡樺開始）
1945	【樺】8月11日：ソ連樺太侵攻（日ソ戦争）、13〜23日：緊急疎開、脱出（以後、密航に）
	【日】9月：日本政府降伏文書に調印
	【サ】9月：南サハリン民政局設置
1946	【サ】2月：ソ連政府が南サハリンのクリルの領有化宣言、旧住民への国内身分証発行準備開始
	【サ】12月：米ソ引揚げ協定、サハリンからの日本人引揚げ（前期集団引揚げ）開始
1948	【日】「全国樺太連盟」結成
1949	【サ】7月：引揚げ終了（サハリン残留日本人約1.5千人、残留朝鮮人約2.4万人）
1950	【ソ】ソ連がタス通信を通じてシベリア抑留者の送還完了と発表
1952	【日】サンフランシスコ講和条約発効（日本政府は樺太領有権放棄、朝鮮人の日本国籍不承認）
1953	【ソ】ソ連・樺太地区後期引揚げ開始（シベリア抑留者の送還）
1955	【日】「南樺太返還期成同盟」結成
1956	【日ソ】12月：日ソ共同宣言発効、第11次ソ連・樺太地区後期引揚げ（「総ざらい引揚げ」）
1957	【サ】3月：第12次ソ連・樺太地区後期引揚げ（第1次サハリン冷戦期集団帰国）
1958	【日】朴魯学らが「樺太抑留帰還韓国人会（樺太帰還在日韓国人会）」結成
1959	【サ】9月：ソ連政府集団帰国方式終了を通告（以後、サハリン冷戦期個別帰国に一本化）
1961	【ソ】7月：ソ連政府、戦後初のソ連領内の日本人墓参を許可
1965	【日】1月：日本政府が、大使館、赤十字社宛の大量の帰国嘆願書に対応開始（大量個別帰国）

	【日】5月：日本政府内三省協議で残留日本人帰国「一定のところで打切ることが必要」発言 【サ】7月：戦後初の樺太墓参実施 【日】12月：日韓条約発効（日本と韓国の国交樹立）
1970	【日】「サハリン友好親善墓参団」開始
1975	【日】日本政府を被告とする「樺太残留者帰還請求裁判（樺太裁判、サハリン裁判）」開始
1976	【サ】ナホトカ四老人事件、梅村秀子事件
1977	【サ】都万相事件
1985	【日】「サハリン平和の船」開始
1986	【ソ】ソ連政府、出入国管理規則を改正緩和
1988	【日】5月：堀江和子「樺太抑留帰還韓国人会」を脱退、「サハリン再会支援会」立ち上げ 【サ】8月：残留朝鮮人韓国永住帰国第1号 【サ】9月：残留朝鮮人の日本経由での韓国一時帰国開始 【日】12月：日本国国会で厚生省援護局課長がサハリン残留日本人の「自己意思残留」発言
1989	【サ】3月：サハリン州の外国人立入禁止区域指定解除、5月：日本人観光団第1号訪島 【日韓】日韓の赤十字が帰国支援のための「在サハリン韓国人支援共同事業体」を設立 【日】「樺太裁判」取り下げ 【日】12月：「樺太（サハリン）同胞一時帰国促進の会」発足
1990	【サ】5月：サハリン残留日本人の第1次集団一時帰国団訪日（ポスト冷戦期一時帰国開始） 【サ】6月：日本国外務省、厚生省によるサハリン現地調査 【サ】8月：コンスタンチン君事件 【韓ソ】9月：韓ソ国交樹立 【日】11月：「サハリン友好議員連盟」発足 【サ】12月：「サハリン北海道人会（日本人会）」発足
1991	【サ】11月：日本へのポスト冷戦期永住帰国第1号 【ソ】12月：ソ連解体
1992	【日】12月：「日本サハリン同胞交流協会」発足

出典：筆者作成。

要　旨

中山大将『サハリン残留日本人と戦後日本：樺太住民の境界地域史』
国際書院、2019 年

　サハリン残留日本人の存在は、中国残留日本人同様に戦争の悲劇として、戦後
日本、とりわけ 1990 年代以降において認識されてきた。これに対して本書は、
残留を戦争ではなく境界変動という観点から捉え直す試みであり、境界変動が住
民に与える影響を明らかにすることを目指す。

　第 1 章では、移民研究や日本植民地研究などの研究分野の成果に批判的検討を
加え、多文化主義研究や境界研究などの概念をふまえ、従来前近代に限られて提
起されていた境界地域史という概念を近現代にまで広げて理解する本書の理論的
枠組みを提示した。その特徴は、(1) 従来の地域横断的研究は日本帝国を中心と
する単心同心円構造から近現代東アジア史を論じる傾向が強かったが、境界地域
史研究では境界地域を複数の帝国の影響の交錯する場として多心同心円構造から
近現代東アジア史を論じること、(2) 従来の近現代東アジア史研究では半ば本質
化された「国民／民族」をジェンダーや職業などと同様に個々人の属性のひとつ
として分析を行なうこと、(3) 国家的抑圧を、植民地主義や帝国主義といった資
本主義特有の現象とは理論化せず近現代国民国家特有の構造と人間社会に普遍的
な構造とに分けて理解すること、(4) 国民国家の理念との間に矛盾を生む境界変
動や人の移動／残留などの現象に着目すること、である。

　第 2 章では、日本帝国の拡大を中心に近現代東アジアの境界変動を総覧し、境
界変動が旧住民の退去や新住民の移住という人口移動のほか、旧住民の残留とい
う現象も引き起こしており、残留が日ソ戦後の特殊な現象ではなく、近現代東ア
ジアにおいて普遍性を持つ現象であることを明らかにした。

　第 3 章では、戦後サハリンをめぐる旧住民の退去と残留、新住民の移住と、そ
れらに関連する運動の全体像を現在までの時間的範囲で明らかにした。

　第 4 章では、サハリン残留日本人の研究上の定義を行なった上で、サハリン残
留日本人関連名簿類 13 種延べ 4,908 名分の情報を照合し、さらに帰国支援団体
の協力を得て追加調査を加えて、その数量的把握を行なった。本書におけるサハ
リン残留日本人の定義とは、(1) 1949 年 7 月 23 日の時点でサハリン州に居住
していた、あるいは同地域内に居住歴を持ちながらそれまでにソ連施政域内の別

地域へ移動し居住していた、(2) 日本帝国期に親のいずれか一方が内地あるいは樺太に本籍地があったか、そのように考えられる、の二つの条件を満たす人々である。出生年については、1945 年 8 月 10 日、1946 年 12 月 31 日、1949 年 7 月 23 日の三つの基準を用いた。この定義に基づく数量的把握により、(1) 定義に適うサハリン残留日本人は 1,348 ～ 1,560 名であること、(2) 女性比率は 66 ～ 71% であること、(3) 出生年には 1924 ～ 1929 年と 1947 ～ 48 年のふたつのピークがあること、(4) 前記ピークの前者にはほかの時期に比して男女比が女性に著しく偏っていること、(5) 後者のピークは前者のピークの女性たちが戦後に朝鮮人男性と世帯形成を行ない出産したために生まれたと考えられること、(6) 冷戦期帰国によってサハリン残留日本人の約 7 割が日本へ永住帰国していること、(7) ポスト冷戦期に入ると毎年の永住帰国者数を毎年の死没者数が徐々に上回るようになったこと、(8) サハリン残留日本人の約 7 割が朝鮮人と日本人から成る朝日世帯を残留背景とし、残りの 3 割がソ連当局による拘留や一部熟練労働者に対する引き留め、あるいは身分証等の紛失などその他の事由を残留背景としていたと推計できること、を明らかにした。

　第 5 章では、日本国外交史料館資料を主に用い、1957 ～ 59 年に行なわれたサハリンからの冷戦期集団帰国と 1976 年まで続いた冷戦期個別帰国とからなる冷戦期帰国について、(1) 冷戦期集団帰国は日ソ国交正常化直後に実施されたシベリア抑留者の「総ざらえ引揚げ」との連続性の中で実施されたこと、(2) 日本政府はサハリン残留日本人の全体像もソ連側の送還計画も充分に把握できないまま、配船と受け入れを行なったこと、(3) ソ連は日本や国際社会の耳目を集める集団帰国方式をきらい、帰国希望者数の減少を理由に 1959 年で集団帰国方式を廃止し個別帰国方式に一本化、その後年間帰国者数は激減するものの、1965 年の大量帰国が企図された際も日本側の集団帰国方式の申し入れをソ連政府は拒み個別帰国方式が採用されたこと、(4) 個別帰国においては出国地点であるナホトカまで（当初は日本まで）の旅費が自己負担となったため、帰国には経済的余裕が要されたこと、(5) 冷戦期帰国者のうち日本人は独自の残留者帰国促進運動などは起こさなかったものの、日本人世帯員に同伴帰国した朝鮮人の一部はサハリン残留朝鮮人の帰還促進運動のために「樺太帰還在日韓国人会」を日本国内で結成し、その活動によって収集された情報からサハリン残留朝鮮人の約 2 割が帰国先として韓国ではなく日本を希望していたこと、を明らかにした。

　第 6 章では、サハリン残留日本人の冷戦期帰国が 1966 年以降停滞し、1977 年

以降途絶した原因について、日本国外交史料館資料、国会会議録、当事者の聞き取り調査、引揚者団体刊行物から、(1) 冷戦期集団帰国をめぐって、日本への入国を希望する朝鮮人により、偽装結婚朝日夫婦や自称日本人朝鮮人などの不法入国容疑朝鮮人問題が起き、日本国国会で問題視されるとともに、冷戦期帰国事業に対する日本政府内の消極的態度の要因のひとつとなったこと、(2) 不法入国容疑朝鮮人問題の発生背景として、日本帝国期の本籍地を基に日本人と朝鮮人の線引きを行なった日本政府と戦後に発行した国内身分証の民族籍欄にその根拠を求めたソ連政府との住民管理方法の差異、および日本帝国期に形成されていた朝日世帯の日ソ戦時戦後の家族離散が挙げられること、(3) 外交史料館に残された帰国嘆願書類は冷戦期帰国のためにサハリン残留日本人と日本政府各機関、日本国内自治体、日本の家族がソ連から出国許可を得るための書類をそろえるために作成された一連の書類であること、(4) サハリン残留日本人女性の一部が日本政府に宛てた帰国嘆願書からは戦後に朝日世帯を形成したことを理由に日本の家族から日本への帰国を拒まれていると危惧していることが読み取れること、(5) 樺太引揚者団体である全国樺太連盟はサハリン残留日本人に無関心であったわけではないものの、「総ざらえ引揚げ」によって旧要人の日本への送還が完了したこと、それに続くサハリンからの冷戦期集団帰国の大部分が朝日世帯であること、日ソ国交正常化前後に領土返還運動を起こしたことから、その後サハリン残留日本人の帰国問題に積極的な態度をとらなかったこと、(6) 1966 年以降の停滞は、それまでの帰国実現により帰国条件を備えた残留日本人が減少していたこと、在日朝鮮人の増加とソ連育ち世代の社会統合コストを懸念した日本政府の残留日本人帰国事業への消極化、残留日本人の人道問題化を回避したいソ連政府の思惑、の三者が重なることによって発生したこと、(7) 1977 年以降の帰国者途絶は、前記に加えて 1970 年代中盤に起きた梅村秀子事件、都万相事件によって、日本や韓国への帰国意思表明が危険な行為であると認識されるようになったことが背景にあること、(8) 1988 年の日本国国会において、厚生省担当者がその段階で消息が判明している残留日本人は「自己意思残留」者であると明言するに至るが、その背景として樺太墓参に随行した外務省職員の報告や駐ソ連日本国大使館経由のソ連政府提供情報の中で自己意思残留者の存在が繰り返されたことが挙げられること、を明らかにした。

　第 7 章では、外交史料館資料やサハリン残留日本人への聞き取りから、冷戦期のサハリン残留日本人の状況について、(1) 1965 年以降、元住民による樺太墓

参が実現したが、あくまで墓参が主目的であり残留日本人の実態調査や離散家族再会は企図されなかったこと、(2) 墓参が元住民と残留日本人の接触を発生させただけではなく、それまで相互に認知していなかった残留日本人同士が交流を深める重要な契機となり、なおかつそこで結ばれた関係性がポスト冷戦期の帰国運動につながるものであったこと、(3) 冷戦期において残留日本人の中には一時帰国を希望する声が少なくないことを日本政府は把握していたにもかかわらず自ら一時帰国事業を実施することはなかったこと、(4) ただし、冷戦期においても個別の一時帰国の事例は見られたこと、(5) 残留の継続の背景として、朝鮮人夫や成長して主体性を持つようになった子どもの反対、サハリンでの生活の安定による日本帰国後の生活不安、日本社会における朝鮮人差別への危惧、ソ連政府による出国不許可などが挙げられること、(6) 戦後の朝日世帯形成の経緯と動機については自由恋愛と不本意な結婚という二面性を持ち、同様に冷戦期における帰国・残留意志をめぐってもきわめて低い境界の透過性が前提となっており、結婚の自発／強要、自己意思残留の真否というような単純な二値的理解には限界があること、を明らかにした。

　第8章では、帰国支援団体の内部資料や会報誌、関係者への聞き取り調査から、1990年以降に始まったポスト冷戦期帰国について、(1) 1980年代末からの日本とサハリンの間の境界の透過性の上昇は、サハリンを再訪する元住民の数と質的多様性を増加させ、サハリン残留日本人帰国支援運動のための団体「樺太（サハリン）同胞一時帰国促進の会」（のちの「日本サハリン同胞交流協会」）が元住民を中心に日本国内で発足したこと、(2) この帰国支援運動は冷戦期から起きていたサハリン残留朝鮮人帰還促進運動の手法や人的資源を活用していたこと、(3) 一時帰国団の実現によって、サハリンにおける一部の残留日本人同士のプライベートな交流グループが、サハリン全体の残留日本人の団体「サハリン北海道人会（日本人会）」へと発展し帰国促進を図るようになったこと、(4) 引揚者団体は、内部の領土返還運動積極派の存在や残留日本人問題の切実さへの理解の深度から帰国促進運動を担う主体にはなり切れず、初期は協力関係にあったものの、結局は前記の新たな団体が帰国支援運動を担うことになったこと、を明らかにした。

　境界変動が住民に与える影響を明らかにするために上記の知見をふまえ、残留日本人を日本人引揚者、残留朝鮮人の2つの集団と比較することで、(1) 日本人引揚者の中にはサハリンへの帰還権を求める声は起きず領土返還のみが要求さ

れ、冷戦期、ポスト冷戦期双方における残留日本人や残留朝鮮人の永住帰国が必ずしも離散家族家庭への再統合や出身地への帰還を意味せずあくまで地理空間としての〈故郷〉ではなく生活空間としての〈祖国〉での居住実現が優先されたことが示すように、境界変動によって元住民は、退去者（広義の引揚者）も残留者も〈祖国〉の一部としての〈故郷〉を喪失したと言えること、(2) 残留は再境界化過程（1945 年 8 月～ 49 年 7 月）における退去（引揚げ）の不徹底によって発生し、跨境化過程（1949 年 7 月以降）における境界の透過性の低位状態によって継続し、境界変動以前の生活圏との分断が発生したこと、(3) ただし、残留の継続をもたらすのは前記の透過性の低位状態のような国際的なマクロレベルの要因だけではなく、本人の生活不安や離散家族と現在の家族の双方の意向などの私的なミクロベレベルの要因も重大な要素であること、が明らかになった。

Summary

NAKAYAMA Taisho
Remaining Japanese in Sakhalin and Post-war Japan:
Post-war History in the Japan-Soviet Borderland
Tokyo: Kokusai Shoin, 2019

Remaining Japanese in Sakhalin as well as Remaining Japanese in China was recognized as a tragedy of war in post-war Japan, especially after the 1990s. This book discusses the remaining phenomenon not from the view of war but from the view of border shifting. It examines the influence of border shifting on borderland people.

In the first chapter, the author discusses the concepts and outcomes of migration studies, Japanese colonial studies, multiculturalism and border propounded studies. This leads him to propose borderland history as a suitable theoretical framework. This is for four reasons. Firstly, conventional trans-regional studies have tended to discuss modern East Asian history using a mono-centric circle structure that places the Japanese empire at the center of modern East Asia. In contrast, borderland historical studies have attempted to discuss modern and contemporary East Asian history from the perspective of a poly-centric circle structure regarding the borderland as an arena of competing interests for empires. Secondly, the concept of "nation" has been (re)essentialized by conventional modern and contemporary East Asian historical studies. On the other hand, borderland historical studies have recognized the concept of "nation" as one of individual qualities such as gender and class etc. Thirdly, borderland historical studies did not recognize the oppression of the state as a phenomenon derived only from colonialism and imperialism specific to capitalism but divided it into a structure specific to the modern nation-state and a structure universal to human societies. Fourthly, borderland historical studies discussed phenomena such as border shifting and migration/remaining which generated contradictions against the ideas of nation-state.

In the second chapter, the author examined border shifting in modern and contemporary East Asia, especially the regions under the Japanese Empire's domination and pointed out that border shifting caused not only earlier inhabitants to be removed and new inhabitants to arrive but also the earlier inhabitants to remain in situ. This indicates

356

that remaining was not a phenomenon specific to the Japan-Soviet war but was a universal phenomenon in modern and contemporary East Asia.

In the third chapter, the author analyses the earlier inhabitants removal from and remaining in Sakhalin, the new inhabitants migration to Sakhalin in the post war era and related social movements.

In the fourth chapter, the author provides an academic definition of "remaining Japanese in Sakhalin" and examines the total of 4.908 persons in sixteen kinds of lists related to remaining Japanese in Sakhalin. He also uses additional research conducted with the supporting organization for return of remaining Japanese in Sakhalin.

The definition of a remaining Japanese in Sakhalin is an individual who: (1) lived in Sakhalin oblast as of July 23rd, 1949 or who had lived in the area but moved to another area in the USSR and; (2) one or both of the parents had legal registration in the main lands of the Japanese Empire or Karafuto, or is highly likely to have had. The author adopted three criteria for the birth year; (1) August 10th, 1945, (2) December 31st, 1946, (3) July 23rd, 1949. Based on this definition, the research indicates: (1) the number of remaining Japanese in Sakhalin was between 1,348 to 1,560 people; (2) the female proportion of the population was 66-71%; (3) there were two peaks of birth year, 1924-1929 and 1947-1948; (4) compared with other times, the female proportion was much higher in the first peak; (5) this indicated that the second peak was generated by children of female Japanese of the first peak married with male Koreans after the war; (6) almost 70 % of remaining Japanese in Sakhalin retuned to Japan in the cold-war era; (7) in the post cold-war era, the number of annual deceased surpassed the number of annual permanent returnees; and (8) it was possible to estimate that almost 70% of remaining Japanese in Sakhalin belonged to Korea-Japanese households and the remaining 30% of them were made to stay by the USSR authorities because of one or more of the following - they had committed a crime, they held important technical skills, they had lost their identification cards or for another reason.

In the fifth chapter, the author examined the documents of Diplomatic Archives of the Ministry of Foreign Affairs of Japan and evaluated the cold-war return from Sakhalin (collective return from 1951 to 1976 and individual from 1951 to 1976). He argues (1) the cold-war collective return was a continuation of repatriation of Japanese interned in Siberia executed just after Soviet–Japanese Joint Declaration of 1956. (2) the Japanese government had to prepare the ships for the collective returns and accepted returnees including Koreans without any idea of the total number of remaining Japanese in Sakhalin and the plan of the Soviet government. (3) the Soviet government attempted to avoid collective return because it might suggest to an international audience the responsibility of the USSR for remaining Japanese (the Soviet government changed over the return style from collective return to individual return in 1959 unilaterally and rejected the proposal of collective return by the Japanese government in 1965 when mass returns were expected). (6) the cold-war Japanese returnees did not organize any social movement for promoting the return of the remaining Japanese. However some of the Koreans who returned to Japan with their Japanese wives organized "*Karafuto Kikan Zainichi Kankokujin Kai* (Association of Koreans in Japan returned from Sakhalin)" in Japan for promoting the return of the remaining Koreans in Sakhalin. The information collected through the Association indicated that almost 20% of remaining Koreans in Sakhalin had the intention to return not to the Republic of Korea but to Japan.

In the sixth chapter, the author examines the documents of the Diplomatic Archives of the Ministry of Foreign Affairs of Japan, the records of the National Diet of Japan, interviews of the persons concerned and the publications of the repatriate organization. He discusses the reason that the number of the cold-war returnees of remaining Japanese in Sakhalin decreased rapidly after 1966 and no returnees appeared after 1977. The reasons are (1) the existence of Koreans suspected of being illegals who formed relationships of convenience as Korean-Japanese couples and Koreans pretending to be Japanese was criticized in the National Diet of Japan and it caused a negative attitude of the Japanese government toward the cold-war return of remaining Japanese in Sakhalin. (2) the origins of this issue were the difference of resident registration systems between Japan and USSR, and Korean-Japanese households dispersed in and after the Japan-Soviet war. (3) the petitions for return from Sakhalin in the Diplomatic Archives of the Ministry of Foreign Affairs of Japan were documents that remaining Japanese, their families in Japan, ministries of the Japanese government and autonomous associations in Japan made for submission to the authorities of USSR to permit return. (4) an examination of some of letters from female remaining Japanese to their families in Japan revealed that they were afraid that their families would refuse to accept their return to Japan because of their Korean husbands.

(5) the integrated organization for repatriates from Karafuto (Southern Sakhalin under the Japanese Empire), the All Japan Federation of Karafuto (*Zenkoku Karafuto Renmei*) had been concerned with remaining Japanese in Sakhalin. However, the organization's attitude toward promoting return of remaining Japanese stalled because all of the former important persons interned in Siberia were sent back to Japan just after the Soviet–Japanese Joint Declaration of 1956 and they launched the social movement for the restoration of Karafuto around 1956. (6) the decline in return from Sakhalin after 1966 had three causes - a decrease of remaining Japanese who met the requirement for return, the negative attitude of the Japanese government toward return because of the social costs for the integration of children born after the war and for the integration of the Japanese women's Korean husbands, and the intention of the USSR to avoid international concern for remaining Japanese as a humanitarian problem. (7) in addition to the above, the Umemura Hideko incident and Do Man-sang incident occurred in the middle of the 1970s and made remaining Japanese and Koreans recognize that expressing their will to return to Japan or Republic of Korea was dangerous. (8) an officer of the Ministry of Health and Welfare of Japan declared that remaining Japanese in Sakhalin in contact with the Japanese government were persons remaining in Sakhalin of their own will. This statement was influenced by descriptions in the reports of visits to Japanese graves in Sakhalin written by officers of the Ministry of Foreign Affairs of Japan and information provided by the authorities of the USSR via the Embassy of Japan in the USSR.

In the seventh chapter, the author examined the documents of the Diplomatic Archives of the Ministry of Foreign Affairs of Japan and interviews of remaining Japanese and considers the situation of remaining Japanese in the cold-war era; (1) visits to Japanese graves in Sakhalin were realized after 1965. However, the purpose was a visit to Japanese graves and therefore the Japanese government did not plan any investigation on remaining Japanese nor reunion of dispersed Japanese families. (2) visits to Japanese graves in Sakhalin gave remaining Japanese important opportunities not only to meet mainland Japanese but also to exchange information about remaining Japanese unknown to each other. Moreover, the relationship built in that time led up to the social movement for return in the post cold-war. (3) the Japanese government did not plan temporary return to Japan though they acknowledged that many remaining Japanese wished to do so. (5) opposition of Korean husbands or children, anxiety about the lives of and discrimination against Koreans in Japan, and the rejection of exit applications to the authorities of the USSR caused the continuation of remaining. (6) the process and motivation of the formation of Korean-Japanese households in the post war era had two aspects -- love marriage and unwilling marriage--, equally, the choice of returning/remaining had an assumption of extremely low permeability, therefore, there is a limitation to understand these issues from a viewpoint of antinomy.

In the eighth chapter, the author examines internal documents and newsletters of supporting organizations for returning from Sakhalin in the post cold-war era and evaluates on the post cold-war return after 1990; (1) the rise of permeability between Sakhalin and Japan after the end of 1980s caused the increase in the number and kinds of visitors from Japan to Sakhalin, including many former Japanese residents, and some of them organized a social movement in Japan for promoting to return from Sakhalin (Association for encouragement of return of Japanese in Sakhalin / *Karafuto (Sakhalin) Dōhō Ichiji-Kikoku Sokushin no Kai)* in Japan. (2) this movement exploited the methods and human resources of the Movement for encouragement of return of Koreans in Sakhalin organized at the end of 1950s. (3) the realization of the first collective temporary return led to the creation of a private social group of remaining Japanese formed in the cold-war era into "Association of Japanese (Hokkaidoan) in Sakhalin." (4) initially, the integrated organization of repatriates cooperated with the social movement for return. However, the integrated organization for repatriates from Karafuto (the All Japan Federation of Karafuto) did not have enough motivation to shoulder the whole of the social movement for return. The All Japan Federation of Karafuto was more concerned with the movement for the restoration of Karafuto. The Association for encouragement of return of Japanese in Sakhalin played the chief role in the social movement for return.

In the final chapter, the author compares remaining Japanese in Sakhalin with Japanese repatriates from Karafuto and remaining Koreans in Sakhalin; (1) repatriates did not claim their own right to return to Sakhalin but claimed the restoration of Karafuto, on the other hand, the permanent returns of Japanese and Koreans in the cold-war era and the post cold-war era did not necessarily mean re-integration of dispersed families nor return to their ancestral land. They postponed life in their "homeland" to life in geographical "hometown" and both people lost "hometown" as a part of "homeland" through border shifting. (2) Remaining was generated by imperfect removal in re-borderization and continued by low permeability in trans-borderization with isolation from the olprevious spheres of livelihood. (3) Micro-level factors such as individual anxiety for life and intentions of dispersed families or present household members as well as macro-level factors such as low permeability resulting from international relationships were very important causes of the continuation of remaining.

Краткое содержание

НАКАЯМА Тайсё

«Японцы, оставленные на Сахалине и послевоенная Япония:
История пограничной территории жителей Карафуто (Южного Сахалина)»
(издательство «Кокусай Сёин», 2019 г.)

О существовании японцев, оставленных на Сахалине, также как и в случае с японцами, оставленными в Китае, Япония стала осознавать в послевоенный период, особенно остро в 1990-е гг. В этой книге была сделана попытка рассмотреть данную проблему не через призму войны, а с точки зрения представлений о сдвиге границ, также целью была попытка выявить какое влияние этот сдвиг границ оказал на местное население.

В первой главе был проведен критический разбор ряда исследований в области миграционной науки, японского колониализма, были затронуты основные понятия в таких областях как, например, исследование мультикультурализма, исследование границ. В качестве теоретической основы данного исследования была дана концепция «истории пограничных территорий» (далее ИПТ) - концепция, изначально ограниченная временными рамками премодерна, в данной работе она было расширена до нового и новейшего времени. Данный подход имеет следующие особенности. 1) Предыдущие межрегиональные исследования описывали новую и новейшую историю Восточной Азии с точки зрения конструкции «одноядерного концентрического круга», в основном фокусируясь только на Японской империи. Исследование ИПТ рассматривает данный исторический период Восточной Азии как конструкцию «многоядерного концентрического круга», где пограничная территория является местом, где переплелись влияния нескольких империй. 2) Возможен анализ комплекса черт индивидуумов (гендерных, профессиональных и других черт) в разрезе проблемы «нации», «национальности», которые частично уже были затронуты в предыдущих исследованиях новой и новейшей истории Восточной Азии. 3) В исследовании ИПТ государственный гнет не рассматривается как феномен характерный для капитализма (например, колониализм, империализм), а пытаются его понять, поделив на специфическую структуру национального государства нового и новейшего времени, и универсальную структуру человеческого общества. 4) Обращает внимание на феномены дихотомии человеческой «мобильности-оставленности», сдвига границ, противоречащих идее национального государства.

Во второй главе, делая акцент на проблеме расширения Японской империи, представлен общий обзор проблемы сдвига границ Восточной Азии периода нового и новейшего времени. Помимо высылки бывших жителей и заселения новых, еще одним последствием сдвига границ стало явление «оставленности» бывших жителей. В этой главе было выявлено, что проблема «оставленности» не является каким-то специфическим феноменом послевоенных отношений Советского Союза и Японии, «оставленность»   – это феномен, имеющий универсальное измерение в новой и новейшей истории Восточной Азии.

В третьей главе было дано описание процессам высылки, «оставленности» старых жителей и заселения нового населения на послевоенном Сахалине, была дана общая картина деятельности, которая связана с этими явлениями по настоящее время.

В четвертой главе, после того, как было дано научное определение понятию « японцев, оставленных на Сахалине», была сделана сверка данных по поименному списку японцев, оставленных на Сахалине, насчитывающий 4908 лиц и классифицированный по 16 категориям. Также при содействии организации помощи возращения в Японию было проведено дополнительно исследование, которое также позволило всесторонне изучить количественный аспект данной проблемы. В данной книге понятие «японцев, оставленных на Сахалине» было определено как следующее. 1) Японцы, проживавшие на территории нынешней Сахалинской области до 23 июля 1949 года. Также японцы, имеющие регистрацию по месту жительства на Сахалине, но к тому времени уже переехавшие и проживавшие в другом регионе Советского Союза. 2) Лица, которые могли соответствовать следующим двум признакам - хотя бы один из родителей имел место первоначальной прописки во «внутренних территориях» (территории островов Хонсю, Кюсю, Сикоку, Хоккайдо и Окинавы) или на Карафуто (Южный Сахалин) в период Японской империи. В данной книге автор принял три критерия о датах рождениях – 10 августа 1945 года, 31 декабря 1946 года и 23 июля 1949 года.

Благодаря пониманию количественного аспекта данной проблемы, основанного на ранее сформулированном определении сахалинских японцев, были выявлены следующие черты. 1) Численность японцев, оставленных на Сахалине, отвечающих требованиям данного определения составила от 1348 до 1560 человек. 2) Соотношение женского населения составило 66-71%. 3) Пиковыми годами рождения являются два периода – 1924-1929 гг. и 1947-1948 гг. 4) В сравнении с другими периодами на первый период 1924-1929 гг. пришлось значительное превалирование доли женского населения над мужским. 5) Можно предположить, что второй пик рождения 1947-1948 гг. стал возможен благодаря женщинам первого периода 1924-1929 годов, создавших семьи с мужьями-корейцами и родивших от них детей. 6) В период холодной войны в результате процесса возвращения в Японию, 70% сахалинских японцев вернулись туда на постоянное местожительство. 7) После окончания периода холодной войны, с каждым годом количество умерших постепенно начало превышать количество вернувшихся на постоянное местожительство. 8) Было выяснено, что около 70% сахалинских японцев осталось на Сахалине по семейным причинам, поскольку их супруги были людьми корейской национальности. Оставшиеся 30% не смогли вернуться на родину по причине ареста соответствующими советскими органами советской власти; была удержана часть рабочих, имеющих высокую профессиональную квалификацию не смогли вернуться на родину люди, потерявшие документы, удостоверяющие их личность.

В пятой главе, основываясь на материалах дипломатического архива Японии, были выявлены следующие черты двух кампаний по возвращению с Сахалина в Японию в период холодной войны — кампания групповой репатриации 1957-1959 гг. и кампания индивидуальной репатриации до 1976 года. 1) Осуществление кампании группового возвращения в период холодной войны было связано с «окончательной репатриацией» японских военнопленных Сибири, последовавшей сразу после нормализации отношений между СССР и Японией. 2) Было выяснено, что японское правительство, тщательно не изучив всецело как вопрос сахалинских японцев, так и план по репатриации, предложенный Советским Союзом, отправило корабли для репатриации и осуществило прием репатриантов. 3) Стало понятно, что СССР не нравилась форма «групповой репатриации», поскольку привлекала излишнее внимание японского и международного сообщества, поэтому по причине якобы сокращения количества желающих на репатриацию в 1959 году отказался от данной формы в пользу формы «индивидуальной репатриации». После этого, несмотря на уменьшение количества репатриированных, при планировании очередной массовой репатриации в 1965 году, советское правительство отказало Японии в групповой форме и была принята форма индивидуальной репатриации. 4) В индивидуальной репатриации пунктом отправления являлся город Находка, транспортные расходы до этого пункта (в изначальном варианте до самой Японии) должны были оплачиваться самим индивидуумом, — для репатриации требовались значительные экономические ресурсы. 5) Несмотря на то, что японские репатрианты не создали общественные движения для скорейшей репатриации оставшихся на Сахалине, часть корейских репатриантов, въехавших в Японию как члены японских семей, создали в Японии «Ассоциацию корейцев, проживающих в Японии, содействующих репатриации с Карафуто». Согласно собранным данным этой ассоциации, стало ясно, что примерно 20% корейцев, оставшихся на Сахалине хотели вернуться не в Республику Корею, а в Японию.

В шестой главе, на основе материалов дипломатического архива Японии, протоколов заседания парламента Японии, опроса лиц непосредственно участвовавших в этом процессе, печатных изданий, выпущенных организацией репатриантов, были рассмотрены причины остановки (после 1966 г.) и полного прекращения (после 1977 г.) процесса возвращения сахалинских японцев в Японию. 1) Говоря о групповой репатриации во время периода холодной войны, стоит отметить, что из-за некоторого числа корейцев, желавших попасть в Японию, возникла проблема в незаконного проникновения на территорию Японии: фиктивные браки с японскими супругами; некоторые корейцы выдавали себя за японцев и так далее. В последствии эта проблема поднималась в японском парламенте. Еще одним фактором ухудшения деятельности по возвращению японских соотечественников на родину в период холодной войны является пассивное отношение к этой проблеме японского правительства. 2) В качестве причин возникновения проблемы корейцев, подозреваемых в незаконном проникновении в Японию, можно отметить различия в методах контроля за населением в в Японской империи и СССР. Японское правительство четко разделяло японцев и корейцев, чьим местом первоначальной прописки была территория Японской империи, а отношение к этой проблеме советского правительства можно было увидеть в графе «национальность» во вновь выпущенных послевоенных внутренних паспортах. Также одной из причиной был распад корейско-японских семей, – семьи, сформировавшиеся в период Японской империи – происходивший во время военных действий между СССР и Японией, а также в послевоенное время. 3) Письменные ходатайства на возвращение в Японию, оставленные в дипломатическом архиве, являлись частью сопроводительной документации для получения разрешения на выезд из СССР для японцев, оставленных на Сахалине, всех органов японского правительства, внутрияпонских органов местного самоуправления и японских семей. 4) На Изучив письменные ходатайства на возвращение некоторых японских женщин, направленных на имя японского правительства, можно сделать вывод, что часть женщин опасалась, что их японские семьи откажутся от них, по причине того, что те создали семьи с корейскими супругами в послевоенный период. 5) «Всеяпонская лига Карафуто», являющаяся организацией репатриантов с Карафуто, не была безразлична к проблеме японцев, оставленных на Сахалине, но из-за того, что процесс «окончательной репатриации» (в ходе которого в Японию вернули людей, занимавших в прошлом важные должностные места), был завершен, большая часть групповой репатриации приходилась на корейско-японские семьи и ко времени нормализации советско-японских отношений данная организация Запустила общественную кампанию за возврат территории Карафуто– «Всеяпонская лига Карафуто» не смогла занять активную позицию по вопросу оставленных японцев на Сахалине. 6) Остановка процесса возвращения сахалинских японцев в Японию после 1966 года была вызвана тремя нижеследующими факторами. Во-первых, уменьшение количества сахалинских японцев, соответствовавших предыдущим требованиям репатриации. Во-вторых, японское правительстве в этом вопросе занимало откровенно пассивную позицию, которая связана с численным увеличением корейцев, проживавших в Японии и с опасениями о излишних затратах, которые потребуются чтобы внедрить в японское общество поколение молодых сахалинских японцев, выросших в СССР. В-третьих, советское правительство хотело избежать критики нарушения человеческих прав в проблеме японцев, оставленных на Сахалине. 7) Полное прекращение процесса репатриации после 1977 года было вызвано как вышеназванными тремя факторами, так и осознанием советским правительством, после громких дел Умэмуры Хидэко и До Ман Сана в середине 1970-х гг., что проявление волеизъявления сахалинских японцев и корейцев в вопросе о репатриации в Японию и Южную Корею является общественно-опасной деятельностью. 8) В 1988 году на заседании парламента Японии ответственное лицо Министерства народного благосостояния сделало заявление, что на данном этапе прояснена ситуация с японцами, до сих пор остающимися на Сахалине – это «лица, оставшиеся по собственной воле». Можно сказать, что базисом этого заявление послужили доклад сотрудников дипломатического корпуса, занимавшихся сопровождением при посещении японских захоронений и предоставленные материалы Советским правительством посольству Японии в СССР, где о сахалинских японцах неоднократно говорится как о «лицах оставшихся по собственной воле» на Сахалине.

В седьмой главе, в основном опираясь на материалы дипломатического архива и опрос оставшихся японцев на Сахалине, была описана ситуация, в которой оказались сахалинские японцы в период холодной войны. 1) После 1965 года бывшими жителями Карафуто была осуществлена поездка с целью посещения японских захоронений, однако главной целью так и осталось посещение могил, а изучение реального положения дел сахалинских японцев, осуществление повторных встреч разделенных семей и другие мероприятия не вошли в планы делегации. 2) Посещение японских захоронений дало толчок не только возникновению общения между бывшими жителями Карафуто и оставленными сахалинскими японцами, но и послужило важным моментом зарождения глубокого человеческого контакта между двумя группами, которые до этого момента не вполне осознавали о существовании друг друга. В последствии, зарождение этой связи вылилось в общественное движение за возвращение японских соотечественников на родину в период холодной войны. 3) Несмотря на то, что японское правительство знало о том, что среди сахалинских японцев было немало тех, кто хотел хотя бы временно вернуться на родину, правительство не проявило инициативу в решении о начале осуществления мероприятий по временному возвращению в период холодной войны. 4) Хотя стоит отметить, что в данный период были прецеденты, когда некоторые сахалинские японцы в индивидуальном порядке смогли временно вернуться в Японию. 5) В качестве причин длительного существования этого феномена «оставленности» стоит указать протест корейских мужей и детей, подросших и обревших самостоятельность, тревогу за будущую жизнь в Японии после возвращения (тесно связанная с уже обретенной стабильностью в жизни на Сахалине), опасения дискриминации в японском обществе по отношению к корейцам, отказ в выезде из страны советским правительством и другие. 6) Говоря о истории и мотивах формирования корейско-японских семей в послевоенный период на Сахалине, было выявлено, что существовала два типа браков – по любви и против воли. Точно в таких же условиях, с крайне низким уровнем прозрачности, происходили решения возвращаться в Японию или оставаться на Сахалине. Было отмечено, что такое понимание, основанное на простой бинарной связи, на примере добровольности-принудительности брака, правильности-ошибочности собственных намерений, чтобы остаться на Сахалине, имело ограниченный характер.

В восьмой главе, основываясь на внутренней документации, бюллетенях организаций помощи возвращения в Японию, опросе непосредственных участников этого процесса, были выявлены следующие черты процесса возвращения сахалинских японцев периода пост-холодной войны после 1990 года. 1) Подъем уровня прозрачности советско-японских отношений конца 1980-х гг. увеличил как количество бывших жителей Карафуто, посетивших Сахалин, так и усилил качественное разнообразие этого общения. В данный период в Японии была основана организация «Общество помощи соотечественникам Карафуто (Сахалина) для временного возвращения на Родину» (впоследствии «Ассоциация для общения с японскими соотечественниками Сахалина»), состоящая в основном из бывших жителей Карафуто, целью которой было участие в общественном движении помощи возвращению сахалинских японцев на родину. 2) Общественное движение содействия помощи сахалинским японцам эффективно пользовалось методами и человеческими ресурсами общественного движения, помогавшего возвращению сахалинских корейцев, которое сформировалось в период холодной войны. 3) Благодаря реализации временного возвращения в Японию, личный круг общения части сахалинских японцев расширился до «Общества людей Сахалина и Хоккайдо

(Японии)» - объединение японцев всего Сахалина, которое стало играть важную роль в содействии возвращения на родину сахалинских японцев. 4) Объединение репатриантов, «Всеяпонской лиги Карафуто» с чувством глубокого понимания существования внутри объединения активных сторонников движения за возврат территории Карафуто и насущностных проблем японцев, оставленных на Сахалине, не смогло стать настоящим субъектом, выполняющим задачи общественного движения содействию возвращения на родину оставленных японцев. Несмотря на то, что в начальный период деятельности объединения репатриантов были установлены конструктивные рабочие отношения, в конечном итоге, вышеупомянутое новое объединение «Общества людей Сахалина и Хоккайдо (Японии)» стало играть ключевую роль в данном движении.

Чтобы прояснить влияние, оказанное на местное население сдвигом границ, опираясь на вышеизложенные сведения, был осуществлен сравнительный анализ японцев, оставленных на Сахалине, с двумя другими группами – с японскими репатриантами и с сахалинскими корейцами. 1) Японские репатрианты «Всеяпонской лиги Карафуто» выдвигали только требование возвращения территории Карафуто, но среди них не было лиц, требовавших право вернуться на Сахалин. В период холодной и пост-холодной войны, возвращение на постоянное жительство сахалинскими японцами и корейцами не означало обязательно повторное объединение с разделенными семьями, возвращение к месту происхождения – это возвращение не является возвращением на «родину» как географическому пространству как таковому, скорее всего, его можно назвать возвращением на «родину предков», являющееся пространством повседневной жизни. Иными словами, приоритет отдается проживаемой реальности на «родине предков». Можно сказать, что из-за сдвига границ бывшие жители, как уехавшие (в широком смысле сюда можно отнести и репатриантов), так и оставшиеся, потеряли «родину», которая являлась частью «родиной предков». 2) Феномен « оставленности» возник по причине незавершенности высылки (репатриации) во время процесса переразграничения (с августа 1945 г. – по июль 1949 г.) и продолжался из-за низкого уровня прозрачности границы во время процесса транс-бордерлизации (после июля 1949 г.), сопровождавшийся разрывом со старыми сферами жизни местного населения. 3) Микро-уровневые факторы (тревога индивидуума за свою жизнь, желания разделенных семей и своей собственной семьи), также как и макро-уровневые факторы (низкий уровень прозрачности в международных отношениях), являются ключевыми причинами длительного продолжения феномена «оставленности».

요지

나카야마　타이쇼

『사할린 잔류 일본인과 전쟁이후 일본 : 가라후토 주민의 경계 지역사』

국제서원, 2019 년.

　사할린 잔류 일본인의 존재는 중국 잔류 일본인뿐만 아니라 전쟁의 비극으로 전쟁이후, 특히 1990 년대 이후에 인식되어 왔다. 이에대하여 이 책은 잔류를 전쟁이 아니라 경계변동이라는 관점으로 다시 살펴보는 시도이며 경계변동이 주민에게 미치는 영향을 밝히는 것을 목표로 한다.

　제 1 장에서는 이민연구와 일본 식민지 연구 등의 연구 분야의 성과를 비판적으로 검토함으로써 다문화주의 연구와 경제 연구 등의 개념을 포함하여 기존 전근대에 국한되어 제기된 경계 지역 역사라는 개념을 근현대에까지 넙혀서 이해하는 이 책의 이론적 틀을 제시하였다. 그 특정은, (1) 기존의 지역 횡단적 연구는 일본제국을 중심으로하는 단심동심원 구조로부터 근현대 동아시아 사를 논하는 경향이 강했지만, 경계 지역사 연구에서는 경계지역을 여러제국의 영향이 엇갈리는 장소로서, 다심동심원 구조에서 근현대 동아시아 사를 논하는 것, (2) 기존의 근현대 동아시아사 연구에서는 절반 본질화된「국민／민족」을, 성별이거나 직업등과 마찬가지로 개개인의 속성의 하나로서 분석하는것, (3) 국가적 억압을 식민지주의거나 제국주의와 같은 자본주의 특유한 현상과는 이논화하지않고 근현대 국민국가 특유한 구조와 인간 사회의 보편적인 구조로나누어 이해하는것, (4) 국민국가의 이념간 모순을 낳은 경계변동이거나 사람의 이동／잔류등의 현상에 주목하는 것이다.

　제 2 장에서는, 일본 제국의 확대를 중심으로, 근현대 동아시아의 경계변동을 총람하고, 경계변동과 구 주민의 퇴거거나 새로운 주민이주의 인구 이동 외에도 구 주민의 잔류 현상도발생시키였고, 잔류가 일소전후의 특수한 현상이 아니라, 근현대 동아시아에서 보편성을 가지는 현상임을 밝혔다.

　제 3 장에서는, 전쟁이후, 사할린을 둘러싼 구 주민의 퇴거와잔류 새로운 주민의 이주와 그와 관련된 운동의 전체상을 현재까지의 시간적 범위에서 밝혔다.

　제 4 장에서는, 사할린 잔류 일본인 연구에 관한 정의를 명확히하고, 사할린 잔류 일본인에 관한 명보 류 16 종 총 4,908 명에 관한 정보를 조합하고, 또한

귀국 지원 단체의 도움을 받아 추가 조사를 한 뿐만 아니라 그 수량적 파악을 실시하였다. 이 책에서 한 사할린 잔류 일본인 정의는, (1) 1949년 7월 23일 현재 사할린에 거주하고 있었거나 이 지역에 거주 경력을 가지면서 그때까지 소련 시정 지역내의 다른 지역에 이동하여 거주하고 있은 경우, (2) 일본제국시기, 부모 어느 일방이 내지거나 가라후토에 원적지가 있었는가, 있었다고 생각하는가, 이 두가지 조건에 부합 되는 사람들이다. 출생년에 대해서는, 1945년 8월 10일, 1946년 12월 31일, 1949년 7월 23일, 이 세가지 기준을 사용하였다. 이 정의에 근거한 수량적 파악에 의하여, (1) 정의에 적합된 사할린 잔류 일본인은 1,348~1,560 명이고, (2) 녀성비율은 66~71%이며, (3) 출생년은 1924~1929년과 1947~1948년이 피크이고 두 부류 사람들이 제일 많은것, (4) 또한, 위 두 피크에서 전자의 남녀 비율에서 녀성이 현저하게 많은것, (5) 후자의 피크는 전자의 피크 시기의 여성들이 전쟁이후 조선인 남성과 세대를 형성하고 출산하였기 때문에 출생한것으로 생각할수있다는것, (6) 냉전기 귀국하였기에 사할린 잔류일본인 70%가 일본에 영주 귀국하고 있는것, (7) 탈냉전기에 들어가자 매년의 영주 귀국자수를 매년의 사망자수가 점차 상회하게된것, (8) 사할린 잔류 일본인의 약 70%가 한인과 일본인으로 된 한일세대를 잔류 배경으로하고, 나머지 30%가 러시아당국에 의한 구류거나 일부 숙련 노동자에 대한 억류, 혹은 신분증 등의 분실 등 기타의 사유를 잔류 배경으로 하였다고 추계할수있다는것을 밝혔다.

제 5장에서는, 일본외교사료관 자료를 주요하게 사용하여, 1957~1959년에 사할린부터 진행한 냉전기 집단귀국과 1976년까지 지속된 냉전기 개별귀국으로된 냉전기 귀국에관하여, (1) 냉전기 집단귀국은 일소 국교정상화 직후에 실시한 시베리아 억류자의「총결산 귀국」과의 연속성가운데서 실시되었다는것, (2) 일본정부는 사할린 잔류 일본인의 전체상도 러시아측의 송환계획도 충분히 파악하지 않은채 배선과 접수를 진행한것, (3) 러시아는 일본과 국제사회의 이목을 모으는 집단귀국 방식을 싫어하여, 귀국 지망자수의 감소를 이유로, 1959년에 집단귀국 방식을 폐지하고, 개별귀국 방식으로 일원화하여 그후 년간 귀국자수가 급격히 감소되어, 1965년 대량적 귀국이 기도되였을때에도, 일본측에서 제출한 집단귀국 방식을 러시아측에서 거절하고 개별 귀국 방식이 채용되었다는것, (5) 개별귀국에대해 출국지점인 나홋카까지 (당초에는 일본까지) 여비가 자기 부담이였기에, 귀국하는데는 경제적인 여유가 필요하였다는것, (6) 냉전기, 귀국자중의 일본인은 잔류자 귀환 촉진 운동등을 일으키지 않

았지만, 일본인 세대인과 동반하여 귀국한 한인의 일부분은 사할린 잔류 한인의 귀환 촉진 운동을 위하여「가라후토 귀환 재일 한국인회」를 일본국내에서 결성하고 그 활동에서 수집한 정보에 근거하여 사할린 잔류 한인의 약 20% 가 한국이 아니라 일본을 귀국할 국가로 지망하고 있었다는것을 밝혔다.

제 6 장에서는, 사할린 잔류 일본인의 냉전기 귀국이 1966 년이후 정체되고, 1977 년이후 끊어진 원인에 대해 일본외교사료관자료, 국회회의록, 당사자에 대한 청취조사, 퇴거자단체 간행물에 근거하여, (1) 냉전기의 집단귀국을 둘러싸고 일본입국을 지망하는 한인들이 위장 결혼한 한일 부부거나 일본인 한인으로 자칭하는 불법 입국혐의 한인문제가 발생하여 일본 국회에서 문제로 제기된 동시에, 냉전기 귀국사업에 대한 일본국내의 소극적인 태도의 원인의 하나로 되였다는것, (2) 불법 입국 혐의가 있는 한인 문제 발생 배경은, 일본 제국기 원적지에 대해, 일본인과 한인을 가르는 선을 끈치 않은 일본 정부와 전쟁이후 발행한 국내신분증에 관한 민족란에서 그 근거를 찾으려한 러시아 정부와의 주민관리 방법차이, 및, 일본 제국기에 형성된한일세대의 일소전기와전후의 이산 가족문제가 제기되고있는것, (3) 외교사료관에 남겨있는 귀국 애원서류는, 냉전기 귀국하기위하여, 사할린 잔류 알본인과 일본정부 각 기관 일본국내 자치체, 일본에있는 가족이 러시아로부터 출국 허가를 얻기위하여 서류를 장만하기 위하여 작성된 일련의 서류라는 것, (4) 일부의 사할린 잔류 일본인 여성들이 일본 정부에 보낸 귀국 애원서에서 전후 한일 세대 형성을 이유로 일본가족한테 일본 귀국을 거절당한 우려도 읽을수 있는것, (5) 귀국자단체 전국가라후토연맹은 사할린 잔류일본인에 대해 무관심한건 아니지만 '총결산귀국' 에 의해 구 요인들의 일본송환이 끝난 것, 그것에 이은 사할린 냉전기 집단 귀국의 대부분이 한일 세대인 것, 일러 국교정상화 전후에 영토 반환 운동을 일으킨 것으로부터 그 후 사할린 잔류 일본인 귀국문제에 대해 적극적인 태도를 취하지 않은 것, (6) 1966 년이후의 정체는 그때까지의 귀국 실현에 의해 귀국 조건을 갖춘 잔류 일본인이 감소된 것, 재일 한인의 증가와 러시아에서 자란 세대의 사회 통합코스트를 우려한 일본정부의 잔류일본인 귀국 사업에 대한 소극적화, 잔류 일본인의 인도 문제화를 회피하려고 한 러시아 정부의 의도, 이 세가지가 겹쳐서 생긴 것, (7) 1977 년이후의 귀국자 두절은 전기에 이어 1970 년대중반에 일어난 우메무라히데코사건, 도만상사건에 의해 일본이나 한국에 귀국 의사 표명이 위험한 행위라고 인식된 것이 배경에 있는 것 (8) 1988 년 일본 국회에서 후생성담당자가 그 단계에 소식이 판명된 잔류 일본인은 "자기의사잔류" 자

임을 언명하는 것에 이르지만 그 배경에 가라후토 성묘에 수행한 외무성 직원의 보고, 러시아 주재 일본국 대사관을 경유하여 러시아 정부에 제공한 정보중에 자기의사 잔류자의 존재가 반복된것이 언급된 것을 밝혔다.

제 7 장에서는 외교사료관의 자료와 사할린의 잔류 일본인과의 청취로 냉전 시기의 사할린 잔류 일본인의 상황에 관하여, (1) 1965 년 이후 원주민에 의한 가라후토 성묘가 실현 되였지만 성묘가 주요 목적으로 되엿을뿐 잔류 일본인의 실제 상황 조사와 이산가족들 재회는 기획되지 못한 것,(2) 성묘는 원주민과 잔류 일본인과의 접촉은 발생시켯을뿐만아니라 그때까지 서로 인지 못했던 잔류 일본인 간의 교류를 심화시킬 수 있는 중요한 계기로 되여 또 그곳에서 결합한 관계는 포스트 냉전기 귀국 운동과 이어지는 일로 되였다는 것,(3) 냉전기에 있어서 잔류 일본인중 일시 귀국을 희망하는 소리가 많은 것을 일본정부는 파악햇음에도 스스로 일시 귀국사업을 수행하지 않은 것,(4) 하지만 냉전기에 있어서 개별의 일시귀국 사례도 있었다는 것,(5) 잔류가 지속되는 배경에는 한인남편과 성장되여 주체성을 가지게된 아이들의 반대, 사할린에서의 생활 안정으로, 일본에 귀국한후의 생활 불안, 일본 사회에 있어서 한인차별에 대한 두려움 러시아 정부에 의한 출국 불 허가등이 열거된 것,(6) 전쟁후 한일 세대 형성경위와 동기에 관하여서는 자유연애와 내키지 않는 결혼이라는 이면성을 가지는것과 마찬가지로 냉전 시기의 귀국, 잔류 의지를 둘러싸고 아주 낮은 경계의 투명성이 전제로 되여 있고 결혼의 자발 / 강요, 본인 의사잔류의 정말 여부와 같은 단순한 두가지 가치적 이해로는 부족한 것 을 밝혔다.

제 8 장에서는 귀국 지원단체의 내부 자료 및 회보지, 관련자 문의조사에서 1990 년 이후 시작된 탈냉전기에 귀국에 대해 (1) 1980 년대 말부터 시작된 일본과 사할린 경계의 투명성의 상승으로 사할린를 재차방문하는 원주민의 인수와 질적 다양성을 증가시켜 사할린의 잔류 일본인 귀국 지원 운동 단체「가라후토 (사할린) 동포 잠시 귀국 촉진회 (이후의 일본 사할린 동포 교류협회)」가 원주민을 중심으로 일본 국내에 설립 된 것,(2) 이 귀국 지원운동은 냉전시기부터 일어난 사할린 잔류 한인 귀환 촉진 운동의 수법과 자원을 활용한 것,(3) 일시귀국단의 실현으로 사할린의 일부 잔류 일본인 사이의 프라이빗 교류팀이 사할린 전체 잔류 일본인 단체「사할린 북해도인회 (일본인회)」로 발전시켜 귀국 촉진을 추진하게된 것,(4) 귀국자 단체는 내부의 영토 반환 운동의 적극파 존재와 잔류 일본인 문제 절박성 이해의 심도로 귀국 촉진 운동을 감당하는 주체가 되지 않았고 초기에는 협력 관계이지만 결국은 상술한 새로운 단체가 귀국

지원 운동을 감당하기로 된 것 , 을 밝혔다 .

경계변동이 주민들에게 준 영향을 분명히 하기 위해 상기의 식견을 근거로 잔류 일본인을 일본인 귀국자 , 재일 한인 두 집단과 비교함으로써 (1) 일본인 귀국자중에는 사할린 귀환권을 요구하지 않고 영토 반환만 요구하며 냉전기 , 포스트 냉전기 쌍방에 있어서 잔류 일본인이나 잔류 한인의 영주 귀국이 반드시 이산가족 가정의 재통합이나 출신지 귀환을 의미한다고는 할 수 없고 어디까지나 지리적 공간으로서의 〈 고향 〉이 아니라 생활 공간으로서의 〈 조국 〉에서의 거주 실현을 우선시한 것이 보여주다싶히 경계변동에 의해 원주민은 퇴거자 (광의의 귀국자) 나 잔류자나 〈 조국 〉의 일부로서의   〈 고향 〉을 상실했다고 할수있는 것 , (2) 잔류는 재 경계화 과정 (1945 年 8 월 ~49 년 7 월) 에 퇴거 (귀국) 의 불철저함에 의해 생긴 것 , 월경화과정 (1949 년 7 월이후) 에 경계의 투과성의 저위상태에 의해 계속되고 경계 변동 이전의 생활권과의 분단이 생긴 것´ (3) 다만 잔류의 계속을 초래하는 것은 전기의 투과성의 저위상태와 같은 국제적인 매크로 수준의 요인뿐만 아니라 본인의 생활불안이나 이산가족과 현재가족 쌍방의 의향등 사적인 마이크로 수준의 요인도 중대한 요소라는 것이 밝혀졌다 .

摘要

中山大將『薩哈林滯留日本人與戰後日本：樺太居民的邊界地區史』
國際書院，2019 年

在第二次世界大戰後的日本，尤其是 20 世紀 90 年代以後，人們逐漸認識到滯留在薩哈林（庫頁島）的日本人的存在。與滯留在中國的日本人一樣，這些人的出現都是由戰爭所引發的。然而對此，本書並非從戰爭的角度來進行討論，而是嘗試從邊界變遷的觀點來重新理解滯留問題，旨在明確邊界變遷給居民帶來的影響。

在第一章中，在對移民研究、日本殖民地研究等研究領域的成果進行批判性探討的基礎上，基於多元文化主義和邊界研究等概念，提出了本書的理論框架——將過去只侷限在前近代研究中的邊界地區史概念，擴展運用於對近現代的理解。其特徵是：（1）過去日本的跨地區性研究，傾向於從以日本帝國為中心的單心同心圓結構論述近現代東亞史，而邊界地區史研究將邊界地區作為多個帝國影響交織的場所，從多心同心圓結構進行論述；（2）對以往的近現代東亞史研究中基本上已經被絕對化了的"國民／民族"概念，與性別、職業等一樣，作為具體的個人的屬性之一進行分析；（3）不將國家壓迫作為殖民地主義和帝國主義等資本主義特有的現象來理論化，而是分為近現代國民國家特有的社會機制和人類社會普遍的機制來理解；（4）關注與國民國家的理念之間產生矛盾的邊界變遷和人口遷移／滯留等現象。

在第二章中，以日本帝國的擴張為中心，綜述了近現代東亞的邊界變遷情況。邊界變遷除了引起舊居民的遷出和新居民的遷入的人口流動之外，也引起了舊居民滯留的現象。滯留并非日蘇戰後的特有現象，在近現代東亞史上它具有普遍性。

在第三章中，梳理了第二次世界大戰之後薩哈林舊居民的遷出和滯留，新居民的遷入以及與此相關的運動的整體情況。

在第四章中，在對薩哈林滯留日本人作出研究上的定義之後，對薩哈林滯留日本人相關名冊 16 種共 4908 人的訊息進行核對，加之得到支援歸國團體的協助，進行了追加調查，掌握了滯留人口的總數。本書中對薩哈林滯留日本人的定義是：（1）1949 年 7 月 23 日居住在薩哈林州，或者曾經在該地居住，但當時已經遷移到蘇聯治下的其他地區居住；（2）日本統治時期，父母中的一方籍貫為日本內地或者樺太（薩哈林島南部、日本統治時期的稱呼），可以滿足這兩個條件的人們。出生年月日採用 1945 年 8 月 10 日、1946 年 12 月 31 日、1949 年 7 月 23 日三者為標準。根據該定義對人口數量的把握，可以得出以下結論：（1）符合定義的薩哈林滯留日本

人為 1348-1560 名；(2) 其中女性占比 66%-71%；(3) 出生年峰值出現在 1924-1929 年和 1947-1948 年；(4) 上述峰值的前者與其他時期相比，性別比中女性明顯多於男性；(5) 後者峰值是前者峰值中出生的女性在二戰後與朝鮮人男性結成家庭生育而出現的；(6) 由於冷戰期間的歸國，滯留在薩哈林的日本人中約七成回到日本選擇永久居住；(7) 冷戰結束後，每年死亡的人數逐漸超過每年回國永久定居的人數；(8) 可以推測滯留在薩哈林的日本人中約七成是以由朝鮮人和日本人組成的朝日家庭為滯留背景，剩下的三成或者是被蘇聯當局拘留，或者是蘇聯當局對一部分勞動熟練工挽留不放行，或者是因身分證等證件丟失等原由而滯留。

在第五章中，主要利用日本國外交史料館的資料，對冷戰期間 1957-1959 年的集體回國和持續到 1976 年為止的個別回國進行了分析，得出了如下結論：(1) 冷戰期間的集體回國，是與日蘇邦交正常化之後立即實施的西伯利亞“日本戰俘”全部歸國計劃相銜接而進行的。(2) 日本政府在沒有充分掌握薩哈林滯留日本人的整體情況和蘇聯方面的遣返計劃的情況下，就進行了船隻調度和回國人員的接收工作。(3) 蘇聯排斥會引起日本和國際社會矚目的集體回國方式，以希望回國的人數變少為理由，1959 年廢除了集體回國方式，統一成個別回國方式。此後，雖然每年回國的人數急劇減少，但在 1965 年大量滯留者計劃一同回國時，日本方面提出集體回國方式，卻依舊遭到蘇聯政府的拒絕，被採用的仍是個別回國方式；(4) 因為如果是個別回國，到出國地點的納霍德卡（Нахо́дка）為止（最初是到日本為止）的旅費需要由個人負擔，回國需要經濟上有一定餘裕；(5) 雖然冷戰期間回到日本的原薩哈林滯留日本人中沒有人發起促進滯留者回國的運動等，但是與日本人的家庭成員一同回到日本的朝鮮人中有一部分人，在日本國內成立了“樺太歸還在日韓國人會”，以促進滯留在薩哈林的朝鮮人離開薩哈林。從該會的活動所收集到的訊息中可知，滯留在薩哈林的朝鮮人中約有兩成人都將回國地點選擇為日本而非韓國。

在第六章中，從日本國外交史料館資料、國會會議錄、當事人的採訪調查、歸國團體的出版物中可知，滯留在薩哈林的日本人的回國情況在 1966 年以後處於停滯狀態，1977 年以后中斷，其原因是：(1) 關於冷戰期間的集體回國，由於發生了諸如偽裝成朝日結婚的夫婦或者自稱是日本人的朝鮮人等企圖非法入境日本的朝鮮人的問題，在日本國會上被引起重視，同時日本政府內部對冷戰期間的回國工作抱有消極態度也是原因之一；(2) 作為出現企圖非法入境日本的朝鮮人問題的發生背景，可以舉出以下 2 點：①以日本統治時期的戶籍地來區分日本人和朝鮮人的日本政府，和以第二次世界大戰後發行的國內身份證的民族欄中所填內容為依據的

蘇聯政府，在居民管理方法上存在差異。②日本統治時期形成的朝日家庭在日蘇戰時、戰後家人離散；(3) 外交史料館留存的歸國請願文件是冷戰期間薩哈林滯留日本人、日本政府各機關、日本國內自治體和日本的家人，為了從蘇聯獲得出國許可而制作的一系列文件材料；(4) 從滯留在薩哈林的一部分日本女性寄給日本政府的歸國請願書的內容可知，她們擔心在二戰後與朝鮮人組成家庭會成為她們的日本家人拒絕自己回國的理由；(5) 雖然樺太歸國者團體——"（日本）全國樺太聯盟"並非對滯留在薩哈林的日本人毫無關心，但由於西伯利亞"日本戰俘"全部歸國計劃的實施，二站結束前日本政府的重要人士已全部被遣送回日本，緊接著冷戰期間從薩哈林集體回國的大部分都是朝日家庭，日蘇邦交正常化前後發起的歸還領土運動等原因，此後，該團體沒有對滯留在薩哈林的日本人的歸國問題採取積極態度；(6) 1966 年以後的停滯是由以下三方面的要素疊加產生的：①由於此前的滯留人員基本回國，具備回國條件的滯留日本人在減少。②日本政府擔心在日朝鮮人的增加和在蘇聯長大的一代人的社會整合成本，對滯留日本人的回國工作採取消極的態度。③蘇聯政府想要迴避因滯留日本人引起的人道主義問題；(7) 1977 年以后回國者的中斷，除了前述原因之外，還有如下背景：由於 20 世紀 70 年代中期發生的梅村秀子事件、都萬相事件，人們開始認為表示出想要回到日本或韓國的意願是危險的行為；(8) 在 1988 年的日本國會上，厚生省負責人斷言在此階段的滯留日本人是"自願滯留"者，其背景可以舉出的是：前往樺太掃墓的隨行外務省職員的報告和經由駐蘇聯日本國大使館得到的蘇聯政府提供的消息中反復提到了"自願滯留"者的存在。

在第七章中，根據外交史料館資料和對薩哈林滯留日本人的採訪可知，冷戰時期滯留在薩哈林的日本人的狀況：(1) 自 1965 年以後，原居民得以去"樺太"掃墓，但終究是以掃墓為主要目的，沒有策劃調查滯留日本人的實際情況和離散家屬的重聚；(2) 掃墓不僅讓原居民與滯留日本人之間產生接觸，也成為深化此前互不相識的滯留日本人之間交流的重要契機，而且此間建立的聯繫也與冷戰後的回國運動息息相關；(3) 在冷戰時期，日本政府雖然掌握到滯留日本人中有不少人希望短暫回國，但沒有主動推進實施；(4) 但是，即使在冷戰時期，也可以看到個別短暫回國的事例；(5) 作為繼續滯留的背景，可以舉出的是：①朝鮮人丈夫和成長起來具有了主觀判斷能力的孩子的反對。②在薩哈林生活安定，對回到日本後的生活感到不安。③擔心日本社會歧視朝鮮人。④以及蘇聯政府不允許出國等；(6) 關於戰後朝日家庭形成的經過和動機，具有自由戀愛和非本意的結婚的兩面性。同樣地，對於冷戰時期的回國與滯留的決定，以極低的邊界滲透性為前提，結婚的自發／強

迫、自願滯留的有無，單純的二選一式的理解是不夠的。

在第八章中，從對支援回國團體的內部資料、会刊雜誌、相關人員的訪談調查中可知，自 1990 年以后開始的後冷戰時期的回國：(1) 從 20 世紀 80 年代末開始，由於日本和薩哈林之間的邊界滲透性上升，不僅增加了重訪薩哈林的原居民的數量，重訪的理由也變得多樣。並且以原居民為中心在日本國內成立了旨在支援薩哈林滯留日本人回國的團體——"樺太（薩哈林）同胞短暫歸国促進会"（後改為"日本樺太（薩哈林）同胞交流協会"）；(2) 這一回國支援運動，有效利用了冷戰時期促進薩哈林滯留朝鮮人歸國運動的手法和人力資源；(3) 由於實現了以短暫回國團的形式回國，由薩哈林的一部分滯留日本人組成的私人交流小組發展成了促進全體滯留日本人回國的團體——"薩哈林北海道人會（日本人會）"；(4) 由於內部存在歸還領土運動的積極分子以及對滯留日本人問題的切實性的理解深度不同，歸國者所組成的團體沒有真正成為促進回國運動的主體，雖然初期還有協助關係，但結果還是由前述新團體承擔了支援回國運動的任務。

基於上述見解，在明確了邊界給居民帶來的影響後，筆者將滯留日本人與日本人歸國者、滯留朝鮮人這兩個群體進行了比較。可知：(1) 在日本人歸國者中，沒有人要求回到薩哈林，只要求歸還領土。在冷戰期間、後冷戰時代這兩個時期，滯留日本人和滯留朝鮮人的永久回國并不一定意味著離散親屬家庭的重新整合或返回出身地。比起地理空間上的"故鄉"，實現居住到生活空間上的"祖國"被擺在了優先的位置。可以認為由於邊界變遷，原居民無論是遷出的人（廣義的歸國者）還是滯留者，都失去了作為"祖國"的一部分的"故鄉"；(2) 滯留是由於再邊界化過程（1945 年 8 月 -1949 年 7 月）中撤離（歸國）的不徹底而產生，由於跨境化過程（1949 年 7 月以降）中邊界的滲透性的低位狀態而持續，與邊界變遷之前的生活圈發生分離；(3) 但是，導致持續滯留的不僅是前述滲透性的低位狀態等國際性宏觀因素所致，自身的生活顧慮、離散親屬和現家庭成員的意向等私人微觀原因也是重要因素。

事項索引

あ 行

アイヌ→樺太アイヌ、北海道アイヌ、千
　島アイヌ
アレウート人　82
移行期正義　41, 57
移住（ソ連人）　119
移住朝鮮人　88, 118, 210, 239, 242, 255,
　314
一時帰国→ポスト冷戦期一時帰国
移民　22-26, 43
移民研究　22, 24, 26, 27
移民社会　115
梅村秀子事件　127, 176, 225, 304
オビール　117, 194

か 行

家族離散　82, 92, 105, 211, 253, 273
樺同→南樺太返還期成同盟
樺連→全国樺太連盟
『樺連情報』　127
樺太アイヌ　40, 82, 134, 260, 277
樺太移民社会　116, 117, 122, 307
樺太帰還在日韓国人会　126, 163, 186,
　188, 195, 231, 309
樺太裁判　140, 190, 191, 254
樺太残留者帰還請求裁判→樺太裁判
樺太残留邦人　142

樺太千島交換条約　81, 260
樺太庁　116
樺太（サハリン）同胞一時帰国促進の
　会（促進の会）　129, 286, 292-297,
　299-300
樺太墓参　259, 260, 262, 264, 270, 310
樺太墓参団　251, 262, 265-266, 268
樺太抑留帰還韓国人会→樺太帰還在日韓
　国人会
関東軍　99, 220
間 - 帝国史　42
記憶論的転回　29
帰国嘆願（書）　101, 105, 170, 171, 213,
　218, 219, 226, 309, 313
偽装結婚　206, 208
北樺太保障占領　88
北朝鮮国籍　126, 127, 170
境界　22, 24, 58
境界研究　59
境界地域　7, 21, 45
境界地域史　21, 53, 55, 58, 62, 64, 71
境界変動　58, 59
協定永住権　173
緊急疎開　118, 159, 207, 210, 259, 907
現地在住者　146, 150, 156
現地死没者　146
後期集団引揚げ（樺太）→冷戦期帰国
後期引揚（ソ連・樺太地区）　164
公式引揚げ→前期集団引揚げ
構築主義　28, 59

高麗人　121

拘留　156, 157, 233, 235, 235, 247

跨境化　58, 79, 105, 227, 307, 315

国籍　124, 138, 224, 252

国内植民地（論）　51, 53

国内身分証　137, 138, 139, 170, 206, 208, 293

国民国家　22

国民国家論　28

個別帰国者→冷戦期個別帰国者　173

コルホーズ　237, 248

コンスタンチン君事件　248

さ　行

在韓日本人女性　97

再境界化　58, 105, 144, 307, 315

在サハリン韓国人支援共同事業体　128, 284,

在日朝鮮人　100, 166

サハリン再会支援会　191

サハリン残留朝鮮人　68, 103

サハリン残留日本人　64, 67, 100, 103, 137, 308

サハリン日本人会→サハリン北海道人会

サハリン北海道人会　129, 251

サハリン残留韓国・朝鮮人問題議員懇談会　191, 292, 296, 309

サハリン平和の船　265, 286

サハリン友好親善墓参団　265

三省協議　171, 172, 219, 225

サンフランシスコ講和条約　99, 100,

125, 140, 289, 307, 309

残留　8, 27, 81, 90, 95, 106

残留清国人　84, 87

残留日本人→サハリン残留日本人　62, 101

残留朝鮮人→サハリン残留朝鮮人　122

残留日本兵　98

残留露国人　84, 89, 106, 315

ジェンダー　103, 157

自己意思残留論　225, 297, 310

シベリア抑留→抑留

市民運動　115, 301

下関条約　89, 106, 110

集団帰国→冷戦期集団帰国　185

州都グループ　268, 269, 270, 287

周辺地域　60

植民　22, 23, 25, 43

植民地　23, 44, 47

植民地研究　23, 27

植民地主義　48

植民地責任　31

女性比率　117, 150

『新生命』　158, 193

進駐　118-120

前期集団引揚げ（樺太）　118, 163, 193

戦後開拓　127

全国樺太連盟　123, 124, 182, 220, 260, 294

先住民族　37, 47, 110

送還　83, 126, 164, 222

ソウル・オリンピック　128, 283

促進の会→樺太（サハリン）同胞一時帰

国促進の会

属領　45, 48

ソ連樺太侵攻　180, 233, 235, 238, 240,
　　241, 254

ソ連国籍（者）　107, 122, 124, 126, 128,
　　170, 218, 223, 247, 257, 283

ソ連国籍法　190, 217

ソ連人　119, 120, 307

ソ連赤十字社　171

ソ連千島侵攻　192

ソ連満洲侵攻　91, 94

た　行

第 12 次ソ連・樺太地区後期集団引揚げ
　　（第 1 回サハリン冷戦期集団帰国）
　　165, 207

第 13 次ソ連・樺太地区後期集団引揚げ
　　（第 2 回サハリン冷戦期集団帰国）
　　167, 206, 208, 221

第 14 次ソ連・樺太地区後期集団引揚げ
　　（第 3 回サハリン冷戦期集団帰国）
　　167, 185, 208, 221

第 15 次ソ連・樺太地区後期集団引揚げ
　　（第 4 回サハリン冷戦期集団帰国）
　　167, 194, 206, 208, 209, 221

第 16 次ソ連・樺太地区後期集団引揚げ
　　（第 5 回サハリン冷戦期集団帰国）
　　167, 206, 209, 260

第 17 次ソ連・樺太地区後期集団引揚げ
　　（第 6 回サハリン冷戦期集団帰国）
　　167, 180, 221

第 18 次ソ連・樺太地区後期集団引揚げ
　　（第 7 回サハリン冷戦期集団帰国）
　　168, 224

第 1 次集団一時帰国　287

第 2 次集団一時帰国　7

第 3 次集団一時帰国　295

第 4 次集団一時帰国　295

第 5 次集団一時帰国　295

第 6 次集団一時帰国　296

退去　82, 88, 90, 307

大量個別帰国　175, 195, 225, 307, 308

多数エスニック国家　47

多数エスニック地域　47, 55

脱境界化　58, 105, 122, 144, 307, 309

脱出　118, 307

多民族国家　47

多民族地域　47, 49

千島アイヌ　82

中国残留孤児　296

中国残留邦人等帰国促進・自立支援法（中
　　国残留邦人等の円滑な帰国の促進並
　　びに永住帰国した中国残留邦人等及
　　び特定配偶者の自立の支援に関する
　　法律）　92, 143

中国人　158

朝鮮人　145

朝鮮人（樺太）　35, 36, 144

朝鮮人（満洲）　93-95

朝鮮族（中国）　38-39, 95

朝日世帯　152, 156, 235, 241, 244, 248,
　　250, 253

ディアスポラ　63

動員朝鮮人　118, 268

透過性　59, 65, 100, 103, 106, 227, 264,
　　308, 314

道庁→北海道庁

同胞協会→日本サハリン同胞交流協会

特別永住権　182

留用者　234

豊原事件　166

豊原爆撃　242

な　行

内国植民地（論）　51, 53

ナホトカ四老人事件　126, 176, 186

尼港事件　80

日露戦争　83

日韓条約　173

日系人　63, 98

日ソ共同宣言　99

日ソ国交正常化　155, 307

日本国籍（者）　98, 100, 107, 140, 171,
　　210

日本サハリン協会　297

日本サハリン同胞交流協会　129, 148,
　　287, 297

日本社会党　265

日本植民地研究　33, 34, 35, 41, 48

日本人　137, 144

日本赤十字社　186, 212

は　行

函館引揚援護局　139

バザール　121

パスポルト→国内身分証

白系ロシア人　88

引揚げ→前期集団引揚げ

引揚者　69, 106, 123, 314

引き留め　156, 157, 233, 234, 247

フィリピン残留日系人　98

フィリピン残留日本人　98

不法入国容疑朝鮮人　159, 170, 171, 206,
　　211, 240, 309

ペレストロイカ　283, 286

ポーツマス条約　84, 106,

墓参→樺太墓参

墓参団→樺太墓参団

ポストコロニアル研究　40, 41, 43, 46

ポストコロニアル国家　31, 50, 61, 98

ポスト冷戦期永住帰国　293

ポスト冷戦期韓国帰国者　146, 148

ポスト冷戦期帰国　102, 194, 308

ポスト冷戦期帰国者（ポスト冷戦期日本
　　帰国者）　102

北海道アイヌ　55, 62

北海道庁　265

北海道平和の船　265

ま　行

マリク名簿　164

密航　119, 235, 241, 274, 307

南樺太返還期成同盟　127, 201

南サハリン民生局　121, 242

都万相事件　176, 309

民生局→南サハリン民生局

民族籍　138, 139, 141, 250

無国籍（者）　84, 107, 124, 140, 147, 210,
　　218, 257, 315

や　行

抑留　99, 200, 123, 196, 307

抑留者　164, 248

ら　行

ラジオ　166, 211, 250, 253

離散　96

離 散 家 族　96, 188, 190, 195, 240, 284,
　　287, 309, 310, 313

離散家族再会　191, 256, 301

離散家族問題　96, 105

冷戦期帰国　101, 125, 249, 307, 308

冷戦期北朝鮮帰国者　146, 147

冷戦期個別帰国者　146, 147, 171

冷戦期集団帰国　102, 150, 195, 217, 309

冷戦期集団帰国者　146

地名索引

あ 行

アニワ　237, 247
安山　128
仁川　128
ウグレゴルスク　236, 249
ウラジオストク　175, 176, 239
恵須取→ウグレゴルスク　138, 264
沿海州　116, 122, 246
大阪　241
大沢
大谷　238, 242
大泊→コルサコフ　119, 241, 242
オクティヤブリスキ　176
小樽　243
小田原　250
落合→ドリンスク　242, 246
上恵須取　241
上小原　237
上敷香　123, 131

か 行

カラカンダ　210
樺太　46, 106
カリニノ　138, 259
川上炭山→シネゴルスク
韓国（大韓民国）　96, 97, 103, 127, 248
関東州　40, 44, 47

北朝鮮　96, 248, 250, 251
北名好　239
清川→オクティヤブリスキ
故郷の村　128, 284-286
コストロムスコフ　242
小能登呂→コストロムスコフ
小沼→ノヴォアレクサンドロフスク
コルサコフ　7, 83, 127, 176, 180, 184, 185, 236
ゴルノザボーツク　125

さ 行

サハリン島　81, 83, 88
敷香→ポロナイスク
シネゴルスク　248, 292
シベリア　119, 120, 249, 262
下並川　242
シャフチョルスク　238
白浜　240
知取→マカロフ
スタロルススコエ　237, 248, 250, 268
ソウル　248

た 行

台湾　36, 37, 40, 49, 97, 106, 110, 261
多蘭泊→カリニノ
千島　52-53, 82, 192
中国　37

索引　387

朝鮮　96-97

朝鮮北部→北朝鮮　122

朝鮮民主主義人民共和国→北朝鮮

東京　212, 233, 241

塔路→シャフチョルスク　243

トマリ　175, 240, 247

泊居→トマリ

泊岸→レルモントフカ

豊原→ユジノサハリンスク　118, 119,
　　166, 180, 241, 247

ドリンスク　176

トロイツコエ　248

な　行

内幌→ゴルノザボーツク　215, 242

内淵→ブイコフ

ナホトカ　174, 175, 177, 194

名寄→ペンゼンスコエ　241, 248

並川→トロイツコエ

南洋群島　40, 43

西柵丹　239

ネベリスク　175, 176, 249, 262

ノヴォアレクサンドロフスク　176, 251

ノボシビルスク　248

は　行

函館　139

ハバロフスク　194, 220, 251, 256

ブイコフ　236

ペンゼンスコエ　193

北海道　181, 239, 241, 243, 249

北方領土　260, 315

ホルムスク　165, 176, 185, 262, 264, 265

ポロナイスク　175, 176

本斗→ネベリスク　265

ま　行

舞鶴　185, 208

真岡→ホルムスク　123, 167, 241, 243,
　　248

マカロフ　238, 251

満洲（満洲国）　37, 38, 49, 90, 96

真縫　251

深雪→スタロルススコエ

モスクワ　194, 260

や　行

ヤブロチュナヤ　176

ユジノサハリンスク　175, 176, 193, 237,
　　247, 248, 249, 251, 263, 265

横浜　175, 176

ら　行

蘭泊→ヤブロチュナヤ

レルモントフカ　236

留多加→アニワ　241

わ 行

稚内　7, 262

著者略歴

中山大将（NAKAYAMA Taisho）

　京都大学東南アジア地域研究研究所助教、北海道大学スラブ・ユーラシア研究センター
境界研究共同研究員、京都大学博士（農学）。1980 年北海道生、2010 年京都大学大学院農
学研究科博士後期課程修了、その後、京都大学大学院文学研究科 GCOE 研究員、日本学術
振興会特別研究員 PD（北海道大学スラブ・ユーラシア研究センター所属）、京都大学地域
研究統合情報センター助教を経て、2017 年 1 月より現職。

　主要研究業績として、中山大将『亜寒帯植民地樺太の移民社会形成：周縁的ナショナル・
アイデンティティと植民地イデオロギー』（京都大学学術出版会、2014 年、日本農業史学
会賞受賞）、中山大将「サハリン残留日本人：樺太・サハリンからみる東アジアの国民帝国
と国民国家そして家族」蘭信三編著『帝国以後の人の移動：ポストコロニアルとグローバ
リズムの交錯点』（勉誠出版、2013 年）、中山大将「台湾と樺太における日本帝国外地農業
試験研究機関の比較研究」『日本台湾学会報』（第 20 号、2018 年）、NAKAYAMA Taisho,
"Japanese Society on Karafuto," in ed. Svetlana Paichadze, Philip A. Seaton, *Voices from
the Shifting Russo-Japanese Border: Karafuto/Sakhalin* (Oxon: Routledge, 2015) ほか監修
資料集として、авт.-сост. А.А. Бычкова, Я.Е. Габриков, Ю.И. Дин, научые редакторы. М.С.
Высоков, М.И. Ищенко, Т. Накаяма, *Перепись Населения Карафуто 1920 г.* (Южно-
Сахалинск: ОАО ≪Сахалинская областная типография≫, 2017) などがある。

アジア環太平洋研究叢書　3

サハリン残留日本人と戦後日本：
樺太住民の境界地域史

著者　中山大将

2019 年 2 月 28 日初版第 1 刷発行

・発行者──石井　彰　　　　　　・発行所

印刷・製本／モリモト印刷
株式会社
Ⓒ 2019 by NAKAYAMA Taisho

（定価＝本体価格 3,500 円＋税）

ISBN978-4-87791-296-3 C3031 Printed in Japan

KOKUSAI SHOIN Co., Ltd.
3-32-6, HONGO, BUNKYO-KU, TOKYO, JAPAN.
株式会社 **国際書院**
〒113-0033 東京都文京区本郷 3-32-6-1001
TEL 03-5684-5803　　FAX 03-5684-2610
E メール：kokusai@aa.bcom. ne.jp
http://www.kokusai-shoin.co.jp

本書の内容の一部あるいは全部を無断で複写複製（コピー）することは法律でみとめられた場合を除き、著
作者および出版社の権利の侵害となりますので、その場合にはあらかじめ小社あて許諾を求めてください。

国際政治

新保敦子編
中国エスニック・マイノリティの家族
―変容と文化継承をめぐって

87791-259-8 C3036　　　　　A5判　285頁　2,800円

［WICCS 4］中国におけるモンゴル族、回族、朝鮮族、カザフ族、土族など少数民族における民族文化の伝承あるいは断絶といった実態を教育学の視点から実証的に検証した。アンケート調査、口述史をもとにした調査・研究である。　（2014.6）

松田麻美子
中国の教科書に描かれた日本：
教育の「革命史観」から「文明史観」への転換

87791-280-2 C3031　　　　　A5判　355頁　3,800円

［WICCS 5］中国における歴史教科書の記述内容の変遷を年代別に整理し、抗日戦争および戦後日本を分析。中国の教科書に描かれた日本を素材に、教育の世界での「革命史観」から「文明史観」への転換を検証する。　（2017.3）

阿古智子・大澤肇・王雪萍編
変容する中華世界の教育とアイデンティティ

87791-282-6 C3031　　　　　A5判　307頁　4,800円

［WICCS 6］グローバル、地域、国際、国家、文化などに関わるアイデンティティおよびナショナリズムを中国はどのように形成しているのか、それらは相互にどのように関連付けられているのか。歴史と現在を見据えて追求する。　（2017.3）

村上勇介編
「ポピュリズム」の政治学：
深まる政治社会の亀裂と権威主義化

87791-287-1 C3031　¥3500E　　A5判　297頁　3,500円

［アジア環太平洋研究叢書①］政党政治の力学を創造することが民主主義体制を発展させ、ポピュリズム勢力の台頭を抑制する道を拓くことに繋がる。本叢書は学問的営為の軌跡を記し21世紀世界のありようを構想する。　（2018.3）

浜口伸明編
ラテンアメリカ所得格差論：
歴史的起源・グローバル化・社会政策

87791-291-8 C3031　¥3500E　　A5判　257頁　3,500円

［アジア環太平洋研究叢書②］ラテンアメリカが抱える「構造的問題」としての"所得格差論"を前提として、各国における歴史的起源、グローバル化、社会政策を再検討し、政府と市民社会との連携・創造的発展を模索する。　（2018.8）

佐藤幸男編
世界史のなかの太平洋

906319-84-×　C1031　　　　　A5判　290頁　2,800円

［太平洋世界叢書①］本叢書は、太平洋島嶼民の知的想像力に依拠しながら、太平洋世界における「知のあり方」を描く。第一巻の本書では、16世紀からの400年に亘る西欧列強による植民地支配の歴史を明らかにし、現代的課題を提示する。　（1998.7）

佐藤元彦編
太平洋島嶼のエコノミー

近刊

［太平洋世界叢書②］（目次）①太平洋島嶼経済論の展開②MIRABモデルの持続可能性③植民地経済の構造と自立化④ソロモン諸島における近代化⑤フィジーにおける輸出加工区依存戦略の問題性、その他

春日直樹編
オセアニア・ポストコロニアル

87791-111-1 C1031　　　　　A5判　235頁　2,800円

［太平洋世界叢書③］本書はオセアニア島嶼地域の「植民地後」の状況をいくつかの視点から浮かび上がらせ、「ポストコロニアル研究」に生産的な議論を喚起する。人類学者、社会学者、文学者、作家が執筆メンバーである。　（2002.5）

小柏葉子編
太平洋島嶼と環境・資源

906319-87-4 C1031　　　　　A5判　233頁　2,800円

［太平洋世界叢書④］気候変動、資源の乱獲などにより、環境や資源は限りあるものであることが明らかになり、こうした状況に立ち向かう太平洋島嶼の姿を様々な角度から生き生きと描いている。　（1999.11）

国際政治

佐藤幸男編

太平洋アイデンティティ

87791-127-8　C1031　　　　　　A5判　271頁　3,200円

［太平洋世界叢書⑤］フィジーのパシフィクウエ
イという生き方、ソロモン諸島における近代化の
ディスコース、現代キリバスでの物質文明の再考
そして太平洋と結ぶ沖縄などの考察を通し、南太
平洋から未来の海を展望する。　　　　（2003.9）

南山　淳

国際安全保障の系譜学
―現代国際関係理論と権力／知

87791-131-6　C3031　　　　　　A5判　299頁　5,800円

［21世紀国際政治学術叢書①］権力／知概念を導
入し、国際関係論という知の体系の内部に構造化
されている「見えない権力」を理論的に解明する
という方向性を探り、日米同盟の中の沖縄に一章
を当て現代国際安全保障の意味を問う。

（2004.5）

岩田拓夫

アフリカの民主化移行と市民社会論
―国民会議研究を通して

87791-137-5　C3031　　　　　　A5判　327頁　5,600円

［21世紀国際政治学術叢書②］アフリカ政治にお
ける「市民社会」運動を基礎とした「国民会議」の
活動を「グローバル市民社会論」などの角度から
も検討し、民主化プロセスを問い直し、21世紀ア
フリカの曙光の兆しを探る。　　　　（2004.9）

池田慎太郎

日米同盟の政治史
―アリソン駐日大使と「1955年体制」

87791-138-3　C3031　　　　　　A5判　287頁　5,600円

［21世紀国際政治学術叢書③］アメリカにとって
は、55年体制の左右社会党の再統一は保守勢力を
結集させる「最大の希望」であった。日米の資料
を駆使し、対米依存から抜けきれない日本外交の
起源を明らかにする。　　　　　　（2004.10）

堀　芳枝

内発的民主主義への一考察
―フィリピンの農地改革における政府、NGO、住民組織

87791-141-3　C3031　　　　　　A5判　227頁　5,400円

［21世紀国際政治学術叢書④］ラグナ州マバト村
の住民組織・NGOが連携を取り、地主の圧力に抗
し政府に農地改革の実現を迫る過程を通し伝統の
再創造・住民の意識変革など「内発的民主主義」
の現実的発展の可能性を探る。　　　（2005.4）

阪口　功

地球環境ガバナンスとレジーム発展のプロセス
―ワシントン条約とNGO・国家

87791-152-9　C3031　　　　　　A5判　331頁　5,800円

［21世紀国際政治学術叢書⑤］ワシントン条約の
アフリカ象の取引規制問題に分析の焦点を当て、
レジーム発展における具体的な国際交渉プロセス
の過程に「討議アプローチ」を適用した最初の試
みの書。　　　　　　　　　　　　　（2006.2）

野崎孝弘

越境する近代
―覇権、ヘゲモニー、国際関係論

87791-155-3　C3031　　　　　　A5判　257頁　5,000円

［21世紀国際政治学術叢書⑥］覇権、ヘゲモニー
概念の背後にある近代文化の政治現象に及ぼす効
果を追跡し、「越境する近代」という視点から、国
際関係におけるヘゲモニー概念への批判的検討を
おこなう。　　　　　　　　　　　　（2006.4）

玉井雅隆

CSCE少数民族高等弁務官と平和創造

87791-258-1　C3031　　　　　　A5判　327頁　5,600円

［21世紀国際政治学術叢書⑦］国際社会の平和を
めざす欧州安全保障協力機構・少数民族高等弁務
官（HCNM）の成立に至る議論の変化、すなわち
ナショナル・マイノリティに関する規範意識自体
の変容をさまざまな論争を通して追究する。

（2014.7）

武者小路公秀監修

ディアスポラを越えて
―アジア太平洋の平和と人権

87791-144-8　C1031　　　　　　A5判　237頁　2,800円

［アジア太平洋研究センター叢書①］アジア太平
洋地域の地域民族交流システムを歴史の流れの中
で捉える「ディアスポラ」を中心テーマにし、単
一民族という神話から開放された明日の日本の姿
をも追究する。　　　　　　　　　　（2005.3）

国際政治	国際経済	国際社会

武者小路公秀監修

アジア太平洋の和解と共存
―21世紀の世界秩序へ向けて

87791-178-2　C1031　　　　A5判　265頁　3,200円

［アジア太平洋研究センター叢書②］第二次世界大戦の再評価をめぐって、60年前の失敗と教訓を探りだし、戦後の欧州の経験、アジアでの軌跡をたどりつつ21世紀の新世界秩序へ向けて白熱した議論が展開する。　　　　　　　　　　（2007.3）

武者小路公秀監修

ディアスポラと社会変容
―アジア系・アフリカ系移住者と多文化共生の課題

87791-168-3　C1031　　　　A5判　295頁　3,200円

［アジア太平洋研究センター叢書③］人種主義の被害を受けながら、移住先の国々でさまざまな貢献をしている何世代にわたるアジア系、アフリカ系移住者たちの不安、願望といった人間としての諸相を明らかにしようとする暗中模索の書である。　　　　（2008.3）

山城秀市

アメリカの政策金融システム

87791-173-7　C3033　　　　A5判　291頁　5,400円

アメリカの連邦信用計画・政策金融を政府機関および政府系金融機関の活動に焦点を当て、産業政策・経済動向といった歴史的推移の中で分析し、あらためてわが国における政策金融のありかたに示唆を与える。　　　　　　　　　　（2007.9）

坂田幹男

開発経済論の検証

87791-216-1　C1033　　　　A5判　217頁　2,800円

東アジアのリージョナリズムの展望は、市民社会および民主主義の成熟こそが保障する。戦前この地域に対して「権力的地域統合」を押しつけた経験のある日本はそのモデルを提供する義務がある。　　　　　　　　　　　　　　　　（2011.4.）

大和田滝惠・岡村　堯編

地球温暖化ビジネスのフロンティア

87791-218-5　C1034　　　　A5判　313頁　2,800円

企業の意欲が自らの成長と地球の維持を両立させられるような国際環境の醸成ビジョンを提示する作業を通して、地球温暖化科学、政策化プロセス、国際交渉の視点などの「企業戦略のためのフロンティア」を追究する。　　　　　　　（2011.3.）

立石博高／中塚次郎共編

スペインにおける国家と地域
―ナショナリズムの相克

87791-114-6　C3031　　　　A5判　295頁　3,200円

本書は、地域・民族、地域主義・ナショナリズム、言語の歴史的形成過程を明らかにしながら、カタルーニャ、バスク、ガリシア、アンダルシアを取り上げ、歴史的現在のスペイン研究に一石を投じる。　　　　　　　　　　　　　　　（2002.6）

ジョン・C・マーハ／本名信行編著

新しい日本観・世界観に向かって

906319-41-6　C1036　　　　A5判　275頁　3,107円

アイヌの言語とその人々、大阪の文化の復活、日本における朝鮮語、ニューカマーが直面する問題、日本とオーストラリアの民族の多様性などの検討を通して、国内での多様性の理解が世界レベルの多様性の理解に繋がることを主張する。（1994.2）